Construindo um caminho

Construindo um caminho

Romance do espírito
SCHELLIDA

Psicografia de
ELIANA MACHADO COELHO

LÚMEN
EDITORIAL

Construindo um caminho
pelo espírito Schellida
psicografia de Eliana Machado Coelho
Copyright © 2015 by
Lúmen Editorial Ltda.

2-3-18-2.000-22.000

Coordenação editorial: *Ronaldo A. Sperdutti*
Preparação de originais: *Eliana Machado Coelho*
Revisão: *Profª Valquíria Rofrano*
Correção digitalizada da revisão: *Eliana Machado Coelho*
Projeto gráfico e arte da capa: *Ricardo Brito | Estúdio Design do Livro*
Imagem da capa: *brickrena | Shutterstock*
Impressão e acabamento: *Edições Loyola*

Dados Internacionais de Catalogação na Publicação (CIP)
(Câmara Brasileira do Livro, SP, Brasil)

Schellida (Espírito).
    Construindo um caminho / pelo espírito Schellida ; psicografia de
Eliana Machado Coelho. – São Paulo : Lúmen Editorial, 2015.

    ISBN 978-85-7813-166-1

    1. Espiritismo 2. Psicografia 3. Romance espírita I. Coelho, Eliana
Machado. II. Título.

| 15-09472 | CDD-133.93 |

Índice para catálogo sistemático:
1. Romances espíritas psicografados : Espiritismo   133.93

LÚMEN
EDITORIAL

Rua dos Ingleses, 150 – Morro dos Ingleses
CEP 01329-000 – São Paulo – SP

Fone: (0xx11) 3207-1353

visite nosso site: www.lumeneditorial.com.br
fale com a Lúmen: atendimento@lumeneditorial.com.br
departamento de vendas: comercial@lumeneditorial.com.br
contato editorial: editorial@lumeneditorial.com.br
siga-nos no twitter: @lumeneditorial

2015

Impresso no Brasil – *Printed in Brazil*

O caminho mais suave

Sempre é possível construir algo novo, bom e belo em nossa existência para alegrar o caminho, desde que coloquemos a fé e tiremos forças das mãos de Deus, usando o poder da oração.

Nosso aprimoramento pessoal depende de nossa vontade, perseverança e bom ânimo. Mas isso é treino.

Para que a felicidade brote do fundo do coração, é preciso, simplesmente, começar a sorrir. Lembrando que a mudança pretendida pode precisar de algum tempo, porém a conquista é certa e definitiva, quando há empenho.

Dessa forma, a criatura se transforma em raio de amor e vai derramar luz a sua volta.

Tenha sempre amor no coração, bondade no olhar, silêncio nas palavras, sorriso nos lábios e confiança em Deus.

Seja otimista. Não se abale diante dos problemas.

Quem está acostumado a resolver pequenos desafios, encontrará soluções para os grandes.

O caminho é sempre mais suave quando se tem alegria e boa intenção.

PELO ESPÍRITO ERICK BERNSTEIN
Mensagem psicografada pela
médium Eliana Machado Coelho
Inverno de 2015.

Índice

CAPÍTULO 1. *Um dia atrapalhado, 9*

CAPÍTULO 2. *Superação de um dia difícil , 23*

CAPÍTULO 3. *Conhecendo-se melhor , 39*

CAPÍTULO 4. *Criando oportunidades, 57*

CAPÍTULO 5. *A inconveniência da mentira, 75*

CAPÍTULO 6. *Insatisfação com o compromisso assumido, 88*

CAPÍTULO 7. *Hilda em dificuldades , 102*

CAPÍTULO 8. *Atração irresistível, 115*

CAPÍTULO 9. *Decepção com Nícolas, 133*

CAPÍTULO 10. *Resolução importante, 147*

CAPÍTULO 11.   *Difíceis decisões, 162*

CAPÍTULO 12.   *Escolhas constroem caminhos, 177*

CAPÍTULO 13.   *Viagem interrompida, 191*

CAPÍTULO 14.   *Ausência de notícias e desespero, 204*

CAPÍTULO 15.   *Nícolas se revela, 217*

CAPÍTULO 16.   *As acusações de Celine , 230*

CAPÍTULO 17.   *Nascemos para vencer, 243*

CAPÍTULO 18.   *O socorro à Adriana, 259*

CAPÍTULO 19.   *Wagner encontrando sua mãe, 274*

CAPÍTULO 20.   *Uma nova vida, 293*

CAPÍTULO 21.   *Enfrentando a realidade , 313*

CAPÍTULO 22.   *Comece pelo seu quarto, 328*

CAPÍTULO 23.   *A sombra do medo , 349*

CAPÍTULO 24.   *Uma luz chamada esperança, 367*

CAPÍTULO 25.   *Novos planos , 381*

CAPÍTULO 26.   *Hilda encontra Adriana, 399*

CAPÍTULO 27.   *O reencontro com Wagner, 420*

CAPÍTULO 28.   *Hora da verdade, 436*

CAPÍTULO 29.   *Novos rumos , 460*

CAPÍTULO 30.   *O pulsar de dois corações, 481*

Capítulo 1

Um dia atrapalhado

Wagner despertou ao som de uma música tocada no celular e não desligou.

Levantou-se com o quarto ainda na penumbra. Não acendeu a luz.

Com hábitos automáticos, foi direto para o chuveiro com a escova de dentes na boca.

Após o banho, enrolado na toalha, barbeou-se. Usou uma colônia que estapeou no rosto e pescoço experimentando o ardor na pele pela barba escanhoada. Usou um antitranspirante e se penteou, examinando seu reflexo no espelho embaçado que limpou com a mão.

No quarto, acendeu a luz. Abriu o armário e escolheu um terno entre os vários que tinha.

Optou por uma camisa muito bem passada e colocou várias gravatas a frente para ver qual combinava.

Vestiu-se e se calçou, observando os sapatos para ver se estavam em ordem.

Ajeitou uma correntinha de ouro com crucifixo, que nunca tirava, e fechou o último botão do colarinho antes de fazer o nó da gravata. Olhou no espelho e achou que ela não combinava com o terno, por isso pegou outra.

Sobre um móvel, apanhou a carteira, conferiu-a e enfiou no bolso. Fez o mesmo com o celular que desligou o som e desplugou do carregador ligado à tomada.

Pegou o relógio de pulso, consultou-o e colocou no braço. Em seguida, o anel de formatura, presente de seus pais, que gostava muito de usar.

Apanhou a toalha de banho úmida sobre a cama, o paletó do cabide, apagou a luz e saiu do quarto.

Na sala, sobrepôs o paletó no encosto da cadeira, foi até a lavanderia e jogou a toalha no varal. Não pôs qualquer pregador nem ergueu o varal.

Voltou para a sala. Abriu as cortinas e a claridade intensa da manhã pareceu agredir sua visão. Precisou espremer os olhos.

Abriu a janela balcão e foi para a pequena sacada. Olhou o movimento do trânsito, das pessoas e respirou fundo, sentindo o ar frio expandir seus pulmões.

Retornou para a sala e esbarrou na porta ao fechá-la. Imediatamente olhou sua roupa para ter certeza de que não havia se sujado com graxa das engrenagens e mecanismo da fechadura.

Precisava andar bem arrumado e limpo. Não só sua função exigia esse rigor, mas também apreciava estar asseado e bem vestido.

Fechou a porta e foi até a cozinha procurando, na geladeira quase vazia, suco de fruta com proteína de soja.

Pegou a caixa e sacudiu-a. Não deveria haver muito suco pelo peso e barulho do recipiente. Apesar disso, despejou o conteúdo em um copo. Procurou por biscoitos, porém nada encontrou. O armário da dispensa só tinha um pacotinho de amendoim.

Apanhou o copo com suco e levou à boca, mas, como que por ironia, achava-se estragado.

Ainda bem que não encheu a boca. Fez uma careta e jogou o líquido na pia. Abriu a torneira e deu uma enxaguada no copo deixando-o na cuba.

Foi até o armário novamente em busca de outra caixa de suco. Poderia jurar que havia comprado, entretanto nada encontrou.

Fez um ar de insatisfação ao envergar a boca para baixo após olhar e perceber que não tinha nada para o desjejum.

Então deveria se apressar para tomar café em algum lugar antes de ir para a empresa.

Voltando para a sala, vestiu o paletó. Sobre o console, abaixo do espelho que ficava no corredor da porta da sala, pegou a chave do carro e saiu.

No *hall*, o elevador estava demorando muito, mais do que o de costume. Não sabia que, dos dois existentes no prédio, um apresentava defeito naquele dia, por isso, a longa espera.

Como se adiantasse, Wagner apertou novamente o botão desejando acelerar a chegada. Quanto o elevador parou no andar e as portas se abriram, já estava bem cheio e não pôde entrar.

— Droga! — murmurou irritado após a porta se fechar.

Olhou o relógio. Gostaria de chegar mais cedo para tomar café antes de ir trabalhar. Não gostava de ficar em jejum. Além disso, por causa da sobrecarga de serviço, havia dias em que almoçava bem tarde ou nem almoçava.

O elevador parecia demorar. Ele acreditou e ficou inquieto.

Morava no décimo andar. Seria muito descer todos aqueles lances de escada. Não desejava transpirar e suar.

Um bom tempo depois, o elevador chegou.

Apesar de cheio, desta vez conseguiu entrar. Acomodou-se perto de uma vizinha que tinha um cachorrinho no colo. A senhora o cumprimentou com um sorriso e aceno de cabeça e ele correspondeu da mesma forma. Era uma mulher simpática que o encontrava muitas vezes e fazia questão de cumprimentá-lo, embora o rapaz nem soubesse o seu nome.

Nos demais andares, mães e suas crianças entraram conversando alto e reclamando, puxando malas escolares com rodinhas que passaram em cima de seus sapatos. O elevador encontrava-se lotado, mas sempre havia alguém segurando a porta para outro tentar entrar, provocando uma demora ainda maior.

Sem dizer nada, o rapaz ficou espremido no canto. Aqueles minutos pareciam eternos e o irritavam. E o dia mal tinha começado.

Na garagem, olhou para seus sapatos para se certificar de que não estavam sujos pelas rodinhas da mala escolar. Ao olhar em direção de seu carro, notou que um vizinho que manobrava seus automóveis trocando-os de lugar, deixou um deles parado bem atrás do seu. Quando o homem o viu, desejou bom dia, sorriu e exclamou:

— Espera só um minuto! Estou só trocando de lugar. É rapidinho! — sorriu.

Wagner olhou novamente o relógio, sorriu ao disfarçar a insatisfação e ficou esperando.

O vizinho mudou os automóveis de lugar como queria e liberou sua saída.

Em seu carro, Wagner tirou o paletó para não amassar, sobrepôs no encosto do banco. Entrou no veículo e, sentado ao volante, respirou fundo para desestressar. Em seguida, colocou uma música agradável em baixo volume. Nem quis ouvir o noticiário da manhã na rádio CBN, como de costume.

Manobrou o carro, tirando-o da vaga e foi sair, mas o portão eletrônico da garagem não funcionava.

— Não é possível!!! — exclamou zangado, falando sozinho.

Por mais que insistisse, o controle remoto não acionava o portão.

Desceu do veículo, pegou o interfone e ligou para a portaria pedindo gentilmente:

— Bom dia. Por favor, dá para abrir os portões da garagem para eu sair? Acho que acabou a bateria do meu controle. — Ao ver o primeiro portão ser erguido, agradeceu educadamente: — Obrigado.

Entrou no veículo e foi encarar o trânsito lento e complicado da cidade de São Paulo.

Muito tempo depois, estacionou o veículo no lugar de costume. Cumprimentou os manobristas e procurou a cafeteria perto da empresa para fazer seu desjejum. Costumava ir ali.

Fez seu pedido no balcão e, enquanto aguardava, procurou uma mesa para se acomodar.

Depois de descansar o paletó cuidadosamente no encosto da cadeira, sentou-se e ficou de olho na moça do balcão que preparava seu pedido.

Ao ver a bandeja montada, levantou-se e foi pegá-la.

Nesse instante, entrou na cafeteria uma moça bem elegante. Cabelos pouco abaixo dos ombros e bem penteados. Ela observou o lugar para entender como funcionava. Parecia a primeira vez que estava ali. Usava uma blusa cor de creme e um lenço bem bonito. Um blêizer feminino que delineava seu corpo. Uma saia comprida, pouco abaixo do joelho e rodada que cobria levemente as botas de salto alto. Ela entrou tomando cuidado para não esbarrar em ninguém. O lugar estava cheio.

Nesse momento, Wagner, equilibrando a bandeja acima da cabeça das pessoas sentadas, passava pelo vão apertado entre as mesas. Percebendo que alguém ia se levantar, virou-se rápido e bateu na moça que acabava de vir por aquele corredor e virava-se para ele.

O encontro fez esborrifar café em sua gravata e entornar o copo de suco sobre a moça bem arrumada.

Ela abriu a boca, puxou todo o ar que pôde caber em seus pulmões e ficou se olhando por longos segundos antes de encará-lo e exclamar:

— Moço! Olha o que você fez!!! — estendendo os braços num gesto incrédulo.

— Desculpe-me... Eu... — Não sabia o que dizer. Ficou vermelho no mesmo instante e sentiu o rosto arder. Observando-a, viu que estava molhada do pescoço para baixo.

— Ai, meu Deus! É o meu primeiro dia! Começo a trabalhar hoje! E agora?!

Uma funcionária se aproximou rapidamente, entregou um pano limpo para a moça e tirou a bandeja gotejando suco das mãos de Wagner.

— Desculpe-me. Por favor. As cadeiras desse lugar são muito juntas. Quase não tem espaço... — disse constrangido e sem saber o que fazer.

A funcionária pediu que eles fossem para outro extremo da cafeteria enquanto limpavam o chão.

Nesse canto, próximo aos banheiros, havia um espaço com pias e papel toalha. Ali começaram a se limpar.

Inconformada e nervosa, a jovem parecia não acreditar no que acontecia.

— Meu Deus! O que vou fazer?!

— Se eu puder te ajudar. É só dizer como — ele propôs sem jeito.

Olhando-o firme, ela falou zangada e irônica:

— Ah! Então, por favor, vá até a empresa onde eu começo hoje e diga para a minha gerente ou para o meu coordenador que você resolveu me dar um banho de suco de laranja logo cedo! Para eles perdoarem minha falta, pois não tenho condições de trabalhar assim encharcada. Olha só a minha blusa!

— Desculpa... — falou em tom baixo e suspirou. Não ficou satisfeito com aquilo.

Percebendo que estava sendo difícil tirar a mancha ou secar a roupa, ela exclamou:

— Da próxima vez, olha por onde anda! — e murmurou: — Idiota.

A funcionária se aproximou e disse, fazendo-o se virar:

— Senhor, seu pedido já está pronto novamente.

— Obrigado — ele agradeceu. Olhou para o lado e não encontrou mais a moça que havia molhado com suco. Procurou-a e viu somente sua silhueta saindo porta afora. — Que dia! E nem bem começou — Wagner murmurou, mas ninguém ouviu. Quando pegou novamente seu pedido, perguntou: — Não serviram café para a moça, por quê?

— Ela não havia pedido nada, senhor.

— Ah... Tá.

Aquele episódio o incomodou imensamente. Não é nada agradável atrapalhar a vida de alguém. Ainda mais por saber se tratar do primeiro dia de trabalho. Sabia o que era isso. Quando se vai trabalhar pela primeira vez em uma organização, a pessoa quer ir bem arrumada, causar boa impressão. Mas, por causa dele, aquela moça iria chegar ao seu primeiro dia de serviço encharcada de suco.

Wagner trabalhava em uma multinacional no grande centro financeiro de São Paulo. Era diretor executivo de uma das maiores empresas da indústria alimentícia. Cargo que conquistou após muito empenho e dedicação, exibindo sua competência e vivacidade.

Nos últimos tempos, estava muito estressado. Mudanças administrativas e os novos planos estratégicos exigiam demasiadamente dele e do departamento que dirigia. Havia muita tensão e responsabilidade, além de bastante expectativa no ar. Por isso e pelo episódio desagradável com aquela moça logo de manhã, nem terminou seu desjejum e se levantou, saindo logo da cafeteria. Foi para a empresa.

Assim que chegou à organização onde trabalhava, pediu para sua assistente pessoal providenciar uma gravata. A mulher demorava demais e ele foi para o banheiro de sua sala tentar limpar a mancha de café.

Alguns minutos e ouviu um barulho. Pensou ser a secretária e foi para a sala perguntando:

— Dona Hilda, a senhora encontrou...

— Bom dia, Wagner! — cumprimentou-o um outro diretor da empresa.

— Olá, Bianor! Bom dia!

— O que aconteceu? Está dando banho na gravata logo cedo? — brincou e riu.

— É... Hoje, na cafeteria aqui em frente, estava indo para a mesa com uma bandeja nas mãos e dei um encontrão em uma moça. O café espirrou na gravata, mas... Coitada da moça!... Dei um banho de suco nela. — O outro riu e o rapaz ainda contou: — Pedi para Hilda ir comprar outra gravata para mim, mas ela está demorando tanto!...

Não dando importância ao que Wagner contava, Bianor disse:

— Logo após o almoço, faremos aquela reunião para o Plano Diretor da empresa para o próximo ano. Preciso que leve os relatórios qualitativos e quantitativos. O Norberto e o Osório estão cheios de exigências. A briga hoje vai ser boa! — Quando teve o intento de sair da sala, ainda disse: — O doutor Avelino quer os resultados o quanto antes.

— Está bem. Pode deixar — respondeu em tom calmo, mesmo ficando preocupado.

Após a saída daquele diretor, Wagner foi até sua mesa, olhou alguns documentos, consultou sua agenda no computador e foi à procura de sua assistente. Passando pela sala da secretária, não a encontrou. Hilda não havia chegado. Pegou o elevador e foi à procura de uma gerente de um dos departamentos sob sua chefia.

Ao encontrar a quem procurava, cumprimentou:

— Bom dia, dona Juçara.

— Bom dia, doutor Wagner — respondeu a mulher.

— A senhora providenciou as pesquisas de mercado que eu solicitei?

— Estão quase prontas. Só falta o relatório e... É que... — titubeou. — Estamos com um probleminha. Deveríamos ter três analistas cuidando disso, mas... Uma está de licença maternidade. Outro de férias e um pediu demissão há três semanas, como o senhor sabe.

— Isso quer dizer quê?!... — indagou firme, começando a se irritar.

— Outra pessoa foi contratada, mas, por causa de um problema... Técnico, vamos dizer assim, eu acabei de dispensá-la — sorriu forçadamente e sem jeito.

— Que problema é esse?! — exclamou em tom firme e franzindo a testa.

— Ela estava com a vestimenta... Digamos...

Wagner a interrompeu:

— Arrume alguém agora! Se a vestimenta não estava adequada, oriente o funcionário para que se vista adequadamente amanhã. Eu preciso desse relatório em minha mesa agora! Eu disse isso para a senhora semana passada! Em caráter de urgência, providencie alguém que faça isso!

Não ofereceu tempo para a mulher se justificar. Virou-se, foi para o corredor dos elevadores e subiu.

Ao passar por sua assistente, a passos rápidos e sem encará-la, a mulher se levantou, pegou um pacote que estava sobre a mesa e se apressou em segui-lo, entrando na sala da diretoria logo atrás do chefe.

Sabendo disso, Wagner foi falando enquanto desmanchava o nó da gravata que usava:

— Quero dar uma olhada naqueles memorandos e nos relatórios para a coordenadoria de produção. Isso é para antes do almoço, dona Hilda. Quero também o relatório para o marketing, apontando que as propagandas efetuadas não proporcionaram aumento nas vendas.

Aproximando-se, a mulher entregou-lhe a gravata nova que ele pegou, olhou por um momento e enlaçou ao pescoço, medindo as pontas e preparando o nó.

— A dona Juçara não nos entregou os relatórios com as pesquisas de mercado. Estão com deficiência de analistas na seção — disse a secretária.

— E ela só viu isso hoje cedo?! — perguntou firme, em tom de crítica, sem querer ouvir a resposta.

— Tiveram dificuldade para encontrar uma pessoa qualificada. Porém, pelo que eu soube, contrataram alguém muito competente e com histórico bem interessante.

— E onde está esse alguém?! Quem é?! — gesticulou, abrindo os braços a fim de expressar, ainda mais, sua ironia.

— Disseram-me que o último trabalho dessa pessoa foi no concorrente. Ela deve nos trazer informações precisas — tornou a mulher.

Wagner a encarou nesse momento. Pareceu interessado.

Terminando o nó na gravata, perguntou em tom brando:

— Está bom?

A mulher se aproximou, centralizou o colarinho alvo da camisa impecavelmente engomada e falou:

— Agora está.

Virando-se, ele comentou:

— Gostei de saber dessa contratação. Vou querer falar com esse funcionário depois. Acho que teremos muito que explorar. Mas... Afinal de contas, onde ele está?

— Na verdade, era para ter começado semana passada. Mas houve um problema na documentação de homologação da empresa de onde saiu. Ia começar hoje, mas a dona Juçara parece ter dispensado a pessoa.

— Por problemas com roupa! Ora, pelo amor de Deus! Ela não sabe que temos urgência? Ligue para ela e veja o que resolveu.

— Sim, senhor.

— Outra coisa! — Ao vê-la se virar, pediu: — Peça para alguém comprar aquelas baterias de controle remoto de garagem.

— É preciso saber o modelo.

— Faz esse favor para mim, Hilda. Pega lá no meu carro... No estacionamento — pediu com jeitinho. Não do modo como falou antes. — Hoje cedo, o controle descarregou.

— Certo. Pode deixar — ela concordou e saiu da sala.

Algum tempo depois, insatisfeito com a demora, Wagner saiu de sua sala e foi até a gerente para acompanhar de perto a resolução do problema.

— E então, dona Juçara?

A mulher, nitidamente nervosa, levantou-se e gaguejou para informar:

— Estamos com dificuldades ainda, doutor Wagner.

— Com o quê, agora, dona Juçara? — perguntou em tom, visivelmente, insatisfeito.

— É que... Vamos ali para eu mostrar.

Caminharam até onde os analistas ficavam. Era uma sala bem grande, separada por divisórias baixas que individualizavam os funcionários.

Aproximando-se das costas da nova analista, que estava sentada frente a um computador, a gerente mostrou:

— Estamos com problemas no sistema.

Nesse instante, a analista de produtos olhou para o lado e os viu. A nova funcionária e Wagner se encaram por longos minutos sem dizerem nada.

Por um momento, ele sentiu vontade de rir, mas, em seguida, por sua posição como diretor comercial daquela importante organização, recatou-se e permaneceu sério.

Ao vê-lo olhar de cima a baixo e reparar muito nas roupas da nova funcionária, a gerente explicou, após apresentar:

— Doutor Wagner, esta é Adriana, nossa mais recente contratação. Ela deveria ter começado antes, mas houve problema com a homologação da empresa anterior e... Bem, ela só pôde começar hoje. Devido a um incidente, logo cedo, por derramarem suco de laranja em suas roupas, eu a havia mandado embora para casa, mas... O senhor disse que precisávamos de alguém e com urgência. Então liguei para a portaria e pedi para que ela retornasse e...

— Já entendi, dona Juçara. Vamos ao que interessa. Eu preciso dos relatórios. Preciso de números. A reunião com o vice-presidente é após o almoço. Esses relatórios têm de ser para agora! — foi firme.

— Sim. Eu sei. Mas... — a mulher tentou dizer algo.

— Chame o pessoal do sistema de computadores. Resolva esse problema — interrompeu-a.

— Já chamei. Estão vindo.

Wagner olhou novamente para Adriana, que não disse absolutamente nada. Ela o fitava sem piscar. Talvez, querendo ter a certeza de que foi ele quem derramou suco em suas roupas. Lembrou-se de tê-lo chamado de idiota. Sentiu-se envergonhada, mas nada poderia fazer.

O rapaz fugiu ao olhar e se virou. Não se manifestou. Fazendo-a duvidar de ter sido ele.

Wagner seguiu, exigindo providências de serviço para a gerente.

Já era hora do almoço e nenhuma solução para os computadores, que não rodavam o sistema nem providenciavam os relatórios.

A postura firme e a feição séria do diretor eram suficientes para cobrar e inquietar os funcionários. Ele não precisava dizer nada, só olhar.

Todos estavam tensos e agitados, uma vez que os computadores interligados da seção não rodavam os programas e, consequentemente, não geravam os relatórios.

Adriana, embora nova demais na seção, levantou-se e falou, demoradamente, em tom quase inaudível, à gerente que pendeu negativamente com a cabeça, rejeitando sua sugestão.

Wagner viu a cena. Pareceu erguer-se mais e ficou curioso.

Imaginando que a nova funcionária pudesse ter alguma ideia que solucionasse o problema, ele esperou que a moça se sentasse. Aproximou-se e quis saber:

— A senhora sugeriu algo, dona Adriana?

— Sim. Quer dizer... Bem, doutor Wagner, eu sei que o Departamento Comercial analisa a aceitação de um produto, o quanto esse produto vai custar à produção e o quanto ele deve ser vendido ao mercado. Entendi que hoje esta empresa tem um produto lançado por ela e copiado pela concorrência. O produto daqui é de melhor sabor e igual custo, mas as pesquisas mostram que o cliente adquire o produto da concorrência. O que o senhor deseja provar, hoje na reunião, é que o Departamento de Marketing não está investindo ou trabalhando a altura do produto lançado. Para isso, precisa das análises e pesquisas junto ao consumidor para gerar relatórios que apontem esse número. O problema é que temos as pesquisas, mas o sistema de informática não consegue visualizá-lo. Eu vi que conseguimos visualizar 70% das pesquisas. Desculpe minha intromissão senhor, mas... Acredito que, pelos resultados apontados, 70% seja um número considerável para ser analisado, a fim de se exigir o desenvolvimento de novos projetos por parte do marketing. Observo que os 30% restantes não vão alterar os resultados que temos.

— Espera aí! Você está me dizendo que, no sistema, conseguimos visualizar 70% da pesquisa do produto?

— Sim senhor — tornou a nova funcionária.

Wagner respirou fundo, afastando o paletó, colocou as mãos na cintura, fechou os olhos e ergueu o rosto para cima. Ficou ainda mais nervoso, embora aliviado. Ele não sabia daquela informação.

Espalmando as mãos sobre a mesa da analista, voltou-se para ela e pediu sério:

— Prepare os relatórios com os dados que você tem em cima dos 70%. Eu os quero em percentuais.

— Mas nenhum computador desta seção está funcionando. Tivemos um blecaute. — respondeu a funcionária.

— Do que você precisa? — indagou em tom solene, sério e sisudo.

— Copiar o sequencial que tenho e transferir para outra máquina — referiu-se a outro computador —, ligada a uma impressora, claro.

Erguendo-se, olhou para a gerente e pediu, parecendo exigir:

— Providencie isso, dona Juçara.

Como diretor comercial daquela considerável organização, ele não poderia ter outra postura senão a de acompanhar de perto aquela ação, cujo resultado era de suma importância para a reunião que teria logo mais.

Todos foram para outra sala onde a recém-contratada, na frente de uma tela de computador, começou a gerar tabelas e relatórios.

O horário de almoço foi consumido pelo serviço.

A assistente pessoal do diretor providenciou lanches e refrigerantes para os que se empenhavam naquela tarefa, mas quase não conseguiram comer ou beber nada.

Wagner nem deu importância ao lanche. Ficava próximo da impressora apanhando, ele mesmo, os impressos e estudando-os. Talvez, para saber o que falar na reunião.

— Pronto! O último já está sendo impresso — disse a analista, sorrindo.

O diretor suspirou fundo, como uma forma de alívio, e pegou o papel para verificar.

Adriana se levantou e ficou na expectativa, aguardando algum comentário.

— Muito bom — ele disse, tão somente. Consultando um pouco mais os papéis, exclamou sem se dirigir a ninguém: — Vamos lá! — referiu-se à tão esperada reunião.

CAPÍTULO 2
Superação de um dia difícil

Era quase final de expediente quando Wagner pediu a sua secretária para chamar Adriana, a analista recém--contratada, a sua sala.

Aquela não era uma atitude comum. Os diretores quase não tinham proximidade com os funcionários daquele escalão. Porém aquela situação era bem diferente. Havia derrubado suco na moça em seu primeiro dia de serviço sem, nem mesmo, saber que ela iria trabalhar em sua diretoria.

Poderia ter estragado o seu dia, mas não. Ela o surpreendeu.

— Com licença, doutor — pediu a secretária. — A dona Adriana... — disse após entrar com a funcionária.

— Obrigado, dona Hilda. — Colocou alguns papéis de lado na mesa e, voltando seu olhar em direção da porta, pediu: — Entre e sente-se, por favor — indicou as cadeiras que ficavam à frente de sua mesa.

Adriana observou a luxuosa sala da diretoria. De um lado contemplou a mesa de reunião, composta por várias cadeiras. E, no outro canto, sofás bem dispostos com uma mesinha central, ostentando uma peça de arte indefinida que ela não saberia dizer a forma, importância ou valor.

Dando alguns passos pelo tapete, que se estendia no piso lustroso, passou por entre as cadeiras frente à mesa e escolheu se sentar na da sua direita.

Acomodada, ficou aguardando o diretor dizer algo.

— Muito bom o seu desempenho hoje. Para o primeiro dia e... Tendo em vista desconhecer o serviço, além da pressão psicológica. Eu diria que se saiu muito bem. Ajudou demais. — Encarou-a e recostou em sua cadeira, girando lentamente de um lado para outro.

— Obrigada — sorriu com simplicidade. — Conheço bem o trabalho. Desempenhei essa função por cinco anos, antes de vir para cá.

— Soube que trabalhou na nossa principal concorrente — continuou girando a cadeira de leve.

— Sim senhor. Isso mesmo.

— E por que saiu de lá?

— Bem... — sorriu novamente. — Houve corte de funcionários e eu entrei na lista.

Esperto, em tom brando, quis saber:

— Se era tão eficiente como demonstrou hoje... Por que, então, isso aconteceu?

Discreta e sensata, não foi direta:

— Não sei dizer exatamente, senhor. Mas espero ser mais útil aqui e poder também demonstrar meu potencial.

Wagner parou de girar a cadeira. Admirou sua resposta. Percebeu que ela era esperta. Entendeu que sabia o motivo da demissão, porém não queria contar. Ele sentou-se mais ereto e apoiou os cotovelos à mesa. Fixou seus olhos na funcionária e relatou:

— Adriana, hoje estamos com problemas para aumentar a venda de um de nossos produtos. Lançamos uma linha de iogurtes excelentes. Sabor e consistência impecável. Nível internacional. Exportação! — enfatizou. — Não demorou e a concorrente fez o mesmo. Copiando-nos. — Ela sorriu. Sabia do que se tratava. Wagner entendeu seu sorriso enigmático e comentou: — A função do Departamento Comercial, cuja diretoria é minha, precisa, não só oferecer novos serviços, como alavancar as vendas, ouvir clientes, promover faturamento e isso sei que você sabe. Demonstrou hoje. O plano diretor desta empresa exige um aumento de renda de 30% em cima desse produto. O planejamento estratégico está trabalhando muito para promover esse aumento, mas não consegue. — Breve pausa. — Por quê? Não descobrimos. Nossa diretoria pressionou a diretoria de produção para diminuir custos. Fez o mesmo com o marketing para aumentar as vendas. O que conseguimos foi aumentar o lucro em 15%. Metade do proposto. — Ofereceu nova pausa. Olhou-a nos olhos e prosseguiu: — Se o nosso produto, o iogurte, tem melhor sabor, consistência... Se o valor de mercado é o mesmo... Por que o cliente ainda compra o da concorrência?

Adriana sorriu com simplicidade e respondeu com sensatez:

— Porque o iogurte da concorrência é mais fácil de ser encontrado na prateleira dos mercados.

— Não, não, não... — discordou ele. — Nós temos contratos com as grandes redes de hipermercados para nossos produtos serem posicionados estrategicamente. Ocupamos as gôndolas das geladeiras nos mercados na altura dos olhos. Também são colocados nas pontas das gôndolas e...

— Mas não são visíveis — aproveitando-se da breve pausa, ela o interrompeu em tom brando.

— Como assim? — franziu a testa ao perguntar.

— As embalagens são poluídas demais. Têm muita informação. Por isso se confundem com outros produtos da prateleira. Já o do concorrente, tem a embalagem em uma única cor. Usa letras garrafais para anunciar o nome do produto e a marca, de forma que a embalagem é vista a distância pelo tom forte e vivo da cor. A embalagem do nosso iogurte é, quase toda ela, rotulada com muita informação. É só ir a um mercado e comprovar o que estou dizendo.

Wagner ficou pensativo, tentando se lembrar de como era a tal embalagem que produziam e do rótulo do produto em questão.

— Além do que — tornou a moça —, a campanha de degustação do iogurte, que fizeram nas grandes redes de mercado, foi bem curta.

— Logo, devemos entender que a culpa disso sobrecai no Departamento de Propaganda e Marketing.

— Creio que sim — a analista concordou. — Se formos ao mercado hoje, poderemos confirmar o que eu digo. Não adianta o produto ser ótimo, se ninguém o vê. Os clientes não sabem que ele existe ou tem dificuldade de encontrá-lo.

— Lógico. — Pensou um pouco e perguntou: — Você trabalhava na diretoria comercial?

— Sim senhor. E, como creio que acontece aqui, era uma briga constante com o Departamento de Marketing.

— O problema aqui não é o Departamento de Marketing, é somente uma pessoa arcaica e retrógrada que não ouve ninguém. Mas não tem problema. Amanhã vamos resolver isso.

— Posso sugerir uma coisa? — ela sorriu ao indagar.

— Sim. Claro — o diretor aceitou.

— Fotografe.

— Como? — ele não entendeu.

— Se alguém for aos mercados e fotografar as gôndolas, terá provas sobre a visibilidade do produto nas prateleiras. Verão também que os produtos da concorrente, mesmo estando em lugar de pouca promoção, são vistos devido às embalagens.

— Preciso encontrar alguém que faça isso.

— Por que o senhor mesmo não o faz? — propôs Adriana. Porém, logo em seguida, acreditou ter sido ousada demais e considerou: — Desculpe-me. É que pensei que se o senhor viver a experiência de procurar pelo produto e ter dificuldade, terá mais argumentos para defender suas ideias e queixas.

Ele ficou reflexivo e sério. Meneou a cabeça positivamente e considerou:

— É uma estratégia. Obrigado pela sugestão. — Breve pausa e desculpou-se: — Perdoe-me tê-la feito perder seu horário de almoço logo no primeiro dia. E... — sorriu levemente pela primeira vez. — Perdoe-me por ter derramado suco de laranja em você hoje cedo.

— Não tem problema — ela sorriu sem jeito.

— Desculpe-me — sorriu ainda. Mesmo sem jeito e constrangido, não perdeu a oportunidade de dizer: — Vou olhar melhor por onde ando e deixar de ser idiota.

— Oh... Não! Perdoe-me, por favor. Eu não quis ofendê-lo. É que...

— Eu sei... — sorriu mais largamente. — Eu sei. Na hora da raiva, dizemos qualquer coisa.

Ela também ficou sem graça por ter ficado nervosa. Não sabia que estava falando com aquele que seria seu diretor.

— Bem... — tornou Wagner. — Por hoje é só. Amanhã continuamos.

Adriana se levantou e agradeceu.

— Obrigada pela oportunidade.

— Sou eu que devo agradecer pelo seu empenho. Obrigado por tudo.

Ela pediu licença, ofereceu um sorriso e se foi.

Wagner jogou-se novamente para as costas da cadeira e se balançou nela.

Permaneceu pensativo até sua assistente entrar e oferecer alguns documentos para assinar.

— O dia hoje foi tenso. Não foi mesmo?

— Sim, foi. E da próxima vez, Hilda, tenha mais bom gosto para comprar gravata — brincou com a mulher, falando em tom sério.

— Onde foi que encontrou isso?! Pelo amor de Deus! Eu me senti ridículo usando esta coisa!

Hilda riu alto e revelou:

— As lojas estavam fechadas, por isso, eu comprei no cara lá da esquina, na barraquinha.

— Você está brincando?!

— Não senhor! Foi o melhor que pude encontrar. Como disse, as lojas estavam fechadas — contava sem dar muita importância a ele enquanto reunia documentos ao arrumar a mesa da diretoria.

— Você está demitida, Hilda! Isso não se faz! — falou bravo.

— Sim, senhor — concordou e continuou com o que fazia.

Ele já estava em pé, desfazendo o nó da gravata, quando perguntou:

— Com que tiro mancha de café que secou no tecido? Gosto tanto daquela gravata.

— Como o senhor manda tudo para a lavanderia, recomendo que coloque um bilhete dizendo: mancha de café.

— Toma! — jogou a gravata manchada sobre pastas que ela pegava. — Mande lavar e coloque o bilhete.

— Não posso. Fui demitida. O senhor esqueceu?

— Foi admitida novamente. Mas é só para mandar lavar a gravata.

Ela sorriu e informou:

— A bateria do controle remoto da garagem foi trocada. Já coloquei no seu carro as seis camisas que peguei na lavanderia na hora do almoço. Coloquei-as no banco e de um jeito que não amassem. Toma cuidado ao dirigir para não frear e deixá-las ir para o chão.

— Sim senhora! — concordou irônico.

— O edredom, que mandei lavar, está no porta-malas. Não vai esquecer. Estamos no inverno e a previsão do tempo disse que essa noite vai fazer bastante frio. — Olhando-o sobre os óculos, a mulher avisou: — Coloque um terno mais quente amanhã ou um colete de lã. Ou use um blêizer de lã. Aquele cinza chumbo é ideal para esta estação.

— Mais alguma coisa? — questionou tentando ficar sério.

— Sua mãe ligou. Anotei em sua agenda, mas... pelo visto nem olhou. Precisa comprar uma agenda para se lembrar de olhar na agenda.

— E ela?

— A agenda ou sua mãe?

— Minha mãe, lógico!

— Eu disse que o senhor ligaria à noite. Não se esqueça.

— Tenho de passar no mercado. Estou sem nada em casa. Hoje, de novo, tive de tomar café na rua.

— Isso serviu para valorizar sua mãe. Se morasse com ela, não precisaria tomar café na rua.

— Mas meus pais moram no litoral!

— Ótimo para eles! O senhor dá muito trabalho. — Um instante e disse: — Ah! Havia me esquecido desses documentos aqui. Assine-os, por favor.

Wagner voltou até a mesa, pegou os papéis e começou a ler.

— Ficou novamente sem almoçar hoje. Depois reclama que o estômago está doendo — ela disse.

— Não tive tempo — murmurou. — Você viu como foi? Aliás, hoje o dia foi bem difícil para mim. Eu estava atrapalhado desde cedo. Se não fosse a nova analista... Essa moça salvou minha pele.

— E o senhor a dela.

— Como assim? — perguntou desconfiado, tirando os olhos do papel.

— Era o primeiro dia e a pobre contou que veio cedo, com medo de perder a hora. Por isso foi tomar café aqui em frente. De repente, um infeliz qualquer, entornou suco de laranja na coitada. Ela chegou à seção toda molhada e manchada. A blusa dela ficou encharcada desde o pescoço. A Juçara, arrogante como é, nem quis ouvir direito e a mandou embora.

— Mandou de volta para casa, você quis dizer?

— Não. A Juçara a mandou embora. Foi demitida! Eu vi.

— Não foi isso o que a Juçara me disse.

— Mas foi o que aconteceu. Então a Adriana foi para o Departamento de Recursos Humanos. Enquanto isso, o senhor descobriu que os relatórios não ficaram prontos e exigiu alguém para fazê-los. A Juçara ligou para o RH e pediu, com urgência, a moça de volta à seção.

— A Juçara sabia que os relatórios não estavam prontos. Como não providenciou alguém para fazer isso?! Pedi a ela há três semanas! — ficou insatisfeito.

— A pior coisa aqui, doutor Wagner, é dar função a alguém só porque essa pessoa é conhecida ou parente de fulano ou beltrano.

Wagner colocou os papéis sobre a mesa e os assinou. Depois, virou-se para a assistente e comentou:

— Não sei como resolver essa situação com a Juçara. Por mim, ela já estaria fora do nosso quadro de funcionário. Quer dizer que, se eu não fosse lá a moça seria demitida por bobagem?

— É. Foi o que eu disse. Salvou a pele dela.

— E ela a minha. É alguém com bastante conhecimento. Foi o que percebi. Bem esperta.

— Coitada... — disse a mulher, inconformada. — Trabalhou o dia inteiro melada e molhada com aquele suco. Deve ter sido horrível!

— Falando assim, você me deixa com mais peso na consciência, Hilda. Foi sem querer. Um cara ia levantando e para desviar dele, virei rápido. Ela estava passando... Eu não reparei que ela estava perto. Então a bandeja virou.

— Espere aí! Deixe-me ver se entendi — riu e ficou esperando mais explicações.

— Fui eu, Hilda! Fui eu! Na cafeteria, logo cedo. Eu que derramei suco nela. Foi nesse momento que respingou café em minha gravata e o copo grande de suco virou — riu.

— Ah!... Agora entendi — riu gostoso. — Pobre coitada! Já imaginou trabalhar sob esse ar condicionado horroroso, gelado e com a roupa melada e molhada? E ainda sob pressão?!

— Tá bom, Hilda! Tá bom! Já chega — falou colocando o paletó. — Tenho de passar no mercado. — Um momento e comentou: — Sabe que a Adriana deu boas referências e estratégias para a promoção da propaganda do iogurte?

— É mesmo?!

Contou sobre a conversa que tiveram e a secretária opinou:

— Ela deveria ocupar o lugar da Juçara — riu.

— Também acho. Agora vou indo. Até amanhã, Hilda!

— Devo vir amanhã ou estou demitida?

— Esqueceu que eu já te readmiti?

— Esqueci. — Quando ele ia saindo, a assistente lembrou: — Liga para sua mãe! Ela vai ficar esperando!

— Tá! Se eu esquecer, você me lembra!

A mulher olhou sobre os óculos e pendeu com a cabeça negativamente ao sorrir. Gostava muito de seu chefe.

Wagner era o mais novo diretor daquela empresa conservadora. Um rapaz educado, bem polido e aprazível de se trabalhar. Exigente quando necessário, lógico.

Dos trinta anos de serviços prestados ali, sem dúvida, Hilda acreditava que era a chefia mais agradável que secretariava.

Seu jeito jovial era contagiante e sua alegria, um dom. Acompanhou-o desde quando o rapaz chegou ali como estagiário, cheio de dificuldades e ela o ajudou muito. Por tudo isso gostava dele.

Logicamente, perto dos demais, sempre se tratavam com a cordialidade exigida pela organização, mantendo a educação e a distância provocadas por suas colocações empresariais. Porém, longe de todos, brincavam muito.

A caminho do apartamento, Wagner decidiu passar em uma grande rede de hipermercado. Além de precisar de mantimentos, gostaria de confirmar os apontamentos feitos pela nova funcionária.

Com pequeno carrinho de compras, percorreu corredores, pegou o que desejava, além de observar como estavam dispostas as mercadorias da marca da empresa onde trabalhava.

Foi ao setor de refrigerados e precisou procurar pelos iogurtes, produto que provocou grande movimentação, naquele dia, na organização.

De fato. O que Adriana havia dito se confirmou.

Wagner não pensou duas vezes. Pegou o celular, o mais discretamente possível, e tirou várias fotos das gôndolas e prateleiras. Seriam provas precisas para suas acusações e brigas com o Departamento de Propaganda e Marketing. Bianor, diretor dessa seção, não aceitaria seus apontamentos. Sabia que iria precisar duelar muito com aquele homem teimoso.

Sorriu satisfeito ao conferir as fotos no aparelho. Em seguida, foi embora.

Já era tarde quando Adriana chegou a sua casa.

Embora suas roupas estivessem secas, a blusa bege ainda exibia a mancha alaranjada do suco derramado naquela manhã.

Dona Heloísa, sua mãe, cumprimentou-a assim que a viu.

— Boa noite, filha. E aí? — Um momento e reparou: — Que mancha é essa? — perguntou a senhora.

— Oi, mãe. Ah!... Nem te conto!...

— Como foi o primeiro dia? A empresa é boa, né? — indagava sem esperar pela resposta da primeira pergunta.

— Hoje o dia foi tenso. Tomei banho com um copo de suco de laranja. Fui demitida e readmitida em menos de uma hora. Descobri que o diretor da minha seção foi o idiota que derrubou suco em mim. Não tomei café da manhã nem almocei. Comi um lanchinho e bebi café preto o dia inteiro. Resumindo foi isso.

— Bem que eu mandei você tomar um café reforçado de manhã!

— Devia ter ouvido a senhora. Mas... — sorriu ao falar.

— O que aconteceu? — tornou a mulher.

— Fui bem cedo para não perder tempo. Não queria me atrasar por nada. Afinal, era o primeiro dia. Então... — contou detalhadamente todo o ocorrido.

A senhora ouviu com atenção. Assim que a filha terminou a narrativa, sua mãe propôs:

— Vá tomar um banho quente para vir jantar cedo. Fiz uma sopa.

— O pai já chegou? — perguntou a moça, fechando o sorriso.

— Não. Nem ele nem o Daniel. Não gosto quando seu irmão chega tarde.

— O trânsito está horrível, como sempre. Deve ser por isso que ele ainda não chegou. Vou tomar logo um banho para o chuveiro ficar livre.

— Vai lá!

Adriana foi para o quarto deixar sua bolsa, depois para o banheiro. Quando estava no meio do banho, o chuveiro parou de esquentar.

Terminou o banho na água fria.

Ao sair, avisou sua mãe:

— Acho que o chuveiro queimou.

— Sério?! — ficou insatisfeita.

Falando ao mesmo tempo em que tremia o queixo para dar maior drama as suas condições, disse:

— Terminei o banho na água friiiiia...

— Vai logo secar esses cabelos, menina! Ficar gelada desse jeito, vai te fazer mal! — Breve pausa e comentou: — Quero ver como vai ser quando seu pai e seu irmão chegarem. Vão reclamar até...

A moça não deu muita importância e foi para o quarto secar os cabelos.

Ao terminar, pegou a roupa que havia usado naquele dia e levou para a lavanderia.

Ao vê-la retornar, Heloísa perguntou:

— Deixou a roupa de molho?

— Deixei.

— Amanhã eu lavo — afirmou a mulher.

— A senhora não vai trabalhar amanhã cedo?

— Os alunos terão uma atividade em outra disciplina e eu troquei com a outra professora.

— Não sei como aguenta dar aulas, mãe... Deus me livre!

— É o que eu sei fazer. Apesar das dificuldades de hoje em dia... Até gosto do que faço.

Enquanto Adriana pegava um prato para se servir, seu irmão chegou.

— Oi! Oi! Nossa! Que cheiro bom!

— Oi, filho! Estava preocupada com você. Demorou tanto! — disse a mulher sentando-se à mesa.

— Hoje o dia foi terrível. Como se não bastasse, peguei um trânsito!... — o rapaz reclamou.

— E vai ter que tomar banho frio — disse a irmã.

— Por quê?! — preocupou-se.

— O chuveiro queimou — Adriana respondeu.

— Tá de brincadeira?!

— Não mesmo. O pior é que eu estava no meio do banho e nem tinha enxaguado a cabeça!

— Ah! Que droga viu! — o rapaz reclamou e seguiu para o quarto.

Postando preocupação na voz, Heloísa comentou:

— Quero ver na hora que seu pai chegar.

— O que tem? — perguntou a filha.

— Por causa do chuveiro queimado, ele é capaz de ficar falando a noite inteira.

Adriana, sentada à mesa e já fazendo a refeição, parou, olhou para a mãe e comentou:

— Acho que está mais que na hora da senhora se impor um pouco. Desde quando me conheço por gente, o pai nos ofende, maltrata e é rude. Sempre vivemos com medo dele, do que pode falar ou fazer. Vivemos oprimidos.

— Em outras palavras, nossa casa sempre foi um campo de batalhas, né, filha? Eu nunca soube resolver essa situação. Às vezes, me sinto fracassada... — A mulher deteve as palavras. Sua voz calou-se com um travo de amargura e decepção. Um semblante triste moldurou sua face, que pareceu nublar.

— Depois que eu me casar, como vai ser, mãe?

— Talvez ele melhore e...

Adriana não deixou sua mãe terminar o que dizia e a interrompeu, alterando o tom de voz:

— O pai nunca vai melhorar se a senhora continuar como é! A senhora abaixa a cabeça para tudo o que ele fala e faz! Por que faz isso, mãe?

— Já conversamos sobre isso muitas vezes e nunca encontramos solução. — Levantando-se, sem terminar a refeição, colocou sua cadeira no lugar e respirou fundo. Com jeito insatisfeito ainda disse: — Quando terminar, deixe o prato na pia, que depois eu lavo.

Adriana ficou chateada. Não era isso o que queria.

Heloísa não gostava de falar sobre aquele assunto.

Jaime, seu marido, era um homem grosseiro, rude. Alguém difícil de conversar. Talvez, tivesse seus motivos, mas não os revelava diretamente. Sempre enfrentou transtornos no casamento por conta do gênio hostil e, muitas vezes, violento do esposo.

Com o olhar entristecido, a filha acompanhou seus passos até a pia e depois a viu sumir no corredor.

Não demorou e Adriana terminou a sopa. Seus pensamentos causticavam com aquele assunto, mas nada poderia fazer. Foi até a pia, lavou os pratos e os talheres e os deixou escorrendo. Depois foi para o quarto que dividia com o irmão.

Daniel já havia tomado banho e, ao vê-lo, ela brincou:

— A água estava ótima! Não estava?

— Nem brinca! Que horror! Detesto água fria. Detesto frio. Odeio quando o chuveiro queima.

— Você tem dinheiro? — ela quis saber.

— Para quê? Está precisando?

— Tá na hora de comprar outro chuveiro, né?

— Não tenho ideia de quanto custa. Será que é caro?

— Não, se dividirmos. Cada um paga metade.

— Será que precisa comprar outro? Não seria só trocar a resistência desse aí?

— Esse chuveiro está velho demais. Joga água pra todo lado e não esquenta direito.

— Verdade. Tudo bem — ele concordou. — Compra que depois te dou o dinheiro.

— Amanhã a mãe não vai trabalhar. Vou pedir para ela comprar e a noite você troca, tá?

— Não, né! — reclamou. — Se for trocar o chuveiro vou ter que desligar a energia. Como é que vou enxergar à noite? Fica difícil. Diz pra mãe chamar o senhor Olímpio pra fazer isso durante o dia. Ele é eletricista, encanador e faz esse tipo de serviço pra todo o mundo.

— Mas tem que pagar! — a irmã exclamou.

— A gente paga! Fica mais fácil do que eu tentar fazer isso quando chegar à noite.

— O pai também, né... Bem que ele poderia ajudar um pouco mais.

— Olha, Adriana, faz tempo que eu não conto com o pai para mais nada. Até esqueço dele.

— É nosso pai. Não pode falar assim.

— Pai? Que pai? — ele perguntou, parecendo zangado. — Pai que é pai, cuida, orienta, educa, oferece amor e carinho. O que recebemos desse homem que só nos agrediu e desprezou?! — Breve pausa e Daniel disse ainda: — Eu já saí de casa uma vez e só voltei por causa sua e da mãe. Mas pra te dizer a verdade... Tá bem difícil ficar aqui.

— Não fale assim...

Ele parou com o que fazia, olhou-a firme nos olhos e perguntou em tom sério:

— Quer que eu minta? — Um momento e prosseguiu: — Veja bem, Adriana, desde sempre, a mãe se submete ao pai. Ele, por sua vez, não muda. Já propus a ela que fosse embora daqui. Mas não. Ela não aceita. Então eu peguei minhas coisas e fui embora. Mesmo quando estava morando sozinho, também propus para vocês duas que fossem morar comigo. Não aceitaram.

— Não ia deixar a mãe, aqui, sozinha!

— Foi então que o pai piorou! Aí vocês me pediram para voltar.

— Aí ficou tudo bem.

— Tudo bem?! — ele exclamou. — Você chama tudo bem o jeito que ele age? Acha que é normal? — A irmã não disse nada. Sabia que ele estava certo. — Quero ver como vai ser depois que você se casar. Muito provavelmente eu não vou suportar ficar aqui.

— Você vai embora?! E a mãe?! — perguntou ela de um jeito melancólico.

— A mãe vai ter que decidir o que fazer da própria vida. Nem eu nem você podemos interferir. Se ela quiser, pode até morar comigo. Mas duvido que vá.

Adriana respirou fundo e ficou olhando-o.

Não demorou e escutaram o vozerio vindo de outro cômodo da casa. Aquilo indicava que o pai havia chegado e estava insatisfeito.

— Ele chegou — disse a irmã.

Daniel a olhou sério. Pegou um suéter de lã e vestiu. Respirou fundo, alinhou os cabelos com as mãos e saiu do quarto.

CAPÍTULO 3

Conhecendo-se melhor

Daniel chegou à cozinha onde sua mãe se encontrava de cabeça baixa. Seu pai ia e vinha de um corredorzinho que servia de passagem para a lavanderia.

O homem reclamava por causa do chuveiro queimado e de tudo mais que acontecia. Estava sob efeito de bebida alcoólica e ainda não tinha visto o filho.

— Esta casa é uma droga! Uma porcaria! Sabe o que é uma porcaria?! É uma porcaria! Uma droga! Cê tá entendendo? E... Você não serve pra nada! Tenho uma mulher inútil! Imprestável! — falava trôpego. De modo irritadiço. — Depois... Depois de um dia difícil... Difícil, viu? Você entendeu? Entendeu?! — e enfiou a cabeça pela porta da cozinha.

Nesse momento, Daniel estava perto do fogão servindo-se da sopa que havia na panela.

Quando o viu, Jaime arregalou os olhos e parou com o que dizia.

O rapaz sentou-se à mesa. Não falou nada.

Heloísa se aproximou com uma cestinha e ofereceu:

— Quer pão, filho?

— Quero sim. Obrigado — respondeu baixinho.

Naquele instante, o pai adentrou a cozinha. Olhando para o rapaz, reclamou:

— O chuveiro queimou! Sabia que o chuveiro queimou?! — perguntou, agora de um jeito menos agressivo.

— Sei sim. Eu tomei banho frio e a Adriana também.

— Mas hoje tá frio! Eu não quero tomar banho frio! Tá muito frio!

— Um banho frio iria te fazer bem, Jaime — comentou a esposa.

— Por quê? Por que ia me fazer bem? Você tá querendo dizer o quê?!

— Não estou insinuando nada. Vai tomar banho e depois vem jantar — tornou ela.

— Insinuando?! Insinuando. Insinuando. Viu?! — Ao passar pelo filho, que estava sentado, deu-lhe um tapa leve nas costas e repetiu: — Insinuando! Ela fala difícil! Só porque é professora. Uma professorinha... — Apontou ao repetir: — Uma professorinha, aí ó!... Pensa que eu não sei... Não sei o que é insinuando?! Mas eu sei! Eu sei, tá bom! Sei sim. Sei o que é insinuando! — falava bem devagar a palavra que tanto o incomodou. — Não pensa que eu sou analfabeto não. Porque eu sei o que é insinuando!

— Jaime, por favor, vá tomar banho e vem tomar um prato de sopa.

— Por que é que só tem sopa?! Eu trabalho! Ponho dinheiro em casa! Dinheiro nessa droga dessa casa! Viu? E aí... Quando eu chego, não tem chuveiro quente e só tem sopa! Sopa! Viu? Só tem sopa!

O homem não percebia o quanto sua conversa era desagradável e seus modos desprezíveis.

Seu jeito mole e enfático de falar era desconexo e irritava em demasia.

A pessoa alcoolizada perde a noção do bom senso, a razão, não só pelo efeito que o álcool proporciona ao organismo, mas também pela influência espiritual de entidades inferiores, escravizadas, quando encarnada, pela bebida alcoólica. Tais espíritos vampirizam todo aquele que ingere bebida alcoólica e ainda o influencia em pensamento, palavras e ações[1].

Inúmeras atitudes tomadas sob o efeito do álcool, certamente, não aconteceriam se a pessoa estivesse em seu estado normal. O pior é, depois, deparar-se com a vergonha, a responsabilidade e o arrependimento.

Daniel, insatisfeito com a situação, respirou fundo, ergueu o tronco e, com o olhar, procurou pelo pai.

Percebendo que o rapaz ia falar alguma coisa, a mãe, sentada à lateral da mesa, sobrepôs a mão em seu braço e sinalizou negativamente com a cabeça ao espremer os olhos, pedindo, silenciosamente, para que não dissesse nada.

— Eu não falo insinuando, mas eu trabalho e ponho dinheiro em casa! Deveria ter comida e banho quente nesta droga desta casa! Porque eu trago dinheiro... Dinheiro pra dentro de casa — dizendo isso, o senhor seguiu pelo corredor em direção ao quarto.

Os companheiros espirituais o seguiram, enquanto o mentor de Daniel o envolvia pedindo:

— Calma. Não reaja. Não vai adiantar.

O rapaz acabou de engolir um pedaço de pão e, em voz baixa, perguntou:

— A senhora vai levar essa vida até quando?

— É o seu pai! — sussurrou.

---

1. Nota da Médium: Efeitos e prejuízos físicos e espirituais do álcool é explicado com detalhes no livro: O Resgate de uma Vida – da mesma autora espiritual.

— Estou crescido, mãe. Não preciso de pai. Não como ele. Já falamos e fizemos de tudo para ajudá-lo. Nós o levamos ao Alcoólicos Anônimos, mas não adiantou. Sabe por que o pai não muda? — Não esperou pela resposta e prosseguiu: — Não muda porque ele tem o que deseja.

— E o que ele deseja?

— Tudo e todos o servindo. Tudo e todos com medo dele. Principalmente a senhora. Se ele ficasse sozinho, é provável que procurasse ajuda. Talvez, quisesse se regenerar para ter a senhora de volta, não sei... — Vendo-a reflexiva, perguntou: — Quantos anos de casados vocês têm?

— Sua idade. Você sabe.

— Nesses anos todos, depois de ter feito tanto por esse homem, a senhora não conseguiu fazer com que ele mudasse, então seu método não funcionou. É provável que precise de algo novo. Se a senhora não tem culpa pela bebedeira dele, é preciso mudar.

— Fazer o quê?

— Fazer algo por si, mãe. Cuidar da senhora, da sua saúde, da sua aparência. Um curso, talvez!... Viaje! A senhora é jovem, bonita, educada, sensata... Faça algo por si, mãe. Invista em si! — enfatizou, falando baixinho. — Quando fizer isso, provavelmente, ele vai querer deixar o vício e ser alguém melhor. Quem sabe tenha que dar exemplo. A não ser que se sinta culpada, de alguma forma, pelo vício dele.

— O que vai ser de seu pai se eu abandoná-lo?

Daniel olhou em seus olhos e perguntou:

— O que vai ser da senhora se continuar com ele?

Não houve resposta.

O silêncio foi absoluto até Jaime retornar à cozinha. Ele se encontrava menos eufórico.

Sentou-se à mesa e a mulher, que já estava em pé, serviu-o com a sopa.

Ao experimentar a primeira colherada, o marido reclamou:

— Está sem sal.

Ela foi até o armário, pegou o saleiro e colocou a sua frente.

— Eu gosto de comer comida de verdade. Não gosto de sopa. Pra mim, isso é água quente com coisa boiando.

Ninguém disse mais nada.

Daniel foi para o quarto. A irmã estava conversando com sua amiga através de mensagens pelo celular. Ao terminar, Adriana perguntou:

— E aí?

— Você ouviu, né?

— Um pouco. Não pude prestar atenção. — Um momento e comentou: — O pai não muda mesmo. É só beber e...

— Mesmo quando não bebe, ele sempre incomoda. Fala o que não deve. É difícil conviver com alguém assim tão inconveniente. É uma pessoa que, além de ser ignorante, não ter razão no que diz, fala demais e ainda bebe. Por outro lado, a mãe se submete ao que ele faz e isso dá força para que ele continue sendo como é. Às vezes, penso que a mãe tem grande parcela de culpa por ele ser assim. Ela age de forma suspeita e incorreta quando não toma uma atitude. Parece que deve alguma coisa.

— Do que você está falando?

— Da mãe não tomar uma atitude. É como se ela se sentisse culpada. Talvez, tenha feito algo que o levasse a beber tanto. Embora um erro não justifique o outro. Às vezes, acho que ela se faz de vítima. Será que é vítima mesmo?

— Não estou te entendendo...

— Deixa pra lá. — Mudando de assunto, Daniel quis saber: — E então? Como foi o seu primeiro dia na nova empresa?

— Aaaaah!... Nem te conto! — riu.

O irmão sorriu pelo jeito engraçado que Adriana fez. Sentou-se na cama, frente a ela e ouviu, atentamente, todas as novidades que a irmã tinha para contar.

Assim que ela terminou, o rapaz disse:

— Foi bom. Você mostrou eficiência, logo de cara. Isso impressiona, sabia?

— Quando o homem me chamou pra ir conversar na sala dele, pensei que algo tivesse dado errado.

— Que nada! Ele quer informações sobre o concorrente. Afinal, você trabalhou lá por um bom tempo. Vai ter muito o que contar.

— Quando quiser, vou contar mesmo. Achei muito injusta a minha demissão.

— Não pense assim. A empresa agiu corretamente. As organizações não costumam ter parentes no quadro de funcionários. Você e o Nícolas vão se casar. Era esperado que um de vocês fosse demitido. Ainda bem que foi você.

— Não achei justo porque trabalhávamos em departamentos bem diferentes e distantes. Mas... Agora não importa. Já estou com emprego novo e estou bem satisfeita. Apesar de não ter ido muito com a cara da gerente. Ela é tão metida!... — O irmão riu e Adriana ressaltou: — Verdade! Sabe aquela pessoa que dá uma de que entende de tudo, sabe de tudo, mas, na verdade, é incompetente total? Pessoa arrogante que se acha com toda a razão?

— Sei.

— É ela! Mas não tem nada não. Estou acostumada com gente assim. Vou me adaptar bem.

— É assim que se fala! Não temos que mudar o trabalho ou as pessoas a nossa volta. Precisamos é nos adaptar ao ambiente.

O silêncio reinou por alguns instantes, até que Adriana perguntou:

— E você, Dani?

— O que tenho eu? — olhou desconfiado.

— Nos últimos tempos, você está tão quieto, calado.

— Já te disse. Não está sendo confortável viver aqui.

— Depois que eu me casar, você pretende mesmo sair de casa de novo como me falou?

— Não pretendo. Eu vou sair. Não dá mais.

— E a mãe?

— Como eu já te disse, se ela quiser, posso dar a maior força. Poderá morar comigo. Não vou me importar.

Adriana, sentada na cama, encolheu as pernas e remexeu-se ao perguntar:

— Por que você não se casa logo com a Lisa?

— Ainda não sei... — ele sorriu, detendo as palavras.

— Vocês se dão bem.

— Quero juntar uma grana, comprar uma casa... Não me agrada morar de aluguel.

— Mas você já tem grana para comprar uma casa. Deixa de ser regulado. Você gosta dela? — tornou curiosa.

— Gosto. Mas é que... — riu. No instante seguinte, pegou o travesseiro e atirou nela.

Adriana pegou o travesseiro no ar e riu gostoso, devolvendo-o em seguida.

— Você só está enrolando a menina!

Daniel se levantou, ainda ria quando saiu do quarto sem dizer nada.

Antes de ir dormir, Adriana foi à procura de sua mãe. Encontrando-a na sala assistindo à televisão, perguntou:

— E aí?

— Tudo bem.

— E o pai?

— Sempre a mesma coisa. Chegou daquele jeito, falou tudo o que queria, jantou e foi dormir.

— Em plena segunda-feira e já está enchendo a cara! Imagine quando chegar o fim de semana.

— Seu pai sempre fez isso. Você sabe. Deveria se acostumar.

Adriana ficou pensando no que o irmão havia dito. De fato, sua mãe estava conformada com a situação e parecia se fazer de vítima. Isso era estranho.

— E o que a senhora vai fazer, mãe?

— Por que você e seu irmão ficam me fazendo cobranças? — a mulher perguntou.

— Porque a senhora é nossa mãe! — disse sussurrando. — Queremos seguir nossas vidas e não vamos ficar bem se soubermos que a senhora está se submetendo aos maus-tratos do pai. Veja... Eu vou me casar daqui a três meses! O Daniel disse que não aguenta mais continuar morando aqui! Então, como vai ser?

— Case-se e siga a sua vida! — sussurrou no mesmo tom. — Deixe o Dani seguir a vida dele! Sejam felizes!

— Mas, mãe, a senhora não pode continuar vivendo dessa forma submissa. A senhora é uma pessoa instruída. Já está aposentada e ainda trabalha! É produtiva, bonita, sensata... Não quero que fique aqui, sofrendo desse jeito. Eu não posso me casar e tentar viver a minha vida com tranquilidade imaginando que a senhora está... Vivendo como vive! — falou, impostando piedade na voz e estampando, na face alva, um semblante preocupado.

Heloísa, que estava sentada sobre as pernas e apoiada no braço do sofá, ajeitou-se ao lado da filha e virou-se. Com olhar entristecido, fitou-a firme e pediu com voz branda:

— Sigam seus caminhos. Lembre-se de que ficar com seu pai é escolha minha.

— Mas, mãe!...

— Não tem mas! É minha escolha. Case-se e pronto!

Sentindo uma amargura indescritível, Adriana experimentou os olhos aquecerem por lágrimas que brotaram, mas não caíram.

Num impulso, abraçou-se a sua mãe e se apertaram com força e carinho.

O abraço durou alguns minutos. Emocionadas, afastaram-se.

Com a voz trêmula e tentando disfarçar o que sentia, Heloísa sugeriu:

— Vá se deitar, vai. Amanhã precisa levantar cedo.

— Tá bom... Boa noite, mãe. — No instante seguinte, lembrou: — Ah! Eu e o Daniel vamos deixar dinheiro para comprar um chuveiro novo. Daria para a senhora fazer isso amanhã?

— Sim. Dá. E quem vai colocar? Ele?

— Peça para o senhor Olímpio. Vamos deixar dinheiro para pagar o serviço.

— Tudo bem. Pode deixar que amanhã cuido disso. — Sorriu e disse: — Boa noite! Durma com Deus.

— Boa noite, mãe.

Ao entrar no quarto, em que dormia com o irmão, Adriana ouviu Daniel dizer:

— Espera aí. Ela está chegando. Tchau! — ele falava ao celular da irmã. Obviamente, havia atendido o aparelho. Entregando o telefone para ela, avisou: — É o Nícolas.

— Oi, amor! Tudo bem? — sorriu e entoou a voz de um jeito mimoso.

Sem que ela visse, Daniel franziu o semblante e, com uma careta, fez uma dublagem das palavras da irmã, como uma mímica para arremedá-la. Rindo de si, o rapaz se deitou e virou para a parede, deixando-a conversar com o noivo.

No dia seguinte, Heloísa já havia preparado o desjejum de todos, quando os filhos levantaram.

Adriana, bem arrumada, sentou-se à mesa frente ao irmão para tomar café e perguntou:

— E o pai?

— Está dormindo — respondeu a senhora.

— Se continuar assim, vai ser demitido como foi dos outros empregos — disse a moça.

— Passe o leite — pediu o irmão. Enquanto se servia, Daniel reclamou: — Vou pedir um favor, maninha. Da próxima vez que aquele sujeito ligar, vá atender em outro canto — embora brincando, falou sério.

— Ah... Não amola — ela riu.

— É sério! Eu estava dormindo quando seu celular me acordou. Depois vocês ficaram tagarelando até!

— Daqui a alguns dias, você vai ficar livre de mim.

— Não vejo a hora — murmurou.

Riram.

Conversaram mais um pouco. Estavam animados até que Jaime chegou à cozinha e trouxe consigo uma aura escura, e companheiros espirituais desarmônicos com o bem-estar dos filhos que, no mesmo instante, ficaram sérios. Mesmo sem o efeito do álcool, espíritos que se compraziam na bebida o acompanhavam para incentivá-lo a beber mais, na primeira oportunidade.

— Por que não me acordou antes? — ele perguntou à esposa com modos rudes.

— Olha aqui, pai! — ressaltou Daniel, com firmeza. Sabia que, sóbrio, seu pai não iria investir ou brigar. — Cada um de nós tem que saber quais são as próprias responsabilidades e deveres nesta casa. A mãe não é empregada de ninguém.

— É que ela acordou cedo. Custava ter me chamado?

— Custava sim. O senhor sabe o porquê de não ter acordado com o despertador, não sabe? — perguntou o filho no mesmo tom.

Não houve resposta. No entanto, Heloísa justificou:

— Eu o chamei, Jaime. Pensei que tivesse ouvido. Vim fazer o café e você não levantou.

Adriana, que não gostava de se envolver, levantou-se e disse:

— Com licença gente. Deixe-me escovar os dentes. Não quero chegar atrasada.

— Quer uma carona até o metrô? — perguntou o irmão.

— Hoje quero sim! — alegrou-se.

— Então se apressa!

De cabeça baixa, parecendo envergonhado, o marido pediu:

— Me arruma algum remédio, aí, pra dor de cabeça.

A esposa ia se levantar, quando o filho se intrometeu:

— Não, né, mãe! A senhora está tomando café igual a ele. Por que deveria ir pegar se quem está com dor de cabeça é o pai?

— Num sei onde está os remédios — o homem retrucou, falando errado.

— Ali! — Daniel apontou. — Naquele armário. Dentro de uma caixinha. O senhor pode, muito bem, ir lá pegar.

Sem dizer nada, Jaime se levantou vagarosamente e foi a procura do remédio.

Daniel terminou seu café e foi se arrumar.

Ao se ver a sós com a esposa, o marido a olhou com ódio e comentou com a voz rouca, dizendo com os dentes cerrados:

— Olha como seu filho me trata. Só porque é grandão, machão pensa que pode comigo. Qualquer hora ele vai ver. E você também.

Ela nada disse. Abaixou a cabeça e se levantou.

A caminho do metrô, Daniel brincou com sua irmã:

— Não vai tomar banho com suco hoje, não é?

— Nem brinca! — ela riu gostoso. — Ai!... Quando eu reconheci o homem e vi que era ele o diretor que tinha feito aquilo comigo na cafeteria... Nem te conto!

— Deve ter ficado envergonhado, lógico!

— Acho que sim. Quando foi apresentado como diretor de minha seção, nem acreditei. Cheguei a duvidar que fosse ele, pois estava tão sério. Mas a forma como me olhou... Eu quase ri na frente de todo o mundo.

— Como ele reagiu? Falou alguma coisa na hora?

— Ficou bem sério. Na dele. Manteve toda a classe. Depois, na sala dele, conversamos e só então riu um pouco. Mesmo assim, com moderação. Ele me pediu desculpas pelo suco. Daí eu fiquei com vergonha, pois o tinha chamado de idiota e mandado olhar por onde andava. — riu. — Ele não esqueceu isso — gargalhou.

— Ele é *véião*?

— Nada! Deve ter a sua idade.

— Sério?! Diretor executivo de uma empresa como aquela, tendo cerca de trinta anos! É de se admirar.

— Também achei. Os demais diretores são todos de meia idade.

Continuaram conversando até que o trânsito, que já se encontrava lento, parou totalmente.

— É... Eu estava adiantado — reclamou Daniel em tom insatisfeito. — Cada dia este trânsito está pior.

— Que droga, né? E ainda teve que desviar do seu caminho para me levar ao metrô — a irmã reconheceu.

— É.

Seguiram lentamente e em silêncio até que Adriana olhou pela janela e viu o motorista do carro ao lado sorrir e acenar levemente com a cabeça, fazendo um cumprimento.

Naquele instante, seus olhos se arregalaram. Sentiu a adrenalina ser injetada em seu corpo e experimentou o famoso frio na barriga.

Ela também sorriu, com delicadeza, e acenou levemente a cabeça.

Virando-se para seu irmão, falou baixinho, exibindo sua surpresa:

— É ele!

— Quem? — Daniel não entendeu.

— Meu diretor. É ele aqui no carro ao lado — murmurou.

Ambos olharam na direção de Wagner e, desta vez, foi Daniel quem cumprimentou da mesma forma.

Em seguida, Daniel voltou-se para a direção do carro e sorriu de um modo diferente. Havia um ar de molecagem em seu semblante, que se iluminou com um jeito maroto. Tentando ser discreto, sussurrou ao sorrir e contar seus planos de maneira persuasiva:

— Bem que ele poderia te levar. Aí eu pegaria aquele acesso e cairia na Marginal para Pinheiros — referiu-se à via e ao bairro para onde iria. E continuou com o mesmo jeito de moleque quando disse:

— Abaixa o vidro aí e cumprimenta direito o cara.

— Nem pensar! Ficou louco?! — ela falou bem baixinho e muito contrariada.

— Fiquei. Claro que fiquei. Hoje não posso me atrasar — afirmou sorrindo e falando entre os dentes para, talvez, deixá-la mais nervosa. O irmão parecia se divertir com a situação.

— Se você fizer isso, eu desço deste carro e sigo a pé.

— Abre o vidro e conversa com o cara — tornou a pedir.

— Não! — ficou zangada.

Daniel acionou o vidro elétrico da porta do passageiro, cujo botão também ficava do seu lado. Mesmo vendo a irmã em desespero, gesticulou para Wagner. Fez um gesto singular, ao erguer um braço e com a outra mão, bateu no relógio, indicando que o tempo passava e que estavam atrasados por causa do trânsito.

Wagner também sorriu. Desceu o vidro de seu carro e reclamou, colocando a cabeça parcialmente para fora:

— Hoje está bem difícil mesmo!

Inclinando o corpo para o lado do banco onde estava a irmã e colocando a cabeça a frente dela, que permanecia imóvel, Daniel disse em voz alta para o outro ouvir:

— Acho que aconteceu algum acidente!

— Também acho! — Wagner gritou.

— Pior que vou deixá-la no metrô. E ainda tenho que voltar pra pegar a marginal para ir para Pinheiros! Justo hoje que não poderia me atrasar.

— Não vai pra Paulista? — Wagner perguntou.

— Não. Vou só deixá-la no metrô. Depois ainda vou pra Cidade Universitária — referiu-se à região para onde iria.

— Você não fez isso! — murmurou Adriana imóvel e incrédula.

Um momento pensativo e Wagner propôs:

— Se você não se importar, a Adriana pode vir comigo. Assim você pega a ponte, logo ali na frente, e segue para Pinheiros.

Sem coragem de olhar para o diretor, a moça voltou-se para o irmão e disse baixinho e vagarosamente:

— Eu mesma vou matar você e usando as minhas próprias mãos!

— Desce do carro — o irmão murmurou, com um largo sorriso no rosto. — E toma cuidado com as motos! — exclamou Daniel rindo e falando entre os dentes. Virando-se para o outro, agradeceu:

— Poxa! Muito obrigado. Não imagina como me ajudou!

— Venha, Adriana! Toma cuidado com as motos! — pediu o diretor.

— Desce! — sussurrou o irmão exclamando e exigindo com um sorriso no rosto. Observando-a quieta, Daniel deu-lhe um beliscão e a viu sobressaltar do banco.

Wagner notou o movimento brusco de Adriana e não entendeu. Por isso, sorriu.

Como não haveria outro jeito, a moça fuzilou o irmão com os olhos e desceu do carro. Aproveitando o trânsito parado, contornou o outro veículo enquanto Wagner abriu a porta para que ela entrasse.

Daniel sorriu largamente e, com jeito de molecagem, ainda pediu passagem para o Wagner, a sua direita, a fim de pegar o acesso viário de que precisava.

Adriana sentia-se esquentar. Não sabia o que fazer nem como reagir.

O diretor percebeu seu constrangimento e a cumprimentou:

— Bom dia! Tudo bem?

— Bom dia — respondeu séria.

— Bem... Te dar uma carona é o mínimo que eu poderia fazer depois de ontem cedo — disse ao olhá-la de cima a baixo.

— O senhor não esqueceu? — tentou sorrir, envergonhada pelo que o irmão havia feito.

O rapaz sorriu largamente ao responder:

— Aquilo não é algo para se esquecer. Mas fique tranquila. Hoje já tomei café da manhã — ofereceu um sorriso bonito, que ela admirou sem comentar.

Ficaram em silêncio. Não sabiam o que conversar. O trânsito encontrava-se parado e ainda era possível ver o carro de Daniel tentar pegar o acesso para a marginal.

Adriana estava completamente sem assunto e ele percebeu.

Por um momento, o rapaz se questionou, em pensamento, se havia feito a coisa certa. Afinal, mal a conhecia. Além disso, era o diretor que chegaria à empresa acompanhado da analista recém-contratada.

Porém, já tinha feito. Não podia mudar a situação.

Tentando relaxar, Wagner tirou do noticiário, na rádio CBN, e colocou uma música.

— Importa-se? — perguntou.

— Com o quê? — Adriana não entendeu. Achava-se perdida em seus pensamentos.

— Com a música.

— Ah... Não. Gosto de música.

Algum tempo depois, o moço comentou:

— O seu noivo pegou o acesso para a Marginal Pinheiros só agora — havia reparado a aliança de noivado na mão direita da moça e deduziu que Daniel fosse o noivo.

— Ele não é meu noivo. É meu irmão.

— Irmão?! — achou graça. — Pensei que fosse seu noivo.

— Não. Mas acho que amanhã serei filha única.

Wagner riu. Entendeu a situação e o que ocorreu no carro antes de ela descer. Mesmo assim, perguntou:

— Por quê?

— Vou matá-lo hoje à noite quando chegar a minha casa.

Ele achou graça novamente e quis saber:

— Como foi que aconteceu? Você me viu. Disse a ele que eu joguei suco em você ontem. Ele estava atrasado e resolveu te despejar do carro?

— Foi mais ou menos isso — pareceu mais descontraída. — O Daniel, meu irmão, estava se atrasando por minha causa. Eu vi o senhor e disse a ele quem era. Então, quis que me desse carona. Eu não queria, mas ele insistiu. Abaixou o vidro do carro e começou com aquela conversa. Desculpe-me. Estou envergonhada.

— Que nada. Seu irmão só não queria se atrasar.

— O Daniel é muito pontual. Gosta de tudo certinho.

— E você, também?

— Também — sorriu lindamente.

Seguiram um pouco mais e Wagner perguntou:

— E o seu noivo? Faz o quê?

— O Nícolas trabalha na empresa que eu saí. Souberam que estamos noivos e que vamos nos casar em três meses e... Fui demitida. Normas da empresa.

— Aaaah! Então, ontem, quando me disse que não sabia a razão de ter sido demitida, mentiu? — riu.

— Não exatamente — respondeu com um sorriso gracioso.

— Explique-se — sorriu e olhou-a demoradamente.

— Eu fui, simplesmente, demitida junto com outras três pessoas. Não me disseram a razão. Mas, conversando com pessoas conhecidas que trabalham nos Recursos Humanos, fiquei sabendo que foi por estar noiva de outro funcionário.

— Sei. — Breve pausa e indagou, embora ela já tivesse dito: — Vai se casar em três meses?

— Sim. Vou.

— Já está mobiliando a casa?

— Um apartamento, na verdade. E, sim, já está mobiliado.

— Há quanto tempo estão noivos?

— Três anos entre namoro e noivado.

— Poxa! — ele se mostrou admirado.

— Por quê? — não entendeu sua admiração.

— É por isso que minha noiva está zangada — sorriu.

— Por quê? — ficou curiosa.

— Porque, entre namoro e noivado, já se passaram muitos anos... — riu novamente. Não quis dizer há quanto tempo era compromissado.

— E por que não se casam? — No mesmo instante, Adriana se achou muito atrevida com a pergunta. Afinal, Wagner era seu diretor. Estava sendo muito indiscreta. Por isso, desculpou-se: — Perdão. Eu não quis ser invasiva ou desrespeitosa.

— Não foi. Nós não nos casamos porque ela resolveu fazer faculdade mais tarde e eu achei melhor que terminasse o curso. Assim ganharíamos tempo para comprarmos um apartamento e ajeitarmos mais a vida. Ano que vem nos casamos. Já estamos ajeitando tudo — sorriu com uma expressão diferente no olhar. Uma espécie de saudade. — Nós nos vemos tão pouco... — Um momento e relatou: — Nós nos conhecemos desde criança — sorriu. — Estudávamos na mesma escola. — Wagner a olhou por um instante e pôde ver sua feição agradável. Adriana pareceu interessada e ele viu um brilho curioso e vivaz em seu olhar. Sabia que mulher, geralmente, é romântica e gosta de uma história de amor. Por isso resolveu contar a sua: — A Sabrina é cinco anos mais nova do que eu. Quando eu era adolescente, fiz muito *bullying* com ela — riu. — Um dia, nós nos encontramos. Era meu último ano do colégio ou ensino médio, como é chamado hoje. Ela trabalhava para o evento de formatura. Comissão de formatura. A minha formatura... — achou graça. — Precisei tratar de vários assuntos com ela e... Nós nos aproximamos e... Eu já não era mais o menino bobo e imaturo de antes. Por sorte, ela não guardou rancor. Nós nos aproximamos e começamos a namorar. Vim fazer faculdade em São Paulo e comecei a trabalhar aqui.

— O senhor não é de São Paulo? — admirou-se.

— Não. Sou de Peruíbe. Cidade litorânea. Sul do estado de São Paulo. Conhece?

— Conheço. É uma cidade praiana linda!

— É mesmo. Bem planejada. A Sabrina, minha noiva, ficou lá e eu vim pra cá. Arrumei emprego e continuei estudando. Só nos vemos em alguns fins de semana. Nem sempre dá para viajar. Acaba ficando caro.

— Quando ela terminar a faculdade, deve vir para São Paulo, não é mesmo?

— E virá casada — sorriu.

— Seus pais moram em Peruíbe?

— Moram.

— O senhor não tem família aqui?

— Não. Ninguém. — Sorriu ao lembrar: — A Hilda, minha assistente executiva, é como uma mãe para mim. Sempre foi. Desde que a conheci, na empresa, quando eu era estagiário... — Pensou em contar que já havia morado na casa da Hilda, mas achou que não seria conveniente. Então, omitiu. — Depois de um tempo na empresa, comprei um apartamento e moro sozinho. No começo, foi complicado. Estranhei muito. Hoje, já estou acostumado. Se bem que tem dia que não tenho nada para o café da manhã porque esqueci de comprar. Aí tenho de tomar café na rua e derrubar suco em alguém para animar meu dia.

Riram e continuaram conversando até chegarem ao destino.

CAPÍTULO 4

Criando oportunidades

Wagner deixou o carro no estacionamento de sempre. Cumprimentou os manobristas, e um deles perguntou:

— Vai ser lavagem completa hoje, chefe?

Wagner olhou para o veículo, observou seu estado e confirmou:

— Sim. Capricha, hein!

— Pode deixar, chefe!

Quando saíram do estacionamento, caminharam lado a lado pela calçada. O rapaz olhou o relógio e comentou:

— Pensei que fôssemos nos atrasar, mas deu tempo.

— O trânsito estava terrível.

— Foi por causa daquele acidente. Depois que passamos por ele, o tráfego fluiu.

Assim que chegaram próximo ao prédio onde trabalhavam, Adriana, que não aguentava a pressão dos próprios pensamentos, disse em tom nervoso:

— Olha, doutor Wagner... Eu peço desculpas, novamente, pelo que meu irmão fez hoje cedo. Foi bem desagradável e estou muito envergonhada.

— Está tudo bem, Adriana. Não se preocupe — sorriu, achando graça de seu constrangimento e nervosismo.

Ao se aproximarem das catracas, que ficavam na portaria do edifício, o crachá da moça não funcionou. Por isso não conseguia entrar.

O rapaz parou ao lado e, com seu crachá na mão, ficou aguardando. Ele poderia ter passado na catraca ao lado, mas não quis. Decidiu esperar para ver como aquilo se resolveria.

Adriana tentou várias vezes. Mudou de catraca, mas seu crachá não liberava a passagem.

Vagarosamente, um segurança se aproximou e a moça se queixou:

— Bom dia. Não sei por que não está funcionando.

— Bom dia — respondeu o homem que pegou o crachá da mão da jovem e tentou, ele mesmo, liberar a passagem. — É. Não está funcionando. — Observando o nome e a foto de Adriana, pediu: — A senhora tem um documento com foto, por favor?

Ela abriu a bolsa e começou a revirar, procurando sua carteira.

Diante da demora, ficou inquieta, tentando disfarçar o nervosismo.

— Poxa vida! — murmurou baixinho. — Não... Não estou encontrando e... Ai, meu Deus! — falou mais alto.

— Algum problema, dona Adriana? — Wagner perguntou, tomando uma postura conservadora e formal, o que era exigido pela empresa.

— Não estou encontrando minha carteira e... — Olhou para ele expressando aflição, parecendo pedir ajuda.

O diretor virou-se para o segurança, que o conhecia de muito tempo, e pediu:

— Pode liberar a entrada da dona Adriana. Ela trabalha na minha diretoria.

— Sim senhor — concordou o homem que foi até uma mesa, pegou um cartão de liberação da catraca e deixou a funcionária entrar.

Nitidamente nervosa, ela agradeceu e caminhou a passos lentos para o *hall* onde ficavam os elevadores.

Sério, ao seu lado, Wagner, olhando para o indicador dos andares na parede, disse sem encará-la:

— Quer dizer que, se não fosse seu irmão ter pedido carona hoje cedo, você teria chegado ao metrô e precisaria retornar a pé para sua casa, pois não teria como pagar a passagem. Certo?

— Sim senhor. Eu teria de retornar para casa — concordou em tom inconformado. — Esqueci carteira, cartão, bilhete, crachá, documentos... Tudo. Não tenho um único centavo! — murmurou, exclamando.

— Como foi acontecer isso? — perguntou curioso e sorrindo, sem encará-la.

— Eu troquei de bolsa, pois... — calou-se.

— Pois?... — ele quis saber diante da demora.

— A bolsa que eu usei ontem ficou molhada com suco de laranja — respondeu baixinho com um sorriso nos lábios.

Sem olhá-la ainda, ele riu com discrição e pendeu com a cabeça positivamente fitando as portas fechadas a sua frente.

Quando o elevador chegou, entraram juntos com outras pessoas e não foi dito mais nada.

Já em seu andar, passou por sua secretária, que o cumprimentou:

— Bom dia, doutor Wagner!

— Bom dia, Hilda! Venha até minha sala, por favor — solicitou, enquanto caminhava sem olhar para a assistente.

A mulher o acompanhou e fechou a porta assim que entrou.

O diretor pegou o celular e disse:

— Nem sei direito como se faz isso, mas... Tem algumas fotos aqui e eu queria que você desse um jeito de copiar e mandar revelar.

— Todas? — ela quis saber.

— É... Acho que sim. Nem sei mais o que tem aí. Ontem eu fui ao mercado e fiz aquilo que te falei.

— Tirou fotos dos iogurtes nas prateleiras?

— Tirei. A dona Adriana tem razão. Toda a razão. Precisamos preparar alguns relatórios sobre isso e anexar as fotos. Quero que agende uma reunião com o pessoal do marketing e da produção também. Depois veja a cotação de vendas. Quero isso para antes da reunião. Verifique se os demonstrativos...

— Calma... Espere aí — pediu a mulher, com voz branda. — Estou anotando, mas... Pelo menos hoje, vá devagar porque eu esqueci meus óculos. Estou lenta para ler e escrever. — Depois de fazer as anotações, ela avisou: — Seu almoço com os diretores da rede de hipermercados foi cancelado e reagendado para a próxima terça--feira. E...

— E?...

— Não estou conseguindo ler. Esqueci meus óculos... Que coisa... Nem a própria letra... Escrevi isso ontem — falou baixinho, em tom agradável.

Quando a assistente disse isso novamente, Wagner se lembrou de Adriana que tinha esquecido a carteira. Ele sorriu sem perceber. De imediato, ficou pensando que a funcionária não teria dinheiro para almoçar nem para ir embora. De certa forma, a culpa por aquilo ter acontecido, talvez, fosse dele. Foi por tê-la molhado que precisou trocar de bolsa e esqueceu a carteira.

— Está feliz? — perguntou a secretária.

— Feliz? Eu? — indagou, parecendo surpreso com a pergunta.

— Sim. Feliz. Está rindo à toa, e eu não contei nenhuma piada.

— É que eu me lembrei de uma coisa.

— Se for engraçada, pode me contar. Estou precisando rir também.

— Então eu aconselho que vá ao teatro assistir a uma boa comédia, Hilda. Eu não sou palhaço! — brincou.

— É que parece — murmurou.

— Por quê? — riu ao indagar. Ficou imaginando o que ela inventaria.

A assistente o olhou de cima a baixo e respondeu:

— Porque essa gravata não combina com nada. Ela é pior do que a que eu comprei ontem. Quer usar a de ontem? Eu guardei.

— Não é pior não!

— Não discuta comigo. O senhor sabe que eu sempre tenho razão. Agora... Com licença. Vou cuidar da minha vida e do meu trabalho.

Wagner riu ao vê-la sair. Mas pegou a ponta da gravata e olhou, demoradamente, para ter uma opinião melhor.

No decorrer da manhã, durante as poucas pausas no trabalho, ele sempre se lembrava de Adriana e do que aconteceu.

Em alguns momentos, achava graça ao recordar a feição da moça e de seu constrangimento com o que o irmão havia feito. Em outros, preocupava-se por ela não ter dinheiro para almoçar nem retornar para casa, embora não fosse de sua conta.

Aquilo começou a incomodá-lo. Passou a experimentar um sentimento de culpa misturado à ansiedade.

Ficou imaginando como ela poderia resolver a situação.

A hora do almoço já havia avançado e o diretor não tinha ido fazer a refeição. Demorou demais com alguns assuntos que analisava.

Apesar disso, recordava-se da funcionária e gostaria de saber o que ela tinha feito.

Não conseguindo se conter, Wagner saiu de sua sala e passou pela mesa de sua assistente, que não estava. Imaginou que Hilda deveria ter ido almoçar.

Inquieto, foi até a sala onde os analistas ficavam.

Para seu alívio, a gerente daquele setor também não se encontrava. A seção estava praticamente vazia. Se encontrasse Juçara, não saberia justificar sua presença ali.

Ele olhou em volta e, por sobre as divisórias, viu o topo de uma cabeça no lugar onde Adriana se sentou no dia anterior.

Aproximou-se. Sem perceber, sorriu quando confirmou, pelas costas, que se tratava da funcionária que queria ver.

Sem ser visto, chegou bem perto e perguntou em tom brando:

— A senhora não foi almoçar?

Apesar do susto, Adriana se conteve. Virou-se rápido e sorriu ao responder:

— Não senhor.

Para justificar sua presença no setor, indagou para disfarçar:

— E a dona Juçara?

— Não chegou do almoço. Mas deve voltar logo — olhou o relógio.

Wagner fez o mesmo. Eram 13h45min.

O rapaz respirou fundo. Espargiu o olhar enquanto pensava e decidia. Então pediu:

— Daria para a senhora vir até minha sala, por favor?

— Sim senhor — concordou, levantando-se.

A analista o acompanhou até o outro andar.

Já na sala da diretoria, ele sentiu-se à vontade para falar de uma forma diferente e dispensou o tratamento formal, chamando-a direto pelo nome:

— Sente-se, Adriana.

A funcionária obedeceu, enquanto o diretor contornava sua mesa.

Acomodado na cadeira, com semblante sério, olhou-a diretamente e comentou:

— Ontem fui ao mercado e segui suas sugestões para observar os produtos nas prateleiras.

— E então? — indagou com expectativa.

— Estou documentando tudo para apresentar na próxima reunião. A dona Hilda já mandou revelar as fotos. — Pegou um envelope amarelo que a secretária trouxe, o qual nem havia aberto, e entregou à Adriana. — Veja você mesma.

A moça abriu e começou a passar pelas fotografias, olhando, demoradamente, uma a uma.

Bem discreta, sorriu. Ele percebeu algo enigmático que não pôde entender.

Adriana colocou as fotos de volta no envelope e perguntou:

— O senhor vai anexar tudo? Digo, todas as fotos?

— Sim. Tenho que apresentar provas do que digo e... Não acha que seja o ideal?

— Sim. Sem dúvidas, mas... Seria bom o senhor olhar tudo antes de anexar o envelope todo. Não acha? — sorriu, contorcendo o rosto, como se segurasse a risada de algo muito engraçado.

Wagner ficou desconfiado. Pegou o envelope de fotografias das mãos da moça, abriu-o e começou a olhar.

Assim que passaram as fotos tiradas no mercado, surgiram outras que nada tinham a ver com o que queria. Eram fotografias de seu cachorro, que vivia na casa de seus pais. Várias. Logo surgiram outras: dele mesmo e algumas de sua noiva. Nada comprometedor, porém engraçadas.

Ele sentiu o rosto queimar. Sorriu e pendeu a cabeça negativamente. Ficou sem graça.

— Bem eu... Lógico. Vou selecionar as fotos.

Olhando para a funcionária, viu que a moça abaixou a cabeça e tentava disfarçar o sorriso.

— Desculpe-me. Eu... — ela ensaiou dizer, mas não segurou o riso. — Ai... Perdoe-me.

— Não. A culpa é da dona Hilda.

Adriana ficou séria ao vê-lo falar de um modo denotando gravidade. Não sabia que se tratava de uma brincadeira.

Vendo-a intrigada, mudou de assunto e perguntou:

— Você não almoçou hoje, não é mesmo?

— Muitos imprevistos vêm acontecendo comigo nos últimos dois dias. Isso não é normal. Primeiro, não tenho dinheiro para almoçar. Segundo, vai ficar bem desagradável pedir dinheiro emprestado para alguém logo no segundo dia de serviço. Não conheço ninguém. E... Terceiro, se eu sair, será muito complicado entrar na empresa de novo e passar pela portaria. O RH está resolvendo o problema com meu crachá.

Wagner pensou por um momento sobre o que já havia decidido e convidou:

— Vamos almoçar — levantou-se.

— Mas...

— Hoje você vem comigo. Quero mais informações sobre o nosso concorrente e sei que isso você tem — sorriu. — Estando comigo, não terá problemas na portaria para entrar e nem precisará pagar a conta.

Nem ele mesmo entendeu como pôde fazer aquele convite daquela forma.

A moça, também surpresa, ficou confusa. Mesmo assim, pôs-se em pé e aceitou, pedindo:

— Deixe-me passar na minha sala para pegar minha bolsa.

— Precisa mesmo dela? — ele sorriu. — Afinal, está sem carteira e sem documento.

— É mesmo.

Durante o almoço, o principal assunto foi sobre a empresa concorrente onde Adriana havia trabalhado.

O diretor ficava atento a todas as informações possíveis. Vez e outra riam de algum assunto e faziam planos estratégicos.

Adriana era esperta. Sabia falar e se comportar de forma bem discreta. Parecia escolher cada palavra e ele reparou isso.

Muito educada, em determinado momento, ela pediu licença e foi até a toalete.

Sozinho à mesa, Wagner fez sinal ao garçom que o conhecia, pois costumava almoçar ali com certa frequência.

— Você me traz uma água, por favor — ele pediu, vendo o homem se aproximar.

Enquanto anotava, o garçom indagou:

— Sua noiva vai querer o mesmo?

— Não... Ela... Não sei. Traga a água depois eu pergunto a ela.

— Só um momento — disse e se afastou.

Wagner olhou para a própria mão e observou sua aliança de noivado.

Nesse momento, Adriana retornou e se acomodou a sua frente. Ele olhou para a mão da moça e comentou:

— Você reparou que as nossas alianças são iguais?

Ela olhou para a própria mão. Reparou os frisos e os desenhos da aliança. Depois para a mão dele e sorriu, respondendo:

— Não. Eu não tinha reparado. São idênticas!

— Pois é. O garçom reparou — ficou sem graça. Não sabia o que dizer.

O garçom serviu a água e Wagner questionou:

— Quer uma água ou mais alguma coisa?

— Não. Obrigada.

— Podemos pedir a conta? — indagou educado.

— Sim. Claro.

Virando-se para o homem, solicitou:

— Você traz a conta pra gente, por favor.

— Só um minuto.

Wagner serviu-se com a água e Adriana ficou em silêncio, observando o pouco movimento do local, até que a conta chegou e o rapaz pagou.

Levantaram-se e, quando iam saindo do restaurante, ele quis saber:

— Você mora na Zona Norte, não é?

— Sim. Moro.

— Como pretende ir embora?

— Liguei para meu irmão, mas não consegui falar com ele. Mais tarde vou tentar de novo e ver se ele dá um jeito de passar aqui para me levar.

— Mas é muito contramão. Não acha?

— Não tenho alternativa — disse.

— Eu também moro na Zona Norte. Posso te dar uma carona. Afinal, estou me sentindo responsável por você ter esquecido sua carteira.

— Não se preocupe. Nem pense assim. Fui distraída. Meu irmão ficou me apressando para sair hoje cedo e, na pressa de trocar de bolsa, não prestei atenção.

— Mesmo assim, aceite a carona. Não é nada demais.

A ansiedade tomou conta de Adriana. Não sabia dizer se aquilo estava certo.

Pensou por um momento. Seria difícil Daniel passar lá para pegá-la no trabalho. Sabia disso.

Alguns instantes e respondeu, perguntando:

— Não vou incomodar?

— Não — sorriu de modo agradável.

— Então, por força das circunstâncias, eu preciso aceitar.

— Quando eu for embora, te ligo. Geralmente, isso acontece bem depois do fim do expediente — riu.

— Por mim, tudo bem.

O expediente já havia terminado. Muitos funcionários tinham ido embora.

Na sala da diretoria, Hilda apresentava ao chefe alguns documentos e o fazia assinar.

— A sua noiva ligou. Pedi para que retornasse a ligação para ela assim que chegou do almoço.

— E eu não retornei? — falou sério, mas com um toque de brincadeira na voz.

— Não. Apesar de eu tê-lo avisado duas vezes.

— Ligo quando chegar ao ap — referiu-se ao apartamento. Breve instante e disse: — A propósito, Hilda, você está demitida.

— Por que, agora? — indagou com muita naturalidade.

— Você revelou todas as fotos do meu celular.

— E não foi isso o que me pediu?

— Por que não separou as fotos? Eu queria só as que tirei no mercado.

— O senhor não pediu isso — respondeu friamente.

— Fui mostrá-las e estava certo de que só havia as que tirei no mercado. Mas não, você deixou as fotos particulares junto.

— Quem mandou mostrar a língua, fazer careta, fazer coraçãozinho com as mãos... Que bonitinho! Adorei aquela. Até mandei fazer uma cópia para mim — riu com gosto. Em seguida, fechou o sorriso e franziu o rosto ao completar: — Se bem que tem outras ali que... Deixar o cachorro lamber sua boca... Que nojo! E ainda fez *selfie* beijando sua noiva daquele jeito... Que indecência!

— Não tinha indecência nenhuma! — defendeu-se. — Então você tinha visto as fotos e sabia?!

— Sabia — respondeu com tranquilidade, enquanto finalizava seu trabalho.

— E por que não me falou?

— Porque o senhor não me perguntou — respondia de modo friamente engraçado.

— E não tinha indecência nenhuma, tá bom? Você está demitida, Hilda!

— Sim senhor. Mais alguma coisa? — quis saber, fazendo menção de se retirar.

— Não esqueça seus óculos amanhã.

— Amanhã eu não venho.

— Por quê? — indagou com ironia. Sabia que ela iria brincar.

— Porque fui demitida.

— Terá de vir para assinar a rescisão contratual.

— Sim senhor. Não vou esquecer meus óculos para isso. Mais alguma coisa?

O rapaz pensou por um minuto, respirou fundo e disse em tom mais sereno:

— Você já vai embora?

— Não. Quer conversar?

— Sente-se, Hilda.

A assistente acomodou-se na cadeira a sua frente e colocou a pasta sobre a mesa. Respirou fundo e, parecendo outra pessoa, não a assistente executiva da diretoria, indagou:

— O que está acontecendo? — olhou-o de um modo maternal.

— Sabe a Adriana?

— A funcionária nova?

— Ela mesma.

— O que tem? — Hilda quis saber.

— Hoje de manhã eu estava preso no trânsito e quando olhei para o lado... — contou tudo o que aconteceu. Depois desfechou: — Acabei me oferecendo para levá-la para casa. Afinal eu me senti responsável por tudo o que aconteceu — Terminou de falar e ficou aguardando.

A pausa foi longa e os minutos eternos antes da manifestação sensata da mulher:

— Como sempre, serei bem sincera. O senhor sabe.

— Acabe com esse senhor, Hilda. Eu já te pedi isso.

— Sim senhor — ela sorriu com expressão amável e de quem era muito experiente. Depois disse: — O senhor não é responsável pelo que ela esqueceu. Afinal, essa moça deveria ter conferido seus pertences antes de vir trabalhar. Eu também esqueci meus óculos em outra bolsa e o senhor não jogou suco em mim. — Ao vê-lo sorrir, prosseguiu: — O que está fazendo é criando situações ou criando oportunidades para que haja uma proximidade entre vocês. Aliás, eu diria que, tanto o senhor quanto ela, criaram oportunidades que os estão atraindo.

— Não. Foi casual — defendeu-se.

— Não concordo com sua opinião. Não existe casualidade neste caso. Existem oportunidades que podem aproveitar ou não. Aconteceu a casualidade e vocês se viram no trânsito parado. O irmão dela estava querendo se livrar do compromisso de ter que levá-la até o metrô e, praticamente, ele te passou esse encargo. Até aí eu diria que tudo bem. Mas... Por que o senhor parou lá nas catracas para ver o que aconteceria? — Ele não respondeu e Hilda continuou: — Poderia ter seguido em frente. Acredito que nunca tenha parado na portaria para acompanhar dificuldades que, rotineiramente, acontecem ali. — Silêncio. — O senhor parou lá para criar nova oportunidade de aproximação. E digo mais. Ela poderia ter solucionado o problema da refeição, se tivesse pedido dinheiro para alguém. É algo chato, por não conhecer o pessoal, porém duvido de que não a fossem socorrer. Quem sabe, lá no fundo, a Adriana imaginasse que o senhor ficaria com remorso porque ela contou que ficou sem dinheiro porque trocou a bolsa que foi molhada com o bendito suco por sua culpa ou descuido. Se tivesse se virado sozinha e ido almoçar, não a encontraria na seção quando desceu até lá. Não é mesmo? Aí, para criar nova oportunidade de aproximação, convidou-a para vir até sua sala e depois para almoçar. Como se não bastasse, ofereceu levá-la para casa no final do expediente quando poderia ter-lhe emprestado dinheiro. — Longa pausa. A questão é: precisa ser realista e sincero consigo mesmo. O que o senhor está querendo?

— Como assim? — franziu a testa e agitou leve e rapidamente a cabeça.

— Não queira se enganar. O senhor está criando oportunidades de se aproximar dessa moça. Por quê? — não houve resposta. — São com criações de oportunidades assim que as pessoas se aproximam. Observe que esperou que o horário do almoço avançasse para ir até a sala dos analistas, pois sabia que não haveria quase ninguém lá. Convidou-a para vir aqui, em sua sala, para que o tempo passasse e o pessoal retornasse para a seção. Daqui, convidou-a para saírem e fazerem a refeição. Nem a deixou ir pegar a bolsa para que ninguém a visse sair. Procurou um restaurante vazio, para não serem vistos. Com tudo isso, o senhor criou oportunidades de ficarem juntos e sozinhos de forma consciente ou inconsciente. Isso estaria certo. Não haveria qualquer problema se ela não fosse se casar daqui a três meses e o senhor não fosse noivo com planos de se casar no próximo ano. Seria uma história bem legal e bonita se nenhum dos dois tivesse compromisso, com aliança no dedo, e tentando esconder o que estão fazendo das pessoas com as quais têm compromisso. — Longa pausa e comentou: — Se o meu marido se aproximar de uma colega e começar a criar oportunidades, eu vou ficar preocupada, ou melhor, vou ficar atenta. É uma aproximação hoje, outra amanhã... Um bate papo hoje, outro amanhã... Uma coincidência hoje, outra amanhã... Essas coisinhas — disse em tom irônico —, vão aproximando as pessoas.

Criando atrações, pensamentos semelhantes e ilusórios, posso garantir. Daqui a pouco um vai dizer: Eu me identifico com ele. E o outro dirá: Ela me compreende... — Arremedou. — Só que se esquecem de que todo começo é assim. Nós sempre nos identificamos e gostamos no começo, porque toda novidade parece boa. Nós só vamos conhecer o outro, de verdade, com o passar do tempo. Somente com o passar dos anos, as pessoas se revelam e mostram quem são. Vejo muitos namoros, noivados e casamentos se desfazendo porque um dos dois começou a criar ilusões com relação à outra pessoa desconhecida. Então começa a criar oportunidades, como essa que criou. Quando se está na fase do namoro ou noivado, eu diria que esse é o momento para os testes, para as provas. Mas, quando se tem algo mais sólido, uma união estável, um casamento, é bom parar e ser realista. Como dizia minha avó: "tudo o que é novo cheira bem". Por causa da ilusão, o marido ou a esposa começa a criar oportunidades e acaba, muitas vezes, estragando a própria vida e a vida do outro. Depois, descobre que não era isso o que queria. Descobre que se enganou e quer voltar atrás para remendar a relação. Entende que errou. O pior é, mesmo que o outro o aceite, a relação nunca mais será a mesma.

— Acho que você está sendo muito radical, Hilda. Pensou tudo isso sozinha ou leu em algum manual? — falou em tom brando, porém intrigado. — Quer dizer que, se eu namorar ou for noivo estou confinado, pelo resto da vida, à outra pessoa? Isso não é certo! — balançou-se na cadeira, girando de um lado para outro.

— Eu não disse isso. Acho que não me entendeu.

— Seja clara. Por favor.

— Se tiver compromisso, deve ter respeito por essa pessoa. Criar oportunidades e situações com alguém, é desrespeito. Vejo que o senhor e a Adriana estão criando oportunidades de uma aproximação sem respeitar o compromisso que têm com outra pessoa. O senhor está se preocupando com ela, algo que não é correto porque tem compromisso com a Sabrina. Ela, aceitando as suas ofertas, também não é correto, porque tem um noivo. Agora vamos lá! Suponhamos que a Adriana seja a Sabrina, sua noiva. Ela se vê com dificuldades, dá uma de vítima e aceita do chefe tudo o que aceitou até agora, Além disso, até permitiu que esse chefe, no segundo dia de serviço, a levasse para casa. O senhor ficaria feliz com a situação?

— Não — foi rápido e sincero.

— Suponhamos que a Sabrina fizesse o que o senhor fez. Pagasse o almoço para um funcionário, chamasse o moço para ir a sua sala com a desculpa de falar sobre a empresa concorrente e desse carona para o rapaz. O senhor ficaria feliz se sua noiva tivesse as suas atitudes para com outro homem?

— Também não — sentiu-se envergonhado. Wagner respirou fundo e pareceu inquieto, remexendo-se na cadeira.

Hilda sorriu de modo enigmático. Havia atingido seu objetivo. Mesmo assim, ainda disse:

— Eu tenho certeza de que o noivo da Adriana iria responder a mesma coisa. — Longa pausa. — O que o senhor precisa é estar ciente do que está fazendo e saber aonde é que quer chegar. Essa moça mexeu com o senhor. Ela, por alguma razão, chamou a sua atenção. Certo?

— É verdade. Desde que a vi na seção... Não sei explicar o que aconteceu. Toda a história da cafeteria não sai da minha cabeça.

— Mesmo sem ter uma explicação justa e honesta, pense o seguinte: Eu estou criando situações e oportunidades de aproximação para quê? Eu quero me aproximar dessa pessoa, mas estou disposto a assumir as consequências? Se eu acabar com o casamento dessa moça, estou disposto a terminar com meu noivado para ficar com ela? Ou tudo isso não passa de uma aventura? — Breve pausa em que ficou esperando por uma resposta que não aconteceu. — Se for aventura, sugiro que tome cuidado. Vidas e destinos estão em jogo. Muitas vezes, o egoísmo e o orgulho, mascarados de desejo e vontade sem explicação, são capazes de destruir a nossa vida e a vida dos outros. — Nova pausa. — Mas, se tiver certeza do que quer, vá em frente. Se descobrir que essa moça é tudo o que sempre quis e por ela está disposto a enfrentar tudo e todos, vá em frente! Faça tudo para construir um novo caminho com ela ao seu lado. Mas seja honesto com quem o senhor já assumiu um compromisso. Se preciso for, dê um tempo com a Sabrina. Não aja pelas costas. Somos responsáveis por aqueles que cativamos. Seja sincero e respeitoso consigo mesmo. Não traia sua consciência. Eu acredito, piamente, que tudo o que fazemos aos outros de prejudicial recebemos de volta nesta ou em outra vida, se não corrigirmos. Por isso, seja fiel às suas promessas e aos seus compromissos assumidos, pois sua palavra deve ter um teor sagrado que compromete a sua honra. Isso se chama princípios éticos. A mentira traz sempre consequências cruéis para os que as experimentam. Seja para os que mentem ou para os que são enganados. Isso gera reajuste e harmonização a fazer, pois ninguém pode driblar a justiça de Deus.

Wagner pareceu hipnotizado ao encará-la. Depois de algum tempo, confessou:

— Essa moça mexeu muito comigo. Essa é a verdade.

— Terá, então, de analisar os próprios sentimentos.

— Se eu ficar analisando meus sentimentos, será que vai dar tempo? Ela vai se casar em três meses! — jogou-se para o encosto da cadeira e ficou se balançando, demonstrando insatisfação.

— O senhor está vivendo um conflito. Conflitos são bons para saber o que queremos, se estamos no caminho certo, quem somos e do que somos capazes. Se der um tempo com a Sabrina, vai precisar investir na Adriana, ter coragem de destruir o casamento da moça e com a certeza de que quer ficar com ela. Se a fizer desmanchar o casamento e depois não a quiser, como vai ser? Pode ocorrer que descubra que o que sente é uma ilusão, uma fantasia. Pode descobrir que está enganado e que quer continuar com a Sabrina.

— E como é que vou saber o que quero?

— O tempo lhe dirá. Peça a Deus que o oriente.

— Lá vem você de novo — murmurou. Ela sorriu. Esperava por aquilo. Wagner comentou: — Não sei por que eu te conto essas coisas, Hilda!

— O senhor é meu filho que nasceu em outra família. Não consegue viver sem mim — sorriu.

— Estou começando a acreditar nisso — riu junto. — Apeguei-me muito a você desde que era só um estagiário. Lembra?

— Como não?! Eu o considero muito. Gostaria de descobrir qual nossa ligação no passado. Creio que deva ter sido meu filho. Eu o considero muito — disse e foi se levantando e pegando a pasta.

— Vou te dar uma carona hoje. Pelo visto, seu marido não virá buscá-la.

— Eu aceito. O Agenor me ligou. Disse que levou o carro na revisão e precisou trocar uma peça que não chegou a tempo. O serviço só ficará pronto amanhã. Por estar sem carro, ele vai direto para casa.

Ao vê-la sorrir de um jeito maroto, o rapaz perguntou:

— O que foi, Hilda? Que sorriso é esse?

— Estou vendo que já está querendo corrigir a situação que criou. Dando-me carona, terá mais uma companhia em seu carro e não ficará tão mal levar a moça — riu.

— Vai se arrumar para irmos, vai!

Ela saiu rindo e não disse mais nada.

Capítulo 5

A inconveniência da mentira

Ao irem embora, Adriana pareceu mais tranquila quando viu que a assistente do diretor também dependeria da carona.

No estacionamento, falaram a respeito de onde a analista morava. Não teria jeito, Hilda residia mais perto. Logo, Wagner a deixaria em casa primeiro.

Assim foi feito.

A conversa, durante o caminho, foi sobre serviço até Hilda descer. Em seguida, o assunto mudou para família.

— Então você só tem um irmão e a partir de amanhã pretende ser filha única? — Wagner perguntou brincando e sorriu.

— Sim. Só tenho um irmão. Porém estou reconsiderando o fato de trucidá-lo hoje — sorriu de um jeito delicado. — Se o Daniel não tivesse, digamos... forçado o senhor a me oferecer carona, eu só teria descoberto que não estava com minha carteira no metrô. Teria chegado muito atrasada ou até faltado em meu segundo dia de serviço.

— A Hilda costuma dizer que existe um bem nos males da vida.

— Vou começar a pensar sobre isso. — Um instante e quis saber: — O senhor tem irmãos?

— Tenho duas irmãs. A mais velha, Wanda, tem trinta e quatro anos. Casada e com dois filhos. A Celine, mais nova do que eu dez anos. Tem dezenove anos. É mimada, chata, dependente emocional... Uma coisinha insuportável. Acredita que tudo e todos devam ficar a sua disposição. Ela é bem diferente de mim e da Wanda. Acho que faltaram algumas palmadas em sua educação. — Não houve comentário. Ele ofereceu breve pausa e se interessou: — Você e seu irmão se dão bem?

— Sim. Nós nos damos muito bem. Quando éramos pequenos, brigávamos muito. Logicamente ele, por ser maior e mais velho, acabava me batendo e eu o ofendia. Fazia de tudo para magoá-lo, mesmo sabendo que ia apanhar ou me dar mal depois.

— Fazia *bullying* com ele?

Adriana riu gostoso ao concordar:

— Mais ou menos isso. Fisicamente, não somos muito parecidos. Acho que o Daniel puxou à família distante de minha mãe. Então eu dizia que ele não era meu irmão. Que foi achado na lata do lixo. Ele ficava furioso e me batia, e eu o mordia, claro. — riu ao contar. — Na adolescência, isso acabou. Passamos a ser mais civilizados. O Dani quis namorar uma amiga que eu tinha e dei a maior força. Desde então, nós nos tornamos amigos.

— Você mora com seus pais e irmão?

— Moro.

— Como se sente ao pensar em sair da casa de seus pais para se casar? — o rapaz indagou curioso, observando sua feição enquanto estavam parados em um semáforo.

— Às vezes, dá um frio na barriga — confessou.

— Não se acha preparada para assumir os encargos e responsabilidade de uma casa?

— Não tenho medo de assumir responsabilidade. Na verdade... — deteve as palavras e ficou pensativa por um momento. — Acho que me preocupo com minha mãe — pareceu entristecer quando seu rosto anuviou o sorriso.

— Por que se preocupa com sua mãe?

Adriana encorajou-se. Não costumava falar sobre aquilo. Olhando-o, revelou:

— Meu pai tem problemas com alcoolismo. Ele é um homem rude. O meu irmão, que já saiu de casa uma vez, está se preparando para ir embora novamente. Eu temo por minha mãe.

— Alcoolismo é uma doença. Já tentaram orientá-lo a procurar um tratamento?

— Já. Nem imagina quantas vezes.

— Como sua mãe reage? — ele se interessou.

— Não sei como aguenta nem por que tolera meu pai. Se não fosse por ela, eu já teria saído de casa. Acho... Tenho dó de meu pai. Acho que ele é um coitado. Um fraco. Tenho a impressão que ele não tem qualquer sentimento por nós. Se tivesse, procuraria se ajudar e se recuperar. Por causa de minha mãe, fico receosa de me casar e ter de deixá-la lá sozinha. Só por isso.

O silêncio vigorou por algum tempo.

Wagner se sentiu incomodado com o vazio que ficou no ar. Estavam parados em um semáforo quando o rapaz decidiu colocar uma música. Em seguida, comentou:

— Eu estranhei muito quando precisei morar sozinho. Sentia falta da movimentação que tinha na casa dos meus pais — sorriu. — Senti falta até dos *pegas* com a Celine — riu. — Não foi fácil me acostumar. Quantas vezes me esqueci de comprar as coisas de que uma casa precisa. Você nem imagina. Desde quando comecei a trabalhar nesta empresa e conheci a Hilda, ela tem me ajudado muito.

Ela se tornou aquela mãezona, sabe? — olhou-a por um instante e voltou a dirigir.

— Gostei muito dela. Percebi que o trata com atenção.

— É mesmo. Às vezes, parece que nem minha mãe me trata assim. — Ao entrar em uma avenida larga, Wagner perguntou: — Estamos perto, não é?

— Sim! — Adriana tinha se esquecido de que o rapaz não conhecia direito o caminho de sua casa. — Vire a próxima à direita — pediu, e ele obedeceu. — Agora... Ali em baixo à direita novamente. — Ele seguiu a orientação e a moça avisou: — É logo ali. Em frente daquela árvore florida.

Wagner parou o carro atrás de um veículo estacionado. Olhou para a casa ainda em construção, com laje e algumas paredes com tijolos à mostra e sem pintura.

— É aqui?

— Sim. É aqui que eu moro — sentiu-se envergonhada, por um instante, pelo estado da casa.

— Considere-se entregue — ele brincou. — E não esqueça da carteira amanhã.

— Não! Não vou esquecer! — sorriu lindamente.

O rapaz invadiu seus olhos e prendeu-se por alguns segundos no brilho que irradiou. Algo que não soube explicar.

Sentiu-se estranhamente confuso e despediu-se ligeiro:

— Até amanhã, Adriana.

— Até amanhã. Obrigada por tudo, doutor Wagner.

Ele fugiu de seu olhar, e a moça desceu do carro.

Após manobrar o veículo, ela ficou olhando-o ir embora até virar a rua.

Quando se virou para sua casa, Nícolas, seu noivo, estava abrindo o portão.

Era um rapaz de aparência simpática e sorridente. Bonito. Pele morena como se estivesse bem bronzeada. Olhos verdes e ainda mais chamativos pelos cílios longos. Magro e alto, não possuía corpo atlético.

Abrindo o portão, afastou-se para a noiva entrar e a cumprimentou com um beijo rápido nos lábios.

— Oi! Tudo bem? — o rapaz quis saber.

— Tudo. E você? Veio mais cedo!

— Eu ia direto para o apartamento, mas lembrei de pegar aquele tapete que você queria levar pra lá.

— Já pegou? Está lá no meu quarto — a moça dizia, enquanto caminhava pelo corredor externo.

— Não. Não peguei. Acabei de chegar. Quando entrei, vi o carro parando atrás do meu e voltei para ver quem era.

Já na sala, Adriana comentou:

— Aconteceu uma hoje! Nem te conto! Ontem eu te falei que fiquei encharcada com suco, não foi? — sorriu sem graça.

— Foi. E aí?

— Daí eu troquei de bolsa. Hoje cedo, o Daniel me deu uma carona e... — Pensou rápido. Talvez, não ficasse bem dizer que pegou carona com seu chefe logo cedo e também de volta para casa, por isso mentiu: — Eu fiquei sem dinheiro. Só tinha alguns trocados soltos na bolsa para pegar o metrô e ir trabalhar. Se eu voltasse, perderia a hora. No fim do expediente, meu chefe, que já iria dar carona para a secretária dele, porque mora aqui na Zona Norte, aproveitou e me trouxe também. Sabe, a Hilda, assistente dele, é uma senhora tão legal! Ela mora aqui perto — disse para deixar claro que havia mais alguém no carro durante a carona.

— Deveria ter me ligado. Eu iria te buscar.

— E fazê-lo atravessar a cidade? Você trabalha em Guarulhos! — referiu-se a outro município da Grande São Paulo. — E minha mãe? Não está em casa? — queria mudar de assunto. Aquele a incomodava.

— Está lá nos fundos — Nícolas respondeu. — Me recebeu e, quando eu fui ver quem chegava, ela disse que precisava colocar não sei o que, não sei onde — riu. — Mas... Me dá logo o tapete que vou lá pro ap, senão fica tarde.

— Claro. Vem aqui pegar.

— Você não quer ir comigo? Te deixo aqui depois — Nícolas convidou.

— Não. Hoje estou tão cansada!

— E com fome, né? Não teve dinheiro pra almoçar — o noivo supôs.

— Não... — falou em tom fraco por mentir novamente.

Nícolas pegou o tapete e se despediu:

— Vou indo. Amanhã passo aqui — Beijou-a rapidamente.

— Tchau.

Saindo corredor afora, disse enquanto andava:

— Te ligo depois.

— Tá bom.

Adriana o acompanhou até o portão e o rapaz se foi.

Voltando para dentro de casa, encontrou com sua mãe que já estava na cozinha.

— Oi, filha. Demorou, hein!

— Oi, mãe — respondeu desanimada.

— Onde está o Nícolas?

— Já foi. Ele só veio pegar o tapete.

O silêncio pairou no ar por algum tempo até Heloísa querer saber:

— O que aconteceu, Adriana? Você está com uma cara...

A filha a olhou demoradamente e disse:

— Eu precisei mentir pro Nícolas e não me senti bem. Me deu uma coisa tão ruim...

— Você mentiu, por quê? — a senhora quis saber.

— Hoje cedo... — contou tudo.

Sobre a mesa, a mulher dobrava algumas roupas que havia recolhido do varal, enquanto prestava atenção ao que a filha narrava.

Assim que Adriana terminou, a senhora opinou:

— Quando nós não queremos que as pessoas mais próximas saibam o que estamos fazendo, é porque o que fazemos não é correto. Sei disso por experiência de vida. Se você achou melhor mentir para o Nícolas, é porque sabe que fez algo que não devia.

— Mãe, pelo amor de Deus! Não aconteceu nada! A senhora está falando como se eu tivesse cometido um crime!

— Não precisa se alterar, Adriana! — foi firme. — Se você tivesse repleta de razão, não teria mentido.

— A senhora, falando desse jeito, faz com que me sinta pior do que já estou.

— Eu não quero que se sinta melhor ou pior. Quero que aprenda a ser correta. Respeite a pessoa que escolheu para estar ao seu lado. Esse tal diretor é noivo e você também. Vai saber se esse tal diretor não quer só o que interessa e depois sair fora. Aliança no dedo não prende nem homem casado! O sujeito pode ter o compromisso que for, mas quando é safado, malandro... Já sabe! Falta pouco para se casar. Acho bom tomar cuidado para não estragar tudo.

— Nossa mãe! Que dramalhão! Se eu soubesse, não teria contado nada! — exclamou nervosa e foi para o quarto.

Adriana ficou quieta pelo resto da noite. Nem conversou direito com o irmão, na hora em que ele chegou.

Todos jantavam em silêncio quando Daniel perguntou a irmã:

— E lá no serviço? Tudo bem?

Ela olhou séria e respondeu simplesmente:

— Tá. Tudo bem.

— É por isso que está animada desse jeito? — tornou o rapaz.

— Estou cansada. Só isso — disse e se levantou. Colocou o prato na pia e foi para o quarto.

Daniel olhou para a mãe e falou:

— Eu disse alguma coisa errada?

— Não. Foi ela quem fez alguma coisa errada — respondeu insatisfeita.

Assim que terminou a refeição o rapaz se levantou e, após deixar o prato na pia, foi para o quarto.

Adriana mexia em suas coisas e se organizava para o dia seguinte.

O irmão se sentou na cama dele e, depois de observá-la quieta por longo tempo, indagou:

— O que está *rolando*? Brigou com o Nícolas?

— Não. Não tá *rolando* nada.

— E por que você está assim? — tornou o rapaz.

— Tudo começou por causa da carona que você fez o doutor Wagner me dar. A culpa foi sua.

— Minha?! Endoidou?! — exclamou e riu.

— Por eu ter chegado de carona no serviço, só lá, na portaria, percebi que esqueci minha carteira. Então... — contou tudo novamente.

Daniel ouviu atentamente. Depois opinou:

— Legal você ter descoberto que não fez algo correto quando mentiu. A mãe tem razão. Quando não se quer que os outros saibam o que fizemos, é porque não fizemos coisa boa. Normalmente, quando temos orgulho de algo, contamos para todo o mundo.

— Eu não deveria ter pegado carona nem almoçado com ele.

— Agora está feito. Eu só acho que você está dando muita importância ao que aconteceu. O caso não precisa de tanta valorização assim. Desde que não tenha significado nada.

— E não significou!!! Mas que saco! — ficou zangada e se expressou sem controle das emoções.

— Então por que está tão nervosa com tudo isso?

— Não estou nervosa!!! — gritou.

Daniel riu e perguntou, talvez, para vê-la mais descontrolada:

— Que reação é essa, então? O que está sentindo?

— Raiva por ter mentido! Raiva porque você e a mãe ficam me culpando.

— Ah... Dê o caso por encerrado. Não cometa mais o mesmo engano e esquece. Pronto — para o rapaz era simples.

— Não é assim, Daniel!

— Como não é assim?

— Ah! Sei lá!

— Não estou entendendo, Dri. Por que você está valorizando tanto o que aconteceu? Parece até que o caso significou alguma coisa...

— Não significou nada! Eu já disse! Vamos acabar com esse assunto, tá? Fica quieto, vai! Não quero ouvir mais nada!

O irmão silenciou. Pegou o celular e começou a mexer.

Adriana parecia bem insatisfeita e demonstrava isso em seus gestos ao lidar com os objetos. Quando algo caiu ao chão, ela reclamou:

— Droga! — Um instante se queixou: — Você e a mãe parecem que não entendem! — Nova pausa e o irmão não se manifestou. — O fato é que, por causa de vocês dois, eu fico com mais remorso ainda. — Silêncio. — Você não entende porque não viveu a situação.

O irmão pareceu nem ouvi-la. Ele não disse mais nada, como ela havia pedido.

A campainha tocou e puderam escutar, mas não se incomodaram em ir atender.

Sem demora, Ieda chegou ao quarto cuja porta estava aberta.

— Oi! Oi! Oi! E aí? — sorriu.

Daniel, ao ver a melhor amiga de sua irmã, perguntou:

— E aí, Ieda? Ficou sem casa de novo?

— Ah... Não brinca, Dani.

— Ai, Daniel! Como você é grosso! — a irmã protestou.

— Só estou brincando... Qual é? — ele riu.

— Falei com sua mãe e ela deixou que eu dormisse aqui.

— Não foi pra faculdade hoje? — indagou o rapaz.

— Estou de férias. — Entrando, foi se acomodando aos pés da cama da amiga. Por vê-la sisuda, disse baixinho: — E aí?

— Tudo bem.

Ieda observou-a por mais tempo e reparou:

— Você está com uma cara...

A amiga não respondeu, e Daniel decidiu falar com jeito de molecagem:

— Não mexe com ela hoje. Chegou a rosnar. Daqui a pouco vai latir e morder! — riu.

— Não enche! Dá pra parar?!! — Adriana gritou.

Ele riu, levantou-se e saiu do quarto.

Vendo a amiga com jeito nervoso a outra tentou falar de outro assunto para distraí-la:

— Hoje, quando fui almoçar, vi alguns objetos de decoração tão lindos! É uma loja nova que abriu lá perto de onde trabalho. Lembrei de você. Se quiser, podemos ir lá. Vai adorar!

— Ieda... Feche a porta, por favor.

A moça obedeceu e, ao se sentar novamente, perguntou:

— O que tá acontecendo?

— Tudo — disse e se sentou na cama de seu irmão, frente à colega. Em seguida, contou o que havia acontecido nos últimos dois dias.

— Não foi uma coisa legal você ter mentido. Mas creio que foi preciso. Não poderia dizer a verdade, pois o Nícolas iria ficar magoado, com ciúme. Sei lá... Se fosse ele que tivesse dado carona pra uma moça, nas mesmas circunstâncias, você não ficaria gostando.

— É. Eu sei disso. Quando vi, já estava acontecendo.

— A mentira é uma inconveniência, mas, algumas vezes, infelizmente, necessária. Porém, não se pode ficar mentindo um pouquinho ali, outro pouquinho aqui... É horrível ter que inventar outra mentira, para encobrir a primeira. Torna-se um vício e a gente não se sente bem.

— É verdade.

— Acha que o tal Wagner está dando em cima de você?

— Acho que não — Adriana respondeu, mas ficou insegura.

— Eu acho que sim. Talvez não tão descaradamente. Mas...

— Será?! — Adriana ficou pensativa. Havia achado tudo muito casual. Apesar disso, depois do que sua mãe e a melhor amiga disseram, começou a ter dúvidas. — O senhor Wagner não parece o tipo de homem safado.

— Por que o chama de senhor? Quantos anos acha que o cara tem?

— Vinte e nove.

— Está bem informada, hein! — Ieda riu para brincar e descontrair.

— Ai! Você também?! Fiquei sabendo porque ele disse que tem uma irmã de dezenove anos e que é dez anos mais nova. Só isso.

— Por que o chama de senhor?

— Normas da empresa. Mas, quando estava sozinho comigo e com a assistente, ele nos chamava pelo nome. Sem formalidades. Porém, sempre bem educado.

— Ele é bonitão? — riu ao fazer um jeito que exibiu curiosidade.

— É — riu junto. — É sim. Para um sujeito que mora sozinho, anda muito bem arrumado. Suas roupas são bem passadas. Bem barbeado. Cheiroso... Deve usar perfume ou colônia de marca muito boa!

— Como ele é? — perguntou e remexeu-se, fazendo um jeito engraçado.

— Alto. Da altura do Nícolas. Só que mais forte. Acho que deve malhar. Só que é bem branco. Da minha cor. Tem o rosto bonito. Olhos e cabelos castanhos claros e... Liso — riu. — Quando ele está nervoso, fica penteando os cabelos com os dedos. É engraçado ver. Tem uma voz grave, bonita e é bem educado. Tem um olhar profundo. Fixa nos olhos da gente e parece que invade a alma. Sabe como é?

— Sei.

Silenciaram. Adriana trocou o sorriso por uma feição séria. Talvez, preocupada e a amiga notou.

— O que foi?

— Nada.

— Te conheço desde o berçário, Dri. Que cara é essa?

— Ah!... Sei lá!

— Ficou mexida com o cara?

— Ai, Ieda... — murmurou entristecida. — Senti um negócio estranho. Não estou conseguindo... — calou-se.

— ...parar de pensar nele — Ieda completou.

— É estranho isso. Não é?

— Acho que ele te impressionou. É um homem bonito, jovem, com um belo emprego... Solteiro...

— Noivo. E eu também.

— Mas não estão casados e você tem consciência disso. Porém...

— O quê? — Adriana indagou.

— Devem satisfação e respeito aos respectivos noivos e isso a deixa magoada com você mesma.

— Eu sei, né! Eu sei. Mas...

— Dri, talvez isso esteja acontecendo por causa do Nícolas.

— Como assim?

— Você me contou que, nos últimos meses, acha ele estranho. Sempre ocupado com outras coisas — disse Ieda.

— Isso mesmo. As coisas estão meio frias entre a gente. Meio não. Bastante frias. Sei lá... Ele está grosseiro. Não me dá atenção. Reclama quando compro coisas com meu dinheiro. Fica socado na casa dos irmãos dele e enche a cara. Não gosto quando ele bebe. Já chega o problema que temos com o meu pai. Será que vou ter que aguentar marido bêbado? — Breve pausa e considerou: — Às vezes, penso que é por causa do casamento. Muita tensão, muitos assuntos. Nossa! Estamos tão sobrecarregados. Mas e depois de casar? Como vai ser? Ele não é um cara carinhoso nem atencioso e isso me incomoda. Fala coisas que me magoam... Às vezes, não é nem o que fala, mas como fala.

— Acho que vocês precisam conversar, Dri. Se tem tantas reclamações assim, não pode deixar desse jeito. As pessoas não mudam para melhor ou pior depois do casamento. Elas, geralmente, aperfeiçoam o que já são.

Adriana olhou fixamente para a amiga e ficou pensativa. Aquilo a deixou preocupada.

Naquele instante, Daniel bateu à porta e a amiga respondeu:

— Entra!

No quarto, o rapaz falou:

— Minha mãe já arrumou o sofá lá na sala.

Ieda ofereceu um sorriso constrangido e comentou:

— Devo perturbar muito vocês com isso, né?

— Por que não se muda de uma vez pra cá? — ele perguntou.

— Ai, Daniel! Como você é grosso! — a irmã reclamou.

— Grosso?! Eu?!... Não estou me queixando nem sendo mal educado. Ao contrário. Nunca achei ruim a Ieda dormir aqui. Mas percebi que, nos últimos tempos, isso está virando rotina. Até a mãe já a convidou pra morar aqui.

— Acho que não teria cabimento — a amiga disse.

— Por que não? — tornou ele. — Vamos ser realistas. Desde que seus pais morreram, sua irmã adotou uma vida bem... Diferente. Até quando você vai ficar fugindo do que ela apronta?

— Até eu terminar a faculdade e arrumar um emprego melhor para poder sair de casa.

— Falta pouco para terminar a faculdade. Poderia vir morar aqui — falou Adriana.

— Daqui três meses você se casa, Dri. Se eu vier morar aqui, acho que a Lisa vai me matar. Não é, Daniel?

— Mata nada! — riu.

— Vamos lá pra sala, vai — pediu Adriana, levantando-se.

— Boa noite, Daniel.

— Boa noite.

Capítulo 6

Insatisfação com o compromisso assumido

Quando chegou ao seu apartamento, Wagner tomou um banho e depois telefonou para sua noiva. Conversaram por muito tempo e ele disse que iria vê-la no próximo fim de semana. Assim que se despediram, ligou a televisão e foi preparar um lanche para comer. Ficou satisfeito ao encontrar alimentos na cozinha.

Fez um lanche com pão de forma e um copo de suco e foi comer frente à TV.

Ao terminar, colocou o prato e o copo sobre a mesinha central que tinha várias manchas circulares dos diversos vasilhames suados que escorreram e marcaram o verniz.

Sentiu-se tomado por uma angústia inexplicável.

Começou a pensar em tudo o que Hilda havia dito. Não era correto se interessar por outra mulher, uma vez que já era noivo. Trazia esses princípios de família. Embora visse muitos homens traírem suas namoradas, noivas e esposas. Ele não aprovava isso.

Por um momento se perguntou em pensamento:

"Eu gosto da Sabrina ou me acostumei a ela?" — Não soube responder. Mas logo tentou se conformar: — "Sou homem. Isso é normal. Não fiz nada demais".

Levantou-se e desligou a televisão. Levou o prato e o copo para a cozinha, lavou-os e deixou escorrendo. Apagou as luzes e foi tateando as paredes até achar o interruptor do quarto. Escovou os dentes e se deitou. Porém, não conseguiu pegar no sono de imediato. E a noite foi longa...

Na manhã seguinte, Ieda levantou cedo e ajudou Heloísa a preparar o desjejum.

Quando Daniel chegou à cozinha, admirou:

— Pão fresco! Adoro pão fresco!

— Bom dia, filho. Só tem pão fresco porque a Ieda foi buscar.

— Bom dia, mãe! Bom dia, Ieda! — o rapaz cumprimentou. — Dormiu bem? — perguntou para a amiga.

— Dormi.

— Dormiu nada! — ele exclamou brincando. — Aquele sofá é horroroso! Não minta, vai!

A moça sorriu, simplesmente, e não respondeu nada.

— Sua irmã já acordou? — quis saber a mãe.

— Já, mas está enrolando — tornou a falar animado. — Depois fica atrasada e quer carona.

— Quem vai me dar carona? — perguntou Adriana ao entrar na cozinha.

— Até o metrô e se você se apressar — respondeu ele, falando de boca cheia.

— Bom dia, mãe! Bom dia, Ieda! — disse Adriana.

Ambas responderam.

Nesse instante, Jaime chegou à cozinha e murmurou um bom dia que foi respondido no mesmo tom.

Imediatamente, o ambiente impregnou-se de uma energia densa de insatisfação.

Um silêncio fúnebre reinava, até Heloísa perguntar:

— Você vem pra cá hoje, novamente, não é, Ieda?

— Acho que sim. Se a senhora não se importar... — respondeu timidamente.

— Quando foi que me importei? — a mulher falou sorrindo, parecendo brincar. Não houve resposta. Em seguida, disse: — Vou te dar a chave do portão. A da porta da cozinha vou deixar escondida no lugar de sempre. Certo?

— Certo. Eu encontro. Obrigada — tornou a moça muito educada.

— Aproveita, Ieda, e manda fazer uma cópia de cada chave. Você já é da família e tá sempre precisando. Não sai daqui — sugeriu Daniel.

— Ai, Daniel! Como você é grosso! — reclamou a irmã.

— E não é mesmo? — tornou ele de modo simples.

— É mesmo. Faça cópias. Assim fica mais fácil — concordou a senhora.

— Não, gente. Não precisa — constrangeu-se Ieda.

— Seria bom. De repente sua irmã resolve aprontar *das dela* e você chega aqui e não tem ninguém — disse Daniel.

— A senhora vai chegar mais cedo hoje, mãe? — quis saber Adriana.

— Pretendo. Por quê?

— Nada... Só pra saber — respondeu a filha.

— E lá no banco onde você trabalha, Ieda? Como estão as coisas? — Daniel indagou.

— É um bom lugar. Apenas o salário não corresponde à responsabilidade. Mas prefiro deixar como está. Não é momento para mudar de emprego.

— É seu último ano de faculdade, não é? — tornou ele.

— Na verdade, quando eu voltar das férias, será o último semestre — sorriu. — Eu não vejo a hora de terminar.

— Lá, na empresa onde eu trabalho, surgiu uma vaga para Analista de Mercado. O salário é muito bom, embora seja necessário ter curso superior completo. Posso ver com o diretor da seção se você preenche os requisitos, por estar quase no final da faculdade.

— Só que é bem longe, não é? — perguntou a moça.

— Sim. Mas, com o salário que pagam, você pode comprar um carro. No começo, posso te dar carona também.

— Você é Engenheiro de Produção, não é?

— Sou — afirmou ele.

— É para trabalhar junto com você? — quis saber.

— Não. Essa vaga é para outra diretoria.

— Comecei a ficar bem interessada — sorriu e seus olhos brilharam. — Vou passar meu currículo por e-mail. Converse com o diretor do setor e, se ele quiser... Mas lembre-se de que vou precisar de carona.

— Te dou carona, mas não pode se atrasar. Passe seu currículo ainda hoje.

— Fechado — ficou satisfeita e sorriu.

Daniel se levantou, colocou sua xícara e talheres na pia e disse:

— Se vocês duas querem carona até o metrô, acho bom se apressarem — e foi para o quarto.

— Eu já estou pronta — animou-se Ieda, levantando-se.

— Huuummm!... — murmurou Adriana, engolindo o último gole de café com leite. — Estou indo!

Estavam no carro de Daniel que conduzia o veículo até o metrô, quando Ieda brincou:

— Vamos olhar para os lados e ver se o diretor da Dri não está por aqui.

— Nem brinca! Parem com isso!

Daniel riu e, apesar do pedido da irmã, começou a provocá-la, demonstrando que estava procurando alguém.

Em seu carro, indo para o serviço, Wagner não deixava de pensar na possibilidade de, novamente, encontrar Adriana no carro de seu irmão, fazendo o mesmo trajeto.

Mas isso não aconteceu.

Os dias foram passando...

No fim de semana, Wagner estava na casa de seus pais quando sua noiva chegou, querendo vê-lo.

Era uma manhã fria e o nevoeiro dificultava a visibilidade. Apesar disso, eles foram caminhar pela praia de mãos dadas.

— Como estão as coisas lá na empresa? — Sabrina perguntou.

— Bem. Muita competitividade. Isso é normal — respondeu com simplicidade.

Assim que eu terminar a faculdade, no fim do ano, quero que me ajude a arrumar uma empresa considerável para trabalhar lá em São Paulo. Você tem muitos contatos. Daí eu posso ir para lá e vamos começar a cuidar das coisas.

— Que coisas?

— Ora! Como que coisas?! Não vamos nos casar?! — a noiva parou e o olhou de frente.

— Ah! Sim. Mas não temos muita coisa para cuidar.

— Como não, Wagner?!

— Acho que não temos.

— Precisamos dar uma mexida naquele apartamento. Decorar legal...

Ele voltou a caminhar e considerou:

— O apartamento está legal. Não precisa de nada.

— É muito vazio e sem graça. Nem cortinas você colocou. E ainda bem. Porque... — riu. — Você não tem muito bom gosto. Não é mesmo?

— Tem cortinas sim. Eu coloquei. — Dizendo isso, o rapaz silenciou. Não estava disposto a conversar, principalmente, a respeito de casamento. Continuou andando vagarosamente e olhando para o mar.

Sabrina não quis perceber e continuou planejando:

— Sabe no que eu estava pensando? — Não houve resposta. — Em chamar aqueles meus primos de Santos — referiu-se à cidade — para serem meus padrinhos. Eu e a Renata nos damos tão bem! Estou pensando também em termos seis casais de padrinhos. Três meus e três seus. O que você acha?

— Pode ser.

— A Lucélia, aquela minha amiga, e o marido. Embora eu não tope muito o Aguinaldo. O que você acha dele?

— De quem? — realmente o noivo estava completamente alheio ao que ela dizia.

— Do Aguinaldo.

— Que Aguinaldo?

— O marido da Lucélia! — Parou de caminhar e segurou sua mão para que não continuasse. Sabrina, irritada, perguntou: — Wagner, você não está nem aí para o que estou falando, não é?

— Estou... Estou preocupado com outra coisa.

— É mais importante do que o nosso casamento, por acaso?! — falou de modo rude.

O rapaz a olhou nos olhos e respondeu bem sério:

— Talvez seja. Estou preocupado com meu trabalho — disse e deu alguns passos.

Ela ficou a sua frente, fazendo-o parar. Com postura enérgica e mãos na cintura, indagou firme:

— E desde quando o seu trabalho é mais importante do que o nosso casamento?

— Desde que ele tenha de sustentar o nosso casamento — respondeu sério. — Se eu não estiver empregado e ganhando bem, é bom não casarmos. Não acha? — perguntou enérgico e tornou a andar sem esperar por réplica.

A noiva sentiu-se contrariada. Nada disse. Voltaram a caminhar, lado a lado, observando a neblina se dissipar para o sul em direção à bela paisagem da Serra da Juréia.

Após o almoço, a casa dos pais de Wagner ainda se achava repleta de parentes.

Tios e primos haviam se reunido ali para um churrasco.

Era uma bela residência. Grande, com área de lazer consideravelmente ampla e confortável. Devido à época do ano, a piscina não estava convidativa, embora o sol radioso esquentasse bem naquela hora do dia. Era um daqueles veranicos de inverno.

Wagner, com o rosto coberto por uma pequena toalha, estica-se em uma espreguiçadeira e se esquentava ao sol.

Wanda, sua irmã mais velha, aproximou-se. Puxou uma cadeira, sentou-se ao seu lado e disse só para ele ouvir:

— Tão quieto...

— O quê? — perguntou, erguendo a ponta da toalha que cobria os olhos. Ajeitando-se, virou em sua direção.

— Você. Está tão quieto.

O irmão se remexeu, ergueu o encosto da cadeira e se sentou. Respirou fundo e comentou:

— Não tem uma única vez que eu venho para casa e que a mãe não chama a família inteira para vir aqui. Eu esperava ficar sozinho. Descansar um pouco. Como se não bastasse a agitação de São Paulo, chego aqui e tenho de ouvir todo o mundo. Seria tão bom um pouco de sossego.

— Você nunca se queixou disso. — O irmão nada disse e Wanda observou: — Está tudo bem?

— Está — respondeu rápido e sério.

— Não parece. — Um instante e perguntou: — Você e a Sabrina brigaram?

— Não. Quer dizer... — breve pausa. Depois desabafou: — Ela não dá um tempo! Não para de falar em padrinhos e casamento. Não dá uma trégua! Estou começando a achar que essa história de ter noivado e marcado casamento... — estava insatisfeito e deteve as palavras.

— Você nunca reclamou disso também — falou com brandura, mas com um tom de preocupação. — Aconteceu alguma coisa?

— Aconteceu que vim para casa pra descansar — havia um toque irritado em sua voz. — Não queria meus primos falando que eu não deveria ter comprado essa marca de carro nem a tia reparando que emagreci. Muito menos a Sabrina fazendo lista de padrinhos e presentes. Como se não bastasse, a Celine veio me dizer que quer ficar uma semana em São Paulo, no meu apartamento, e junto com a Sabrina. — A irmã riu e o rapaz perguntou contrariado: — Já imaginou isso?! — Não houve resposta. — Em vez de ter vindo descansar, vim aqui pra me irritar!

— Nossa família sempre foi assim e você nunca reclamou. Tem certeza de que é só isso?

— Lá vem você também — resmungou e se levantou, afastando-se da irmã.

No decorrer do dia, todos percebiam que Wagner procurava ficar sozinho. Distante de tudo. Até que se refugiou em seu quarto onde ligou o som em volume baixo, dividiu a cama com seu cachorro que, apesar de ter grande porte, deixou-o ficar deitado ao seu lado.

O animal demonstrava compreender sua angústia. Olhando-o nos olhos com um toque de solidariedade.

— É, amigão, só você mesmo para me entender. Não é? — O cachorro se remexeu e deu um grunhido baixinho. Wagner afagou sua cabeça e sorriu.

Passado algum tempo, Sabrina foi até seu quarto e ele não conseguiu disfarçar a feição de insatisfação.

— O que foi, amor?

— O que foi o quê?

— Você está tão quieto. Mal-humorado. Aconteceu alguma coisa? — perguntou e sentou-se na beirada da cama ao lado dele.

O noivo acariciava o cachorro e fitava o animal quieto. Só depois de longa pausa, respondeu:

— Eu só quero ficar quieto. Só isso.

Ela começou a lhe fazer afagos nos cabelos e isso o incomodou. Percebendo algo estranho, indagou mais enérgica:

— O que foi, Wagner?! O que está acontecendo?!

— Nada. Por que insiste nisso?! — sua insatisfação era nítida. Sentou-se, fazendo um sinal para o cachorro se levantar e descer da cama.

— Tenho o direito de saber por que você está assim. — Ele não disse nada, e a moça comentou: — A Celine já te falou que nós duas vamos para São Paulo ficar lá uma semana e...

— O que pretendem fazer lá? — interrompeu-a. — Eu estarei trabalhando. Vão me deixar preocupado com vocês duas. Minha irmã não tem um pingo de juízo e você não vai conseguir controlá-la! Isso não vai dar certo. Eu não quero que vocês vão!

— Nossa! Precisa falar desse jeito?

— Preciso sim. Preciso deixar bem claro que não quero vocês lá.

— Não estou entendendo por que você está desse jeito!

— Que jeito?! — ele levantou-se ao perguntar.

— Insatisfeito e irritado! Esse é o jeito! O que está acontecendo!

O rapaz respirou fundo e falou, parecendo mais calmo, mas na verdade, continha ao máximo sua insatisfação.

— Não está acontecendo nada. Eu só quero ficar sozinho e quieto e você não está respeitando isso — respondeu sem encará-la.

A noiva se levantou e, magoada, saiu do quarto sem dizer nada.

Naquele mesmo fim de noite, Adriana e o noivo escreviam nos convites de casamento que seriam distribuídos em breve.

Sentados à mesa da cozinha da casa da noiva, estavam atentos à lista e aos nomes dos convidados.

Observando a delicadeza do envelope, Ieda sorriu ao comentar:

— Que lindo! Nossa! Gostei desses detalhes — apontou com delicadeza.

— Eu achei que deu um toque diferente, não foi? — perguntou Adriana satisfeita.

— Deu sim. Ficou ótimo. Quando vão começar a distribuir? — tornou a outra.

— Acho que daqui a um mês, mais ou menos.

Naquele instante, Jaime chegou. Pela forma como bateu a porta principal, Adriana olhou para o noivo demonstrando que havia algo que alterava o estado de seu pai.

— Que coisa, né?! — reclamou Nícolas visivelmente insatisfeito.
— Acho bom terminar isso outra hora — ele sugeriu.

As amigas começaram a recolher os convites e colocá-los de volta na caixa.

Nícolas se levantou e ficou inquieto.

Um sentimento de decepção e raiva ficou estampado no olhar de Adriana quando viu o pai cambaleando ao entrar na cozinha.

Falando com voz mole, Jaime perguntou:

— Cadê sua mãe?

— Está no quarto — respondeu a filha.

— Eu tô indo, Dri — decidiu o noivo.

— Não. Fica aí. Vamos pedir uma pizza.

— Não. Tô indo. Amanhã te ligo. — Curvando-se, beijou-a rapidamente e se despediu de forma geral: — Boa noite! — virou-se e se foi.

— Só porque eu cheguei, ele tá indo embora — reclamou, falando trôpego. — Tão vendo? Tão vendo, né? Cês tão vendo? Eu não disse nada! Nada mesmo! Quando eu reclamo... — quase caiu ao esbarrar em uma cadeira. — Opa! — cambaleou. — Também... Essa casa é uma bagunça. As cadeira num fica no lugar certo, que é embaixo da mesa — falava errado.

Heloísa, atraída pelo falatório do marido, chegou à cozinha e murmurou:

— Mais uma vez...

— O que é? O que você tá resmungando aí?! Pensa que não ouvi? Eu ouvi! Você tá falando de mim.

— Vamos, Jaime. Venha tomar um banho — propôs a mulher.

— Banho?! Por que é que eu preciso de um banho?!

A filha havia recolhido seus convites de casamento e ia saindo da cozinha, junto com a amiga, quando o pai perguntou:

— O que é isso? O que tão me escondendo?

— Não estamos escondendo nada, pai.

— Tão! Tão sim! Vocês me deixam de lado!

— Vai, Adriana. Vai pro quarto — pediu a mãe.

— E você ainda dá razão pra ela! A culpa é sua dos seus filhos me maltratar. Porque eu sou deixado de lado nesta casa! Esta porcaria de casa. Esta casa que não tá terminada! Você sabia que esta casa não tá terminada? Pois é!... Falta terminar...

Jaime continuou falando de modo desordenado.

Seus pensamentos achavam-se confusos, desconexos. Cada vez mais, perdia o respeito e a razão.

— Se você bebesse menos e trabalhasse mais, talvez, nós tivéssemos dinheiro para terminarmos essa casa. Mas não. Sempre é demitido porque enche a cara — reclamou Heloísa.

— Não fala assim comigo! Sou seu marido! Sou o homem da casa!

— Não adianta ser o homem da casa se não se dá valor quando bebe e perde o respeito de seus filhos — revidou a esposa.

— Cala a boca! Olha lá como fala comigo! Cê precisa me respeitar.

— Se você se respeitasse, Jaime, os outros também o respeitariam. Mas esse não é o caso.

O marido a pegou pelos braços e a empurrou até que as costas de Heloísa fossem pressionadas contra a parede.

Corpulento, usou seu peso para inibi-la de qualquer defesa e, com voz rouca e grave, além de trôpega, falou enquanto a mulher podia sentir o bafo horrível, resultado da bebida alcoólica ingerida.

— Olha aqui! — falou em tom grave, porém baixo. — Cê não pensa que sou bobo, porque eu não sou. Sou... Sou o dono desta casa e você e o seu filho... Tá entendendo? Você e seu filho não são nada aqui. Você cala essa boca. Tá entendendo? Cala essa sua boca! Cê sabe que tenho muito pra dizer. Cê num é a santa que eles pensa não.

Ela o empurrou, mas Jaime a segurou pelo braço e não a deixou se afastar.

— Qualquer hora eu conto tudo! — dizia com voz abafada. — Você vai me pagar!

Heloísa tentou sair de onde estava, mas não tinha força suficiente para se soltar do marido. Remexendo-se, sentia seu braço arder com o apertão. Começou empurrá-lo com a outra mão.

De repente, a voz grave de Daniel soou num grito:

— O que está acontecendo aqui?! — questionou ao presenciar a cena.

Antes que o rapaz fosse à direção do casal, Jaime largou a esposa, empurrando-a para o lado.

Aproximando-se de sua mãe, o filho tocou-a no ombro enquanto Heloísa esfregava levemente o braço.

Temeroso, Jaime se acuou no canto perto da pia. Mesmo de cabeça baixa, procurava ver onde Daniel estava. Era uma atitude de medo e covardia.

Falando baixinho, a mãe sobrepôs sua mão a do filho e disse:

— Tudo bem. Está tudo bem.

— Não está nada bem, não!!! — vociferou o rapaz.

— Daniel, por favor, filho... — pediu a mulher, fazendo-o encará-la. Os olhos do rapaz expressavam contrariedade. Com modos extremamente gentis, a mãe disse: — Vai tomar um banho e vem comer alguma coisa. Vai.

Novamente, o moço olhou para Jaime e o mediu de cima a baixo. Respirou fundo e saiu da cozinha.

Chegando ao quarto que dividia com a irmã, viu a porta fechada. Bateu, mas não esperou. Encontrou Adriana e Ieda mexendo ainda nos convites.

— Vocês duas não ouviram nada, não é?! — zangou-se.

— Ai que susto! O que foi? — a irmã quis saber.

— O pai! Ele estava apertando o braço da mãe.

— Ele chegou bêbado, mas... — tornou ela.

— Olha, Dri, se a mãe não tomar uma atitude, se ela não tiver uma postura... Não sei o que pode acontecer!

— Ele não te enfrenta, né?

— Claro que não! Bêbado é sempre covarde! — Daniel, com jeito brusco, jogou uma jaqueta sobre a cama e desabafou: — Tenho vontade de...

— Nada disso, Daniel. Por pior que ele seja, é o seu pai — argumentou a amiga, tentando acalmar a situação.

— Você não imagina como é, Ieda! Tem hora que dá uma vontade de...

— Se fizer qualquer coisa contra ele, estará se prejudicando — tornou a moça.

— E quando não estivermos aqui? Como vai ser?

O rapaz, com jeito contrariado, sentou-se na cama e não disse mais nada.

Capítulo 7

Hilda em dificuldades

Os dias foram passando rapidamente. Já fazia tempo que Wagner não ficava tão próximo de Adriana na empresa. Mesmo assim, sempre que podia, ele ia até a gerência onde ela trabalhava e a observava de longe. Quando ela o via, o rapaz oferecia um sorriso discreto e a moça correspondia. Era sempre algo bem reservado. Não havia razão para se aproximar.

Naquela tarde, a assistente arrumava, sobre a mesa da diretoria, alguns documentos e encontrou o envelope de fotografias.

Ela o separou com a intenção de pedir a seu chefe, mais uma vez, que o levasse embora.

Naquele instante, Wagner adentrou a sala.

Vendo Hilda ajeitando suas coisas, disse:

— Ah! Você está aí!

— Precisa de alguma coisa?

— Preciso dos relatórios financeiros.

— Já estão aqui. Acabei de trazer.

O diretor se aproximou, afastou a cadeira da mesa e ficou em pé, quase ao lado de Hilda, observando os papéis.

— Que ótimo! — ele considerou ao ler.

— Mais alguma coisa?

— Não.

— Estas fotos ainda estão aqui. Precisa levá-las embora.

Wagner observou o envelope em sua mão e suspirou fundo ao pegá-lo, expressando insatisfação.

— Está tudo bem? — a assistente quis saber.

— Está — afirmou em tom desanimado.

— Não parece.

O rapaz ficou pensativo. Sem demora, disse:

— Estou precisando de uma diarista. Você conhece mais alguma?

— E a última que arrumei?

— Não aparece há três semanas. Não ligou nem deu satisfações.

— Ligou para ela?

— Sim. Só deu caixa postal. Deixei recado, mas não retornou.

— Vou ver com a minha diarista. Se ela tiver dia disponível na semana, eu aviso.

— Pode até ser de sábado, tá? Estou desesperado.

— Certo. — Alguns segundos e perguntou: — Sua irmã não virá para São Paulo?

— Deixei bem claro que não quero a Celine nem a Sabrina aqui.

— Nem a Sabrina?

— Ora, Hilda! O que elas ficarão fazendo aqui enquanto eu estiver trabalhando?

— Poderiam passear.

— Passear sozinhas? Aqui não tem lugar para passear.

— Não seja injusto com esta cidade — ela sorriu.

— Essa ideia não me agrada. A Sabrina ficou zangada, por eu não querê-la aqui, mas... Ah! Tá louco, viu!

Hilda deu um sorriso discreto e quis saber:

— Está tudo bem com vocês?

— Não sei. Não sei dizer se está tudo bem entre nós. Quando converso com a Sabrina, mesmo por telefone, acabo me irritando. Algo sempre me deixa insatisfeito. — Fez longa pausa. Depois declarou: — Estou pensando em dar um tempo.

— Um tempo? — perguntou, mesmo entendendo o que ele havia dito.

— Não me sinto mais tão animado com esse noivado, com a ideia de casamento. Comecei a pensar que... Eu e a Sabrina namoramos há tantos anos que...

— Quê?...

— Que nos acostumamos um ao outro. Você acha que isso pode acontecer?

— Acostumar com uma pessoa é algo normal. Estou casada há trinta anos e me acostumei com meu marido. Nem por isso, penso em dar um tempo no meu casamento — ela riu.

— Ah, Hilda! Você me entendeu. Nem sei por que fico conversando isso tudo com você — ficou melindrado.

— Posso fazer uma pergunta pessoal?— ela sorriu, enquanto aguardava a resposta.

— Pode. Vai lá!

— Por que, morando aqui em São Paulo, continuou, por tanto tempo, namorando a Sabrina que mora tão longe?

— Por quê? Ora! Por quê?... — titubeou. — Ela sempre foi uma boa moça. É de família. Não é uma qualquer. Quando um homem equilibrado pensa em casamento, ele deseja uma mulher respeitável, honesta, fiel... Para que, juntos, construam uma família. Foi isso o que aprendi com meus pais.

— Outras moças, aqui em São Paulo, nunca o atraíram? Tem moças bonitas aqui na empresa. Elas nunca chamaram sua atenção?

— Lógico, né! — riu. — Mulheres bonitas, chamativas atraem e... — sorriu. — Aonde você quer chegar, Hilda?

— Mas nenhuma dessas mulheres bonitas chamou sua atenção o suficiente para repensar o seu noivado?

— Não. Lógico que não. As mulheres que conheci aqui não... — queria rir e contorcia a boca ao falar. — Digamos que não são pra mim... Pelo menos, não são para me casar. É só para... passar um tempo. Entende?

— Todo homem é cafajeste — Hilda sorriu e sussurrou em tom inaudível.

— O que disse? — não havia escutado.

— Então me diga: vai dar um tempo com a Sabrina só para dar um tempo? Ou apareceu alguém que pode ser a mulher pela qual pode pensar em um compromisso sério?

Wagner fechou o sorriso e nada respondeu por longo tempo. Até que resolveu:

— Vamos embora, Hilda. O Agenor vem buscá-la hoje?

— Não.

— Então eu a levo.

Ele decidiu sentindo uma inquietude, como uma sombra de preocupação indefinida no olhar.

A mulher expressou um semblante enigmático, quase sorrindo. Sabia que o rapaz iria refletir sobre o que havia dito. Ela pegou os papéis de que precisava e se arrumou para irem embora.

Sábado de manhã...

Wagner assustou-se com o toque do celular. Acordou desorientado. Pegou o aparelho sem saber que horas eram. Era uma daquelas manhãs de que não se lembrava nem mesmo qual o dia da semana, onde se está ou o próprio nome.

No primeiro instante, pensou que havia perdido a hora do serviço, pois, ao olhar no visor do telefone, viu que era sua assistente quem ligava.

— Alô! — atendeu com a voz rouca e muito assonorentado. Nem acendeu a luz.

— Bom dia, doutor Wagner! Acredito tê-lo acordado! — exclamou a secretária com um toque de ironia na voz. Pareceu sentir prazer ao fazer aquilo.

— Bom dia, Hilda. Você me acordou sim. Eu... — gaguejou.

— Tenho uma diarista para hoje, ou melhor, para agora. Posso levá-la aí?

— Que dia é hoje? — ele estava confuso.

— Sábado. São exatamente sete horas da manhã.

— Sábado... É... Sim. Pode. Pode trazê-la.

— Até mais.

Desligaram.

Assonorentado, levantou-se e foi se trocar. Depois fez um café.

Algum tempo se passou e Hilda chegou com a profissional esperada. Após apresentá-la, a diarista foi para a área de serviço pegar os produtos e materiais de limpeza para começar o trabalho.

Wagner serviu para Hilda uma caneca de café e foram para a sala de estar.

Ela se sentou em um sofá e ele em uma cadeira, ficando quase de frente para ela.

— Você vai gostar do serviço da Fran. Ela trabalha direitinho. É bem quieta e discreta também. Apesar da idade, dá conta muito bem do serviço.

— Ela só tem dia no sábado?

— Disse que poderia ser aos sábados!

— Certo. Tudo bem — ele se conformou.

— Fale com ela. Se alguém desistir de seus serviços durante a semana, você fica com o dia. Ela é uma pessoa de confiança. Pode deixar as chaves na portaria. Mas vê se não deixa tudo jogado pelo apartamento. Isso dificulta a limpeza. Dá trabalho e demora mais. Principalmente porque a diarista não sabe o que fazer com as coisas jogadas.

— Sim senhora — ironizou. — Depois eu falo com ela. — Breve instante em que tomou um gole do café quente, e perguntou: — Preciso te pagar o táxi. Você veio de táxi, não foi?

— Sim. Viemos sim. É muito difícil encontrar uma vaga para estacionar aqui perto. — Bebericou o último gole de café e decidiu: — Agora preciso ir. Obrigada pelo café. Estava ótimo!

— Eu a levo em casa.

— Eu aceito — sorriu.

— Deixe-me só apanhar uma jaqueta.

Wagner foi até o quarto e, rapidamente, retornou vestido com uma jaqueta e com as chaves do carro nas mãos. Pegou a carteira, tirou uma nota de cinquenta e deu a ela.

— Depois te dou o troco — disse a assistente.

— Tudo bem. Vamos?

— Deixe-me só dar um tchau para a Fran.

Ela se despediu da diarista e se foram.

Enquanto dirigia, o rapaz percebeu-a muito calada e perguntou:

— Algum problema, Hilda?

— Não. Tudo bem.

— Você está tão quieta. Está diferente hoje. — Longo silêncio e ele insistiu novamente: — Aconteceu alguma coisa?

A mulher ficou um pouco pensativa, depois respondeu.

— Estou preocupada com uma coisa.

— Deve ser uma coisa séria. Não é comum vê-la assim. O que aconteceu? Será que eu posso ajudar?

— É com meu marido — murmurou.

— O que tem o Agenor?

— Está diferente.

— Diferente como? — ele perguntou interessado.

— Diferente... Irritado, insatisfeito.

— Com o quê?

— Com qualquer coisa. Tudo está sendo feito exatamente do mesmo jeito há mais de trinta anos e ele nunca reclamou. Agora... Qualquer coisa é motivo de resmungar, reclamar, fazer cara feia. Fala comigo sempre de um modo exigente e descontente. Ou não fala.

— Desde quando ele está assim? — preocupou-se o rapaz.

— Desde que vendemos a casa na praia.

— Você não queria vender a casa, né?

— Não. Foi ele quem insistiu. Não sei o que deu naquele homem. Ou vendia a casa ou morria.

— Vocês estão com problemas financeiros? Desculpe-me perguntar. Pode ser isso.

— Não. Tudo bem. Financeiramente, as coisas estão sob controle. Mas...

— Mas, o quê? — insistiu diante da demora.

— Mas entre nós... — Breve pausa e considerou: — Acho que não deveria comentar isso.

— Por que não?!

— O senhor é meu chefe!

— Deixe de ser besta, Hilda! — perdeu a compostura de tão irritado. — Eu sempre me abri com você que sempre me ajudou quando precisei. Morei até em sua casa! Qual é?! — Nova pausa. — Estou percebendo que você está angustiada e quero ajudar.

— Sim. Estou angustiada — ela admitiu.

— Desconfiada ou angustiada?

— Como assim? — a mulher indagou, confusa.

— Desculpe-me ser direto. Você está desconfiada do Agenor?

— Não. — Pensou por um instante e respondeu: — Pelo menos, até agora, não estava. Mas agora comecei a pensar nisso.

— Caramba!... Desculpe-me, Hilda! Eu não queria te dar essa ideia.

— Não! O Agenor não iria fazer uma coisa dessa. — Dizendo isso, olhou demoradamente para Wagner. Estavam parados no semáforo. Só depois de alguém buzinar, ele voltou-se para a direção.

O silêncio foi absoluto até chegarem à residência onde a assistente morava.

— Pronto! Chegamos! — exclamou, tentando disfarçar sua preocupação. Arrependeu-se da suspeita que levantou.

— Obrigada por me trazer. Depois te dou o troco do táxi.

— Sou eu que agradeço por você se dar a esse trabalho todo. — Olhou-a nos olhos e perguntou: — Você está bem?

— Lógico que estou.

— Quer conversar um pouquinho? — o rapaz insistiu.

— Não sei se é um bom momento para conversarmos — falou com tristeza na voz.

— Eu te conheço, Hilda. Você está precisando conversar.

— Estou confusa e atordoada. O que eu posso fazer? — engoliu seco. Olhou em volta para tentar disfarçar.

Ele não sabia o que responder e aconselhou:

— Conversem.

— Já tentei isso. Qualquer conversa que puxo, ele se mostra insatisfeito. Não sei mais o que fazer. Não acredito que o Agenor seja tão cafajeste assim, mas... Quando lembro aqueles homens, aparentemente respeitáveis, lá na empresa... Casados... E com lindas famílias, mas são calhordas para traírem e se envolverem com tudo o que não presta, incluindo prostitutas no horário do almoço... Ninguém diria que eles são desprezíveis. As esposas e filhos poriam suas mãos no fogo por eles. Qualquer um poria. Até eu, se não soubesse de tanta sujeira. Não conhecemos ninguém, até sabermos do que o outro é capaz. Fico pensando e... — não terminou o que ia dizer.

— Contou para os seus filhos? — Wagner perguntou com jeitinho.

— Comentei com minha filha e com a Valéria, minha nora. Com o Rogério e com o Rodrigo não.

— O Rodrigo, por morar com vocês, não percebeu nada?

— Talvez sim. Disse algo por uma ou duas vezes sobre o pai estar estranho, nervoso. Ele trabalha. Chega tarde. Moço mais novo do que você. Não vai reparar muito nessas coisas. Você o conhece bem. É desligado.

— Você é uma mulher inteligente, esperta e corajosa. Vai saber resolver isso. Talvez, o Agenor esteja com algum problema pessoal.

— Qual problema pessoal não pode ser dividido com a esposa?

Wagner a observou por longo tempo. Não sabia responder.

Encarando-o, ofereceu sorriso forçado e disse:

— Desculpe-me. Não queria incomodá-lo com isso.

— Você não me incomoda.

Ela abriu a porta do carro para descer. Ele segurou seu braço e a puxou dando-lhe um beijo na face.

A mulher lhe fez um afago maternal no rosto. Sorriu e desceu após murmurar:

— Vai com Deus.

— Amém.

O rapaz suspirou fundo. Sentiu-se insatisfeito. Considerava Hilda como uma parenta. Mais até do que alguns familiares. Não desejaria vê-la sofrer.

Respirou fundo novamente. Esfregou as mãos ao mesmo tempo em que as assoprou para aquecê-las. Ligou o carro e se foi.

A caminho de seu apartamento, lembrou-se que Adriana morava ali perto. Ficou inquieto com essa recordação e ansioso com a ideia de passar próximo a sua casa para vê-la.

Não resistiu.

Horas depois, em seu apartamento, estava frustrado por não ter conseguido vê-la.

No final da tarde, a diarista havia terminado o serviço e se foi.

Uma angústia o dominou.

Wagner largou-se no sofá. Tentava calar os pensamentos acelerados.

Impossível.

Incomodou-se com os ruídos advindos de outros apartamentos. Eram pisadas, som alto ou risos e gritinhos de crianças.

Irritou-se.

Foi até a geladeira, pegou uma lata de cerveja, abriu e voltou para a sala.

Ligou a TV. Com o controle remoto na mão, começou a passar os canais enquanto bebericava na lata. Nada prendia sua atenção por muito tempo. Nenhum programa interessava.

Um companheiro espiritual, que não tinha qualquer ligação com o rapaz, mas havia como que se imantado à lata de cerveja, esperando a oportunidade de sugar a energia espiritual de qualquer encarnado disposto a ingerir a bebida alcoólica, estava ali.

O abrir daquele recipiente o fez se ligar a Wagner que passou a acreditar ficar mais relaxado com a bebida.

Nesse instante, o celular tocou. O moço olhou o visor e sentiu-se muito insatisfeito. Decidiu não atender. Logo o aparelho silenciou.

Não demorou e, novamente, o toque insistente do telefone começou.

Verificando quem era, decidiu atender.

— Oi, mãe — cumprimentou sem ânimo.

— Oi, filho! Tudo bem?

— Sim. Tudo bem. E aí?

SCHELLIDA | ELIANA MACHADO COELHO

— Quem está aí com você?

— Ninguém. É a TV ligada.

— Parece que está dando uma festa.

— É a TV — repetiu irritado. Pegou o controle e abaixou o volume. — E aí? Está todo mundo bem? — ele perguntou mais por obrigação do que por interesse.

— Sim. Todos estão bem. Eu liguei porque fiquei preocupada. A Sabrina me ligou e disse que tentou falar com você várias vezes hoje, mas o seu telefone só chamava.

— É... Eu saí e esqueci o aparelho aqui no ap. Acabei de chegar — mentiu.

— Então liga pra ela, Wagner.

— Tá bom. Depois eu ligo. Foi só por isso que a senhora ligou?

— A Celine gostaria de passar uns dias aí e...

Abruptamente, o filho a interrompeu:

— Ah, mãe! Qual é?! Eu já disse que não tenho tempo. Não vai ser uma boa a Celine ficar aqui, no meu apartamento e...

— Eu vou ficar com ela, Wagner! — interrompeu-o. — Seria só por três dias. Preciso mesmo fazer algumas compras. Então, aproveitaremos para passear um pouco nos *shoppings*, parques e...

— São Paulo não tem nada pra ver! — foi rude.

— Como não, filho?! Conheço essa cidade muito bem. Você não está querendo que eu vá aí? — perguntou para fazer chantagem.

Wagner suspirou fundo, e ela pode ouvir o barulho de sua respiração.

— Família é fogo, meu amigo! — comentou o espírito que havia se atraído a ele. — Só enche o saco! Só usam você!

Logicamente, o rapaz não pôde ouvi-lo, mas sentiu suas vibrações. Insatisfeito, perguntou completamente desmotivado:

— Quando pretendem vir?

— Na outra semana. Penso em ir quarta-feira de manhã. Na sexta à noite, você traz a gente de volta. Ficaremos só três dias. Não mais.

112

Sábado precisamos estar aqui! — falou com um tom bem animado. Era aniversário do rapaz.

— Como virão pra cá? De ônibus? — quis saber, pois sua mãe e irmã não dirigiam em estradas. Temiam, pois não tinham prática.

— Sim. Seu pai vai nos levar até a rodoviária daqui e, quando chegarmos a São Paulo, pegaremos um táxi até onde você mora e voltamos com você. Tudo bem?

— Tudo bem, se a senhora vier junto. Mas veja lá! Não dê folga pra Celine! Ela é muito folgada!

— Ai, Wagner! Deixe de ser implicante com sua irmã.

— Tá. Tudo bem.

— Não se esqueça de deixar as chaves na portaria, viu?

— Tá bom — respondia com contrariedade no tom da voz.

— Eu ligo para você não esquecer.

— Tá. Tudo bem.

— Agora vai e liga pra Sabrina. Ela está esperando.

— Tá. Valeu, mãe! — queria desligar.

— Beijo, filho! Fica com Deus, viu?

— A senhora também.

— Eu ligo na semana pra gente combinar.

— Tá. Tá bom... Tchau — queria dispensá-la o quanto antes.

— Tchau! Fica com Deus! — ela repetiu.

— Obrigado. A senhora também.

E desligou rapidamente para sua mãe não esticar o assunto por mais tempo.

— Saco! — resmungou e acabou tomando todo o resto de cerveja.

— E aí, cara?! Acabou?! — disse o novo companheiro espiritual. Expressando-se com ginga de malandro — Qual é, meu amigo?! Pensei que você fosse melhor que isso. Por isso segui você quando comprou as latinhas. Vamos lá! Eu sei que tem mais de onde veio esta! Vai! Vamos!

Uma vontade inexplicável de tomar mais cerveja se intensificou.

Nesse instante, Fábio, mentor de Wagner, alertou-o:

— Melhor parar por aí, meu filho. Todo excesso é prejudicial. É importante manter o controle e o domínio sobre você mesmo.

Não se importando com a intuição recebida, Wagner não resistiu. Foi à cozinha, pegou outra lata e abriu.

Foi até o armário, apanhou um pacotinho de amendoim, rasgou-o nos dentes e voltou para a sala comendo o petisco e bebericando novamente.

— Aeeehhh!!! Agora melhorou, cara! Além do *bebis* tem *comis*! — gargalhou e juntou-se, novamente, ao rapaz, sentando-se ao lado dele como se estivesse encarnado e fosse seu melhor amigo.

CAPÍTULO 8

Atração irresistível

Uma luz fria rasgou a janela e se entremeou pelas cortinas da sala.

Wagner espremeu um dos olhos e mal conseguiu abrir o outro por causa da claridade.

Remexeu-se no sofá e experimentou o corpo dolorido. Sua cabeça rodava.

Sentou-se.

Esfregou o rosto com as mãos e sentiu um gosto amargo na boca. A cabeça doía.

Olhou para as várias latas de cerveja amassadas sobre a mesinha central e também viu o saco de amendoim vazio.

Admirou-se por ter bebido tudo aquilo e entendeu a razão da dor de cabeça.

Olhou o relógio. 10 horas da manhã.

Na televisão, passava um filme e ele demorou para encontrar o controle remoto a fim de desligar o aparelho que havia ficado ligado a noite toda.

Levantou-se. Parecia que a sala girava, enquanto a dor de cabeça aumentava assustadoramente.

Ele não bebia com frequência. Não estava acostumado àquilo.

Decidiu procurar um remédio e custou muito para achar. Não havia nenhum sal de frutas em casa. Só uma aspirina que tentou engolir a seco e precisou correr para a cozinha e beber um copo de água, pois o comprimido não passou na garganta.

Fez uma careta. Sentiu um incômodo na garganta como se o comprimido ainda estivesse ali.

— Droga!... — murmurou reclamando.

Procurou por uma sacolinha, daquelas de mercado, a fim de usar como saco de lixo para recolher as latas, porém não achou. Ele tinha certeza de que deveriam estar por ali, pois havia ido ao mercado. Acreditou que a mulher que limpou o apartamento, no dia anterior, teria guardado.

Na lavanderia, encontrou uma sacola de mercado com todas as outras dentro.

Pegou uma. Foi até a sala e recolheu as latas vazias sobre a mesa. O tinir do metal foi um barulho que pareceu alto e o incomodou pela dor de cabeça.

Ainda achava-se tonto.

— Não devia ter bebido tanto. Eu te avisei — disse seu mentor ao vê-lo atordoado e passando mal pelo excesso de bebida.

— É... Eu não devia ter bebido tanto — repetiu, a seu modo, a orientação do mentor, mesmo sem tê-lo ouvido.

— Bebeu desnecessariamente. Pensou que iria relaxar, mas olhe só agora. O relaxamento provocado pela bebida é ilusório e temporário. Quando o efeito do álcool passa, o mal-estar e o arrependimento são certos. Além de não ter solucionado o que precisa, os pensamentos ficaram mais confusos, o organismo debilitado e a alma encarcerada na angústia — disse ainda o mentor, enquanto o via recolher as latas e jogar no lixo.

Wagner arrependeu-se por ter bebido devido ao mal-estar e a dor de cabeça que experimentava.

Foi para seu quarto e decidiu tomar um banho demorado.

Ao sair do chuveiro, ouviu seu telefone tocar. Enrolado em uma toalha, foi até a sala para pegá-lo.

Olhou o visor. Não queria atender, mas não ficava bem ignorar Sabrina novamente. Havia esquecido de telefonar para ela como sua mãe tinha pedido.

— Alô?

— Wagner!

— Eu.

— Tudo bem?

— Tudo. E você?

— Sua mãe disse que você ia me ligar. Fiquei esperando!

— Eu dormi assistindo à TV.

— Fiquei chateada. De tarde, liguei quatro vezes e você não atendeu.

— Eu esqueci o celular aqui no ap. Saí e...

— Onde foi?

— Fui levar a Hilda até a casa dela. Ela me fez um grande favor ontem — contou.

— Nossa! Mas eu liguei a tarde inteira.

— Demorei para chegar. Fiquei enrolando. A empregada estava aqui limpando e dei uma volta para ela terminar. Não queria ficar aqui com ela.

— Ai! Estou tão contente! Sua mãe me disse, hoje cedo, que você concordou em ficarmos aí alguns dias.

— Você vem também?!

— Lógico! Por quê? Não quer que eu vá?

— Bem... É que... Não é muita gente? Só tenho dois colchões no outro quarto.

— Não tem problema — falou com mimo na voz. — Eu durmo no sofá. Aí... de madrugada, damos uma fugidinha — riu.

Wagner respirou fundo e comentou:

— Minha mãe vai estar aqui, né, Sabrina.

— O que foi? — ela o percebeu insatisfeito. — Parece que não gostou da ideia. Está acontecendo alguma coisa?

— Ah... Não começa! Não está acontecendo nada!

— Você está muito esquisito.

— Estou com uma dor de cabeça terrível.

— Toma um remédio! — a noiva sugeriu.

— Já tomei. Não passou. Vou ter de ir até a farmácia para comprar alguma outra coisa.

— Você comeu ou bebeu algo que não deveria?

— Acho que sim.

— O quê?

Intolerante para falar com ela sobre aquele assunto, disse:

— Sabrina, eu acabei de tomar um banho quente. Estou enrolado em uma toalha. Está frio. Preciso me trocar e sair para comprar um remédio. Você se importa de conversarmos depois?

— Nossa! Precisa falar assim? — magoou-se. — Vai lá.

— Desculpe, tá? É que estou com a cabeça estourando.

— Tudo bem. Tchau. Depois nos falamos.

— Até mais.

— Beijo! — ela mandou.

— Beijo — ele respondeu sem ânimo.

— Eu te amo...

— Eu também — murmurou quase automaticamente, mas contrariado, e desligou.

Trocou-se e saiu.

Era fim da tarde quando Adriana saia da casa de seus tios, em um bairro próximo de onde morava.

Ela fazia a entrega dos convites de casamento sozinha. Estava chateada. Havia saído pela manhã com Nícolas para que, juntos, levassem os convites. Porém, antes da hora do almoço, ao passarem na casa do irmão de seu noivo, o rapaz começou a beber e ficou totalmente indisposto para acompanhá-la na entrega dos demais. Adriana ficou zangada e acabaram discutindo.

Ela o deixou na casa do futuro cunhado e decidiu, sozinha, levar os que ainda restavam para aquele dia.

Parou em um ponto de ônibus, esperando um lotação, que demorava bastante.

Havia andado muito. Estava cansada.

Em pé, trocava o peso de uma perna para outra para aliviar os pés massacrados por um sapato que não deveria ter usado. Pensou que fosse andar de carro, junto com o noivo, por isso os colocou.

Por ser domingo, passando da hora do almoço, a avenida achava--se quase sem movimento.

No sentido oposto de onde se encontrava, um veículo parou, abaixou o vidro e o condutor sorriu e gritou:

— Adriana!

Olhou. Era Wagner.

Ele fez um sinal com a mão para que o esperasse. Dirigiu e logo à frente manobrou o automóvel. Voltou e parou onde ela estava.

Surpresa, cumprimentou-o quando se aproximou do carro a sua frente:

— Oi! O senhor por aqui?!

— É... Eu... Para onde você vai? — ele quis saber quando quase se deitou no banco do carona para perguntar.

— Vou para minha casa.

— Entra aí! Te dou uma carona.

A moça não pensou duas vezes. Seus pés a matavam.

Abriu a porta do carro e se sentiu aliviada demais ao se sentar.

— Oi! Tudo bem? — o rapaz perguntou.

— Tudo. E o senhor?

— Nada bem. Estava procurando uma farmácia aberta. Olhei e te vi no ponto.

— O que o senhor tem?

— Uma dor de cabeça horrível.

— Tenho dipirona aqui na minha bolsa. Mas não tenho água — disse ela.

— Lembrei de uma farmácia que tem no *shopping* e acho que vou até lá — comentou enquanto dirigia. — Assim, compro água, tomo o remédio e como alguma coisa. Não comi nada hoje.

— Nossa! Acho que é por isso que está com dor de cabeça.

— Não. Já acordei assim. Tomei uma aspirina, mas não adiantou.

— Aquela rua é melhor para ir ao *shopping*. Não vai entrar nela? — perguntou, por não vê-lo sinalizar a seta do veículo.

— Primeiro vou te levar para casa.

— Não. De jeito nenhum. Primeiro vamos cuidar da sua dor.

Ele a olhou por alguns segundos e sorriu.

Por um instante, desejou que ficassem juntos por mais tempo e aquela era a oportunidade.

Rápido, Wagner desviou o veículo para o acesso que daria ao *shopping* e seguiu.

Demoraram a encontrar uma vaga, só estacionando o carro depois de algum tempo.

Desceram e foram direto à farmácia do estabelecimento. Ele não quis pegar o remédio que ela ofereceu. Disse que precisaria comprar mais para guardar em casa para qualquer emergência.

Após saírem da farmácia, foram até uma cafeteria, que ficava dentro de uma grande livraria e se acomodaram em uma mesa que vagou, milagrosamente.

Wagner a deixou ali sentada e encarou a fila para pedir duas bebidas achocolatadas bem quentes e uma garrafa de água, dois pedaços de bolo e pães de queijo.

Equilibrando o que podia, retornou à mesa, mas teve de fazer duas viagens.

— Nossa! Para que tudo isso? — ela sorriu e perguntou.

— Para nós — respondeu, abrindo a garrafa de água e tomando o remédio. — Pode pegar — e colocou a sua frente a caneca com a bebida.

— Acho que vou tomar só o chocolate que, mesmo assim, é enorme! Já comi muito por hoje.

— É mesmo? — ele sorriu e se interessou. — Onde você foi?

— Hoje fomos entregar o restante dos convites de casamento. Em cada casa de parente que fomos, ofereciam algo para comer, mesmo a gente recusando. Quando me pegou no ponto, havia acabado de sair da casa dos meus tios.

— Você disse fomos. Foi isso o que entendi?

— Ah... — ficou sem jeito. — Sim. Foi isso. Eu e o Nícolas, meu noivo, fomos entregar os convites. Passamos na casa do irmão dele, antes do almoço, e meu noivo começou a tomar cerveja. Ficou com preguiça. Discutimos. Fiquei com raiva e acabei entregando o restante sozinha.

— Por isso está assim tão... — não completou.

— O casamento está se aproximando. Tem muita coisa acontecendo e estou me sentindo sobrecarregada.

— Seu apartamento já está pronto?

— Sim. Quer dizer... Faltam alguns detalhes. Mas é que...

— Mas é quê?... — perguntou diante de demora.

— O Nícolas está muito folgado. Está deixando muita coisa para eu resolver e estou irritada com isso. Não pense que minha irritação é síndrome de noiva nervosa, não. Não é isso.

— Não estou pensando nada. Fique tranquila — Wagner sorriu e até se esqueceu da dor de cabeça.

— Sua noiva o pressiona? — perguntou bem direta.

— É... Bem... — titubeou. Sorriu. — Às vezes, sim.

— O Nícolas diz que eu o pressiono. Mas se não fico pedindo, ele não faz o que precisa.

— Entendo — ficou pensativo.

— Hoje mesmo, nós decidimos entregar todos os convites que restavam. Nós não. Quer dizer, eu. Se dependesse dele, muitos de nossos parentes não receberiam convite algum — Adriana começou desabafar sobre seus desafios e contou: — Fiquei irritada na casa do irmão dele. Como se já não bastasse ter de tolerar meu pai bêbado, tive que ver aquela cena! Ridícula! Ele bebeu e ficou naquele estado, sabe? Falando mole, rindo à toa, me chamando de benzinho, contando piada e... — seus olhos ficaram marejados e se calou. Passados alguns minutos, disse: — Desculpe. Eu não deveria contar tudo isso para o senhor.

— Pode me chamar de Wagner. Tire esse senhor. — Ao vê-la forçar um sorriso, ele sorriu também. Diante do silêncio, o rapaz perguntou: — Ele costuma fazer isso?

— Ele quem? — não sabia se falava de seu pai ou de seu noivo.

— Seu noivo. Ele costuma beber e fazer isso?

— Não... — titubeou. — Era a casa do irmão dele, sabe? É fim de semana. Todo o mundo bebe um pouco e...

— Entendo — respirou fundo e se ajeitou na cadeira.

— Acho que estou com estresse pré-casamento — sorriu.

— É muita coisa para você resolver sozinha. Como se não bastasse, nos últimos dias, lá na empresa, a situação anda bem agitada.

— Um pouco. Mas isso é assim mesmo.

Conversaram por longo tempo até Wagner olhar o relógio.

Ela fez o mesmo e se surpreendeu:

— Já é essa hora?! Poxa vida!

— O papo estava tão bom que nem vimos o tempo passar. Quer ir embora?

— Preciso ir embora! — ressaltou. Riu e se levantou. — Amanhã preciso levantar bem cedo. Não vou ter carona.

— Seu irmão não vai levá-la até o metrô?

— Não. Ele vai fazer um curso pela empresa e viaja para o Rio de Janeiro amanhã cedo.

Caminharam até o estacionamento e entraram no carro.

— E sua dor de cabeça? Passou?

— Passou sim. Ainda bem. E... Obrigado pela companhia. Foi bom conversarmos. Eu estava me sentindo meio... — não completou.

— Deve ser chato morar sozinho, não é?

— Até que me adaptei bem, mas tem momentos que é bom ter companhia. Estou um pouco estressado também. Preciso de férias — sorriu.

Seus olhos se encontraram e sentiram algo estranho. Uma emoção que não conseguiam descrever.

Adriana abaixou a cabeça, fugindo de seu olhar.

Wagner não temeu o que experimentava e a encarou.

Por fim, deu um suspiro e disse:

— Então vamos.

— Sim. Vamos.

Durante o caminho, encorajou-se e propôs:

— Posso passar em sua casa e te dar uma carona amanhã cedo?

— Não. De jeito nenhum — ela falou sem muita convicção. Mas a ideia pareceu boa.

— Não será problema algum. A que horas você sai de casa?

— Às seis.

— Então eu passarei lá. É o horário que costumo sair.

— Não sei se isso está certo — a moça ficou insegura.

— Por que não estaria? — encarou-a.

Adriana não respondeu.

Quando chegou perto de onde morava, disse:

— Pode me deixar aqui. Nem precisa entrar na minha rua. Fica mais fácil para o senhor voltar.

— Você! — corrigiu-a e sorriu. — Pode me chamar de você quando não estivermos na empresa. Lá, lógico, pelos modos conservadores da organização, será preciso.

— Certo — sorriu lindamente. Seu rosto se iluminou. — Você.

Ele estacionou o carro onde ela pediu. Entendeu que não gostaria de ser vista.

— Aqui está bom?

— Está ótimo!

— Quer que eu a pegue aqui amanhã?

— Sim. Será melhor. A minha rua é bem estreita.

— Está bem. Estarei aqui às seis — sentiu-se satisfeito.

— Certo. Obrigada — sorriu de modo que seu rosto ficou encantador.

— Eu que agradeço sua companhia — inclinou-se. Puxou-a, suavemente pelo braço, e deu-lhe um beijo no rosto. Não conseguiu controlar sua vontade de fazer aquilo. Necessitava tocá-la, sentir seu perfume suave e recostar, mesmo que por alguns segundos, em sua face com o próprio rosto. Uma atração irresistível.

Adriana correspondeu e percebeu que ficaram encostados por segundos a mais do que comumente seria com outra pessoa.

Afastaram-se lentamente.

— Até amanhã. Obrigada por tudo — sussurrou.

— Até... — murmurou, mesmo sabendo que ela não ia ouvir.

A moça saiu do carro e ele ficou olhando-a descer a ruazinha e sumir ao virar à direita.

Wagner recostou a cabeça no encosto do banco e sorriu.

Ambos experimentaram uma sensação que não saberiam explicar. Sentiam-se extasiados.

No momento seguinte, manobrou o carro e se foi.

Ao chegar a sua casa, Adriana foi recebida com expectativa.

— Onde é que você estava menina?! — perguntou a mãe, vendo-a entrar na cozinha.

Daniel, Nícolas e Ieda ficaram olhando e esperando que ela dissesse algo.

— Nossa gente! O que é isso?! — Adriana riu e tentou disfarçar. Não esperava por aquilo. Não sabia o que dizer. Precisava inventar uma desculpa rapidamente.

— Veja que horas são! — exclamou o noivo. — Onde você estava?! — perguntou em tom rude.

— Encontrei uma amiga. Ficamos papeando e saímos. Fomos ao *shopping*.

— E por que não atendeu o celular? Morri de ligar! — disse o rapaz exaltado.

Ela revirou a bolsa, pegou o aparelho e olhou.

— Ah! Acabou a bateria! Não precisa ficar assim!

— Estou aqui plantado há um tempão te esperando!

— Você deveria estar comigo! Mas não. Acabei de entregar os convites sozinha! Estou com meus pés arrebentados. Você encheu a cara e ficou feito um bode velho lá na casa do seu irmão. Contando piada e falando besteiras! — alterou-se também.

— Eu disse pra esperar que iríamos juntos! Você nem me ouviu!

— De que jeito iríamos juntos? Com você embriagado e dirigindo?! Lógico que não!

Sem serem percebidos, Daniel e Ieda se levantaram e saíram.

Heloísa, para tranquilizar os ânimos, interferiu em tom ponderado.

— Calma, vocês dois. Não vai adiantar ficarem assim.

— Quer saber?! Tô indo! — decidiu Nícolas nervoso.

— Vai! Vai mesmo! Fuja depressa! Não assuma sua responsabilidade! Vai! — Adriana exclamou, irritada.

O noivo virou as costas e saiu.

A mãe olhou para a filha e balançou a cabeça negativamente.

— Ah! Mãe!... — reclamou.

— Você não deve fazer isso! — zangou-se. — Estão perto de se casar e você o trata assim!

A filha não deu importância. Deixou-a falando sozinha. Passou pela sala e nem olhou para a amiga que já estava deitada no sofá.

No quarto, viu o irmão fechando uma mala e não disse nada. Daniel esperou alguns minutos e perguntou:

— Não acha que estão brigando demais nos últimos meses?

— É que o Nícolas está ficando muito teimoso e folgado!

— Isso ele sempre foi. Só agora você está percebendo? Tome cuidado com o que faz. Com o tempo, costumamos aperfeiçoar nossos vícios e hábitos.

— Não enche, Daniel!

— Não vou. Só queria te dar um toque.

A irmã pegou o que precisava e foi para o banheiro tomar banho.

Na manhã seguinte, na hora marcada, a moça estava no lugar combinado quando Wagner chegou.

Ele fez uma rápida parada e ela entrou ligeiramente no carro. Cumprimentaram-se novamente com beijo no rosto e seguiram.

O rapaz tirou da estação de rádio, que só oferecia notícias, e colocou uma música.

— Adoro essa música — ela comentou e sorriu.

— Eu também — admirou. — E ontem? Acharam ruim por ter chegado tão tarde?

— Minha mãe estranhou. Costumo telefonar quando demoro. Acabou a bateria do meu celular. Tentaram me ligar e não conseguiram. Por isso se preocuparam.

— Precisamos ter o número do celular um do outro. De repente acontece alguma coisa e precisamos conversar por causa do horário.

— Sim. Claro. Pensei nisso hoje cedo.

Percebendo-a mais quieta, perguntou:

— Está tudo bem? Aconteceu alguma coisa?

— Estou chateada. Mas não é nada.

— Como não é nada? Se está magoada, é algo importante. Tem de resolver.

— Acabei discutindo novamente com o Nícolas, ontem à noite. Se não se importar, não gostaria de falar sobre isso.

Ele respeitou sua vontade e conversaram sobre outras coisas, até que o rapaz lembrou:

— Na hora de ir embora, no fim do expediente, se você me esperar, eu te dou carona de volta.

— Não quero incomodar.

— Não é incomodo. — Olhou-a mais demoradamente. Depois disse: — É que não costumo sair no horário. Sempre demoro um pouco mais. O inconveniente é esse.

Adriana suspirou fundo e nada disse.

Chegaram ao estacionamento perto de onde trabalhavam e Wagner pediu:

— Passe-me o número do seu celular. — Ela disse e o rapaz agendou em seu aparelho. No mesmo instante, ligou para ela e disse: — Está tocando. Agora você já tem o meu número — ficou satisfeito.

— É. Assim fica melhor. Obrigada pela carona. Você me ajudou muito.

O moço sorriu simplesmente e foram para a empresa.

O dia correu sem muitas novidades.

No fim do expediente, Wagner telefonou para o celular de Adriana e pediu que ela aguardasse. Teria ainda algumas coisas para fazer, mas não deveria demorar. Disse que ligaria depois para se encontrarem no estacionamento onde deixou o carro.

Aproveitando a tranquilidade, devido ao horário, o diretor chamou Hilda em sua sala e quis saber:

— Como você está?

— Ainda angustiada. Mas tenha certeza de que isso não vai afetar o meu trabalho.

— Caramba, Hilda! — exclamou em tom moderado. — Estou preocupado com você. Não com o serviço. — Não houve resposta, por isso perguntou: — Conversou com o Agenor?

— Tentei. Ele disse que não está acontecendo nada. Que está estressado. Só isso.

— Você acha que é só isso?

— Como vou saber, não é mesmo?

— Se eu puder ajudá-la em alguma coisa, é só dizer.

— Se for preciso... — forçou um sorriso e se levantou lentamente. — Hoje ele vem me buscar. — Nova pausa. — O senhor precisa de mais alguma coisa?

— Não, Hilda. Obrigado. Pode ir — sentiu seu coração apertado. Não desejaria vê-la sofrer.

Wagner esperou sua assistente se retirar. Olhou o relógio e, em seguida, ligou para Adriana, pedindo que fosse para o estacionamento.

Sem demora, ele também foi.

Um travo de amargura preenchia os sentimentos de Hilda. Sentada ao lado do marido, que dirigia, não dizia uma palavra.

O casal chegou à casa onde morava e, com comportamento automático, Agenor ligou a televisão e foi para o quarto do casal. A esposa o seguiu.

Entre eles, silêncio total.

Quando percebeu que ele entrou no banheiro para se barbear, ela foi até a cozinha. Preparou arroz, lavou salada e colocou almôndegas para assar no forno.

Assim que ela o viu já barbeado e de banho tomado indo para a sala, pediu:

— Dê uma olhada no fogão, enquanto tomo banho?

Ele balançou a cabeça, mas nem olhou para a esposa.

Hilda tomou banho. Voltou. Colocou algumas roupas na máquina de lavar e foi para a cozinha. Arrumou a mesa e chamou o marido para jantar.

Podiam ouvir o som da televisão ligada. Nada mais. Uma quietude amarga reinava entre o casal.

A angústia era tanta que a mulher não conseguiu comer direito. Mal tocou na comida.

Levantando-se, pegou duas laranjas, lavou-as e colocou sobre a mesa, ao lado do prato do marido, como de costume.

— O Rodrigo está demorando — ela comentou mais para puxar assunto do que por ser verdade.

— Vai ver foi se encontrar com a namorada.

— Acho que sim.

O marido se levantou, deixou o prato na pia. Virou-se e saiu da cozinha.

Hilda o acompanhou com o olhar.

Rapidamente, ela lavou as louças e deixou escorrer antes de ir para a suíte do casal. Lá, pôde vê-lo acabar de escovar os dentes.

Não suportando a pressão dos próprios pensamentos, perguntou:

— O que foi Agenor?

— Nada — respondeu com a voz abafada pela toalha, que secava o rosto.

— Nós precisamos conversar.

— Está tudo bem, mulher. Não tem nada pra conversar.

Foi para a sala. A esposa o seguiu.

Vendo-o sentado no sofá, mudando o canal da televisão, ela sentou-se ao seu lado e pediu:

— Agenor, olha para mim. — Ao invadir seus olhos, indagou: — O que está acontecendo?

— Já disse: nada — respondeu sério e com um tom frio na voz.

— São problemas na firma?

— Sim. Lá sempre tem problemas.

Agenor era aposentado e ainda trabalhava como corretor de seguros de carro.

— Temos trinta anos de casados. Te conheço muito bem, pelo menos, eu acho que conheço... — duvidou. — Nos últimos tempos, você está muito diferente. Nós dois resolvemos nossos problemas juntos. Sempre conversamos, fomos amigos...

— E daí? O que quer que eu diga?

— Fale o que o está deixando assim quieto ou reclamando de coisas insignificantes. Acha que seu comportamento está normal ultimamente? — foi firme.

— Estou sem vontade de conversar. Só isso.

— Não acha que precisa ir a um médico ou psicólogo? Pode estar com algum transtorno emocional.

— Não tenho nada. Estou cansado!

— Do quê? — perguntou com jeito meigo. O marido a olhou por um momento e suspirou fundo, de modo enfadonho. — Está cansado de mim? — foi direta. — Cansado do nosso casamento?

— Estou cansado de muitas coisas, Hilda — ficou zangado com o assunto.

— Olha aqui, Agenor — falou mais firme —, se está acontecendo algo, se você está insatisfeito com algo, por favor, vamos conversar. Se está também se iludindo com alguém ou com alguma aventura, cuidado, porque se eu descobrir...

— O que é isso?! Deixe de falar asneira!!! — exclamou rude.

— Não é asneira, não senhor! Não queira me fazer de idiota! Depois de tudo o que passamos juntos, de todo o apoio que eu sempre dei a você... Depois que entreguei, gastei, usei toda a minha juventude com você, com o nosso casamento, dando minha vida, minha colaboração e meu trabalho a você e nossos filhos...

— Do que você está falando? — interrompeu.

— Para homens idiotas e egoístas é fácil dizer: eu me cansei do casamento, depois de se casarem, terem todo o apoio e incentivo de uma mulher que o ajudou em tudo e, depois, quando está bem ou chega à meia idade, arranja uma vagabunda — falou com raiva. — É muito fácil dizer: cansei do meu casamento! — falou com ironia. — A imaturidade, o egoísmo, a mediocridade não deixam esses idiotas observarem que, depois de tantos anos juntos, depois que a esposa deu a própria vida em benefício dele e do casamento, ele a torna descartável!

— Pare com isso!!! — exigiu com um grito. — O que quer fazer?!

— Eu é que te pergunto! O que você quer fazer?! — O marido não respondeu e ficou olhando para a televisão. — Estou falando com você, Agenor!

Ele desligou a TV. Levantou-se e foi para o quarto.

Hilda ia atrás, mas escutou o barulho do portão eletrônico da garagem que anunciou a chegada do filho caçula.

Muito nervosa, sentia-se tremer. Um mal-estar tomou conta de seu corpo, enquanto seus pensamentos ficaram confusos.

Foi até a cozinha e bebeu um copo de água para se acalmar.

— Oi, mãe!

— Oi, Rodrigo. Tudo bem? — foi ao seu encontro e o beijou.

— Tudo.

— Você vai jantar?

— Não. Fui encontrar a Rafa na faculdade — referiu-se à namorada. — Tomamos um lanche...

Hilda começou a secar a louça que havia na pia e quase não prestou atenção na conversa do filho que contou algumas coisas corriqueiras e, depois, decidiu:

— Vou tomar um banho.

O rapaz não notou a tristeza e inquietude de sua mãe.

Após arrumar a cozinha, ela foi para a lavanderia estender as roupas, que já estavam lavadas pela máquina. Lavou outras peças à mão e estendeu.

Só então foi descansar.

Capítulo 9

Decepção com Nícolas

Daniel viajou a serviço para o Rio de Janeiro. Aproveitando-se de sua ausência, Ieda foi dormir no quarto da amiga.

Mesmo sendo tarde da noite, ambas conversavam e Adriana contou sobre Wagner e finalizou:

— Então foi isso. Ele me deu carona hoje cedo e pra voltar também.

— E isso é legal? — perguntou Ieda em tom preocupante, franzindo o rosto delicado.

— Como assim? Que pergunta é essa?

— Você acha que está certo? E se o Nícolas vir vocês dois?

— Não tem como. Ele não virá aqui à noite, tão menos de manhã tão cedo. — Breve pausa e concluiu: — Não pensei muito quando o Wagner ofereceu carona. Eu estava com raiva por causa das coisas que o Nícolas aprontou. Meus pés estavam me matando. Também fiquei sem graça de dizer que não aceitaria a carona. Além do que, o lotação e o metrô lotados de manhã, ninguém merece! Amanhã ele vai passar mais cedo para me pegar. Precisa chegar um pouquinho antes. Poderia vir junto e ficar no metrô.

— De jeito nenhum. Primeiro, não teria cabimento. Nem conheço o cara. Segundo, ele teria de desviar do caminho de vocês. Isso não seria justo. Fique tranquila. Amanhã eu pego o lotação e vou direto para o metrô.

Quando observou a amiga programando o celular para despertar, Adriana quis saber:

— Conversou com sua irmã?

— Hoje, quando cheguei, fui lá pegar umas coisas e aproveitei para falar com ela. — Ieda deu um suspiro enfadado. Depois, comentou em tom triste: — É sempre a mesma coisa. As mesmas promessas, os mesmos pedidos de desculpa... Já perdi a esperança.

— Desde quando seus pais morreram, a Nuna — referiu-se à irmã de Ieda, que se chamava Núbia —, começou a andar com más companhias e vive de forma bem diferente. Eu lembro de quando éramos crianças e brincávamos juntas. Ela não era assim.

— É verdade — murmurou a amiga com uma nota de angústia na voz. — Às vezes, eu paro e lembro. Nem acredito em tudo o que aconteceu. Sinto tanta saudade daquele tempo — sua voz embargou e seus olhos marejaram. Sentia o coração opresso e inseguro.

Ao perceber a sombra da tristeza que a envolvia, Adriana disse:

— A Núbia só é imatura. Vai passar.

— Ela é dois anos mais velha do que eu! Tenho vinte e quatro! Esqueceu?!

— Temos vinte e quatro! Nascemos no mesmo dia — sorriu e a outra correspondeu.

— Lembra-se, na escola, quando nós dizíamos que éramos gêmeas de mães diferentes? Nossos colegas não entendiam nada! Como gêmeas de mães diferentes? Eles perguntavam — riu gostoso. — Aí teve aquela menina que pensou que fôssemos gêmeas de verdade e entendeu que nossa mãe tinha doado uma de nós — gargalhou.

— Lembro! Criança é boba, né? Como era o nome dela mesmo? — Adriana riu ao perguntar.

— Não lembro. — Um momento e Ieda arriscou: — Fabiana?

— Acho que era Fabíola.

A conversa ficou mais descontraída no instante em que passaram a recordar coisas da infância.

Amanhecia num ritmo lento.

Quando Adriana chegou ao lugar combinado, Wagner já estava esperando.

— Oi! Bom dia! Cheguei atrasada? — perguntou, ao entrar no carro.

— Oi! — Num impulso o rapaz se inclinou para beijá-la no rosto. Ela nem reparou, correspondendo automaticamente. Distraída, tinha os pensamentos ocupados com outras preocupações. — Bom dia! Não. Não se atrasou. Fui eu quem chegou cedo demais.

— Ah! Bom!

— Perdoe-me por tê-la feito madrugar. Mas tenho uma reunião importante. Quero preparar alguns documentos antes e também não posso me atrasar. Vai que acontece algum imprevisto no caminho e...

— Sem problemas.

— Já tomou café? — ele indagou enquanto dirigia.

— Sim já. E você?

— Tomei um suco de caixinha — riu. Lembrou-se do dia em que o suco estava estragado e precisou tomar café na rua, entornando uma bandeja sobre ela.

Continuaram conversando animadamente até chegarem ao serviço.

No decorrer do dia, Adriana ligou para Nícolas.

— Você virá aqui ao centro da cidade na hora do almoço? É isso? A mensagem que mandou não chegou completa. Eu respondo e não vai.

— Sim, vou até aí. Podemos almoçar juntos. O que você acha? — o noivo convidou.

— Ótimo! Saio ao meio-dia.

— Essa hora estarei livre. Te espero na portaria onde trabalha.

Conversaram um pouco mais e logo desligaram.

Ela olhou as horas. 11h15m.

O telefone de sua mesa tocou:

— Alô! — atendeu.

— Dona Adriana, aqui é a assistente do doutor Wagner. A senhora poderia vir aqui à diretoria, por favor?

— Sim. Já estou subindo — achou a ligação estranha e aceitou de súbito.

— Obrigada — agradeceu a secretária.

Já, na sala da diretoria do Departamento Comercial, a analista ficou apreensiva quando indicaram que se sentasse à mesa de reunião, junto a diretores e alguns gerentes que estavam lá.

Adriana experimentou um frio invadindo sua alma ao notar que todos não tiravam os olhos dela.

Wagner, sorridente, justificou sua presença informando que a funcionária trabalhou na empresa concorrente. Tinha conhecimento e inúmeras informações que seriam úteis e importantes para eles.

Adriana foi colocada a par da reunião. Ouviu e opinou com sensatez.

Gostaram de suas ideias e informações precisas.

Já passavam das 13h quando a reunião terminou.

Todos haviam saído da sala quando Wagner pediu, discretamente, para que ela esperasse.

Ao se ver só com a funcionária, elogiou e agradeceu:

— Você foi ótima! Parabéns! Agradeço seus apontamentos e ideias.

— Não foi nada — respondeu demonstrando um comportamento inquieto, mas ele não percebeu.

— Como concluímos, não basta o lançamento de novos produtos. Temos de investir no marketing! — disse o diretor. Seus olhos brilharam ao encará-la por alguns segundos. Com jeito satisfeito, sem segurar o sorriso, convidou: — Faço questão que almoce comigo. Podemos ir àquele mesmo restaurante que fomos naquele primeiro dia. Lá é mais tranquilo.

A preocupação de Adriana refletiu em suas palavras:

— Eu havia combinado almoçar com o Nícolas. Acho até que ele desistiu de me esperar.

Em tom moderado, ele lamentou:

— Poxa... Sinto muito — ficou sem jeito. — Então vá lá. Veja se ele ainda está te esperando. Se não estiver... — sorriu de modo enigmático.

— Se não precisar mais de mim...

— Não. Obrigado por tudo — agradeceu sorridente.

Adriana sorriu e se retirou.

A caminho de sua sala, ligou o celular e leu as várias mensagens de seu noivo.

Pegou sua bolsa e foi para a portaria.

Ao vê-la, o noivo protestou:

— Caramba! Por que não responde?!

Algumas pessoas que estavam perto observaram a cena. A moça sentiu-se envergonhada.

Recatada, comentou depois de lhe dar um rápido beijo nos lábios:

— Aconteceu de tudo. Você nem imagina.

— Eu mandei mensagem! Te liguei! Fiquei feito um idiota plantado aqui embaixo te esperando! — queixava-se à medida que caminhavam.

Nícolas ficou reclamando até entrarem em um pequeno restaurante.

— Será que esse lugar é muito caro? — ele quis saber, enquanto procurava pelo cardápio que deveria estar colocado ali, logo na porta do estabelecimento.

— Não deve ser — a noiva respondeu. Em seguida, zangou-se:
— Ai! Caramba, Nícolas! A gente nunca sai sozinho para almoçar. Quando temos oportunidade, você reclama, fica resmungando ou regulando por causa de preço! — exclamou, falando baixinho.

— Eu não estou resmungando. Só não acho justo pagarmos um valor absurdo por pouca coisa — respondeu, olhando o cardápio colocado à porta do restaurante. — Ainda não esqueci aquele preço abusivo que pagamos por uma porção de batatas fritas. Daria para comprar cinquenta quilos de batatas — exagerou. — Além do que, você demorou demais e agora não tenho muito tempo. Então, não quero pagar um absurdo para ter que comer depressa e sair correndo.

— Ai, Nícolas! Por favor! Pode deixar que eu mesma pago meu almoço — achou desaforo pagar o dele depois de tanta reclamação.

— Você tem que aprender a guardar dinheiro desde já. Não é pagando o seu almoço que vai economizar para nós dois!

Ela parou frente ao noivo e disse firme:

— Se você quiser ir embora, tudo bem. Vou almoçar sozinha!

— Sabe que acho uma boa ideia?! — Sem esperar que ela respondesse, decidiu: — É isso mesmo o que vou fazer. Já perdi a fome. Estou mais para comer um lanche do que esses pratos caros daqui.

— Você não vai fazer isso, né? — indagou séria, quase irritada.

— Fazer o quê?

— Você não me fez vir correndo para me largar aqui e ir comer um lanche?

Nícolas envergou a boca, olhou o relógio e suspirou insatisfeito, enquanto Adriana cravou nele um olhar feroz, que continha toda sua contrariedade.

— Acho que tá tarde — ele balbuciou.

— Tudo bem. Não vamos discutir aqui. Pode deixar. Vá embora que vou almoçar em outro lugar.

— Não vai ficar zangada se eu me for?

— Não. Já estou. E você não vai conseguir mudar isso, mesmo que almoce comigo e pague a refeição.

O rapaz deu dois passos atrás e saiu do estabelecimento. Ela o acompanhou.

— Tô em cima da hora — ele disse, ao olhar o relógio.

— E está me fazendo perder tempo, sabia? — Sem esperar por uma resposta, a jovem resolveu: — Tudo bem. Vai indo. À noite, conversamos.

— Então tá. Tchau — beijou-lhe os lábios rapidamente e se foi.

— Tchau — ela murmurou e se despediu.

Adriana sentiu um aperto no peito e a boca ressequida à medida que o via indo embora e ficava ali, parada, em pé na calçada. Estava muito insatisfeita.

Lançou olhar para os edifícios espelhados que rasgavam o céu e refletia os raios que roubavam o sol. Era um dia ensolarado, apesar de bem frio, no interior dos edifícios e casas.

A moça suspirou fundo. Não havia muito o que fazer.

Lembrou-se de Wagner. Ele a convidou para ir ao restaurante onde almoçaram juntos pela primeira vez. Ao se recordar disso, sorriu. No momento seguinte, nublou o rosto com uma onda de contrariedade e se arrependeu por não ter aceitado seu convite naquele dia. Deveria ter mandado mensagem para o noivo cancelando o almoço. Assim não passaria por aquela contrariedade e decepção.

A raiva de Nícolas tomou conta de seus sentimentos e uma gota de vingança a dominou.

Sem demora, foi para o restaurante onde acreditava que seu chefe estaria.

Chegando lá, foi fácil encontrá-lo. Ficou feliz, vendo o largo sorriso estampado no rosto atraente do rapaz.

O profissionalismo perdia espaço para a amizade que surgia.

Ela se aproximou da mesa e ele se levantou cortês e rápido, pedindo:

— Sente-se aqui! Fique à vontade!

— Posso mesmo? — perguntou com jeitinho meigo.

— Claro.

Adriana trajava-se, como sempre, de modo muito elegante.

Usava uma saia preta de lã, rodada e comprida o suficiente para cobrir de leve o belo par de botas. Um cinto largo marcava sua silhueta, apesar de ser coberto parcialmente por um blêizer de cor cinza. Uma blusa clara de gola muito bonita, ficava ainda melhor pelo lenço comprido, simplesmente jogado sobre o pescoço e mais comprido do que o blêizer.

Seus cabelos compridos estavam presos como um coque bem fofo com pontas soltas que a deixavam com semblante leve e atraente. As luzes feitas nos fios destacavam o brilho de um castanho natural.

Wagner não entendia o que era, só sabia dizer que todo aquele conjunto a tornava ainda mais bonita.

Ele estava começando a almoçar, pois seu prato havia acabado de chegar. Por isso, perguntou:

— Você não almoçou?

— Acabou não dando certo. — Olhou para o lado, pegou o cardápio das mãos do garçom que havia se aproximado.

— Atrapalhei o seu encontro. Perdoe-me — ele disse, mas não conseguia tirar o leve sorriso do rosto e a satisfação de seu olhar.

— Não. Que nada — respirou fundo e passou o olho pelas opções. Apontando, mostrou ao garçom: — Acho que vou querer esse filé, uma salada de legumes e um suco de laranja. Só isso.

Wagner percebeu uma nota de tristeza no semblante sério que se fez no belo rosto da moça, enquanto olhava o cardápio.

Após o garçom anotar o pedido e se virar, ele indagou:

— Está tudo bem?

Ela o encarou, ofereceu um sorriso e logo ficou séria novamente. Em baixo volume de voz, comentou em tom melancólico:

— Tem dia que... Sei lá...

— O quê? — o rapaz quis saber, secando os lábios com um guardanapo.

— O Nícolas... Às vezes, ele parece imaturo demais. Não se decide. Fica inseguro com bobagem. Isso me incomoda. Nos últimos tempos, nós temos discutido muito. Algumas coisas eu não me importo. São irrelevantes. Mas têm outras que me deixam contrariada.

— Às vezes, eu e a Sabrina enfrentamos o mesmo problema. Ela é imatura e inconsequente. Preciso ficar sempre de olho.

— Sua noiva merece um desconto por ser mais nova. Não conhece a movimentação da vida. Não é experiente. Mas o Nícolas! Por favor! — ressaltou com modo recatado. — Quanto mais se aproxima a data do casamento, mais...

— Mais o quê? — interessado e algo surpreso.

— Era para eu pegar férias antes do casamento. Como fui demitida e, logo em seguida, surgiu a oportunidade de eu trabalhar na empresa, não pude me dar a esse luxo. Então, muitas coisas no apartamento, na preparação do casamento, festa, convite estão ficando para eu resolver sozinha. Daí que, na última hora, ele quer mudar isso ou aquilo. Quer convidar amigos dele que não estão nem aí pra ele. Já limitamos, ao máximo, o número de convidados. Por mim, nem teríamos festa. Mas, sabe como é... — ela parou o que dizia, pois o garçom foi servi-la. Assim que o homem se afastou, disse: — Tem coisinhas que acabam me magoando. Outras, nem quero comentar. — Seus olhos brilharam e ficou quieta, bebericando o suco.

— Sei bem o que é isso. Só que seu caso é complicado por estar com o casamento tão próximo. — Olhando-a firme, encorajou-se e foi bem direto: — Está arrependida?

Adriana o encarou. Suas almas se tocaram naquela troca de olhares.

Longos minutos e a moça disse num murmúrio:

— Não sei responder — só então abaixou o olhar.

Por sobre a mesa, num impulso, Wagner sobrepôs sua mão à dela, fazendo com que olhasse, novamente, para ele e indagou calmo:

— É tão sério assim?

Ela puxou a mão, abaixou a cabeça e respondeu:

— Não sei...

O silêncio foi absoluto por algum tempo. E eles voltaram à refeição. Depois de um tempo, a moça comentou:

— Não deveríamos falar sobre isso.

— Eu penso o contrário. Acho que esse é o momento.

— Por quê? — perguntou num sussurro.

Wagner se inclinou sobre a mesa e invadiu sua alma com o olhar, ao tomar coragem e dizer:

— Porque você não está feliz. A agitação para os preparativos do casamento não a deixa criar coragem para observar tudo a sua volta e ver quem é, verdadeiramente, a pessoa com quem estará se casando. — Breve pausa para que ela refletisse. — Em outras palavras, está se distraindo com o que está fazendo e não tem força ou ousadia para colocar um basta na situação ou nas coisas que seu noivo faz e que a desagradam, por isso, fica contrariada sempre. Acha que o relacionamento de vocês irá melhorar, mas não é isso o que está acontecendo. Tem medo de que continue assim e piore com o tempo. Está com medo também de encarar a realidade e ver exatamente quem ele é. Qualquer coisinha que ele faz de bom, te dá esperança de que as coisas vão melhorar, mas não é isso o que acontece em seguida. Não se sente mais ligada a essa pessoa e essa é a verdade da qual está fugindo. Além disso, a verdade é que... — Deteve as palavras e num impulso, concluiu: — Sente-se atraída por outro homem e é correspondida. Assuma seus medos e descobrirá a verdade.

Silêncio.

Naquela troca de olhares sentiram seus corações baterem forte, talvez, no mesmo ritmo compassado.

Novamente, Wagner buscou pegar sua mão e ela deixou. O calor daquele toque acalmou suas emoções e sentiu-se protegida.

Fugindo-lhe o olhar, Adriana balbuciou:

— O que está acontecendo?

— Você sabe e eu também sei exatamente o que está acontecendo — o rapaz sussurrou com voz grave.

— Wagner, por favor... Eu vou me casar! — exclamou, falando baixinho e com expressão assustada.

— Eu também. Estou noivo e de casamento marcado para o ano que vem. Porém, não sei mais se é com a pessoa certa e você também tem a mesma dúvida.

Com voz trêmula, Adriana o encarou e disse:

— Precisamos conversar.

— Sim. Precisamos muito — concordou sério e com convicção na voz firme.

A moça sentiu o coração, opresso e inseguro, batendo descompassado.

Mal conversaram depois disso. Terminaram o almoço e voltaram para o serviço.

❖

Na empresa, quase não conseguiam se concentrar no que faziam. A tarde demorou muito a passar.

Era quase fim de expediente e Hilda, na sala do diretor, recolhia documentos para serem despachados.

Wagner entrou em sua sala. Estava sério e ela também. Demorou o diretor perceber o silêncio da secretária.

— Tudo bem com você, Hilda?

— Quase tudo. E o senhor? Não estava com uma cara boa agora à tarde.

— Estou preocupado.

— Sobre a empresa? — a mulher perguntou, mas sabia que não era.

— Não. — Ele se acomodou em sua cadeira, olhou alguma coisa no computador ao lado e perguntou: — E você? Como estão as coisas?

— Hoje, quer dizer, agora à noite vou fazer uma coisa.

— O quê?

— Eu falei com uma amiga sobre os problemas que estou tendo com o Agenor. Somos amigas há muitos anos. Desde a faculdade. Ela vai me ajudar a segui-lo.

— Como assim?! — o chefe se surpreendeu.

— Hoje é um daqueles dias que meu marido arranja uma desculpa para não vir me pegar. Eu até telefonei para outra amiga, a Almira. Aquela que arrumei para trabalhar aqui há alguns anos. Depois ela passou em um concurso público e saiu da empresa. Lembra?

— Mais ou menos...

— Eu liguei para a Almira, mas ela não me atendeu. O telefone só deu caixa postal e não poderia deixar um recado desses, né? Somos muito amigas. Mas, como eu não poderia esperar muito, liguei para a Lídia, essa colega de faculdade. Embora faça algum tempo que não nos falamos. Ela deu uma sumida... Conversamos e ela vai comigo seguir o meu marido.

— Acha que precisa fazer isso mesmo, Hilda?

— Sim. Eu acho. Não vou continuar com essa dúvida, com essa angústia, com essa dor. Não imagina como é... Dei minha vida a esse homem e ao meu casamento. Foram anos! Sempre trabalhei, cuidei dos nossos filhos. Administrei meu lar, minha casa... Lavei, passei, cozinhei, limpei... Não mereço ser tratada com desprezo. Exijo saber o que está acontecendo. Se ele estiver depressivo, vamos procurar um tratamento. Se não... Vamos procurar uma solução. De uma coisa tenho certeza: não vou aturar mais esse comportamento, ignorando a origem.

— Se eu puder ajudar... — Wagner ofereceu.

— Não posso colocar o senhor nessa situação. Apesar de considerá-lo como um filho. Não é justo nem correto te pedir qualquer coisa nesse sentido. Não estou pedindo ajuda nem para meus filhos.

— Se precisar de algum dia de folga ou de qualquer outra coisa, é só falar.

— Obrigada. Se eu precisar, peço. O senhor precisa de mim para mais alguma coisa?

Um travo na garganta deteve suas palavras por um momento.

Pensou em comentar sobre ele e Adriana. Mas acreditou que a mulher já tinha problemas demais.

— Não. Pode ir. Se precisar, pode me telefonar.

— Obrigada. Até amanhã.

— Até amanhã, Hilda!

Wagner aguardou que ela saísse para pegar o celular e ligar para Adriana.

Estava com medo de que já tivesse ido embora. Esperou um momento com o aparelho nas mãos frias e olhou o relógio verificando as horas. Pensou na reação da moça quando falou tudo aquilo. Podia se lembrar de seus olhos castanhos e vivos, nublados pela dúvida de sentimentos que ignorava e temia experimentar. Ela também havia se apaixonado por ele. Tinha certeza disso.

O que fazer com aquele sentimento?

Lembrou-se da conversa que teve com Hilda sobre aquele assunto. O principal conselho da mulher foi para que ele fosse responsável. Se estivesse disposto a levar um relacionamento sério com Adriana, que fosse em frente. Afinal, tanto ele quanto ela estavam noivos e iriam se casar.

Olhou para o celular e, mesmo sentindo um nó na garganta, um aperto no peito e a adrenalina em sua circulação, ligou.

— Alô! — ela atendeu.

— Sou eu. Nós nos encontramos no estacionamento. Já estou descendo.

— Tudo bem.

— Beijo...

Não houve resposta.

Capítulo 10

Resolução importante

Efeitos climáticos interferiram na temperatura e, mesmo estando frio, caiu uma chuva forte sobre a cidade, provocando um verdadeiro caos no trânsito.

Adriana e Wagner, presos no congestionamento, não sabiam o que fazer.

— Precisamos conversar e não podemos adiar isso — disse ele bem sério, olhando demoradamente para ela, enquanto esperava o semáforo abrir.

— Sim. Eu sei. Só que estou com medo.

— O que acha de irmos para um barzinho ou restaurante aqui perto?

— E se formos vistos? Isso não vai ficar bem. O pessoal do serviço sempre se reúne em lugares assim e espera o trânsito melhorar. — Breve pausa e comentou: — Não está certo o que estamos fazendo.

— E o que estamos fazendo de errado, Adriana? — olhou-a longamente. Como não houve resposta, o rapaz sugeriu: — Podemos ir para o meu apartamento. Lá ficaremos sem qualquer preocupação de que alguém nos veja.

— Eu não sei se isso está certo — titubeou novamente.

— Por que não estaria? Não vamos fazer nada demais. Só conversar.

Adriana não opinou e deixou-se levar.

Após seguirem a procissão de um grande e cruel congestionamento por causa da chuva, chegaram ao apartamento de Wagner.

Ele abriu a porta, acendeu as luzes e pediu:

— Entre e se sinta à vontade — sorriu generoso.

Adriana sentiu-se constrangida. Em pensamento não acreditava que teve coragem de ir até a casa de um homem que morava sozinho. Se sua mãe ou seu noivo ficassem sabendo disso, sem dúvida alguma iria dar muito o que falar.

— Obrigada — agradeceu e foi para junto de um sofá onde se acomodou.

— Quer um copo com água ou um refrigerante?

— Aceito um copo com água. Por favor.

Wagner foi até a cozinha e retornou com um copo com água e entregou em suas mãos.

— Obrigada. — Sem demora, elogiou: — Belo apartamento!

— Obrigado. Bondade sua. Tudo é muito simples porque não entendo nada de decoração. Compro tudo da mesma cor ou quase — achou graça. — O sofá é marrom, com cortinas marrom, tapete marrom...

— Essas cortinas são bege — ela disse após tomar o último gole de água e riu.

— Não é marrom claro? — falou, achando graça.

— Não. São bege.

— Ainda bem que sou diretor comercial. Se dependesse de decoração pra sobreviver... — riu. Um instante e pediu: — Dê-me licença um minutinho. Só vou deixar esse paletó lá dentro.

— Claro. Fique à vontade.

Antes de ir para o quarto, Wagner ligou o aparelho de som em uma estação onde tocava músicas tranquilas.

Adriana se levantou, colocou sua bolsa no assento de uma cadeira da sala de jantar e tirou o blêizer que vestia e o lenço que enlaçava seu pescoço e os pendurou no encosto da mesma cadeira. Ali dentro, estava quente para ficar com aqueles trajes.

Voltou para o sofá. Olhou, novamente, todo o ambiente e reparou que a mesinha central de madeira tinha o verniz marcado por manchas de copos e jarras.

Suspirou fundo. Estava insegura por estar ali.

Wagner retornou. Havia trocado de roupa. Vestia um moletom e camiseta de mangas compridas que arregaçou até os cotovelos.

Sorriu ao passar por ela e foi para a cozinha sem dizer nada.

Voltou com copos e latas de refrigerantes e um pacote de salgadinhos, colocando tudo sobre a mesinha manchada.

Sentou-se ao lado de Adriana e curvou-se para abrir as latas de refrigerante. Serviu-os nos copos, entregando um na mão da moça.

— Obrigada.

— Gosta de salgadinho de batata? — perguntou, rasgando o saco.

— Sim. Obrigada. Daqui a pouco eu pego — disse, quando ele ofereceu.

Conversaram sobre o que estava tocando.

— Nossa! Elton John! Embora seja antiga, amo essa música — ela admitiu.

— Eu também.

Falaram sobre música algum tempo até que...

— Adriana, estou procurando entender o que está acontecendo entre nós.

— Estou com muito medo, Wagner — disse murmurando. Havia um tom aflito em sua voz e uma preocupação em seu rosto delicado.

— Desde quando a conheci, tento entender meus sentimentos. Uma pessoa conhecida, em quem confio muito, disse que eu precisava me conhecer para entender o que quero, mesmo que para isso precisasse ser honesto com a Sabrina e dar um tempo em nosso noivado. Pelo fato de seu casamento ser para daqui a pouco... Não tenho tanto tempo assim. Por outro lado, pelo que conversamos, não a vejo tão certa ou tão segura do que quer. Você está em dúvida quanto ao seu casamento. — Sentou-se mais próximo dela e a olhou nos olhos, aguardando-a dizer algo.

Fugindo-lhe ao olhar, colocou o copo sobre a mesinha e disse:

— Não sei o que está acontecendo comigo. Comecei a observar muito o Nícolas, analisar seus valores e nosso envolvimento. Sinto-me insegura sim, mas...

— Preciso ser sincero. Quero conhecer você. Como é que posso pedir que termine com seu casamento para ficar comigo e me dar uma chance? — Não houve resposta. Ela só o encarou novamente. Então ele argumentou: — Não nos conhecemos e precisamos fazer isso. Como é que posso terminar um noivado de tantos anos e?... — não completou. — Porém, quando a vejo, quando conversamos, só quero ficar com você.

— Eu também — balbuciou e abaixou o olhar. — Às vezes, fico pensando e me pergunto: como é que posso estar com alguém, no caso o Nícolas, gostando de outra pessoa?

— Você gosta de mim? — o rapaz sorriu, ao perguntar baixinho.

— Gosto — correspondeu e admitiu.

Wagner ousou tocar seu rosto angelical com as costas de sua mão.

O barulho da chuva na vidraça e a música suave deixavam o ambiente calmo e os corações brandos.

Adriana fechou os olhos, apreciando o carinho. Ele tateou seus lábios e pousou a mão na face quase fria da moça.

Como desejou aquele momento. Desde que a conheceu, sonhou em poder estar tão perto e sentir sua pele macia com o toque de seus dedos.

Com um movimento suave, ainda de olhos fechados, Adriana encolheu suavemente o pescoço e prendeu a mão do rapaz entre o rosto e ombro.

Um sentimento poderoso tomou conta de Wagner que lhe acariciou a nuca e se aproximou, beijando-a nos lábios com carinho.

No primeiro instante, Adriana se surpreendeu, mas logo se entregou ao beijo e ao abraço envolvente.

Após algum tempo em que ele beijou-lhe a boca, o rosto e vendo-a balbuciar em meio a suspiros rápidos:

— Não... Não... Não... Por favor...

Ele parou e a puxou para um abraço apertado. Agasalhando-a em seu peito, embalou-a com carinho.

Com a voz abafada, a moça murmurou:

— O que estamos fazendo?

— Admitindo que não conseguimos ficar longe um do outro.

— Isso não é certo, Wagner. Eu sou noiva! — afastou-se um pouco e procurou seus olhos.

O rapaz a puxou para si, aninhando-a em seus braços, como quem segura uma criança com ternura, e começou afagar seus cabelos, enquanto a contemplava e sorria.

— Vamos pensar em alguma coisa... Só que depois. Agora, quero sentir você aqui, como se esse momento fosse eterno. Gosto muito de você...

— Eu também... — ela tornou a murmurar.

Wagner a olhou com carinho e deu-lhe longo beijo de amor.

Para que não houvesse preocupações, Adriana havia telefonado para sua mãe, dizendo que estava na empresa resolvendo um problema e chegaria bem mais tarde. Heloísa não se importou, pois a filha disse que a empresa pagaria um táxi para ela retornar.

Passava das duas horas da manhã, quando chegou a sua casa e ninguém soube disso.

A semana foi passando...

Em uma manhã, conforme horário combinado, Wagner estava sorridente, esperando-a no carro.

— Bom dia! — exclamou ao vê-la entrar.

— Bom dia! — cumprimentou alegre.

Eles se inclinaram e se beijaram nos lábios com amor.

O rapaz fez-lhe um carinho suave e demorado no rosto, encantando-se com seu semblante luminoso. Depois perguntou:

— Dormiu bem?

— Não dormi.

— Nem eu — Achou graça. Ligou o carro e foi dirigindo. — Pensou no que conversamos?

— Muito. Pensei muito.

— Eu estou decidido. Hoje minha mãe, minha irmã e a Sabrina chegam como te falei. Vou ser sincero com a Sabrina e terminar tudo.

— Não acha melhor vocês voltarem para o litoral e dizer isso para ela lá?

— E como vou tratá-la aqui? Você quer que eu a beije na boca e a abrace... — Adriana não gostou e expressou com um aceno negativo de cabeça. Ele ainda disse: — O que te falei é sério. Você está decidida ou não?

— Claro! Estou! Embora nunca tenha sentido tanto medo em minha vida. Vou conversar com o Nícolas no sábado.

— Sábado ainda?! — o rapaz protestou.

— Não vamos nos ver até lá. Faz mais de uma semana que não o vejo. Não posso simplesmente telefonar e dizer que terminei tudo com ele. Tenho muito a fazer. O casamento marcado! Convites distribuídos, padrinhos, familiares... Será um escândalo sem tamanho!

— Sim. Lógico — olhou e sorriu, expressando um traço de piedade no semblante. Parado em um semáforo, Wagner fez um afago em seu rosto e a puxou para um beijo rápido. Depois disse: — Eu adoro você.

— Eu também — sorriu com graciosidade.

— Você é meu melhor presente de aniversário. Sabia?

— Está fazendo aniversário?! Não me contou!

— Farei no sábado.

Ela recostou em seu ombro e ficou planejando um presente, mas não disse nada.

Ao chegarem à empresa, mantiveram a postura exigida pela organização.

Seus corações batiam fortes e não esqueciam tudo o que havia acontecido nas últimas semanas, junto à decisão mais importante de suas vidas.

Wagner estampava no rosto uma fisionomia alegre, reflexo de sua satisfação.

Passando pela antessala da diretoria, observou que Hilda não estava. Estranhou o computador da assistente estar desligado.

Foi para sua sala.

Pouco tempo depois, a secretária apareceu.

— Bom dia, doutor Wagner.

— Bom dia, Hilda! Tudo bem?

— Sim. O senhor tem uma reunião com a equipe de marketing hoje às 9h.

— Certo. Já vi aqui — referiu-se à agenda. — Mas não foi isso o que perguntei. Quero saber de você. Sei que seguiu o Agenor e não pegou nada naquele dia. Falou que iria tentar de novo. Como está essa situação?

Séria, a mulher o encarou. Respirou fundo e disse:

— Não é um bom momento para conversarmos sobre isso.

— O que aconteceu? — insistiu em tom solene.

— Eu não gostaria de falar sobre esse assunto, mas... — sua voz embargou. — Já que insiste em saber... — Sentou-se na cadeira em frente à mesa do diretor. Ao vê-lo sério, sentar-se também, revelou:

— Estou decidindo se me separo do Agenor ou não.

— O que aconteceu Hilda? — indagou comovido por vê-la daquele jeito.

Ela abaixou a cabeça e contou:

— Ontem eu saí daqui e a Lídia me pegou com o carro dela. Sabe que o Agenor é aposentado e ainda trabalha com seguros de carro. Tem um sócio e tudo mais...

— Sim. Eu sei. Conheço bem sua vida, sua casa... Já morei lá.

— Então nós saímos daqui e fomos até onde ele tem o escritório. Novamente, esperamos bastante tempo. Para minha surpresa, ele saiu do escritório acompanhado de uma mulher. Estavam de mãos dadas, brincando e correndo da chuva. Na frente do prédio do escritório, tem três vagas para carros e eles entraram em um deles. Eu tive a impressão de conhecer a mulher, mas a chuva e os vidros embaçados não me deixaram ver direito. — Fez breve pausa e respirou fundo. Depois, prosseguiu: — A Lídia, indignada, foi esperta e os seguiu. Eu comecei a me sentir mal. Muito mal. Uma coisa estranha que jamais experimentei. Nós duas o seguimos... — chorou.

Wagner se levantou, procurou por uma caixa de lenço de papel em uma de suas gavetas, pegou-a e levou até a mulher.

Sentou-se na cadeira ao lado e colocou a mão em seu ombro em sinal de apoio.

Alguns instantes e ela murmurou:

— Depois de tantos anos... Não imagina quanta dor... Sabe por quê? Porque foram anos de entrega, cumplicidade, amizade... Nesses anos todos, entreguei minha vida, minha jovialidade... — lágrimas corriam por seu rosto. — Foram dias e noites dedicados a um casamento, a um único homem... Aos nossos filhos... A nossa casa... Só quem é honesto e respeitoso pode entender a dor que sinto. Ser traída por um ignorante... Ser traída por um conhecido, mas com o qual não se tem ligação, é uma coisa. Mas... Ser traída por alguém com quem você diria ser tão honesto, tão respeitoso, tão fiel quanto você! É a pior coisa do mundo. E o pior é ser traída duas vezes. Sempre esperamos a traição de inimigos, nunca de amigos...

— Como assim Hilda? O que aconteceu? Até onde você o seguiu?

— Eu e a Lídia esperamos que eles saíssem do motel. Assim que pegaram a avenida, ela deu uma fechada no carro. Aí eu desci... Chovia muito. Foi bom porque eles não viram que eu estava chorando. O céu chorava por mim. — Wagner ficou penalizado. Imaginou o sofrimento que ela experimentava. A secretária prosseguiu: — Ele desceu do carro às pressas e se assustou comigo. Falou um monte de coisa que eu nem lembro. Então fui até a janela e olhei para ver quem era a sem-vergonha que estava com ele. Foi então que vi a Almira. Minha melhor amiga. Tão amiga que era ela que eu ia chamar para ir comigo seguir o Agenor. Mas, como ela não atendeu o telefone, chamei a Lídia... — Hilda teve uma crise de choro. — Que tola eu fui! Idiota...

— Não diga isso — ele disse. Levantou-se, pegou um copo com água e deu para ela.

As mãos dela estavam trêmulas e geladas. Wagner não sabia o que dizer. Reconhecia os valores pessoais daquela mulher e acreditava que não deveria passar por aquilo.

— O que você disse a ele? — ousou perguntar.

— Nada. Não disse nada. Olhei bem para o Agenor e para a outra... Virei as costas e entrei no carro. A Lídia falou por mim. Ela o chamou de canalha, cafajeste, daí em diante e falou o mesmo para a outra também. Ficou nervosa. Depois fomos para a casa dela. Lá conversamos. O marido dela chegou e ficou sabendo de tudo. Ele se indignou também. Conhece o Agenor. Frequentávamos o mesmo clube e... Depois eles me levaram para casa.

Ela silenciou.

Querendo saber mais, Wagner perguntou:

— E quando chegou a sua casa?

— Já era bem tarde. O Agenor se trancou no quarto comigo. Falou que nunca tinha me traído antes com outra. Chorou, implorou, pediu perdão... Contou que a Almira teve problemas com o seguro do carro e o procurou. Ele foi levar alguns papéis na casa dela para assinar e então começaram se aproximar. Lembro quando ele contou isso. Foi cerca de um ano. Não me importei porque sempre confiei na moral do meu marido. Um homem religioso, católico, de ir todo domingo à igreja. — Breve pausa. Bebeu mais um pouco de água e procurou se recompor. Depois contou: — Sou Espírita e ele nunca se importou. Sempre me acompanhou ao centro. Ouvia palestras, gostava. Sabia e sabe das consequências de reparação para aqueles que traem suas promessas, suas consciências e de outros... — Secou os olhos e o nariz com um lencinho. — O pior da traição é recebê-la de quem não se espera. É uma dor... Uma coisa constante no peito, na alma... Estou sem dormir. Fiquei a noite toda imaginando... Fazendo filminho, na minha cabeça, de meu marido me traindo. Não se importando comigo... Não dá para segurar os pensamentos. É impossível. Não tem como parar de pensar...

— O que você vai fazer agora?

— Sentar e conversar com meus filhos. Embora o Agenor tenha implorado para eu não fazer isso. Acho que ele não quer perder a imagem de pai exemplar — falou com ironia.

— Pensa em se separar?

— Não sei — olhou-o por um momento e chorou. — Estou confusa. Muito confusa. Não paro de pensar nisso tudo. Minha cabeça está um inferno. Por um momento, penso que foram trinta anos. Filhos, amizade, cumplicidade... Depois, também penso que por tudo isso que vivemos ele deveria ter me respeitado. Ele disse que foi fraqueza. Não sabe explicar o que deu nele. Eu acho que foi egoísmo. Se o Agenor não tivesse sido egoísta, teria pensado em mim, na nossa vida, no nosso casamento. Teria pensado nas consequências. Mas não. Deve ter dito, no momento da empolgação: que se dane! — Breve pausa. — Quem diz: que se dane! É egoísta. Não pensa em nada nem ninguém, muito menos nas consequências. Depois, quando tiver dificuldades pela encrenca em que se meteu e pelas energias que atraiu, aí sim vai querer ajuda de alguma forma. Só então vai pensar em Deus ou naqueles que se danaram por causa dele ou do que ele fez.

— Hilda eu sinto muito. Nem sei o que te dizer.

— Está doendo, Wagner! — olhou-o com expressão sofrida. — É uma dor como nunca imaginei. Eu preferiria que meu marido tivesse me matado a ter me traído — chorou.

— Acho que você precisa tirar um dia de folga. Você não acha?

— Preciso de férias. Já tenho duas acumuladas. Agora cedo, passei no RH e já fiz pedido em caráter de urgência.

— Ótimo. Fez bem. Acho que é o melhor. Pode ir embora. Não precisa ficar hoje.

— Não tem ninguém para ficar em meu lugar hoje, Wagner.

— Daremos um jeito. Não se preocupe.

Hilda se recompôs um pouco e perguntou:

— Então eu posso ir?

— Sem dúvida. Pode sim. Confesso que estou abalado com o que te aconteceu. Não esperava. Conheço o Agenor e... Não consigo imaginar algo assim.

— Se não consegue, imagine eu?

Levantaram-se. Wagner foi a sua direção e a abraçou tal qual filho que envolve a mãe, e ela correspondeu.

Bem baixinho, o rapaz disse ao seu ouvido:

— À noite eu ligo pra você. Está bem?

— Tá bom... — chorou em silêncio. Em seguida, perguntou: — Tem certeza de que vai ficar bem sem mim?

Afastando-se do abraço, ele sorriu ao responder:

— Sim. Vou ficar bem. Não se preocupe. Se precisar, eu te ligo — sorriu com bondade, admirando sua preocupação.

— É hoje que sua mãe chega com sua irmã e a Sabrina.

— Sim. Talvez já estejam chegando. E... Quanto ao noivado, estou decidido a terminar com a Sabrina.

— Mesmo? — indagou, mas não estava surpresa.

— Sim. Mesmo. Aconteceram algumas coisas. Eu e a Adriana estamos nos entendendo.

— E o casamento dela? — quis saber.

— Ela vai terminar com o noivo. Nós conversamos bastante. Parece loucura. Tudo foi rápido demais. Porém... Sentimos algo muito forte um pelo outro. Não dá para explicar.

— Vocês dois estão se envolvendo, não é?

— Sim — sorriu sem jeito. — Estamos.

— Tenho percebido isso. Vá com calma. Faça tudo de acordo com a ordem das coisas — aconselhou. — Melhor vocês terminarem com os compromissos que têm. Depois começam uma nova etapa.

— Pode deixar.

— Boa sorte em suas decisões. Estarei orando por você, Wagner. Sabe disso. — Olhou-o de modo maternal e forçou um sorriso ao passar a mão com carinho por seu rosto.

— Obrigado. Eu também estou torcendo por você. Para que as coisas fiquem mais leves.

— De que jeito podem ficar mais leve?

Wagner sorriu com olhar piedoso, e encolheu levemente os ombros num gesto singular.

— Boa sorte, Hilda.

— Pra você também — olhou-o por um instante e não gostou do que sentiu. Experimentou uma dor no peito por causa dessa separação. Não queria ficar longe do rapaz nem daquela diretoria. Depois de tanto tempo, era a primeira, desde que ele assumiu o cargo, que ela o chamava pelo nome e dispensava tratamento de senhor, e o rapaz reparou isso.

A mulher forçou um sorriso, virou-se e se foi.

O ocorrido na vida da assistente deixou Wagner abalado. Não gostou de vê-la sofrendo tanto.

Ligou para o Departamento de Recursos Humanos a fim de que providenciassem uma nova assistente para substituir a sua. Mas não foi necessário, pois Hilda já havia feito isso. Outra pessoa começaria no dia imediato.

No horário do almoço, telefonou para Adriana. Conforme combinado, decidiram fazer a refeição juntos e bem mais tarde para diminuir o risco de encontrarem algum conhecido da empresa.

Enquanto almoçavam, Wagner comentou:

— Minha mãe ligou. Já chegaram.

— Você disse alguma coisa sobre nós?

— Não. Ainda não é o momento.

— Estou com um frio na barriga — ela disse com jeitinho de medo.

— Você está insegura sobre nós, Adriana? Tem alguma dúvida sobre o que devemos fazer?

— Já está feito. Não está?

Wagner olhou em sua mão e não viu a aliança de noivado. Usava um anel no lugar. Talvez, para que a marca deixada não chamasse a atenção. Ele também havia tirado a sua.

— Conversou com sua mãe sobre desmarcar o casamento?

— Não tive como. Ando chegando muito tarde. Ela já está dormindo. Vou falar hoje. Vai ser difícil avisar um a um dos que receberam os convites de casamento. Cancelar a festa...

Sentado a sua frente, o rapaz pegou em sua mão e, com voz confiante, disse:

— Vai dar tudo certo. Melhor agora do que depois. Você estava insegura quanto ao casamento. Pelo que me contou o seu noivo...

— Ex-noivo! — corrigiu-o a tempo.

— Sim, ex-noivo — sorriu. — Ele vem se revelando uma pessoa bem diferente do que você imaginou.

— Isso é verdade. É que agora, por estarmos aqui juntos, eu me sinto mal porque o estou traindo.

— Você já decidiu que não quer mais ficar com ele. Assim como eu já decidi não ficar mais com a Sabrina. Então é questão de tempo. Só o tempo de eles saberem e tudo estará resolvido. Traição seria se continuássemos com nossos encontros e, ao mesmo tempo, compromissados com eles.

Conversaram um pouco mais. Almoçaram e se foram.

No fim do expediente, quando Wagner dirigia para levá-la para casa, conduzia o carro bem devagar. Não queria chegar ao destino e disse:

— Não quero te deixar em casa — sorriu, ao comentar. — Você tem pressa para chegar?

— Não — sorriu com jeito meigo.

— Também não posso ir para o meu apartamento — ele sorriu e a encarou.

Sem dizer nada, entrou em uma rua e desviou-se do caminho que deveria fazer.

Capítulo 11

Difíceis decisões

Em sua casa, Hilda e Agenor ainda conversavam.

— Não precisa contar para os meninos. Eu errei... Fui fraco... Mas eles não precisam saber — pedia o marido em meio a longas pausas. — Não sei o que aconteceu. Fiquei perturbado e...

— Por que não veio conversar comigo quando se sentiu perturbado?! — Não houve resposta. — Você não tinha o direito de fazer isso! — exclamou chorando.

— Achei que só estaria prejudicando a mim. Eu disse: que se dane. Só estarei prejudicando a mim. Sei lá o que me deu! Talvez...

— Talvez o quê?! O que estava te faltando aqui em casa para ir procurar outra na rua?! Sempre fui sua companheira, amiga... Conversamos e decidimos tudo juntos! Sempre encontrou a casa limpa e arrumada. Tudo no lugar! Seus filhos bem cuidados! Nunca fui mãe ou esposa ausente! Eu me cuido! Nunca fui desleixada comigo! Nunca fui mulher de inventar dor de cabeça para deixar de transar com você! Sempre fui limpa!!! E só sua mulher! Como pôde?!!! — gritou inconformada e aflita. — Ainda foi arrumar um lixo como a Almira!!! Mulher casada!!! Se foi capaz de sair com você, deve ter saído com outros também. Sempre desconfiei dela! Mas não me preocupei porque é problema dela! Mas de você?!!!...

— Pare com isso! Não sei o que me deu! Talvez, eu quisesse uma aventura ou uma fantasia...

— Fantasiasse comigo!!! Sempre nos demos muito bem na cama!!! O que te faltou?!! O que não encontrou comigo e foi procurar com uma vagabunda?!! — exigia respostas e, mesmo que elas viessem, não justificariam o erro de Agenor. Breve pausa e, mais racional, perguntou em tom moderado: — E a respeito de doença?! Você pensou em doenças?! Beijo transmite HPV que, pra você não é nada, mas eu terei um câncer se você se contaminou com essa vagabunda! Existem muitas outras doenças também! Hepatite C se transmite com beijo também e nos condena pelo resto da vida a tomar remédios, fila de transplante de fígado, dor e sofrimento! HIV não está rotulado na cara de ninguém! Pensou nisso?! Você usou preservativo?!

Abaixou a cabeça e respondeu num murmúrio:

— Usei.

Um barulho e perceberam a chegada do filho mais novo, que colocava o carro na garagem. Hilda secou o rosto com as mãos e respirou fundo, tentando disfarçar. Não desejaria que Rodrigo a visse daquele jeito.

O rapaz entrou, cumprimentou-os e percebeu algo estranho:

— O que está acontecendo? — Os pais não responderam, e ele insistiu: — O que aconteceu para vocês dois estarem com essas caras?

— É um problema sério entre mim e o seu pai. Nós precisamos conversar. Só isso.

— Que problema, mãe? — indagou intrigado, olhando para um e para o outro.

— Está tudo bem, meu filho. Vá tomar um banho para comer alguma coisa. — O moço obedeceu, mas não gostou do que sentiu. Ao vê-lo se afastar, Hilda decidiu: — Vou ligar pra Fátima e pro Rogério. Vou pedir que venham aqui. Não podemos adiar mais isso.

— Não precisamos contar pra eles.

— Pensasse em não destruir sua imagem de pai exemplar e homem respeitável antes de fazer tudo isso com você, comigo e com nossa família. Agora, eu não quero e não vou suportar todo esse desgosto sozinha.

O marido abaixou a cabeça e nada disse.

Depois do jantar, os filhos Fátima e Rogério chegaram à casa dos pais. Eles moravam bem perto.

Assim que entraram, sentiram um clima pesado.

Todos se reuniram à mesa da cozinha e Fátima, com um sorriso nervoso, perguntou:

— O que está acontecendo? Por que tanto suspense?

— Porque não sei se continuo ou não casada com o pai de vocês. Ele não foi fiel. Não me respeitou. Não respeitou nosso casamento. Eu o peguei com a Almira — Hilda revelou sem rodeios, embora seu coração estivesse apertado.

— O quê?!! Papai!!! — transtornada e incrédula, a filha praticamente gritou sob o efeito de um choque.

Agenor abaixou a cabeça. Rogério também não acreditou, mas não se manifestou. Só ficou olhando-o.

— O que você fez?! — indagou Rodrigo surpreso e assustado.

Hilda não conteve as lágrimas.

Fátima se levantou. Sem acreditar no que ouvia, deu alguns passos negligentes e depois voltou para o seu lugar. A filha falou muito. Não se conformava. Fez várias perguntas semelhantes as da mãe e não houve resposta.

Hilda, mesmo com lágrimas que teimavam correr em sua face, pediu em tom brando:

— Fátima, pare com isso, por favor. Nada do que diga vai resolver esta situação.

Subitamente, Rodrigo quis saber:

— O que vocês estão decidindo?

Agenor, com as mãos trêmulas e uma vibração nervosa na voz comentou:

— Eu propus a sua mãe que continuássemos. Eu errei. Sei que errei. Preciso que ela e vocês me perdoem. Não sei o que aconteceu comigo. Acabei me iludindo.

— O senhor não respeitou nossa mãe! Não nos respeitou!!! Como pôde fazer isso?!! — gritou Fátima, inconformada. — O senhor sempre teve ao seu lado uma mulher que o apoiou em tudo!!! Sempre foi fiel, honesta!!! Cuidou do senhor e de nós, da casa e sempre trabalhou para ajudar nas despesas!!!

— Calma, Fátima! Isso não vai ajudar em nada! Pare com isso! — pediu Rogério firme.

A irmã se sentou. Apoiou os cotovelos na mesa, segurou a cabeça com as mãos e se calou por um momento até perguntar:

— Quanto tempo durou isso, pai?

— Não importa, Fátima. Esses detalhes não importam. Basta vocês saberem o que está acontecendo. Se ficarmos comentando e detalhando sobre pormenores, vamos fazer filminhos e historinhas na nossa imaginação que só nos deixarão mais magoados e infelizes. Isso não vai fazer o tempo voltar para corrigir a situação. Nem amenizar o estrago sentimental — comentou Hilda.

— Eu quero saber! — insistiu a filha.

— E o que você vai fazer com essa informação?! Para que precisa disso? — tornou a mãe firme.

— É verdade. Pare com isso, Fátima. Você só está piorando as coisas — concordou Rogério.

Agenor levantou-se, lentamente, e foi para o quarto. Rodrigo o acompanhou com o olhar e, em tom brando, inquiriu a mãe:

— O que você vai fazer?

— Sinceramente, não sei. Vou precisar de um tempo para pensar. Estou confusa... — lágrimas correram em sua face e ela secou com as mãos. — Não consigo organizar minhas ideias. É uma sensação muito estranha.

Sentado ao seu lado, Rodrigo afagou suas costas e Hilda inclinou-se em seu ombro. O filho a abraçou e ela chorou um pouco.

Ao se recompor e se afastar do abraço, Hilda disse:

— Achei que vocês precisavam saber.

— Claro, mãe — disse Rogério. — estamos do seu lado. Porém, eu diria para a senhora pensar bem. São muitos anos de casamento sólido, cumplicidade, amizade... O pai nunca foi disso.

— Eu discordo! — protestou a irmã. — Você fala assim porque é homem! Se o César — referiu-se ao marido — fizer isso, ele pode ir embora! Nem quero pensar! Se eu souber ou desconfiar de uma traição... Não aceito de jeito nenhum! Como é que vou dormir com meu marido, sabendo que ele transou com outra? Não vou aguentar! E acho que a mãe também não!

— É a mãe quem tem que decidir — opinou Rodrigo, o filho caçula. — A gente não pode dizer o que ela tem que fazer. Afinal, quem vai dormir com ele, é ela. — Um breve momento e o caçula perguntou: — Mãe, você já pensou em fazer exames?

Hilda não entendeu. Experimentava uma confusão mental que não a deixava ser racional. Por isso, perguntou:

— Exames? Que exames?

— Ora, mãe. Você sabe. Se o pai se envolveu... Se ele se relacionou com outra mulher, é importante vocês dois fazerem exames de laboratório para verem se não estão contaminados com HIV, HPV, Hepatite C, Tuberculose ou sei lá mais o quê.

— É mesmo, mãe! — concordou a filha. — Se aquela cadela, sem-vergonha estiver doente!...

— Não precisam chegar a tanto! — discordou Rogério.

— Lógico que sim! Você está errado, cara! — protestou Rodrigo. — Eles precisam fazer exames o quanto antes. Mesmo que tenha usado preservativo. Esse método não é totalmente seguro. Além disso, tem vírus que se transmite pelo beijo. Não pode dar mole não!

Rogério se calou e começou a imaginar que se o pai estivesse contraído Hepatite C ou HIV, poderia ter passado esses vírus para sua mãe. Olhou-a por um instante e ficou extremamente preocupado, mas não quis externar seus sentimentos. Afinal, isso não ajudaria em nada.

— Precisa ir a um Posto de Saúde, mãe. O Rodrigo lembrou muito bem. A senhora e o pai precisam fazer exames o quanto antes.

— É assim, mãe: você e o pai vão até um Posto de Saúde e perguntam se lá fazem exames de HIV. Se não fizer, eles vão indicar onde é que se faz. Daí, é colhida uma amostra de sangue. É rápido. Alguns resultados, como o do HIV, saem em poucas horas. Outros, um pouco mais demorados, saem em poucos dias. Depois desse primeiro, vocês terão de retornar lá por mais duas vezes, para repetirem o exame para ver se o HIV não estava em estado indetectável.

— Meu Deus... Nem sei como fazer isso... — afligiu-se Hilda. Ficou confusa. Não sabia como enfrentar essa situação. Ficou se imaginando. Uma mulher que viveu de uma forma sempre tão correta passar por aquela situação tão humilhante e constrangedora.

Fátima, inconformada, não parava de falar. Às vezes, balbuciava sem que os outros entendessem o que dizia.

— Seu pai precisa ir junto?

— Precisa. Ele principalmente. De repente, ele se contaminou e você não — explicou o filho caçula.

— Pelo amor de Deus! — a mãe exclamou.

— Mãe! Isso é a realidade e terá de encará-la para não viver acovardada e com medo. Medo nunca resolveu situação alguma. — Breve pausa e contou: — Uma conhecida de um amigo meu, uma *véiona*, já com seus cinquenta...

— E cinquenta anos é *véiona*, Rodrigo?! — protestou a irmã. — Olha pra mãe!

— Sei lá... Foi o modo de falar. A mulher foi contaminada pelo marido e contraiu HIV. Ele traiu ela. Ela é bonitona. Eu vi essa mulher de longe. Daí que se separaram. Deu um pé no marido. Contou pra mãe do meu amigo que está se tratando, tomando remédio para controlar a multiplicação do vírus do HIV no organismo, mas disse também que está saindo com todo homem que aparece: casado, solteiro, viúvo... O que aparecer. Disse que não tá nem aí! Não exige uso de camisinha. E os caras, por causa da boa impressão, da ótima aparência e da idade confiam nela e não usam preservativo. A mulher ainda disse que, se ela pegou o vírus porque o marido saiu com outra, também tem o direito de fazer o mesmo.

— Ela não imagina a negatividade que está atraindo para si mesma. Terá que harmonizar e corrigir tudo o que fez de errado. Tudo o que fez sofrer — disse Hilda.

— Em outras palavras... Na próxima encarnação, vai pagar na mesma moeda. Idiota! — comentou Fátima.

— Já nos bastam as energias pesarosas dos nossos próprios problemas. Não precisamos atrair a negatividade dos outros. Deixe isso pra lá. Tenho de pensar no que vou fazer — comentou Hilda, preocupada. Depois contou: — Hoje pedi férias no serviço. Vou usar esse tempo para fazer esses exames, procurar meu médico e decidir o que fazer da minha vida.

— A primeira coisa a fazer é ir ao Posto de Saúde, mãe. Esses exames são importantes. Além do que, precisa ir ao ginecologista para ver outras doenças e pedir orientação — preocupou-se a filha.

— Claro. Primeiro no Posto, depois no meu médico — disse a mulher bem baixinho. Abaixou a cabeça e, inconformada, perguntou no mesmo tom: — O que deu nesse homem, meu Deus? O que ele tinha na cabeça?

— Vai ver se desequilibrou psicologicamente — opinou Rogério, o filho mais velho.

— Só pode ser isso.

— Mas isso não dá o direito à traição! — protestou novamente Fátima, ainda alterada.

— O que você vai fazer, mãe? — quis saber Rodrigo.

— Vou começar pelo mais importante: a saúde. Ver se não estamos infectados... — sua voz embargou. Respirou fundo e disse: — Depois... Bem... Enquanto isso, vou pensando no que fazer. Não é fácil ser traída pela pessoa que você tem a maior confiança do mundo... E também a Almira...

— Cachorra! Sem-vergonha! Vagabunda!... — xingou Fátima, irritada. — A senhora vai contar pro marido dela, não vai?

— Não. Não vou me envolver nisso.

— Como não, mãe?! Ele precisa saber!!!

— Não por mim! E você não vai fazer nada, Fátima! — foi firme. — Isso é vingança e não vou me rebaixar a esse ponto. O que tenho pra resolver é entre mim e seu pai.

— A senhora tem que contar! — insistiu.

— Não me pressione, Fátima! Já tenho problemas demais. Por que vou procurar outros?

— A senhora não quer ser pressionada, mesmo assim, vou dar minha opinião! — Não esperou e disse: — A senhora não deveria continuar com ele! É meu pai, mas perdeu todo o respeito comigo! Não posso concordar que fique se submetendo a essa humilhação!

Ele não te merece! Traiu a senhora e a todos nós! O que mais pode esperar de um homem que engana, mente e trai?!

— Não é assim, Fátima! — interrompeu Rogério, o irmão mais velho. — Ele sempre foi bom pai. Nunca deixou faltar nada em casa. Sempre foi presente. Esteve do nosso lado.

— E do lado da mãe também. É bom lembrar disso — argumentou Rodrigo.

— Isso mesmo. Eles têm muitos anos de casamento, amizade e cumplicidade. Tudo precisa ser levado em consideração — tornou Rogério.

— Eu sei de tudo isso — Hilda comentou em tom cansado. Parecia esgotada daquele assunto. — Fiz esta reunião para que soubessem o que está acontecendo. Agora preciso pensar. Amanhã cedo, quero ir ao Posto de Saúde fazer os tais exames. Vou mesmo se ele não quiser. Depois decido tudo isso.

— Não seja impulsiva, mãe — pediu Rogério.

— Pois eu acho que a mãe não tem o que pensar. Deve mandá-lo embora desta casa e pedir o divórcio. Se fizer isso, terá todo o meu apoio.

— Calma, Fátima. Não faz pressão! — pediu Rodrigo. — A mãe vai pensar. Ela precisa de um tempo. Independente do que decidir, terá meu apoio também.

— Obrigada pelo apoio. Desculpe-me por trazer a todos esse problema tão difícil. Mas eu precisava dividir com vocês.

— A senhora está bem? Acha que pode ficar sozinha? — preocupou se Rogério.

— Eu estou aqui, né, meu! — reclamou Rodrigo. — Ela não tá sozinha!

— Estou bem. Não se preocupem. Só peço uma coisa a todos vocês: pelo menos, por enquanto, não comentem nada com ninguém. Só contem para a Valéria e para o César e peçam segredo.

Não quero mais ninguém me fazendo perguntas ou falando de mim pelas costas.

— É isso mesmo. Ninguém tem nada a ver com nossa vida — concordou Fátima.

— Então eu vou indo, mãe. Já está tarde e a Valéria está sozinha. — Rogério se levantou, foi até ela e a beijou durante um abraço apertado. — Pode contar comigo — cochichou em seu ouvido.

— Obrigada, filho.

— Eu também preciso ir. Amanhã tenho de levantar cedo — decidiu Fátima que também a abraçou e beijou. — Qualquer coisa, liga lá em casa.

Ao ver os filhos na sala, prontos para irem, a mulher perguntou:

— Não vão se despedir de seu pai? — não gostaria que os filhos rejeitassem o pai.

Os irmãos se entreolharam. Não disseram nada. Estavam chocados e confusos com o que souberam.

Rogério foi à direção do quarto e a irmã o seguiu.

Voltaram. Beijaram Hilda mais uma vez e se foram.

Quando retornou do portão, Hilda ainda encontrou Rodrigo na sala. O jovem se aproximou dela, pousou a mão em seu ombro e disse:

— Vou faltar no serviço para ir com vocês no Posto de Saúde amanhã.

— Não, filho. De jeito nenhum. Eu e seu pai podemos fazer isso.

— Tem certeza?

— Sim, Rodrigo. Pode ficar tranquilo.

O rapaz a beijou no rosto e foi para o seu quarto.

Hilda voltou para a cozinha.

Sozinha, experimentou uma crise de choro amargo. Uma dor lancinante na alma manifestava a angústia cruel, castigando seu ser. Ela não conseguia parar de pensar em tudo. Sentia-se como se fosse enlouquecer.

Era bem tarde quando Adriana chegou a sua casa.

Preocupada, Heloísa foi ao seu encontro.

— Filha! Que demora!

— Precisei ficar até mais tarde. — Para mudar de assunto, Adriana perguntou: — Falou com o Daniel? Ele me mandou uma mensagem.

— Mensagem! Mensagem! Eu quero é ouvir a voz do meu filho. Ele também mandou mensagem dizendo que estava no hotel. Na mesma hora, peguei o telefone e liguei pra ele. Não sei como vocês conseguem se comunicar só com isso. — Sem demora, Heloísa comentou, parecendo insatisfeita: — A Ieda voltou para a casa dela.

— Ela ia ficar até o Daniel voltar do Rio! — estranhou.

— Adivinha!... A Lisa apareceu aqui. Quando encontrou a Ieda dormindo na cama do seu irmão... Nem te conto! Perguntou se ela não tinha casa, disse que a cama era do namorado dela, que nem ela dormia aqui... Falou daquele jeito. Você sabe.

— A Lisa é um saco! A senhora não falou nada?

— Vou brigar com a namorada do seu irmão?

— A Ieda é mais chegada do que ela! — exclamou insatisfeita.

— Eu não posso maltratá-la. A Ieda é como uma filha para mim, mas a Lisa é namorada do Daniel e é ciumenta. Fico em uma situação difícil. Conversei com ela com jeitinho, mas não adiantou. A Ieda, você sabe, não fez questão de ficar. Ela é esperta. A Núbia está naqueles dias mais favoráveis.

— Ela não tem o direito de se meter aqui em casa. A Ieda é minha amiga e o quarto é meu. Que droga, hein! — Breve pausa e perguntou: — E o pai?

— Já está dormindo. — Heloísa expressou fisionomia triste ao dizer: — Chegou com novidades.

— Foi demitido?! — adivinhou a filha.

— Foi — confirmou e envergou a boca demonstrando frustração.

— Não é possível — reclamou a filha. — A senhora contou para o Daniel?

— Não. Ele está longe. Não vai adiantar ficar preocupado com o que nós passamos aqui. Não há nada que ele possa resolver.

— E o pai, bebeu?

— Hoje não. Mas amanhã ou depois...

— Vou tomar um banho — decidiu Adriana.

— Vai jantar? Quer que eu esquente comida?

— Não. Obrigada.

— Você está chegando muito tarde — a mãe reclamou.

— É só por esses dias. Estamos empenhados em um projeto novo — mentiu. Por isso falou em tom baixo, sem olhar nos olhos de sua mãe. — Deixe tomar banho logo.

Heloísa ficou arrumando algumas coisas na cozinha.

Passado o tempo necessário ao banho, a filha retornou.

— Não vai querer comer nada mesmo?

— Não. Só vim tomar água — Adriana sentia-se ansiosa, mas não queria demonstrar.

Pegou um copo com água, puxou uma cadeira e sentou-se à mesa.

Tentava manter uma aparência natural para disfarçar o nervosismo.

Como dizer a sua mãe que decidiu terminar um noivado cujo casamento estava marcado e tão perto?

Quando Heloísa ia sair da cozinha, a filha chamou:

— Mãe... — Ao vê-la retornar, pediu: — Senta aí um pouquinho.

A mulher obedeceu e acomodou-se na cadeira a sua frente.

A moça bebeu um gole de água e enquanto girava o copo com a ponta dos dedos, disse:

— Mãe eu preciso falar com a senhora.

— O que foi? Algum problema?

— É que... Sabe mãe... As coisas entre mim e o Nícolas não estão muito boas — disse olhando para o copo, sem encarar a mãe.

Diante da longa pausa, Heloísa franziu o semblante e inquiriu:

— E isso quer dizer o quê?

— Eu não sei. Estou vendo muitas incompatibilidades. Estou insegura, mãe.

— Adriana! O casamento está aí! — sussurrou, muito surpresa.

— Eu sei! É por isso que estou assim aflita! — respondeu no mesmo tom.

— Mas só agora, depois de tudo pronto, você viu isso?! — enervou-se.

— Ai, mãe... Não me censura. Não deixe as coisas piores do que estão.

— Conversa resolve tudo. Você e o Nícolas precisam conversar! Entenderem-se! Não podem desmanchar o casamento nos pés do altar!

— Ai, mãe... Eu não sei! O Nícolas está cada dia mais egoísta. Quase não saímos mais porque ele quer economizar. Fica regulando pagar até um sorvete! Nem para passear no *shopping* me leva. Diz que eu vou querer comprar alguma coisinha. Se vou comprar, é com meu dinheiro! A senhora viu quanta coisa usada ele levou para o nosso apartamento novo?! Até o enxoval! Por favor, né! Quando vi que ele aceitou aquelas toalhas de banho usadas da mãe dele!... Isso para eu não comprar as novas que tinha visto!

A mãe ficou incrédula. Somente olhava para a filha.

— Ele levou abridor de garrafas, espremedor de batatas e muitas outras coisinhas usadas pra lá. Tapete... — a moça prosseguiu. — E sabe o que foi pior? — A mãe pendeu com a cabeça negativamente e a filha respondeu: — Foi quando ele disse para mim que não quer ter filhos de jeito nenhum — olhou fixamente nos olhos da mãe.

A mulher respirou fundo e disse:

— Você sabia disso. Não é novidade o Nícolas não querer filhos. Também isso não é o fim do mundo. Com o tempo, ele muda de ideia.

— E se não mudar?

— Adriana!... Você sabia!

— Mas no começo, quando ele falava disso, era de brincadeira, rindo. Agora é diferente. Perto dos outros, fala como se estivesse brincando, quando estamos sozinhos, é de outro jeito. Por algumas vezes, vimos crianças dando aqueles *shows* e fazendo os pais passarem vergonha, sabe? Ele riu e falou: por isso não quero filhos nem em sonho. Eu nem levei a sério. Mas... Quando a gente estava decorando o apartamento, falou que o outro quarto ele queria fazer um escritório. Pensava em voltar a estudar, pois como não teríamos filhos, o ideal era isso. Eu fiquei decepcionada. Frustrada! E não paro de pensar nisso!

— E só ficou pensando? Por que não conversou com ele?

— Não sei. Tentei dizer que eu gosto de crianças e que... mas foi aí que ele respondeu: nem vem! — Breve pausa e contou: — Nos últimos tempos, começou beber pra mais e... Ai, mãe!... Não sei...

— Pense bem, Adriana. Não faça nenhuma loucura. Você vai se casar e vai dar tudo certo. Isso passa. É crise de noiva. Não tinha reparado em nada disso antes, não é mesmo? Ele também está nervoso com o casamento. É comum. Ele vai melhorar.

— E se não melhorar? — não esperou pela resposta. — Sempre fiquei esperando melhorar. Fiquei acreditando que iria ser diferente. Ele melhorava um pouquinho, eu me enchia de esperança. Daí, de repente, algo acontecia novamente e me frustrava. Estou insegura, mãe!

— Essa insegurança vai passar. Isso se resolve depois do casamento.

— Mãe, a senhora não está entendendo.

— Pense nos parentes, nos padrinhos, nos presentes entregues. Pense no escândalo que vai ser! Na vergonha que vai passar! — irritou-se.

— Estou com medo. Mas preciso tomar uma decisão.

— Já conversou com ele?

— Não.

— Então nem pense em falar. Isso é medo de assumir responsabilidade. Afinal, querendo ou não, você estará se tornando independente. Com encargos e deveres. Vai se acostumar. Não é nenhum bicho de sete cabeças.

— Não sei... — Adriana pensou em contar que estava apaixonada por Wagner, mas não ousou. Ficou amedrontada. — O que eu faço, mãe?

— Se ficarmos pensando, não casamos. Isso vai passar. Veja, hoje em dia, é difícil encontrar um rapaz que queira se casar e assumir responsabilidade. Você deu sorte. Veja a Ieda. Está sozinha. Nem namorado tem.

— Não me compare a ninguém, por favor.

— Não estou comparando. Só comentando. Casamento está cada vez mais difícil. Aceite o Nícolas como ele é.

— Mas, mãe!...

— Filha! E se você estiver errada?! — ficou zangada. Queria que aceitasse sua opinião. — Com o tempo, ele diz que se enganou e vai mudar de ideia, querer filhos. Pense bem. Não está dando uma chance para o Nícolas. Está faltando conversa entre vocês. Fale sobre as coisas usadas que ele está levando. Diz que tem dinheiro para comprar novas.

— Não é só isso. Ele anda muito estúpido.

— Porque está nervoso! Você não está dando uma oportunidade ao rapaz! Se você tivesse visto tudo isso há um ano! Mas só agora! Nas vésperas do casamento! — a mãe, bem nervosa, teceu longo discurso.

Adriana deu um suspiro e bebeu um pouco mais de água. Sentiu-se dominada por uma contrariedade angustiante.

— Pense, filha! Isso é loucura!

— Tudo bem, mãe. Eu vou pensar — cedeu para que o assunto não se alongasse. Levantou-se, colocou o copo na pia e foi se deitar.

CAPÍTULO 12

Escolhas constroem caminhos

Assim que chegou ao seu apartamento, Wagner forçou um sorriso ao ver sua mãe, a irmã e a noiva.

Abraçou e cumprimentou todas. Beijando levemente os lábios de Sabrina, que notou certa frieza e distanciamento.

Ifigênia, mãe do rapaz, sem perceber, não deixou que a atenção se focasse nisso, pois começou a contar situações engraçadas que ocorreram na chegada.

O filho, por sua vez, ofereceu-lhe toda a atenção para ficar longe de Sabrina.

— Quer dizer que não pararam. Mal chegaram aqui, deixaram as coisas e foram bater pernas? — disse ele, rindo.

— Eu falei pra elas: se vamos embora na sexta-feira à noite, precisamos aproveitar.

Algum tempo depois, Wagner tomou banho e foi para a sala. A empolgação da chegada havia amainado.

Ele fazia de tudo para não estar a sós com Sabrina, que queria muito permanecer junto dele. Ora pegava em seu braço e recostava em seu ombro, ora pegava em sua mão. Entretanto, na primeira chance, ele se distanciava, não lhe dando atenção.

A moça percebia que havia algo estranho, mas não tinha como comentar.

Bem depois, Wagner foi para a pequena sacada do apartamento. Não só em busca de ar. Pretendia desacelerar os pensamentos que o torturavam.

Gostaria de estar com Adriana. Não parava de pensar nela.

Não desejava que Sabrina estivesse ali. Precisava acabar com o noivado e não sabia como.

O fato de terem um compromisso tão longo incomodava. Porém, estava certo de que não sentia mais nada pela moça.

Chegar ali e ter de beijá-la nos lábios, mesmo que rapidamente, incomodou-o muito. Não era essa a sua vontade.

De certa forma, sentia-se como se traísse Adriana. Traindo seus próprios sentimentos e princípios.

O rapaz segurava firme, com ambas as mãos, a grade do peitoril e puxou o ar para os pulmões, soltando rapidamente.

Sabia que era um erro Sabrina ali. Necessitava terminar tudo com ela, mas não naquele momento. Não naqueles dias. Seria muito melhor se estivessem na cidade onde ela morava.

Deveria ter sido mais enérgico para que não viessem. Porém, como dizer não a sua mãe?

— Oi...

A voz de Sabrina soou doce ao seu lado, entretanto amargava, como um fel, seus sentimentos.

Como dizer que não gostaria de abraçá-la nem beijá-la? Como justificar sua frieza?

Ela passou a mão fina em suas costas e isso o incomodou.

— Tudo bem com você? — perguntou, ao vê-lo muito calado.

— Tudo — respondeu com a voz grave e semblante sério. Sem encará-la.

— Vi que comprou cortinas e tapetes — riu. Desejava puxar algum assunto.

— É comprei.

— Como estão as coisas na empresa?

— Tudo bem — respondeu com olhar distante para as luzes miúdas da cidade grande, que piscavam ao longe, sem se virar para ela em momento algum.

— Wagner, olha pra mim — pediu.

O rapaz respirou fundo, tomou postura, deixando somente uma mão no peitoril e a olhou sério com uma sombra de insatisfação no semblante.

— O que foi, amor? — perguntou com voz doce.

Por não haver resposta, ela o envolveu pela cintura. Antes de recostar o rosto em seu peito, Wagner, com delicadeza, segurou as mãos que o abraçavam e afastou-se um pouco.

— Por que fez isso? — perguntou, ao sentir uma faca transpassando seu peito. — O que está acontecendo com você?

— Não sei se é comigo, Sabrina.

— Com quem então?!

— Fale baixo — ele murmurou, ao pedir.

— Quero saber! Eu exijo! O que está acontecendo?!

— Eu não sei. Quer dizer... — titubeou. Aquilo seria mais difícil do que imaginou. No segundo seguinte, encorajou-se e disse: — Estou diferente. Pensando diferente e não sei explicar. Os meus sentimentos por você não são mais os mesmos. Faz algum tempo que precisava te dizer isso. Por essa razão, eu não queria que viesse para São Paulo. Gostaria de ter conversado com você lá — referiu-se à cidade de Peruíbe.

— Como assim?! — tremia e perguntava incrédula.

— Não dá mais... — olhou em seus olhos e falou brandamente.

— Você não pode fazer isso comigo!

— Você tem toda razão. Não posso mais te enganar — foi firme.
— O sentimento que eu tinha acabou. Não posso fazer nada.

Num impulso, a moça foi para a sala. Ela chorava ao mesmo tempo em que balbuciava algumas palavras demonstrando sua contrariedade.

Ifigênia, em outro cômodo, escutou e foi ver o que era.

— O que está acontecendo aqui? — quis saber a mulher.

— O Wagner... Ele terminou comigo!... — revelou Sabrina, em pranto.

A mãe olhou para o filho, enquanto abraçava a jovem.

Insatisfeito, ele envergou a boca para baixo. Após respirar fundo, disse:

— Eu não queria que vocês viessem pra cá por causa disso. Eu ia terminar com ela, mas não aqui. Não hoje. Mas não tive alternativa, né?!

— Energúmeno! Imbecil! Então por que não esperou a gente voltar pra casa?! — interferiu a irmã, ofendendo-o.

— Cala a boca, Celine! Você nem sabe o que está falando! — Wagner reclamou.

— Você não podia ter feito isso comigo... — balbuciava Sabrina no abraço com Ifigênia. — Depois de tantos anos... — chorava. — Estamos noivos! O casamento está marcado pro ano que vem...

— Eu não podia continuar te enganando! Era isso o que queria?! — falou firme e nervoso.

— Pronto, idiota! Acabou com nosso passeio! — exclamou Celine, falando de um jeito agressivo. — Gostou?! Tá bom agora?! Era isso o que queria?!

— Pra começar nem queria vocês aqui. Primeiro, porque você não tem freio nem educação. — Olhando-a, esbravejou: — Você é uma criatura irresponsável e improdutiva, que leva a vida enchendo o saco dos outros. Segundo, porque eu não queria criar esse clima com a Sabrina aqui. Além disso...

— Calma, filho. Calma... — pediu Ifigênia mais ponderada. — Não diga coisas de que possa se arrepender.

Wagner suspirou fundo mais uma vez. Virou as costas e foi para o quarto. Não quis conversar com mais ninguém. Contrariado, nervoso e irritado, não conseguiu dormir.

No começo da madrugada, mandou mensagem para Adriana, também insone, e decidiram se encontrar.

Aproveitando que todos dormiam, o rapaz se arrumou e saiu de seu apartamento sem que ninguém percebesse.

Passou na casa de Adriana e a pegou.

Conversaram e ele comentou:

— Então foi isso. O clima ficou tenso. — Longa pausa e perguntou: — Você conversou com sua mãe?

— Conversei. Falei tudo e... — contou. — Minha mãe não quer que eu termine. Quer que eu converse com ele para acertarmos as coisas.

— E você? — indagou em tom preocupado.

— Disse que ia pensar, só para ela não esticar mais o assunto. Eu não tenho muito o que conversar com ele. Preciso fazer exatamente o que você fez.

Wagner a puxou para um abraço. Envolveu-a com ternura e a beijou na testa. Depois disse:

— Isso tudo vai passar. E, quando passar, será só eu e você. Então vamos pensar na nossa vida — sorriu generoso. Em meio a um semblante de satisfação por estar com ela, planejou em tom de felicidade: — Você quer ter uma casa nova com tudo novo? Nós teremos! Quer ter filhos? Nós teremos! Eu te adoro, Adriana... — declarou-se em tom romântico. Olhando-a nos olhos, aproximou--se lentamente e murmurou ao roçar seus lábios com os dela: — O que você quiser, nós teremos... — beijou-a com todo o carinho, abraçando-a com amor.

Pela primeira vez, em tantos anos de serviço naquela empresa, Wagner perdeu a hora e chegou atrasado. Adriana também.

Ele não precisou se justificar. Mas ela inventou uma desculpa qualquer por chegar depois do almoço.

Naquele dia, não se viram durante o curto expediente. Só se encontraram para irem embora.

Era bem tarde, quando Adriana chegou à casa de Ieda.

— Oi! Tudo bem?

— Entra aí, Dri! Estou arrumando umas coisas aqui...

— Você deveria estar lá em casa. A Lisa não tinha o direito de te falar tudo aquilo.

— *Tô de boa.* Não esquenta.

Foram para o quarto da amiga e, sentando-se na cama, com as pernas cruzadas, Adriana comentou:

— Menina! Preciso falar com você! — cochichou.

— Fala aí!

— Sabe o Wagner?

— Sei.

— Aconteceu o seguinte... — Depois de atualizar a amiga sobre o que estava acontecendo, Adriana disse: — Então é isso. Eu decidi que quero terminar com o Nícolas.

Ieda ficou quieta. Havia um toque de perplexidade em seu semblante. Porém, não manifestou seu assombro.

Depois de uma pausa considerável, falou em tom ponderado:

— Não acha que deveria terminar primeiro com o Nícolas antes de dormir com o Wagner?

— Acho. Você tem razão. É que a gente estava no apartamento dele e... Tudo foi acontecendo tão... Eu senti algo que nunca tinha sentido antes! Eu adoro o Wagner! É uma coisa muito forte! Mais forte do que nós!

— Dri, você mal conhece o cara. Toma cuidado. Nem sabe se ele está a fim de você mesmo.

— Ontem ele terminou o noivado. Quer prova maior do que essa?

— Terminou?! Assim?!... De repente?!

— Terminou. Assim. De repente.

— Uau! Não sei o que te dizer. — A amiga pensou um pouco. Chegou a duvidar do Wagner. Como é que Adriana poderia ter certeza sobre o que o rapaz tinha contado? Talvez, não fosse apropriado colocar essa dúvida para a amiga. Com jeitinho, disse: — Sabe, não sou uma referência muito boa pra namoro...

— O que eu faço, Ieda?

— Ah! *Peraí*! Você chegou aqui toda decidida e pergunta o que fazer? Dá um tempo! Pelo visto não quer palpite. Está querendo aprovação para o que fez. Sou sua amiga. Vou te apoiar, embora ache loucura fazer as coisas do jeito que está fazendo.

— Por que loucura, Ieda?

— Porque acho que deveria ser mais cautelosa. Sabe, Dri, depois das enrascadas que me meti, decidi que tudo o que fosse fazer, em minha vida, deveria ser muito bem equilibrado e planejado. Prefiro uma vida morna, monótona e sem graça a uma cheia de aventuras irresponsáveis que me dão dores de cabeça, atacam os nervos, fico *deprê* ou ansiosa. Hoje, tô fora disso. Aprendi.

— Credo! Você tem vinte e quatro anos e fala como uma velha!

— Minhas experiências me amadureceram. Lembra quando comecei a namorar aquele carinha assim que meus pais morreram? — A amiga pendeu positivamente com a cabeça. — Vagabundo. Não queria trabalhar. Eu ficava com pena dele por não arrumar emprego. Dizia: coitado!... Ele encostou aqui em casa e viveu às minhas custas. Com jeitinho manhoso, dando uma de pobrezinho, acabou com os recursos que meus pais tinham deixado no banco. Toda a poupança foi embora. Ele trabalhava num bico aqui, outro ali... Quando isso acontecia, eu ficava toda feliz! — ironizou. — Cheia de esperança. Acreditava que a coisa estava andando. Mas não. O sujeito pintou e bordou. Com ele aprendi a beber e fumar. Enchia a cara! Depois ficava de ressaca. Perdi um ano na escola e um ano e meio da minha vida junto com esse sujeito. Quando o dinheiro acabou, ele ficou meio que exigindo comer e beber melhor... Na verdade, ele não exigia. Fazia cara de coitado e dizia: "bem que a gente podia ter uma carninha pra fazer churrasco... Um dinheirinho para comprar uma cerveja..." — Fez uma expressão de insatisfação e concluiu: — Foi difícil eu acordar e, mais difícil ainda, cortar as visitas do sujeito daqui. Você lembra?

— Lembro.

— Quando nós estamos fazendo coisa errada, não enxergamos. Só depois é que percebemos o quanto fomos idiotas e demos sorte para o azar. Sua mãe até chegou a falar comigo, mas eu não liguei. Depois que o cara foi embora, minha irmã começou a fazer o mesmo. Trouxe um sujeito pra frequentar aqui. Eu não podia falar nada, pois tinha feito o mesmo. Então, comecei a trabalhar e voltei a estudar. No serviço, conheci um cretino que se dizia apaixonado por mim. Casado. Pai de dois filhos! — exclamou indignada. — Eu, idiota, acreditei que estava gostando dele. Acreditei que ele tinha problemas em casa, que ia deixar a esposa, que ia abandonar os filhos... Acreditei... Acreditei... Acreditei. Não vi que eu estava me desvalorizando, me subjugando, perdendo o meu tempo e sendo usada.

Quando a gente não se valoriza e não se ama, faz caca, pra não dizer nome pior. Quando não nos amamos só temos prejuízos. E lá se foi mais um ano da minha vida! Droga! Até que eu entendi que só poderia e deveria acreditar em mim. Fiquei com tanto ódio de mim quando vi que me sujeitava a tantas aflições. O preservativo furava e eu com medo de estar grávida, de contrair doenças... Depois corria lá no Posto de Saúde e ficava torcendo para que os exames dessem negativos. Minha vida era um inferno.

— Eu lembro.

— Lógico que lembra. Quantas vezes fui chorar, no seu ombro, por tudo o que estava acontecendo. Não admitia que eu fosse a errada. Queria que o cara deixasse a mulher e os filhos para ficar comigo! Que absurdo! Eu era tão fraca, coitada, infeliz que ficava correndo atrás de homem casado! Queria que desse certo comigo, que ele me amasse e me respeitasse. Não via que o infeliz não era capaz de amar e respeitar a esposa e os filhos, quanto mais uma amante! Porque quem fica com homem casado não é namorada, é amante. É a outra. Aí olhei no espelho e falei: "Ei! Imbecil! Você mesma! Acorda! Vê se se valoriza! Se você não se valorizar, ninguém mais vai fazer isso."

— Lembro quando me contou isso.

— Quando desejei, quando quis de verdade, abandonei tudo!... Parei de fumar, de beber e procurei o que era mais saudável. Minha vida ficou mais leve. Eu não tinha que me preocupar com tanta coisa. Namorei, mas não foi nada sério, porque vi que o cara não era sério. Passei a escolher melhor para construir novos caminhos. Passei a ter caráter e princípios. Ser prudente. Quando nós nos tratamos com carinho e respeito, ensinamos aos outros como devem nos tratar. A verdade é essa. Tudo o que vou fazer, hoje em dia, eu me pergunto: é honesto, justo e correto?

— Sei...

— Então, Dri, hoje, eu não me entregaria assim como você fez. Sei lá... O destino é certo, porém, muitas vezes, por impulsividade, estragamos a jornada.

— Você acha que estou estragando tudo?

— Não acho nada. Sou sua amiga e o que é bom para mim pode não ser para você. Eu penso que, no seu lugar, com a maturidade que tenho hoje, faria uma coisa de cada vez. Teria certeza de que gosto do Wagner. Teria certeza de que não quero ficar mais com o Nícolas e terminaria o noivado, desmarcando o casamento. Só então começaria um relacionamento com o Wagner. Mas... Sei lá. Você é quem tem de escolher. Se acha que está tudo certo do jeito que está...

Adriana ficou pensativa.

Na espiritualidade, Dione mentora de Adriana, conversava com Naum, mentor de Ieda:

— Agradeço a inspiração a sua protegida. Se Adriana aceitar essas orientações, seus caminhos serão mais leves.

— Não me agradeça. Você já me auxiliou muito também.

São as escolhas que constroem os caminhos que nos levam ao nosso destino. Como mentores, podemos e devemos inspirar, vibrar, envolver, mas não interferir no livre-arbítrio, no poder de escolha.

Os encarnados precisam entender que é necessário pensar nas consequências de todos os atos. Normalmente, a impulsividade nos leva a cometer erros.

Enquanto isso, as moças conversavam:

— Ieda, enquanto estou com ele tudo fica tão... — sorriu doce-mente, encantada com o que vivia. — Ai!... Eu não sei dizer. — Jogou--se para trás, deitando na cama. — Nunca senti isso antes.

A amiga sorriu. Ficou feliz por ela.

— Estou torcendo para que você termine logo com o Nícolas.

— Nem me fala — tornou séria. — Em pensar no casamento, nos convidados, padrinhos... Ai, meu Deus! Não sei por onde come-çar — ficou preocupada.

— Tem que começar pelo noivo! Sem dúvida alguma — orientou firme.

— Sinto um frio na barriga. Estou tão nervosa.

— Amiga! Vamos pensar! Você não pode adiar isso por mais tempo! — falou firme.

— Eu sei. Nem quero adiar mais. Quando estou com o Wagner, isso me incomoda tanto. Não sou nenhuma sem-vergonha para andar com um sendo noiva de outro.

— Eu também não me achava sem-vergonha quando fui amante de homem casado. Mas estava sendo. Ora! Por favor, Dri!... Termine logo com isso! — sussurrou.

Nesse instante, o celular de Adriana tocou. Verificando o visor, disse:

— É minha mãe. — Atendeu: — Oi!

— Dri, está muito tarde! — reclamou Heloísa.

— Já vou. Estou indo.

— Não demora.

— Tá bom — desligou. Virando-se para Ieda, pediu: — Preciso te pedir uma coisa.

— Se estiver ao meu alcance...

— Posso dormir aqui? Quer dizer... — riu. — Ah... Ieda... Não consigo mentir pra você — falou com jeito mimado.

— *Peraí*! Deixe ver se entendi: você quer dizer pra sua mãe que vai dormir aqui, mas, na verdade, vai se encontrar com o Wagner?

Com jeitinho suplicante, sorrindo generosamente, falou com meiguice:

— Por favorzinho...

— Sabe que não vou te dizer não, né? Mas acho que está dando sorte pro azar.

— Então vamos lá em casa comigo pegar minhas coisas. Sua irmã não tá aí, né?

— Não. A Nuna não aparece desde ontem.

— Ela é fogo, hein!

— Dri, por que, em vez de sair com o Wagner, você não procura o Nícolas e resolve isso de uma vez?

— O Wagner vai viajar. Precisa levar a mãe de volta. Querem passar o aniversário dele lá em Peruíbe. Terei o fim de semana todo para resolver isso com o Nícolas.

Ieda não gostou, mas não disse nada.

Foram até a casa de Adriana, que morava há dois quarteirões dali. Pegaram o que era preciso e retornaram para a casa da amiga.

Adriana mandou mensagem para Wagner dizendo onde estava e, imediatamente, o rapaz se trocou e foi encontrá-la.

Parando o carro no lugar de costume, aguardou a jovem, que não demorou. Entrou no veículo e se foram.

Era sexta-feira e o expediente já havia encerrado.

Wagner pediu para Adriana encontrá-lo no estacionamento, e ela o fez.

Envolvidos por sentimentos fortes, que não sabiam explicar, ao se virem dentro do carro, não resistiram e se beijaram. Não se importaram se algum conhecido da empresa poderia vê-los.

Wagner fez-lhe um carinho na face e parou, perdendo o olhar em seu rosto delicado.

— Te adoro! Sabia? — murmurou com um toque amável na voz.

— Eu também — disse no mesmo tom.

O rapaz suspirou fundo e sorriu, dizendo:

— Vamos para um cantinho sossegado.

— Vamos — sorriu e concordou.

Pouco depois, deitados na cama de um motel, Wagner abraçava Adriana, que recostava em seu peito.

Ele fixava o olhar no teto, observando, através do reflexo no espelho, a silhueta de sua amada que o envolvia com carinho.

Enquanto o silêncio dominou por longo tempo, o rapaz fazia delicados carinhos em círculos, com as pontas dos dedos, nas costas mal cobertas pelo lençol.

Estava adormecida e ele ficou olhando-a, contemplando sua face bela e delicada.

Sorrindo, por estar feliz com aquele instante, começou afagar--lhe os cabelos. Depois tocou seu rosto.

Adriana deu um suspiro e abriu os olhos.

Por um instante, não sabia onde estava. Em seguida, sorriu e o abraçou mais forte.

— Daqui a pouco precisamos ir. Vou viajar ainda hoje — lembrou.

— É mesmo. Também preciso ir.

— Gostaria de te levar comigo.

— Quer dizer que vai passar seu aniversário longe de mim?

— Só desta vez — Wagner sorriu e fez-lhe um afago. — Na verdade, não quero ir. Se não tivesse que levá-las, ficaria aqui.

— A sua mãe reclamou sobre você ter terminado o noivado com a Sabrina?

— Ela perguntou se eu estava certo do que queria. Disse que sim. Então quis saber se tinha outra pessoa. Eu disse que sim. Depois disso, não falou mais nada. — Um instante e comentou mais sério: — Você precisa falar logo com o Nícolas. Essa situação está me incomodando muito.

— Eu sei. Incomoda a mim também. Amanhã à tarde vou terminar tudo. Acabar com isso de uma vez. Não será fácil. Com o casamento tão próximo... Padrinhos, convidados, festa... Quando penso em tudo isso, sinto um frio na barriga.

— Vai dar tudo certo, desde que você esteja segura do que quer e seja firme.

— Estou segura. Quero ficar com você.

Wagner se aproximou, beijou-lhe os lábios e murmurou:

— Eu te amo.

— Eu te amo também.

Capítulo 13

Viagem interrompida

Wagner deixou Adriana na casa de sua amiga e foi para seu apartamento onde sua mãe, irmã e Sabrina esperavam.

O clima não estava nada bom.

A ex-noiva, com olhos inchados e nariz vermelho, ainda não conseguia deixar de chorar. Vez e outra, lágrimas teimosas rolavam em sua face.

Celine, por sua vez, provocava o irmão com comentários e críticas desrespeitosas sobre ele ter estragado o passeio de todas.

Somente Ifigênia parecia controlada. Embora tivesse o coração apertado, sem saber a razão.

As malas prontas foram deixadas no pequeno corredor. O rapaz precisou se desviar delas para passar.

— Nossa, filho! Você chegou tarde. Pensei que fôssemos viajar mais cedo.

— Oi, mãe — beijou-a no rosto e nada disse.

Wagner trazia nas mãos duas sacolas de papelão com a estampa de lojas de *shopping*.

— Huummm!... Ganhou presentes pelo aniversário amanhã, foi? — Celine perguntou em tom de deboche.

— É. Ganhei.

— De quem? — tornou a irmã em tom irônico e de modo indiscreto.

— Lá na empresa.

— Aí tem dois presentes. Um da empresa e o outro de quem? Da outra? Já arranjou outra?! — riu com deboche.

Sabrina começou a chorar e foi para um dos quartos.

O rapaz, nitidamente irritado, suspirou fundo e nada respondeu.

— Celine! Por favor! — Ifigênia repreendeu. Virando-se para o filho, propôs. — Toma um banho. Eu fiz um lanche e suco. Seria bom você comer antes de pegarmos a estrada.

— Não, obrigado. Não quero comer nada.

— Não tá vendo, mãe?! Ele já tomou banho e comeu no motel! Tava com a outra, né?!

Num gesto súbito, completamente inesperado, que surpreendeu até a si mesmo, Wagner segurou Celine pelo braço e a chacoalhou forte, dizendo com os dentes cerrados e voz grave:

— Cale a sua boca ou eu!...

— Me solta! Qual é?! Deu pra bater em mulher?!

O irmão a soltou com um empurrão e Celine não parou de reclamar.

— Parem com isso vocês dois! — Ifigênia gritou e foi até a filha. Ação rara de se ver: foi enérgica. Segurando-a pelo braço, foi firme:

— Cale a boca Celine! Você pediu isso!

— Vai ficar do lado dele agora, é?! — exclamou de um jeito agressivo e irritante pela voz estridente.

— Se você der mais um pio, quem vai bater em você sou eu! — tornou a mãe.

Wagner andou de um lado para outro. Parou, voltou-se para a mãe e falou em tom nervoso:

— Por favor, vamos embora logo. Só vou me trocar. Arrume tudo o que é de vocês e vamos levar logo lá pro carro.

Assim foi feito.

No carro, Celine ocupou o banco atrás do irmão. Ifigênia sentou-se na frente, ao lado do filho, que dirigia, e Sabrina sentou-se atrás da senhora.

Durante boa parte da viagem, o silêncio foi fúnebre.

Após descerem a Serra do Mar, pegaram uma rodovia em linha reta sentido ao litoral sul do estado de São Paulo.

O tilintar do celular de Celine anunciou a chegada de uma mensagem. A jovem olhou e passou a mexer no aparelho.

— Se for sua irmã, responda que estamos chegando — disse Ifigênia, sem olhar para trás.

— É ela mesma. Como adivinhou? — Sem esperar por uma resposta, comentou: — Eu disse que estamos passando por Itanhaém — referiu-se a uma cidade próxima. — Alguns instantes e Celine riu ao contar: — A Wanda não acreditou que o Wagner terminou o noivado! — gargalhou. Havia mandado um texto dizendo para a irmã o que havia acontecido.

— Quer parar com isso, Celine!!! — Wagner deu um grito, enquanto dirigia.

— Paro se quiser! Você não manda em mim! Você faz besteira e não quer que os outros fiquem sabendo, é?!

Sabrina, sentindo-se ofendida e humilhada, reagiu:

— Que você é insensível, isso não resta a menor dúvida, Wagner!

— O que você queria, Sabrina?! Ser enganada?! Traída?! Isso estaria bom para você?! — indagou o rapaz, inconformado com aquela situação.

— Traída ela foi. Ou você não chegaria como chegou hoje — tornou a irmã provocante.

— Celine, pare com isso! — olhou-a pelo retrovisor e exigiu.

— Com cara de motel! Tá bom?! Foi assim que chegou no apartamento hoje e ontem. Nem pra dar um tempo só por estarmos lá — respondeu agressiva e empurrou o banco, em que o irmão sentava, com os joelhos para incomodá-lo.

— Vamos parar com isso?! — exigiu Ifigênia.

— Sabe, mãe, faltaram umas boas palmadas pra essa menina, viu? Ainda está em tempo!

— Ah! É?! E quem é que vai se atrever a me dar essas palmadas?! Você?!

A discussão começou dentro do carro.

Espíritos inferiores, agitados, que os acompanhavam desde o apartamento, instigavam a briga.

Em determinado momento, Celine, gritando e gesticulando, bateu na cabeça de seu irmão com o aparelho celular que estava em sua mão.

Mal puderam ouvir o cantar de pneus e grande estrondo. Em seguida, outro veículo se chocou atrás do carro de Wagner, pressionando-o mais ainda na carroceria de uma carreta.

Ifigênia sentiu-se jogada longe e rolou no asfalto. Ficou muito tonta e, por um momento, sentiu dores por todo o corpo. Sua visão ficou turva e muito diferente. Com dificuldade, levantou-se vagarosamente, e murmurou:

— Meu Deus... Me ajude... — Sentiu-se envolvida com o amparo de mãos invisíveis.

Cambaleando, caminhou lentamente para junto do carro ou do que sobrou dele.

— Meu Deus! Meus filhos! Onde estão meus filhos?! — perguntou assustada.

Junto às ferragens, viu Celine remexendo-se e balbuciando algo que ela não conseguia entender.

— Filha! Minha filha! — exclamou a mulher em desespero, tocando a face da moça.

— Mãe... Mamãe...

— Calma, meu amor. Você vai ficar bem. Calma — pediu chorosa e preocupada, enquanto acariciava a testa de Celine e segurava sua mão.

— Mãe... Me ajuda, mãe! Me ajuda! Me tira daqui!... — chorava a jovem em desespero. — Não consigo sair. Estou presa!

— Calma, minha filha. A ajuda já está vindo.

Sem poder se mexer, Celine erguia olhar suplicante para sua mãe que nada podia fazer para ajudá-la.

Ifigênia, em pranto silencioso, olhou ao redor à procura do filho.

Estava bem escuro na rodovia. Outros veículos começaram a parar e ofereciam a luz dos faróis que clareava um pouco mais o local.

Com dificuldade, ela pôde ver Wagner imóvel, inconsciente e coberto de sangue.

— Meu Deus! Meu filho! Ajudem meu filho! — implorava Ifigênia para as poucas pessoas que se aproximavam.

Tentou tocá-lo, mas seu braço não alcançava o rapaz.

— Por favor! — gritava em desespero. — Ajudem meus filhos!

As pessoas pegavam seus celulares e ligavam para o serviço de emergência. Era tudo o que podiam fazer.

Ela voltou até Celine e pediu:

— Calma, filha. Fique calma, viu? — chorava. — Vai chegar ajuda. — Tocou novamente na face da jovem, enxugando suas lágrimas.

— Mãe... Não me deixe sozinha. Não se afaste de mim...

— Calma. Estou aqui. Não vou te deixar.

Ifigênia olhou para o lado e viu Sabrina também imóvel e coberta de sangue.

Tentou alcançá-la e tocá-la com a mão, mas não conseguia por causa das ferragens.

O carro estava retorcido. As pessoas que se aproximavam não conseguiam ver Wagner sob o amontoado de ferro, socado debaixo da carroceria de uma carreta, e Ifigênia percebeu isso.

As luzes e sirenes dos carros da polícia foram percebidas, causando um pouco de alívio ao seu coração aflito.

Os policiais que chegaram não deram atenção a ela. Ficaram preocupados com os que estavam presos nas ferragens.

Logo, equipes mais especializadas e equipadas do Corpo de Bombeiros chegaram. Afastaram as pessoas e começaram a serrar as ferragens.

Ambulância e muita movimentação deixavam Ifigênia atordoada. Tonta demais para qualquer reação.

Ela podia entender isso, pois acabava de sofrer um grave acidente.

Ficou próxima de Celine e segurou sua mão, enquanto os bombeiros serravam a lataria do carro.

A jovem chorava e gritava. Quando a mulher tentava se afastar, a filha implorava para que ficasse ali.

— Mãe! Fica comigo, mãe! Está doendo muito! Fica comigo!!!

Depois de muito tempo, Celine foi a primeira a ser retirada do veículo e Ifigênia a acompanhou para ser socorrida.

— Você vai ficar bem, filha.

— Fica comigo, mãe — chorou de modo mais brando.

— Agora tem que ir. Te vejo depois. Preciso cuidar de seu irmão.

Foram suas palavras pouco antes de fecharem as portas da ambulância.

Ifigênia voltou-se para os carros retorcidos. Viu tirarem dois feridos do automóvel que bateu atrás. Ela sentia a cabeça doer e a tontura, às vezes, fazia-a parar.

Percebeu que tentavam tirar Sabrina, mas a dificuldade era grande.

Notou que ninguém via Wagner, por isso foi até um dos policiais do Corpo de Bombeiros e pediu:

— Por favor, ajudem meu filho! — disse chorando.

— Seu filho? Onde? — perguntou o Sargento Oliveira.

— Meu filho estava dirigindo. Ele está ali, ó! — caminharam alguns passos e ela mostrou. — Está ali embaixo das ferragens que está embaixo da carreta. Olha!

O policial pegou uma lanterna e iluminou o lugar que a mulher apontou. Em seguida, gritou:

— Xavier! Souza! Tem mais alguém aqui!

— Obrigada, moço! Obrigada! — agradeceu emocionada.

— Afaste-se, senhora. Precisamos de espaço para trabalhar. — Olhou-a melhor e observou sangramento na cabeça e nos braços. — a senhora estava no veículo acidentado? — não esperou por resposta e pediu: — Por favor, vá ali para junto da ambulância. Precisa ser atendida, e nós precisamos de espaço aqui.

Chorando, ela obedeceu e se afastou.

Tudo era muito confuso. O barulho das serras, o converseiro que se fazia a deixava desnorteada e ainda mais tonta.

— Senhora! Senhora! — chamou alguém com vestimenta de socorrista da ambulância. — Por favor. Sente-se aqui. — Ela obedeceu. — Precisa de cuidados. Não pode andar assim.

— O meu filho está preso nas ferragens — disse em tom lamentoso.

— Não se preocupe. O Wagner e a Celine serão bem atendidos por outra equipe.

— E a Sabrina?

— Ela será bem cuidada. Não se preocupe. Agora se deite aqui nesta maca.

E com a ajuda daquele rapaz educado e simpático, Ifigênia aceitou o pedido.

Outro homem se aproximou e perguntou com generosidade.

— Tudo bem com você?

— Estou muito tonta. Confusa... Preocupada com meu filho.

— Vai ficar tudo bem. Agora, Ifigênia, você precisa descansar. Feche os olhos e fique tranquila.

— E meus filhos? E a Sabrina?

Conforme o Caio acabou de lhe dizer, eles estarão bem.

— Preciso ajudá-los!

— Então ore. Feche os olhos e ore a Deus. Peça a Jesus que tome conta deles. É o que melhor pode fazer neste momento. Tem gente especializada cuidando de todos eles. Ore para que essas pessoas sejam inspiradas e envolvidas por bênçãos. Isso é muito importante, sabia?

— Estou com medo — murmurou.

— Não tenha medo, minha querida — pediu e segurou sua mão. — Meu nome é Éser e estarei com você. Fique tranquila.

Segurando firme em sua mão, Éser tocou a testa de Ifigênia com a outra e pediu com extrema generosidade:

— Feche os olhos querida.

Em silêncio, orou. Ifigênia se entregou a um sono profundo e calmo.

Enquanto isso, Sabrina se revolvia aflita pela dor que sentia. Ao lado, seu mentor procurava acalmá-la.

Estendida no asfalto, ficou apavorada com a movimentação a sua volta.

Caio se aproximou, pegou sua outra mão e chamou os demais:

— A Sabrina está aqui! Tragam uma maca!

No mesmo instante, outros se aproximaram.

Ajoelhados ao lado da jovem, colocaram-na sobre a maca e a prenderam com cintos, e apoios, da mesma forma que encarnados realizavam o socorro dos feridos encarnados.

— Calma. Está tudo bem — pediu Adir, mentor de Sabrina. — Você está sendo socorrida e bem amparada.

— Onde estou? O que aconteceu?

— Um acidente. Você está sendo socorrida. É só ficar tranquila.

— Ai, meu Deus! Meu Deus! — gritou em desespero.

— Vai ficar tudo bem, Sabrina.

— Cadê os outros? Cadê o Wagner?

— Também estão sendo socorridos. A calma nessa hora é a melhor atitude. Feche os olhos e fique tranquila. — Adir segurando sua mão, colocou a outra em sua testa.

Sabrina se debatia e ficava cada vez mais agitada. Não se concentrava no que o outro falava.

— Procure serenar seus pensamentos. Vamos levá-la em alguns instantes. Será socorrida e ficará bem.

— Estou sangrando! Estou apavorada!!!

— O desespero é seu maior inimigo neste momento. Pense em Deus. Faça uma prece e vai conseguir paz.

Outros socorristas se aproximaram e, sem que a jovem percebesse, eles começaram a despender fluidos para tranquilizá-la. Mas não adiantou. Ela se desesperou e se levantou.

A movimentação na espiritualidade era grande.

Encarnados, que iam e vinham, não percebiam os socorristas espirituais rodeando os veículos e auxiliando. Um deles ofereceu largo sorriso a um rapaz que, sentado no carro, estendeu-lhe a mão correspondendo ao sorriso. Tratava-se do rapaz que estava no banco do carona do automóvel que bateu atrás do de Wagner. Ao ficar em pé, ainda de mão dada ao seu mentor, ele ouviu:

— Não olhe para trás Edson. Não precisa ver isso.

— Eu desencarnei, né? — perguntou sorrindo, embora apreensivo.

— Desencarnou sim. — E apertando sua mão, como em um cumprimento, disse: — Eu sou Jonas, seu mentor.

— Oi, cara! Prazer. Nossa! Estou tonto.

— É assim mesmo. Daqui a pouco você se acostuma — e estapeou-lhe as costas. — Vamos ali naquele canto. Não fique olhando para as ferragens. Essas imagens impressionam e isso não é necessário agora. Não, no seu estado.

— E minha família? Meus pais...

— Vão ficar bem. Acabaram de ser levados para um hospital da região. Seu primo, que dirigia, está sendo assistido por outros socorristas espirituais, mas não é um bom momento para ficar com ele.

— E eu? O que será de mim?

— Será socorrido com os demais desencarnados para um posto de socorro apropriado. Devido a sua espiritualização, ficará por lá por pouco tempo. Você está ótimo! — riu.

— Me sinto esquisito — estranhou.

— É que não tem mais o peso da matéria.

— Sabe, Jonas, embora espírita, estudioso da Doutrina, lá no fundo, eu tinha aquela duvidazinha — riu. — Temia desencarnar e não receber ajuda.

— Impossível não receber ajuda após o desencarne. Temos um Deus bom e justo. A ajuda chega sempre. Porém, a consciência é que precisa ser elevada para perceber.

— E aqueles desencarnados que ficam presos ao corpo e ao plano dos encarnados? Recebem ajuda?

— Sim. Todos recebem. Mas nem todos estão preparados para aceitá-la. Alguns ficam com suas mentes presas no mundo material e não se elevam ou não creem. É o caso de seu primo. Ele não vai aceitar o desencarne e você sabe disso. Por essa razão, não tente convencê-lo. Não agora. Quanto mais espiritualizada a pessoa, mais rapidamente ela entra na sintonia espiritual elevada e consegue se libertar das amarras que a prende à matéria. Aquela senhora ali — apontou para Ifigênia. — Era católica fervorosa. Espiritualista, acreditava na vida após a morte, no socorro, no amparo que os espíritos podem proporcionar. Logicamente que usa palavras e termos condizentes para a sua religiosidade como santos e anjos. Mas os nomes pouco importam. O que interessa é sua crença na vida após a morte e sua moral, sua conduta correta. Por isso pôde nos ver e aceitar. Seu amor, sua vontade de ajudar os filhos foi tamanha que conseguiu se materializar, aos olhos de alguns bombeiros médiuns, para indicar onde o filho estava. O que, sem isso, demorariam horas. Seu amor pela filha foi capaz de deixar-se ver e sentir para tranquilizá-la. E nós a ajudamos nisso, sem que nos visse, a princípio.

— E aquela coisa de nosso espírito estar ligado ao corpo de carne por liames? Isso não nos deixa preso?

— Sim. Quanto mais materialista a criatura humana, mais presa a tudo o que é material ela fica. Se a pessoa idolatra seu corpo, fica presa a ele e o vê como única fonte de vida. Aqueles que são espiritualizados se desprendem automaticamente do corpo físico ao desencarnar. Você, por exemplo, ao abrir os olhos para o plano espiritual, entendeu que havia sofrido um acidente e estava desencarnado. Ao te dar minha mão, despendi energias, fluidos que, junto com o seu entendimento e sentimento, desligaram você, espírito, do corpo físico que te pertenceu. Cada caso é um caso. Existem aqueles que ficam horas presos ao corpo e precisam de muita ajuda. Outros, ainda, incrédulos com o desencarne, permanecem dias, meses ao lado do corpo. Geralmente, são materialistas, incrédulos, sem religiosidade ou filosofia. Viveram uma vida desprezível, moral e espiritualmente falando. É bom lembrar que sempre temos junto a nós, no momento do desencarne, aqueles espíritos que angariamos amizade e outras ligações. Então, meu caro, se você foi criminoso, assassino, terá junto de você, seus algozes e comparsas de caráter inferior que pouco poderão fazer para ajudá-lo.

— Pensei que, após meu desencarne, eu iria dormir, descansar...
O mentor riu e comentou:

— Descanso não traz evolução. Vamos logo, meu filho. Vejo que tem muito a aprender e trabalhar.

Enquanto isso, bombeiros se esforçavam para retirar Wagner das ferragens.

Empenhado, o Sargento Oliveira junto com os demais conseguiram afastar a lataria e chegar até o rapaz inconsciente.

— Este aqui ainda está vivo! Tragam a maca! — gritou o policial.

Demoraram um pouco para imobilizar Wagner como queriam. E o socorreram.

O espírito Caio, que chefiava a equipe de socorristas espirituais, auxiliava seu protegido, o bombeiro Oliveira, orientando-o de como deveria proceder, usando o conhecimento profissional de seu pupilo. Evitava, com isso, que o nervosismo daquele momento prejudicasse sua atenção a todos os cuidados necessários para sua proteção e dos demais.

Após o socorro de Wagner, puderam puxar mais uma parte do carro que estava sob a carroceria.

Foi quando o Sargento Oliveira pôde ver o corpo de uma mulher dilacerado pelas ferragens. Com dificuldade, chegou até ele e percebeu que estava sem vida. Observou-a um pouco melhor e por mais tempo. Os outros se aproximaram e ele disse:

— Está sem vida. — Virando-se para Xavier e Souza que estavam ao seu lado, perguntou: — Vocês viram aquela mulher conversando comigo e indicando onde estava o rapaz?

— Não, chefe. Não vi ninguém — respondeu Souza, afastando-se para pegar equipamentos para tirar o corpo.

Ao se ver sozinho, Xavier encorpou a voz e disse:

— Era essa.

— O quê? — perguntou Oliveira.

— Era essa a mulher que conversava com você. Eu a vi, em pé ao seu lado, mostrando onde estava o filho. Era ela. As roupas, os cabelos... Eu também vi. Aconteceu de novo.

O espírito Caio colocou o braço sobre o ombro de seu pupilo e disse:

— Vamos lá, meu querido. Ainda tem muito a ser feito.

Nesse instante, Oliveira convidou:

— Vamos lá, Xavier. Tem muita coisa pra fazer. Precisamos liberar logo a rodovia. Achar os documentos, telefones... As famílias precisam ser avisadas.

E prosseguiram com o trabalho.

Capítulo 14

Ausência de notícias e desespero

Adriana, apaixonada, sonhava acordada com os momentos que passou junto de Wagner.

Não conseguia se esquecer do rapaz, de sua voz, de seus carinhos. Ele era muito educado. Sabia ouvir e estava enamorado.

Lembrou-se das palavras de Ieda. Sua melhor amiga, talvez, tivesse razão. Ela deveria ter terminado o noivado antes de se envolver com Wagner.

O relacionamento entre ela e Nícolas achava-se parado, frio demais no que dizia respeito ao romance. Por outro lado, tudo andava muito agitado devido aos preparativos do casamento.

Havia algum tempo que Adriana e o noivo não saíam, não tiravam um tempo para namorarem. Viviam trabalhando na montagem do apartamento ou em casa de parentes, o que não lhe agradava em nada.

Ela não se sentia mais noiva dele e, por essa razão, acreditava que o compromisso entre eles estava terminado.

Começou a se incomodar com o rumo que deixou a vida acontecer. Já deveria ter percebido que Nícolas não era o que esperava. Como Wagner disse, talvez, só tenha ficado com ele porque esperava que tudo melhorasse. Mas não foi o que aconteceu. Nada melhorou. Agora estava angustiada, triste.

De repente, um medo pavoroso invadiu sua alma, só em pensar na repercussão do término do noivado.

Pelo que conhecia Nícolas, acreditava que ele ficaria chateado, mas só no começo. Sua preocupação maior seria com a venda do apartamento e a divisão de tudo o que tinham juntos. Ela julgava conhecê-lo.

Adriana sentiu o coração apertado e um nó na garganta.

Levantou.

Foi à cozinha, bebeu água e voltou para o quarto.

Já era madrugada. Não conseguia dormir.

Olhou o celular e nenhuma mensagem de Wagner ou telefonema.

Uma inquietude a dominou.

Gostaria que seu irmão estivesse ali. Daniel saberia ouvir e aconselhar.

Decidiu enviar uma mensagem para o celular de Wagner. Algum tempo e nenhuma resposta.

Já era para ele ter chegado à cidade de Peruíbe.

Pensamentos conflitantes começaram a invadir sua mente.

Será que Wagner a estava enganando? Ele teria mesmo terminado o noivado? E se ela acabasse com seu casamento e Wagner a abandonasse?

Essas e outras perguntas conflitantes invadiram suas ideias.

Entrou em pânico.

Não resistiu. Pegou o celular e ligou para Wagner.

A ligação chamou até cair na caixa postal. Deixou recado.

— Wagner... Por favor, ligue para mim. Estou preocupada com você. Beijos.

A intensidade de uma angústia cruel aumentou.

— Meu Deus! Será que aconteceu algum acidente? — murmurou em meio à aflição que experimentava. E não soube responder.

No mesmo instante, longe dali, sob o efeito de um choque, Hilda se sobressaltou, acordando e sentando-se rápido na cama.

Não se recordava de sonho algum, por mais que se esforçasse.

Sua boca estava seca e sua memória confusa.

De repente, lembrou-se de Wagner, mas não entendia o porquê. Rememorava também a traição que sofreu do marido e isso a deixou mais desnorteada. Não conseguia acreditar. Sempre achava que era um pesadelo o que viveu com Agenor e que iria acordar dele.

O marido despertou e a viu sentada na cama. Ele passou a mão suavemente em suas costas e perguntou:

— Tudo bem com você?

— Acho que sim — murmurou com voz rouca.

Por estar com os sentimentos feridos, sem dar atenção ao marido, Hilda se levantou e foi para a cozinha. Havia perdido o sono.

Estava frio. Colocou uma chaleira com água no fogo e decidiu fazer um chá.

Agenor se levantou e foi até onde ela estava.

Esperava a água ferver, sentada à mesa. Apoiava os cotovelos, enquanto segurava a cabeça baixa.

— Você está bem?

— Se estivesse bem, estaria dormindo — respondeu sem encará--lo. Hilda nunca tinha sido grosseria com ele. Porém agora, tão abalada e desnorteada, não conseguia agir diferente.

O marido foi até o armário da cozinha, pegou duas canecas de chá e colocou sobre a mesa. Pegou o açucareiro, a caixinha de chá em saquinho e pôs entre as canecas. Depois se sentou.

Observando a esposa na mesma posição, não disse nada.

Após algum tempo, quando a água ferveu, ela se levantou, pegou a chaleira e colocou água fervente nas canecas encharcando o saquinho de chá.

— Obrigado — ele agradeceu. Em seguida, perguntou: — Você teve algum sonho ruim?

— Não. Eu acordei dentro de um sonho ruim. Existem momentos em que não acredito no que estamos vivendo. — Não houve qualquer comentário. Depois de alguns minutos Hilda falou: — Estou pensando no Wagner.

— Por quê? — quis saber, mais para mudarem de assunto do que por interesse.

— Acordei pensando nele. Agora, a esta hora, creio que já esteja em Peruíbe. Ele ia passar o aniversário lá. Eu até me esqueci de comprar um presente pra ele.

— Eu admiro muito esse rapaz. Gosto dele — Agenor admitiu.

— Eu também. Desde quando entrou na empresa e não sabia nada... — sorriu pelas lembranças agradáveis que se remontaram em sua mente. — Sempre foi muito educado e gentil. O melhor diretor para quem trabalhei. Honesto, confiável... Se eu tivesse uma filha solteira, iria dar a maior força... — sorriu generosa. Mas, logo seu sorriso se desfez. E novamente uma dor angustiante a dominou.

Hilda bebericou o chá e ficou pensativa.

Por que a vida precisava desviar-se por caminhos tão difíceis?

Não suportando a dor que dilacerava sua alma, começou a chorar.

O marido não disse nada.

Amanheceu e Adriana não havia dormido.

Seu rosto, com tons avermelhados no nariz e nos olhos, denunciava que havia chorado muito.

Antes que sua mãe a visse, deixou um bilhete dizendo que iria para a casa de Ieda.

Ao recebê-la, por se encontrar assonorentada, a amiga não organizava as ideias e não entendia o que estava acontecendo.

— Ai, Ieda!... Não sei o que fazer! — dizia chorando.

— Entra. O que foi? O que aconteceu? — perguntou com a voz rouca.

— O Wagner não ligou nem mandou mensagem. O que eu faço? — perguntou aflita.

— *Peraí*! Hoje é sábado. São sete e meia da madrugada! — exagerou para dizer que ainda era muito cedo para um dia de descanso. — Ele está dormindo. Lógico!

— Ontem à noite, antes de pegar a estrada, ele me ligou. Nós nos falamos e ele disse que estava nervoso. Contou que brigou com a irmã, por ela ter falado coisas que não devia. Enquanto conversávamos, ele foi se acalmando. Voltou a ser daquele jeito sempre amoroso. Disse que me amava... E falou que, quando chegasse lá, ia me mandar uma mensagem. Não iria ligar para não me acordar. Eu não dormi e não chegou mensagem alguma. Eu liguei e deu caixa postal. Agora estou achando que aconteceu alguma coisa. Um acidente. Fico pensando o pior! Que ele morreu... — chorou.

— Calma, Dri. Não fica assim — Ieda pegou um copo com água e ofereceu para a amiga, que estava sentada à mesa da cozinha.

Logo colocou a cafeteira para preparar um café e voltou a se sentar.

— Ou... — tornou Adriana com expressão preocupada. — Será que ele me enganou esse tempo todo? Talvez esteja rindo de mim e... E se minha mãe estiver certa?

— Não. Nada disso. Calma — aconselhou Ieda, que nem conseguia pensar.

— Você tinha toda a razão. Eu fui muito precipitada e impulsiva. Ingênua demais. Não devia ter dormido com ele... — chorou.

— O melhor é manter a calma. Você deixou recado na caixa postal?

— Deixei. Mandei mensagem... Como fui burra! Nem conhecia o Wagner direito!!!

— Se tudo aconteceu como me contou, não acho que ele ia fazer isso. Deve ter acontecido alguma coisa. Vamos lembrar que celular acaba a bateria ou...

Nesse momento, Adriana ficou um pouco mais tranquila.

— É. Pode ser.

Ieda adoçou o café e serviu. Conversaram mais um pouco e o tempo foi passando.

— O melhor é você manter a calma, Dri. É a única coisa que vai te ajudar.

— Estou tão nervosa. Com tanto medo... Eu ia me encontrar com o Nícolas na hora do almoço pra desmanchar tudo, mas... Agora estou sem cabeça.

— Posso te fazer uma pergunta bem indiscreta?

— Claro, Ieda. O que é?

— Se o Wagner não quiser mais nada com você, como fica o seu casamento? Vai desmarcar mesmo assim?

— Sim — ficou olhando firme para a amiga. — Depois de tudo o que eu fiz... É sinal que não existe mais nada entre mim e o Nícolas. Não sinto nada por ele. Nem respeito.

— Também acho — murmurou. — É o certo. Não daria para continuar com o Nícolas e com essa bagagem toda. Acho que se sentiria muito mal.

Conversaram por longo tempo, até Adriana decidir:

— Vou ligar novamente. São 11h. Ele deve atender.

O telefone tocou algumas vezes até uma voz fraca e chorosa de mulher atender:

— Alô...

Adriana estranhou, mesmo assim, perguntou, apesar da certeza:

— Oi. Por favor, este telefone é do Wagner?

— Sim. É sim — respondeu no mesmo tom.

— Por gentileza, eu poderia falar com ele?

— Quem está falando? — perguntou a mulher. Precisava saber, pois no visor do celular de seu irmão, não aparecia a identificação da ligação e sim: número privado.

— É a Adriana. Eu... — O que dizer? Como se apresentar? Pensou rápido e decidiu: — Eu trabalho com ele.

A mulher chorou e ela pôde ouvir. Isso a deixou mais aflita.

Com a voz embargada, a outra respondeu:

— Eu sou a Wanda. Irmã do Wagner. É que... — gaguejou. — Aconteceu um acidente. Minha mãe e a noiva do meu irmão morreram na hora. Minha irmã Celine, que estava junto, sofreu alguns ferimentos, mas está bem. Meu irmão... — Chorou. — Ele está entre a vida e a morte... — não conseguia falar direito. — Ele está sendo operado... Mas os médicos... não deram muita chance... — chorou mais ainda.

Adriana sentiu-se mal. Ficou sem fala por longo tempo. Atordoada, não sabia o que dizer ou perguntar.

— Dri! O que aconteceu? — indagou Ieda, ao observar o estado petrificado da amiga.

— Ai, meu Deus! Ai, meu Deus!... Eu não sei o que dizer... — murmurou Adriana de modo aflitivo, começando a chorar. — Meu Deus! Meu Deus!...

— No momento não consigo dizer mais nada, Adriana — tornou Wanda. — Só nos resta aguardar e rezar. Por favor, ore pelo meu irmão.

— Vou orar — chorou. — Eu vou ligar mais tarde. Por favor, atenda. Preciso de notícias.

— Sim. Atendo. À noite estarei em casa, eu acho... Ficará mais fácil conversar. Agora estou no hospital e preciso desligar.

Nem se despediram.

Adriana contou o que ouviu e caiu em crise de choro.

Ieda a abraçou com carinho de irmã e não sabia o que fazer.

Não houve quem tirasse Adriana da casa de Ieda. Deitada na cama da amiga, ela chorou o tempo todo.

Heloísa foi, pessoalmente, atrás da filha e Ieda, sem revelar a verdade, pediu:

— Deixa a Dri aqui. Daqui a pouco esse choro vai passar.

— Mas o que deu nessa menina?! Que motivo ela tem para estar assim?!

— Talvez, a pressão pela proximidade do casamento.

— Você sabe o que é Ieda! Pode me contar! — disse firme.

— Dona Heloísa, eu a quero tão bem como se fosse minha mãe, mas a Dri é minha melhor amiga e irmã por afinidade. Nem se eu quisesse, não contaria.

— Ieda!

— Vai dar tudo certo. Deixa a Dri esfriar a cabeça.

— É sobre o casamento que ela quer adiar, não é? Ela falou sobre isso com você?

— Falou sim.

— Não sei onde essa menina está com a cabeça. Onde é que já se viu? Casamento marcado, convites entregues, vestido pronto! Ela não vê a vergonha que vamos passar?! — Diante do silêncio da moça, a mulher ainda pediu: — Ponha algum juízo na cabeça de sua amiga!

Por favor! Quando ela me falou, pensei ser uma dúvida passageira. Mas, pelo visto, ainda insiste nessa palhaçada!

— Ela não pode se forçar a um casamento que...

— Que tivesse visto isso antes! Já estão entregando os presentes. Os padrinhos já fizeram as roupas... Meu Deus! O que vai ser?! — Breve pausa. — Olha, eu vou segurar o Nícolas. Dar uma desculpa... Sei lá... Ele está lá em casa. Isso dará um tempo pra você conversar com essa menina. Por favor, Ieda! Estou contando com você!

— Não posso forçar a Adriana a nada que ela não queira. Vamos dar um tempo. Não adianta deixá-la mais nervosa.

Heloísa ainda olhou para a porta do quarto pensando em ir até lá para conversar com a filha novamente. Porém desistiu.

Olhou para Ieda e, com jeito insatisfeito, disse:

— E volto aqui depois.

— Isso. Deixa a Dri ficar mais tranquila.

Foi uma tarde extremamente triste e sombria.

Não bastassem as dificuldades e os conflitos pelo noivado que desejava terminar, Adriana sofria em desespero pelo estado de Wagner.

No final da tarde, ela telefonou, outra vez, para o celular do rapaz, mas ninguém atendeu. Isso aumentou sua aflição.

— Aconteceu o pior Ieda! — chorava.

— Acho que não. Penso que a cirurgia não terminou. Isso demora. Ou estão dentro do hospital e não podem atender.

Após algumas horas, novamente, telefonou. Dessa vez Wanda atendeu:

— Alô. Aqui é a Wanda.

— Oi. Aqui é a Adriana — falou com voz chorosa. — Você tem notícias do Wagner?

— A cirurgia ainda não acabou. Um dos médicos, que saiu da sala de cirurgia, disse que as primeiras horas são as mais decisivas... Ele deve ficar em coma induzido depois. Houve uma hemorragia intracraniana e isso destrói as células cerebrais. Os neurônios ficam destruídos. Devido ao fato do crânio não permitir a expansão do tecido cerebral, um derrame de sangue aumenta a pressão no cérebro de forma rápida e perigosa, piorada pelo edema cerebral na região afetada. É o inchaço do cérebro. Forma um hematoma que pode se expandir e comprimir estruturas do encéfalo. O mais perigoso é quando o aumento da pressão intracraniana comprime regiões que regulam as funções vitais, podendo provocar parada cardiorrespiratória. — chorou e ouvia a outra chorar junto. — Ele também quebrou as pernas e costelas... E hoje é aniversário dele... — chorou mais ainda e escutou a outra chorar também.

— Estou orando por ele e por vocês — murmurou Adriana em pranto.

— Obrigada. Estamos precisando.

— E sua irmã? Como ela está?

— Está internada. Seu estado é bom. Ela ainda não sabe que nossa mãe e a Sabrina morreram. Amanhã, vamos contar. Mas creio que não vai dar para ela ir ao enterro, pois está muito atordoada. Não fala coisa com coisa. Disse que a mamãe ajudou a tirá-la das ferragens. Deve ter batido a cabeça e...

— Sinto muito por sua mãe e pela outra moça, a Sabrina. Aceite meus sentimentos.

— Obrigada — a irmã de Wagner estava confusa. Em choque pelo ocorrido.

— Wanda, por favor, eu posso ligar novamente para ter notícias?

— Sim. Claro.

— Eu tenho alguns assuntos bem importantes para resolver. Por isso não posso ir aí a Peruíbe. Mas assim que eu puder, vou visitá-los.

— Está certo. Agradeço sua preocupação e seu apoio.

— Obrigada pelas informações. Fique com Deus.

Despediram-se e desligaram.

Wanda olhou para o celular do irmão em suas mãos e lembrou-se de Hilda, a assistente e também amiga da família.

Procurando nos contatos, encontrou o número do celular da secretária. Sem demora, ligou. Após chamar poucas vezes...

— Eu sabia que o senhor não ficaria muito tempo sem mim — riu. Foi assim que Hilda atendeu a ligação.

— Hilda?! — perguntou Wanda com voz triste.

A mulher sentiu-se mal. Começou a imaginar que algo havia acontecido.

— O que aconteceu, Wanda? — reconheceu a voz e perguntou vagarosamente.

Wanda contou entremeando a fala com o choro.

Hilda, dominada por uma tristeza sem igual, chorou junto.

Na manhã seguinte, a assistente e seu marido foram para Peruíbe e compareceram ao enterro de Ifigênia e Sabrina.

Tudo muito triste. Choro e familiares inconformados.

Duas testemunhas contaram aos familiares, que estiveram no local do acidente, que uma carreta, estacionada indevidamente no acostamento, deixou uma parte da carroceria na faixa da direita.

A rodovia estava escura. Não havia luzes de alerta, sinalizando o veículo pesado que havia parado.

O automóvel que vinha à frente, desviou-se com uma manobra rápida, o que Wagner não conseguiu fazer com seu carro.

O que não sabiam era que o rapaz estava nervoso com sua irmã e discutiam.

No instante em que o veículo da frente fez a manobra para a esquerda, desviando-se da carreta parada, foi o exato momento em que Celine, enfurecida, bateu na cabeça de seu irmão com o celular, por isso, foi impossível Wagner executar a mesma manobra que o veículo da frente.

A distração pela surpresa inibiu seu reflexo rápido para desviar da carroceria saliente na pista.

Não bastasse bater na traseira da carreta, o carro que vinha atrás bateu no seu, aumentando o estrago da batida.

A irmã mais nova experimentou ferimentos sérios, mas não graves. Wagner sofreu fratura craniana o que gerou hemorragia cerebral e coma.

Celine foi informada sobre a morte de sua mãe e de Sabrina. Mas a jovem não se conformava. Ela jurava ter conversado com sua mãe. Disse que sentiu seu toque várias vezes até entrar na ambulância.

Inconformada, sem o controle de si, gritou e chorou muito. Não contou sobre sua parcela de culpa, por bater em seu irmão. Ficou internada, enquanto a irmã e o pai foram ao velório.

No cemitério, Wanda e seu pai encontraram Hilda e Agenor.

A irmã de Wagner abraçou-se à secretária por longo tempo. Choraram.

Olhando-a nos olhos, falou entristecida:

— Meu irmão adora você, Hilda...

— E eu adoro seu irmão como um filho... — disse comovida. — Como ele está?

— Em coma. O médico conversou conosco hoje cedo. As primeiras horas são as mais significativas. O acidente foi muito grave. Ele ainda corre risco de morte — chorou.

— O médico alertou para as possíveis sequelas após o trauma. Pode haver alteração de memória e concentração. Alteração de personalidade. Desordens neurológicas ou convulsões ou... Até demência — comentou Hernâni, extremamente sofrido e preocupado.

— É possível vê-lo no hospital? — Hilda quis saber.

— Ainda não. Só através de vidros, mesmo assim, hoje cedo, a cortina do lado de dentro estava fechada. O Wagner está todo ligado em aparelhos. Os médicos ainda não liberaram as visitas. Estão aguardando um ortopedista especializado em não sei o que e... — contou Wanda, enquanto chorava. — Ele fraturou algumas costelas. Teve fratura em ambas as pernas. Em uma delas, fratura exposta. Parece que está faltando um pedaço do osso do fêmur... Não sei explicar. Vão precisar colocar um aparelho. Um extensor. Por isso estão aguardando esse ortopedista especializado nesses aparelhos fixadores metálicos externos.

Continuaram conversando e atualizando Hilda, que se comovia a cada palavra e chorava.

Sensata, Wanda não comentou com ninguém sobre a mensagem de celular enviada por Celine sobre Wagner e Sabrina terem desmanchado o noivado.

Achou que não seria conveniente a família da moça saber disso, ali, no enterro.

CAPÍTULO 15

Nícolas se revela

Adriana estava em sua casa. Confusa e temerosa. Não sabia o que fazer.

Nícolas que, no dia anterior, não a tinha visto, foi procurá-la.

— E aí? Melhorou? Sua mãe disse que você não estava bem. Teve dor de cabeça.

— Melhorei sim — ela respondeu. Trazia os olhos vermelhos e ainda inchados por tanto chorar.

— Vamos lá pro apartamento?

— Não estou com vontade — a moça disse sem ânimo.

— Oh, Dri! Qual é?! O que está acontecendo?

— Nada. Não estou bem. Só isso.

— Você está muito estranha. Larga de frescura e vamos.

Adriana não respondeu e se aninhou sob as cobertas, no sofá da sala.

Não demorou e Jaime chegou, nitidamente embriagado.

Nícolas torceu a boca e fez expressão de insatisfação.

— Ah!... Vocês tão aí?! É... Tão aí, né? Boa tarde! Já é boa tarde, não é? — disse o pobre homem. Não houve resposta. Olhando para a filha deitada no sofá insistiu: — E aí? Tá tudo bem?

— Está — ela respondeu.

— Parou de chorar? Você chorou ontem o dia todo. — Virou para Nícolas e perguntou: — Você sabia que ela chorou ontem o dia todo? É! Ela chorou. — Jaime, inconveniente, repetia várias vezes o que dizia sem perceber o quanto isso irritava os demais. — E aquele seu irmão? Ele chegou? Já chegou?

— Não, pai. O Daniel não chegou.

— É bom. Isso é bom. Muito bom. E sua mãe?

Heloísa apareceu nesse instante e murmurou:

— Bebeu de novo...

— Eu ouvi! Ouvi isso! Ouvi sim! Eu bebi, mas sei muito bem tudo o que está acontecendo — falava mole, balbuciando as palavras. — Não pensa que não sei, porque eu sei! Entendeu? Você entendeu?

— Venha, Jaime. Venha comer alguma coisa — convidou a esposa.

— Você já almoçou?

— Não. Ninguém almoçou. — Voltando-se para Nícolas, convidou: — Vamos almoçar?

— Não. Obrigado. Já estou indo. — Sem se importar muito, o rapaz se despediu e se foi.

Aproveitando-se disso, Adriana telefonou para o celular de Wagner, mas ninguém atendeu.

Segunda-feira.

Na empresa, não se falava em outra coisa senão o grave acidente que matou a noiva e a mãe do jovem e bem-sucedido diretor do Departamento Comercial, que estava em coma, lutando pela vida.

Os diretores e uma gerente estavam parados, discutindo a respeito.

Apesar de não participar da conversa, Adriana podia ouvi-los.

— Ah... Talvez, ele estivesse correndo feito um louco! Para não ver uma carreta daquele tamanho! Só pode ser — julgava Bianor.

— O Wagner parece prudente. Não creio nisso — Osvaldo, outro diretor, duvidou.

— De um jeito ou de outro, ele vai ter que carregar o peso do remorso por ter matado a mãe e a noiva — opinou Juçara, a gerente.

— E como ele está? Alguém sabe dizer? — indagou Osvaldo, preocupado.

— O Norberto, em nome da empresa, desceu para Peruíbe para fazer uma visita à família e ter mais notícias — contou Juçara. — Afinal, ninguém foi ao enterro da mãe e da noiva. Só ficamos sabendo hoje cedo. Até onde eu soube, o Wagner está em coma. E o estado dele é bem grave e os médicos não dão muitas esperanças não.

— Pelo visto, a vaga para diretor comercial está aberta — Bianor comentou, impiedoso e rindo.

— Você é cruel, meu caro. Muito cruel — disse o outro sem aprovar a brincadeira de mau gosto.

— É a realidade, meu amigo! É a realidade! — riu e convidou: — Vamos tomar um café? Vamos?

Adriana quase não continha as emoções.

Nervosa, não tinha com quem dividir sua angústia e sua dor.

Sua bela feição séria não traduzia as lágrimas de seu coração, enquanto seus pensamentos aceleravam em torno dos acontecimentos.

O pior é que nada poderia fazer.

Lembrou-se de Hilda e, na primeira oportunidade, pegou o elevador e foi até o Departamento Comercial, mas não a encontrou. Só então soube que a assistente estava de férias.

Adriana não se deixou dominar pelo desespero, embora não conseguisse ter paz.

Os dias foram passando.

Daniel chegou de viagem. Comentou as novidades e, mesmo percebendo a irmã quieta, nada disse perto dos demais.

Na primeira oportunidade, perguntou a sua mãe:

— O que a Adriana tem?

— Nem te conto. Veio com uma conversa sobre terminar o noivado, cancelar o casamento...

— O que aconteceu? — o filho quis saber.

— Nada. Absolutamente nada! — respondeu zangada.

— Ora, mãe, uma pessoa não vai querer cancelar o casamento por nada! Alguma coisa aconteceu.

— Então, você fala com ela. Imagine só a vergonha! — sussurrou. — Convites distribuídos, presentes chegando, roupas, padrinhos, festa...

Daniel nada disse. Terminou o jantar e foi para o quarto falar com a irmã.

— E aí? — perguntou, ao vê-la quieta.

— Tudo bem — respondeu simplesmente.

— Não parece. O que está acontecendo? — A irmã não respondeu, e o rapaz contou: — A mãe disse que você falou sobre cancelar o casamento. Que história é essa?

— Pensei nisso sim.

— Por quê? — o irmão insistiu. Não houve resposta. — Quer conversar?

— Estou triste. Só isso.

— Triste, por quê?

— Sabe o Wagner? Diretor lá da empresa.

— Sei.

— Ele sofreu um acidente. Bateu o carro — virou o rosto para que o irmão não a visse chorar. Não contou detalhes sobre a gravidade do caso.

— Você está triste por causa dele? — queria provocar uma conversa.

— É. Estou — deu um suspiro e o irmão a viu chorar.

— *Rolou* alguma coisa entre vocês dois? — foi direto.

Não houve resposta.

O rapaz suspirou fundo. Deixou o silêncio reinar, por alguns instantes, e só depois disse:

— Olha, Dri, seu casamento se aproxima. É um passo muito importante na vida de qualquer pessoa. Muita gente pensa em casar e, se não der certo, separa. Isso pode ser fácil na teoria. Na prática, creio ser bem difícil.

Ela continuou em silêncio e Daniel não sabia mais o que dizer. Percebeu que a irmã não queria falar sobre aquilo.

Adriana ligou outras vezes para o celular de Wagner, mas ninguém atendeu.

O que ela não sabia era que o aparelho havia descarregado a bateria e Wanda não tinha carregador compatível. Em meio a tantos problemas, tristezas e dificuldades, devido à irmã caçula e o irmão internados no hospital, a última coisa que iria lembrar era de carregar o aparelho celular.

Era um sábado frio e chuvoso. Atípico para aquela época do ano.

Nícolas se esforçou para que a noiva o acompanhasse até o apartamento, e ela o fez.

Percebendo-a triste e indiferente, quis saber.

— O que está acontecendo com você? — perguntou o noivo em tom insatisfeito.

— Nada.

— Ah!... Dá um tempo! Como nada?! — expressou-se com modos rudes.

— Olha, Nícolas, eu não estou gostando de algumas coisas nos últimos tempos — sua voz estremeceu. Apesar disso, continuou: — Você está mais distante a cada dia. Não se importa comigo. Quando estamos juntos com sua família, eu não existo — reclamou com modos tímidos.

— Ah! Qual é?! Se a gente não está junto é porque estou ocupado ou trabalhando. Você viu a trabalheira que esse apartamento deu? As torneiras, todas, deram problemas para instalar. Os registros não funcionavam. Deu vazamento no vaso sanitário. Quer dizer que o que eu faço você não vê?!

— Ultimamente, você está sendo muito estúpido comigo. Também deu pra ficar bebendo demais.

— Depois de uma semana puxada, quer que eu fique a seco?! Ah! Dá um tempo!

Subitamente, em um tom amedrontado, Adriana revelou:

— Eu não sei se quero me casar.

Demorou alguns instantes para Nícolas organizar as ideias e entender o que ela queria.

Uma onda de contrariedade cresceu nos sentimentos do rapaz

Ele parou o que fazia. Olhou para a noiva e perguntou, exibindo-se indignado:

— O que disse?!!

Adriana abaixou o olhar e não respondeu.

O que não esperava, aconteceu.

O rapaz se aproximou, pegou-a pelo braço e a forçou a encará-lo de forma violenta:

— O que você disse?! — perguntou de modo duro, irritado.

— Você está me machucando... — falou amedrontada.

— E vou machucar mais!!! — berrou. — Não sou palhaço!!! Você não vai me fazer de idiota!!! Entendeu?!!!

A noiva começou a chorar e pediu temerosa:

— Solta... Está me machucando.

Nícolas a fez andar de costas e a empurrou contra a parede. Pressionando-a.

Segurou seu rosto, com uma das mãos, deformando sua face. Com a voz baixa, grave, falando entre os dentes, exigiu saber:

— Você está se iludindo com algum vagabundo do seu serviço. Não está?!!

— O que é isso que está dizendo? — falou com o medo correndo em suas veias.

Com os olhos brilhantes, irradiando uma fúria que não conseguia conter, disse em tom ainda colérico:

— Deve ter conhecido algum vagabundo que colocou ideias na sua cabeça e pensa que vai me fazer de idiota — largou-a com um empurrão para o lado. — Não sou nenhum imbecil, Adriana!!! Desde que mudou de emprego, você está diferente!!! — Foi para junto dela. Parecia insano. Segurou-a novamente pelos ombros e a obrigou encará-lo. Em tom ameaçador, falou baixo: — Seu eu souber quem é... Se você vier novamente com essa conversa cretina de não se casar, eu juro... Juro que mato ele e mato você também!!!

Nícolas parecia outra pessoa. Seu rosto franzido tirava a beleza jovial que possuía, desfazendo aquela imagem descontraída de bom moço.

No coração de Adriana, nascia agora um medo inominável e indescritível. Sentia todo o seu corpo tremer.

Se o noivo descobrisse que ela o traiu, que se envolveu e se relacionou com Wagner, seria bem capaz de matá-los. Sentia isso.

Não conhecia esse seu lado hostil. Nunca poderia imaginar que ele teria coragem de agredi-la como estava fazendo.

Sabia que o rapaz era escravo do ciúme, do orgulho e da vaidade, mas não pensava que chegaria a tanto.

No momento seguinte, beijou-a nos lábios, forçando-a a um contato que em nada parecia um carinho. A princípio, ela se forçou a corresponder, mas não conseguiu. Experimentou uma repulsa surpreendente.

Tomada de esquisita sensação, que não sabia descrever, Adriana virou o rosto e abaixou o olhar.

Nícolas segurou mais uma vez na face pálida. Obrigando-a olhá-lo, disse:

— Isso vai passar. Não vamos mais tocar nesse assunto. Mas, se eu sonhar que você está se envolvendo com alguém... Vou descobrir. E vou matar o desgraçado e você!

— Não estou me envolvendo com ninguém — disse sem convicção nas palavras. Mentia para se ver livre daquelas ameaças.

— Tomara. Tomara mesmo — falava em tom engastado de raiva.
— Então... O próximo passo é você mudar de emprego.

— Mas, Nícolas!...

— Você vai sair de lá e pronto!!! — berrou. Logo, em tom mais brando, embora agressivo ainda, prosseguiu: — Você está diferente desde que foi trabalhar nessa maldita empresa! Não quero ficar imaginando coisas. Entendeu?! — Não houve resposta. — Se comentar isso com alguém,... Mato você e mato quem mais quer que seja! Por isso, não pense em meter seu irmãozinho nessa história.

Nícolas revelava traços desconhecidos de seu caráter.

Sua forma de se expressar, junto ao remorso pela traição cometida, deixava Adriana aterrorizada, em pânico. Ela temia por sua vida e pela vida de Wagner.

Um grande assombro tomou conta de seus sentimentos e o constrangimento, somado ao medo, deixava-a perplexa, confusa demais para concatenar as ideias e pensar em alguma coisa.

Nícolas a beijou nos lábios novamente e fez-lhe um carinho no rosto que acabava de apertar.

Afastando-se dele, ainda envolvida de pavor, a jovem sentia-se muito mal. Um frio somado a um suor gelado, cobria o seu rosto enquanto seu coração batia descompassado.

Na espiritualidade, criaturas inclinadas a agressões e terrores daquele tipo, envolviam o noivo, explorando, em sua índole, as inclinações ao temperamento violento e dominador.

Muitos espíritos, em desequilíbrio, permanecem impiedosos, por anos, seguindo criaturas encarnadas que ainda não venceram suas disposição a qualquer tipo de agressividade. Ficam ao lado plantando na mente deles todos os princípios de desrespeito ao próximo, como uma tentação da própria natureza inferior. Não querem que evoluam.

Dizer não ao desrespeito, à agressão e à violência de toda ordem é evoluir.

Muitos não sabem ou não acreditam que toda a forma de desrespeito e violência deixa a alma repleta de amargura, candidatando esse agressor, automaticamente, a serviços reparatórios e repetitivo processo de aperfeiçoamento.

O espírito Dione, mentora de Adriana, evolvia sua pupila em terno abraço para que não fosse ainda mais ferida por Nícolas, que era inspirado por espíritos primitivos que se irmanavam a ele.

Todo covarde é valente com aquele que lhe parece inferior. Nesse caso não era diferente.

Sentindo-se superior, o rapaz começou a cuidar de outra coisa e mudou de assunto como se nada tivesse acontecido.

Assustada, ainda em choque pelo inesperado, Adriana não conseguiu falar mais nada. Com o coração aflito, parecia ainda não entender o que acontecia.

O medo é o sentimento mais cruel. Ele limita e escraviza a criatura.

No dia seguinte, bem cedo, Adriana estava na casa de Ieda contando tudo para a amiga.

— Pelo amor de Deus, Dri! Isso não poderia acontecer! Ele te agrediu!

Chorando, desabafou:

— Fiquei desesperada! Não sabia o que fazer. Nunca imaginei que ele pudesse ser assim... E agora, Ieda?

— No seu lugar, eu iria à delegacia prestar queixa e acabar com esse casamento de vez!

— Ele me ameaçou! Ameaçou o Wagner! — chorou. — Se souber que...

— Não! Nem pense em dizer nada.

— Ieda, estou com medo. Muito medo.

Entendendo a aflição da amiga, pediu com bondade na voz:

— Calma. Vamos pensar juntas. O Nícolas está errado. Não pode e não tem o direito de te agredir.

— Ele não me agrediu.

— Como não?! Se o que ele fez não foi agressão, o que foi então?

— Não me bateu. Nem deu nenhum tapa.

— Existem muitas formas de agressão que não só tapas e socos. A atitude dele foi errada. Você precisa fazer alguma coisa.

— Não — chorou. — Não posso. Ele me ameaçou. Você não viu como ficou transtornado. Não parecia a mesma pessoa... Falou em matar... Matar o Wagner... Afirmou isso de um jeito...

— Não contou que se envolveu com o Wagner, não é mesmo?

— Não. Neguei. Mas... — Olhou nos olhos da amiga e sussurrou: — Estou com medo de estar grávida.

Ieda ficou em choque e acreditou não ter entendido direito.

— O que você disse?! — perguntou baixinho.

— Minha menstruação está atrasada. No primeiro dia em que estávamos no apartamento do Wagner, não usamos preservativo e teve um outro dia que também não.

— Espere um pouco. Se você estiver grávida, certamente existe a possibilidade de ser do Nícolas, não é mesmo?

— Não. Essa possibilidade não existe. Não pode ser do Nícolas. A gente não se relaciona há mais de três meses e sempre, sempre ele usou preservativo e nunca furou. Ele tinha pavor de gravidez. Não descuidava.

Ieda ficou sem fala. Sentou-se na cama ao lado da amiga, pegou sua mão e começou a bater levemente, expressando perplexidade. Por fim, murmurou:

— Meu Deus... E agora, Dri?

— Não sei. Não tenho ideia. Estou com muito medo.

— O Daniel!

— O que tem meu irmão?

— Converse com ele! Conte tudo o que aconteceu — opinou Ieda inspirada por amigos espirituais.

— Não! De jeito nenhum! Tenho vergonha. Como contar isso pro meu irmão?! O que ele vai pensar de mim? Além disso, se o Daniel for me defender do Nícolas... Tenho medo de que ele faça alguma coisa. Não!

— Dri, você não pode deixar as coisas como estão!

— Meu desespero é tão grande que já pensei em...

— Não fique pensando besteiras. A primeira coisa a fazer é saber se está grávida ou não. Depois...

— Depois o quê?

— Terminar com esse casamento.

— Não tenho ninguém para me apoiar. O Wagner está no hospital! Esqueceu?! — perguntou aflita. — Ninguém mais atende o telefone dele. Não sei o que está acontecendo nem mesmo onde a família dele mora. Estou sob ameaça do Nícolas que não larga mais do meu pé.

As amigas conversaram muito, mas não chegaram a nenhuma conclusão sobre o que fazer.

Os dias foram passando e, para o desespero de Adriana, veio a confirmação da gravidez.

— Ieda, o que eu faço?! — implorava.

— Conta tudo! Reúna sua família. Mãe, pai, irmão e o Nícolas e conta que está grávida do Wagner. Será um susto! Uma bomba, com certeza! Mas o Nícolas não vai poder fazer nada contra você na frente de todo o mundo.

— Isso é loucura! — chorava. — Não tenho coragem...

— E vai fazer o quê? Vai querer convencer seu noivo de que o filho é dele? — Não houve resposta. — Adriana, você está demorando demais. Não acha?

— Não tenho coragem. Estou com medo do que o Nícolas pode fazer. Você sabe que ele tem parentes que não prestam. Primos que já ficaram presos... A família dele é complicada.

— Sua família ficará do seu lado. Ele não vai fazer nada, se estiver perto de todo o mundo.

— E depois?

— Não sei dizer. — Breve pausa e Ieda perguntou: — Teve notícias sobre o estado de saúde do Wagner?

— O pessoal, lá na empresa, disse que interromperam as medicações do coma induzido, mas ele não acordou. Está em coma natural, ou seja, ele não acorda! — enfatizou. — Cada dia que passa, as possibilidades de recuperação total diminuem — chorou.

Ieda respirou fundo. Frente à outra, insistiu:

— Conta tudo e conta logo! Eu estarei do seu lado. Se quiser, até sou capaz de falar por você! — insistiu a amiga corajosa.

— O Nícolas me ameaçou de novo. Ontem ele me viu chorando, lá no meu quarto, e falou algumas coisas...

— Você está pensando em levar esse casamento em frente?! — perguntou, desconfiada e surpresa.

— Acho que sim. Estou com muito medo.

— Você não pode, Dri — pediu em tom triste, como se implorasse. — Não pode fazer isso com você mesma. Nada na vida é por acaso. Embora procuremos caminhos difíceis. Porém, tudo na vida é para nossa evolução.

— Como é que, o que está acontecendo, é para meu bem e para minha evolução, Ieda? Diz! — chorou.

Em tom firme, a amiga respondeu:

— Toda a dificuldade que enfrentamos é para sermos fortes e tomarmos as rédeas da nossa vida, começarmos a existir e a assumirmos as responsabilidades de nossos atos. Enfrente o Nícolas. Termine tudo. Conte para sua família que está grávida. Isso não é o fim do mundo. Assuma seu filho. Trabalhe e cuide dele. Tudo isso fará com que sinta orgulho de você mesma! Estamos no século vinte e um, minha amiga! Você não pode depender dos outros e dar uma de coitada! Agora, se quiser ceder às chantagens e à covardia do Nícolas... Se quiser abaixar a cabeça e mostrar para sua família o quanto você é covarde e submissa, case-se com um homem que já demonstra ser o que é! E vai provar a você mesma que é uma fracassada!

— Não me pressione, por favor. Não faça isso. Não você...

— Sou sua amiga. Amiga não diz coisas que agradam e fazem você se sentir coitada. Amiga diz a verdade.

Adriana ficou reflexiva, porém estava com muito medo de Nícolas e de suas ameaças.

Não sabia o que fazer e à medida que o casamento se aproximava, seu terror aumentava.

Capítulo 16

As acusações de Celine

A semana que antecedia ao casamento, foi de muita pressão para Adriana.

Nícolas exigiu que se demitisse da empresa onde trabalhava.

Novas agressões e constrangimentos ocorreram, mas nem para a melhor amiga ou seu irmão ela teve coragem de contar.

Faltavam dois dias para o casamento.

Adriana e Nícolas estavam em seu apartamento. Haviam ido lá para receber um casal de amigos que queria conhecer a residência dos noivos.

Quando os conhecidos foram embora, Nícolas lhe fez um carinho e foi beijá-la.

A noiva abaixou a cabeça e ele percebeu isso como um não.

— O que foi? — o rapaz perguntou firme.

— Você acha que está certo isso o que está acontecendo entre nós? — perguntou com o coração aflito.

— O que pretende? Terminar comigo no altar? — o noivo indagou com jeito irônico.

Ela o encarou e tentou ser firme, revelando mais uma vez:

— Não quero me casar com você.

Aproximando-se, impondo um jeito rude e ameaçador, intimou:

— Vai se casar comigo. Não vou passar vergonha com amigos, família ou na empresa em que trabalho. Não sou palhaço!

Adriana sentiu seu coração acelerar. Envolvida por uma falsa coragem, incentivada por espíritos sombrios, escolheu o momento errado para revelar:

— Estou grávida de outro homem. Ele sofreu um acidente. Está em coma em um hospital. Estou esperando um filho dele.

Nícolas ficou parado alguns instantes, olhando-a firme. No momento seguinte, riu alto e duvidou:

— A que ponto você chega para tentar me fazer mudar de ideia!

— É verdade!

— E onde está esse sujeito?! — perguntou, incrédulo e irônico.

— Em um hospital. Não sei onde. Ele sofreu um acidente e...

— Cale a boca!!! — berrou furioso. — Pensa que me engana?!!

— Estou grávida sim! E posso provar! — Pegou a bolsa e revirou-a. Encontrou um envelope, abriu-o e tentou mostrar.

Nesse instante, Nícolas a puxou pelos cabelos e a pressionou contra a parede.

Sem olhar o papel que caiu, ele a xingou e ofendeu o quanto pôde.

Empurrou-a ao chão e, com modos insanos, andou de um lado para outro feito animal enjaulado enquanto dizia as piores coisas.

No momento seguinte, parecendo mais calmo, pegou-a do chão. Fazendo-a olhá-lo de frente e exigindo:

— Vai se casar comigo de qualquer jeito! Ou mato você e esse infeliz! Vou até o inferno para descobrir quem é esse desgraçado e vou acabar de matar ele! Você pode acreditar!

— Não posso me casar com você! Estou grávida de outro! — chorou.

Exalando sua fúria nas expressões, na respiração ofegante, na voz baixa e rouca, disse:

— Depois a gente vê isso. Daremos um jeito. Ah!... Se alguém vier a se meter na nossa vida... Já sabe. Entendeu?!

Deu-lhe um tapa forte.

Adriana calou-se angustiada. Nunca havia se sentido daquele jeito.

Um suor gelado banhava suas mãos, enquanto lágrimas corriam por sua face sofrida. Seus pensamentos eram confusos. Estava amedrontada e sem forças.

Por mais que sua mentora Dione a envolvesse, Adriana dava crédito a pensamentos temerosos e fracos.

Ela não conseguia reagir. Não tinha força interior.

A religiosidade, muito provavelmente, teria ajudado. É do Criador que vem as energias sublimes que nos amparam e impulsionam.

Naquele dia, ao chegar a sua casa, Adriana viu Daniel e Ieda conversando animados. A amiga havia conseguido o emprego onde o rapaz trabalhava.

Ela passou por eles e ofereceu um cumprimento rápido. Estava muito séria e foi para o quarto.

Na primeira oportunidade, a colega foi atrás dela.

— Oi, Dri... Tudo bem?

— Senta aí.

— O que foi?

— Contei.

— O quê?

— Contei para o Nícolas que estou grávida.

Ieda ficou surpresa. Nervosa, perguntou:

— E aí? Terminaram?

— Não — e a encarou. — Ele não admite.

— Isso não é possível! Não pode ser!

— Ele está com o orgulho ferido. Não quer passar vergonha com a família, os amigos, padrinhos e sei lá mais quem. — Com modos frios, avisou: — Vou me casar com ele.

— Não! Você não pode! — sussurrou ao exclamar.

— Está feito, Ieda. Errei ao traí-lo. Errei muito...

— Mas não pode se submeter a uma vida infeliz por causa do remorso.

— Não quero escândalos.

— Amiga! Você precisa lutar por sua vontade! Você não o ama! — Diante do silêncio, Ieda perguntou: — O que ele falou sobre a gravidez? Vai assumir?

— Que depois ia ver. Penso que vai assumir.

— E se não for? — Não houve resposta. — Pelo amor de Deus! Nem pense em aborto. Isso é errado! É um crime! — falava baixinho. — Não se permita a isso!

Adriana nada respondia. Experimentava um estado psicológico sem emoções. Parecia sem vida. Abatida, não conseguia reagir.

As palavras de Ieda não adiantaram.

Adriana não comentou com qualquer outra pessoa o que se passava, e o casamento aconteceu.

No hospital, Wagner continuava internado no CTI. Seu estado era muito delicado. Respirava sob a intervenção de aparelhos e não parecia reagir depois de duas cirurgias. Havia sofrido fratura em ambas as pernas e uma foi exposta. Precisou usar gesso em uma e, na outra, fixadores metálicos externos, que é um aparelho para o tratamento da fratura do fêmur, regeneração e alongamento ósseo.

Wanda e seu pai visitavam-no quase todos os dias, enquanto Hilda pôde vê-lo por três vezes.

Celine afirmou, várias vezes, ter visto a mãe ao seu lado após o acidente, mas ninguém acreditava, a não ser Hilda. Porém, mentia sobre o acidente.

Hernâni, pai de Wagner, pediu para Hilda conversar com Celine que, a cada dia, estava mais revoltada:

— Por favor, Hilda, converse com minha filha. Talvez, alguém de fora consiga dar um jeito nessa menina. As acusações que ela faz são sérias. Não acredito que tudo aconteceu como conta. O Wagner sempre foi uma pessoa prudente e respeitosa. Você o conhece muito bem. Mas... Ela não pode falar assim.

— Vou tentar falar com ela — aceitou de bom-grado.

A mulher foi até o quarto da jovem que, desrespeitosa, estava com o som alto e não atendia qualquer pedido para abaixar o volume.

Ela bateu à porta e abriu chamando:

— Celine? Posso entrar?

A moça olhou-a e permitiu:

— Pode. Entra aí — foi até o aparelho de som e abaixou o volume.

— Hoje à noite eu volto para São Paulo. Na próxima semana, começo a trabalhar. Gostaria saber como você está.

— Tô bem — sentou-se na cama e não a olhou.

— Eu sei que o golpe que sofreu foi muito duro.

— A culpa é dele! Ninguém está acreditando em mim! Mas a culpa foi do Wagner! Perdi minha mãe por causa dele! Ele tava correndo feito um louco. Estava brigando, dando berros com a Sabrina!

Não prestou atenção na direção do carro! Assassino! Criminoso! — chorava, enquanto gritava. — E aí vocês ficam todos babando ele lá no hospital!

— Foi um acidente, Celine — falou tranquila. — Se a carreta estivesse parada e sinalizada devidamente no acostamento, isso não teria acontecido.

— Mas o carro da frente desviou! Ele conseguiu, e o Wagner não! Tudo porque ele corria muito.

— Já peguei carona com seu irmão várias vezes. Inclusive de São Paulo até Mongaguá, onde minha irmã mora. Nunca o vi dirigindo assim como está dizendo.

— Você está falando igual ao meu pai! Defendendo ele!

— Não. Não estou defendendo. Só comentando o que já percebi. E pensando...

— Pensando o quê?

Serenamente, comentou:

— Pensando em alguma coisa bem grave que possa ter tirado a atenção do Wagner. Algo aconteceu para ele não prestar atenção, não acha?

— Ele é um assassino! Matou minha mãe! Matou a Sabrina!

Ao lado de Celine, Hilda a envolveu com carinho. Beijou e afagou-lhe a cabeça e disse com voz generosa e maternal:

— Não fique assim, meu bem. Vem cá... — dizia em meio ao afago que fazia. — Se não fosse para acontecer, não teria acontecido. Eu acho que desse jeito que você está só vai piorar a situação.

— Estou sem minha mãe por causa dele!

— É difícil entender, mas... Sabe querida, nada acontece por acaso. Se fosse para sua mãe sobreviver, ela teria sobrevivido. Assim como você e seu irmão. Já vi na internet e na televisão vídeos de acidentes em que pessoas sobreviveram ilesas por questões que muitos chamam de milagre, mas é a ação da providência Divina. Sua mãe, creio, já cumpriu a missão dela. Assim como a Sabrina. Ao contrário de vocês dois. Pelo que contaram a respeito do acidente, o Wagner não caberia naquele espaço que restou entre as ferragens. Onde já se viu um moço daquele tamanho conseguir se encolher onde mal cabiam as pernas e os pés de alguém? Assim como as ferragens da lataria não chegaram até onde você estava. — Celine a olhou nos olhos e ficou pensativa. Hilda continuou: — Por que será que escolheu se sentar no carro atrás de seu irmão? Poderia ter vindo no banco da frente ou no lugar da Sabrina. Poderiam ter viajado em outro horário... Um pouco antes ou depois daquela carreta estar ali. Veja, são tantos detalhes, tantas coincidências necessárias para que algo aconteça exatamente como tem de acontecer.

— Eu vi minha mãe... — falou de modo mais brando. — Ela falou comigo.

— Eu acredito em você. Sei que isso é possível. Raro, porém, possível. Penso que o amor de sua mãe por vocês foi tão intenso que ela nem percebeu que desencarnou. Deve ter levantado sem pensar em mais nada a não ser em vê-los bem. E, quando os viu, quis ajudar. Desejou intensamente estar presente. Ao mesmo tempo, auxiliada por benfeitores espirituais, ela conseguiu ficar próxima e ser vista.

— Ela se materializou?

— Não sei responder a isso. A mediunidade também pode ter acontecido e, tanto você como outros médiuns podem tê-la visto. Se isso aconteceu, foi por conta da mediunidade.

— Então eu sou médium?

— Todos somos. Em maior ou menor grau. Porém, todos devemos ter respeito à mediunidade e usá-la com educação, cautela, responsabilidade e amor. Educação mediúnica é a maior bênção que um médium pode oferecer, isto é, não enganar, não mentir, não criar ilusões a si e aos outros.

— O que é educação mediúnica?

— É ter conhecimento amplo sobre mediunidade. Aperfeiçoá-la. Treiná-la. Saber como e onde usar. Falar, só e unicamente, sobre o que é preciso. Ligar-se a Deus e aos ensinamentos de Jesus, sempre e sempre.

— E dá pra estudar mediunidade?

— Sim. Que eu saiba, dentro da Doutrina Espírita. Existem cursos para estudo e educação mediúnica. Médiuns não precisam dar *show*, fazer espetáculo, jogarem-se no chão, sair rolando. Isso, quem faz, são pessoas imprudentes e sem equilíbrio. O conhecimento sobre mediunidade e sobre a ordem dos espíritos faz o médium ser valoroso, ou seja, ele, o médium, não precisa dar comunicação em qualquer hora e local. Reconhece a ordem elevada ou não de um espírito pelo valor do que é trazido. Não aceita nomes famosos para oferecer comunicações sem qualquer valor... Tem muita coisa para se aprender sobre mediunidade. E a vida pessoal também conta. Médiuns valorosos, com princípios, passam a ter conduta reta, séria e saudável.

Celine ficou quieta por alguns instantes, pensando no que ouviu. Depois perguntou:

— Por que você gosta tanto do meu irmão?

— São muitos anos trabalhando juntos e reconheci no Wagner uma pessoa respeitável, gentil, honesta. Tudo o que eu quero para os meus filhos. Por ele viver sozinho, lá em São Paulo, acho que o adotei — sorriu generosa. — Quando meu filho mais velho estagiava lá na empresa, eles fizeram amizade e iam juntos a festas de casamento que nem me lembro mais de quem. O Rogério era solteiro. Eles chegavam tarde e, algumas vezes, seu irmão dormiu em minha casa por conta disso. Depois, quando precisou entregar o apartamento que havia alugado e esperar o dele ser entregue, o Wagner morou lá em casa por um mês. Em todas essas ocasiões, percebi qualidades raras nos moços de hoje. Sempre educado e sabendo se colocar.

— Todo mundo gosta dele e não de mim — Celine sussurrou.

Hilda prestou atenção na frase, mas não acreditou que fosse o momento de dizer qualquer coisa a respeito. Percebeu o ciúme da jovem.

— Minha mãe era a única pessoa que gostava de mim. E agora morreu... O Wagner a matou...

— A sua mãe te amava e ainda te ama. A prova disso foi você tê-la visto depois do acidente até você ser socorrida. Eu tenho três filhos. Amo igualmente os três. Por isso posso afirmar que ela ama seu irmão igual a você e reconhece que tudo foi um acidente. Tenho certeza de que a Ifigênia não culpa o Wagner pelo que aconteceu. Com isso, podemos concluir que sua mãe não iria gostar de vê-la acusando seu irmão dessa forma. Esse sentimento de raiva ou contrariedade que está experimentando, quando acusa seu irmão, é gerador de energias muito, muito negativas em você. Isso vai, com certeza, te prejudicar de alguma forma. É impossível alguém sentir raiva, ódio ou desejar o mal sem ficar com a mesma carga negativa de energias inferiores. E essas energias, com toda a certeza, irão prejudicar a saúde psíquica, emocional e física a curto, médio ou longo prazo.

— Mas ele matou a minha mãe!

— Acha que foi de propósito? — Não houve resposta. — Acredito que não. E você nada poderá fazer pelo que já está feito. Continuando com essas acusações, só vai se sentir pior. Vai magoar a todos. Gerar energias negativas, pesadas e totalmente desnecessárias. Pense nisso. Se quer que lhe queiram bem, precisa tratar os outros bem. O que está dizendo sobre o seu irmão, nos últimos dias, está fazendo muito mal a todos. Inclusive a sua mãe. Ela não está feliz com isso.

— Será que ela sabe? Vê tudo o que acontece?

— É possível.

Celine abaixou a cabeça e Hilda a abraçou.

Fazendo-a olhar em seus olhos, a mulher disse:

— No fim de semana, eu venho novamente — beijou-a na testa e se foi.

Ao voltar para a sala, Hernâni e Wanda a aguardavam. O homem falou:

— Hilda, obrigado por tudo o que vem fazendo por nós. É a única pessoa capaz de conversar com a Celine.

— Ela está muito abalada com a morte da mãe.

— Todos nós estamos! — exclamou Wanda saturada do comportamento da irmã. — Nossa mãe morreu. A Sabrina também. O Wagner não melhora! Todos nós estamos abalados! A Celine não tem o direito de nos deixar pior. As acusações que ela faz são, simplesmente, cruéis! Foi um acidente!

— Sim. Foi um acidente. A Celine é imatura e... — Hilda tentou argumentar, porém foi interrompida.

— Imatura ou não, está na hora de crescer! Fica inventando que viu a mãe! Mentindo que o irmão estava correndo e brigando!... — tornou o homem.

— Sabe... Às vezes, penso que aconteceu algo durante a viagem, dentro do carro... Algo que a Celine não quer nos contar. Ela fala da briga, mas não retrata as palavras da discussão ou coisa assim — disse Hilda.

— Um pouco antes de nos ligarem informando o acidente, a Celine me enviou uma mensagem dizendo que o Wagner havia terminado o noivado com a Sabrina. Nem fiquei tão surpresa, pois percebi que os dois não estavam se dando bem há algum tempo — contou Wanda. — Apesar disso, respondi a ela que não acreditava. A Celine voltou a escrever que terminaram sim e que a Sabrina estava brigando com ele até àquela hora. Então, houve sim alguma discussão dentro do carro.

— Eu sabia que o Wagner iria terminar o noivado. Ele me disse. Conheceu uma moça. Foi bem interessante a forma como se viram pela primeira vez — sorriu ao lembrar. — Começou a gostar dela e disse que iria em frente.

— Adriana? — perguntou a outra.

— Sim. O nome dela é Adriana. Trabalha lá na empresa.

— Ela telefonou para o celular dele. Contei sobre o acidente. Depois ela ligou, novamente, querendo notícias, mas... Poxa!... Com tudo o que estava acontecendo, até me esqueci... O celular do Wagner descarregou a bateria. Eu não tinha carregador para aquele aparelho e não tive tempo de me importar com isso. Não retornei mais para a moça porque o número do telefone dela é restrito no celular dele.

Hilda ficou preocupada. Lembrou-se de que Adriana iria se casar. O que teria acontecido?

— Quando eu voltar a trabalhar, falo com ela.

— Então é verdade? O Wagner terminou o noivado antes de voltar e já estava namorando outra? — o pai quis entender.

— Foi isso mesmo — afirmou a filha.

Hilda olhou para Hernâni e reparou o quanto estava abatido. Olhos afundados na face pálida com barba por fazer. Lábios ressequidos e esbranquiçados. Todo o seu semblante refletia sua tristeza e preocupação.

Seus olhos claros empoçaram em lágrimas quando respirou fundo e virou o rosto lentamente para ninguém perceber.

— Então eu vou indo. Não quero chegar tarde a São Paulo. Amanhã preciso levantar bem cedo. Qualquer coisa, por favor, liguem pra mim a qualquer hora.

— Obrigada, Hilda — Wanda agradeceu e abraçou-a demoradamente.

Em seguida, o senhor também se despediu e a mulher se foi.

Ao chegar a sua casa, Hilda sentiu todo o peso dos últimos acontecimentos.

Não existe coisa pior do que tentar superar uma traição, para ambas as partes.

A pessoa traída perde totalmente a referência de confiança. Acredita que pode ser enganada novamente a qualquer momento. A mágoa e a tristeza cravadas em seu ser são constantes. Ela fica confusa. A afetação não é só emocional, mas também física. Gera trauma. E o trauma abala a mente que interfere nas funções cerebrais. Glândulas ficam desreguladas e as descargas hormonais se tornam violentas ou ausentes, provocando doenças como Ansiedade e/ou Depressão. Essas doenças, certamente, alteram o desenvolvimento pessoal, a produtividade da pessoa, retardando, interferindo e atrasando sua atuação na vida, no todo.

Aquele que trai e que, na maioria das vezes acredita dar uma de esperto(a) atrai para si fluidos inferiores, energias negativas por toda desarmonização causada. Aquele que se envolve com o traidor, que é o outro ou a outra, o ou a amante, se souber de seu papel, também terá de harmonizar. Experimentará, de alguma forma, a reação da ação cometida, pois também é responsável pelos danos causados à pessoa traída.

Por essa razão, Hilda estava esgotada e sofrida pelos últimos acontecimentos.

Agenor, seu marido, assistia à televisão quando a viu chegar e perguntou:

— Como estão todos? E o Wagner?

— O Wagner continua no mesmo estado preocupante. Cada dia que passa é pior porque... A recuperação fica difícil. Os demais tentam superar todo o choque. A Celine é quem está dando trabalho. Ficou revoltada com a morte da mãe. Acusa o irmão por isso. Em resumo é isso. — Hilda se calou. Foi para seu quarto. Precisava de um banho para relaxar.

Seus pensamentos acelerados, afetados pela traição, faziam-na sofrer muito ainda. Passou a imaginar o que o marido havia feito o dia inteiro longe dela.

Deveria tê-lo deixado sozinho para ir até Peruíbe? Será que a vida dos dois poderia voltar a ser como antes, de confiança e amizade?

Acreditava que Agenor não foi seu amigo. Não a respeitou. Porém, e o perdão?

Tudo o que aprendeu sobre perdão deveria ser posto em prática. Como fazer isso diante de tanta dor?

Que provação difícil a sua. Não é fácil perdoar a traição de uma pessoa tão próxima e de quem se ama tanto. Não tinha como esquecer tudo aquilo. Gostaria que não fosse verdade.

Ainda no banho, deixando a água cair sobre a cabeça e escorrer pelas costas, levou as mãos ao rosto e chorou como nunca tinha feito. Não desejaria que ninguém visse ou soubesse. Era uma mulher forte e equilibrada. Acreditou que, apesar de tamanha dor e insegurança que vivia, poderia superar.

Orou.

Pediu a Deus que lhe desse forças e amparo. Rogou que iluminasse seus caminhos e apaziguasse seu coração.

Alguns minutos depois, saiu do banheiro.

Agenor percebeu, pelos seus olhos vermelhos, que havia chorado. Mas nada comentou.

Capítulo 17

Nascemos para vencer

Ao retornar para a empresa onde trabalhava, Hilda foi recepcionada com desagradável surpresa.

— Demitida?! Eu?!

— Sentimos muito. É que o novo diretor comercial, que está interinamente no lugar do doutor Wagner, já tem assistente.

Diante do inesperado, a mulher acreditou que não adiantaria reclamar. Estava feito.

Enquanto assinava a documentação, lembrou-se de Adriana.

Provavelmente, a moça por quem Wagner se apaixonou, não tinha notícias do rapaz.

Assim que saiu do departamento de Recursos Humanos, Hilda foi até o andar onde a analista trabalhava.

Novamente outra surpresa.

— Pediu demissão?!

— Sim e não. A Adriana pediu demissão e não concluiu aviso prévio. Estamos com tudo suspenso. Ela saiu daqui de uma forma muito estranha. Foi antes de seu casamento.

Ficou preocupada com a moça sem saber por que. Acreditava que a jovem gostava de Wagner. Ela teria mesmo se casado?

E agora? Quando ele saísse do coma, se é que sairia, como dizer que Adriana se casou?

Hilda sentia que havia algo errado naquela situação.

Nova insegurança cruel endereçada por pensamentos inferiores de espíritos infelizes, fazia a mulher pensar:

"Não sou capaz de cuidar nem da minha vida. Não cuidei nem do meu marido... Quem sou eu para cuidar ou sentir que algo está certo ou errado na vida dos outros?"

Nesse instante, sua mentora Marília a envolveu e disse:

— Não se menospreze. Reconheça seus valores como mulher, esposa e mãe. Se seu marido não soube valorizá-la, ele foi um fraco. Somente os fortes se reconhecem e se valorizam. Tenha piedade do Agenor pela inferioridade que demonstrou. Aquele que trai é fraco por ceder as tentações.

Hilda não pôde ouvi-la, porém conseguiu equilibrar os pensamentos um pouco mais. Sua mente estava um tanto confusa. O que causava insegurança.

Saiu da empresa e foi a uma cafeteria. Precisava se acalmar.

Pediu um café com leite, um pão de queijo e se sentou a uma mesa num canto.

Aproveitando-se de seu abalo, outra vez, espíritos inferiores impunham ideias infelizes de toda a sorte.

Enquanto adoçava o café e esperava esfriar, começou a achar a vida sem graça, sem razão de ser.

Pensava que os filhos estavam criados. Ela já era aposentada e, naquela idade, não conseguiria outro emprego igual, com aquela função de que tanto gostava. Quanto ao seu marido... Viveria insegura ao lado dele pelo resto da vida.

"Para que viver?" — perguntou-se em pensamento.

Sentiu vontade de chorar, mas se segurou.

Bebericou na xícara quente e repousou-a novamente no pires.

Pegou o celular, talvez, para tentar se distrair e afugentar aqueles pensamentos.

Nenhuma ligação perdida ou mensagem.

Decidiu telefonar para Lídia, sua amiga.

— Hilda? Que surpresa boa. Estava mesmo pensando em você.

— Pensando em mim?!

— Sim. Estou perto de onde você trabalha.

— Trabalhava.

— O quê?!

— Você está ocupada, Lídia?

— Não. Vim ao banco. Já resolvi o que precisava. Onde você está?

— Em uma cafeteria aqui perto da Avenida Paulista — falou onde era.

— Estou indo já *praí*.

Hilda sentiu-se um pouco mais aliviada por saber que teria companhia.

Passado algum tempo, Lídia apareceu.

Cumprimentaram-se. A amiga estava animada e pediu um café.

Sentadas à mesa, Hilda contou:

— Cheguei hoje para trabalhar e veio a surpresa. Fui demitida. O novo diretor, interino, já tem assistente.

— Pôxa, menina! Que coisa chata!

— Para você ver. Como se não bastasse tudo o que já está me acontecendo... Mais essa agora!

— Hilda, você já pensou em fazer uma assistência espiritual na casa espírita?

— Já estou fazendo. Eu e o Agenor. Lógico. Mas não contei para ninguém lá sobre o que passamos. Não quero divulgar isso.

— Entendo. Sei como é. — Um instante e perguntou: — E o Wagner, seu filho do coração, como está? — sorriu. Sabia que a amiga gostava muito do rapaz.

— Do mesmo jeito — contou. Depois falou também sobre Adriana e a notícia de que a moça havia se casado.

— Que estranho — Lídia comentou. — Você sabe onde ela mora?

— Perto da minha casa. Ou era. Deve ter se mudado depois que se casou.

— Talvez, o Wagner tenha sido uma aventura para ela. Sabe aquelas moças que... — não completou o mal julgamento.

— Sei. Mas não parece. O jeito dessa menina era bem diferente. O próprio Wagner me disse que eles iriam terminar os compromissos de noivado para ficarem juntos. Eles já estavam se envolvendo. Tava na cara. — Um momento e disse: — O estranho, nisso tudo, foi saber que ela abandonou tudo e se casou. A Adriana soube do acidente. Pode ser que o noivo dela tenha descoberto. Sinto uma intuição forte quanto a isso e...

— E a tenha obrigado a se casar? — Lídia adivinhou.

— Talvez. Não sei... Estamos em pleno século XXI!

— Isso acontece, hoje, mais do que podemos imaginar. Existem muitos casamentos forçados por pais ou noivos. É absurdo, mas ainda existe isso. E se o noivo descobriu... É bom nem imaginar. Tem muito homem que para não perder a postura de machão, não quer admitir que foi traído e acaba subjugando a mulher, em vez de dizer que não aceita a situação e ponto final. O cara fica com a mulher depois passa o resto da vida jogando na cara.

— É que ser traído não é fácil. Vamos admitir isso.

Lídia olhou-a por um momento e se interessou:

— Você está bem?

Hilda ofereceu um sorriso forçado. Seu rosto cobriu-se de uma tristeza e seu olhar revelava decepção. Em tom fraco, respondeu:

— Sinceramente não. — Respirou fundo e revelou: — Tem dia que acho que não vou suportar. O assunto da traição não sai da minha cabeça. Fico imaginando o Agenor com a Almira ou sei lá mais quem... Fico fazendo filminhos na minha cabeça sobre como tudo aconteceu. Penso em como se envolveram, como se amaram... — Lágrimas empoçaram em seus olhos, mas disfarçou. Respirou fundo, novamente. — Que coragem ele teve.

— Não. Que covardia ele teve!

— Isso tudo me destruiu, Lídia. Me destruiu como mulher, esposa, companheira... Que espécie de pessoa eu sou?

— Você é uma pessoa íntegra, honesta, fiel e muito mais. Valorize-se! Somente os fracos são desonestos e infiéis. Se ele fosse um homem forte, corajoso, teria terminado com você para depois sair com outra.

— Penso em me divorciar. Mas... Às vezes, analiso. Foram tantos anos... Ao mesmo tempo vivo desconfiada. Nunca fui desse tipo antes. Quando não estou junto dele, como agora, imagino que pode estar com outra... Não sei o que ele está fazendo.

— Isso não é só com você, Hilda.

— Como assim?

— Toda mulher, quando não está com seu companheiro, não sabe com quem ele está. É preciso haver um voto de confiança. Pelo menos um. Se o homem for cafajeste, ele trai com a mulher perto ou longe. E o contrário, também é verdadeiro. Já ouvi casos em que o marido transou com a empregada enquanto a esposa tomava banho. O que precisa haver é honestidade, respeito e a certeza de que a verdade vai aparecer. Pois, sem dúvida alguma, a verdade sempre aparece.

— Eu acredito nisso. Tanto que, no meu caso, apareceu. Mas veja... Como vou viver, agora, ao lado deste homem, imaginando que ele pode me trair novamente?

— O Agenor ou qualquer outro homem que estiver ao seu lado pode te trair ou não. Isso não depende de você, mas sim do caráter dele. O que depende de você é ter caráter para não fazer o mesmo. Além disso, deixar bem claro que não vai admitir ser traída novamente. E para ele nunca mais te dar motivo de desconfiança. E, se der, se você desconfiar, precisará estar preparada, firme e forte para deixá-lo.

— É inadmissível que isso ocorra pela segunda vez. — Breve pausa e Hilda reclamou: — Dói tanto, Lídia...

A amiga bebeu um pouco de café. Respirou fundo. Esfregou as mãos e ergueu o olhar. Colocando um sorriso no rosto simpático, disse:

— Eu sei. Já passei por isso.

— Como?!

— Eu já passei por isso — repetiu. Ofereceu um instante para que a amiga entendesse melhor e contou: — Eu e o Márcio tínhamos vinte e três anos de casados. Exatamente como você, eu senti que ele estava diferente em casa, comigo... Parecia insatisfeito e frio com tudo. Tentei de todas as maneiras saber o que estava acontecendo. Até que encontrei um telefone, em um papelzinho, no bolso. Não que tenha procurado. Fui revirar os bolsos antes de lavar a calça. Fiquei intrigada. Aproveitei um momento em que ele estava no banho, peguei o celular dele e liguei. Uma mulher atendeu dizendo com voz melosa: "Oi, meu amor! Estava com saudade. Não via a hora de você me ligar. Dá pra falar agora, Márcio?" Eu não respondi nada e ela continuou falando. Pelo visto, estavam acostumados a esse tipo de ligação em que ele não dizia nada e ela falava coisas provocantes. Desliguei. Pensei que fosse morrer. Esperei um momento em que os meninos estavam na faculdade e chamei o Márcio para conversar. A princípio, lógico, ele negou a traição. Mas depois confessou tudo.

— Meu Deus, Lídia! Eu nunca soube disso.

— Claro que não. Ninguém nunca soube. Nem nossos filhos. Os meninos perceberam alguma coisa estranha no ar. Mas não dissemos nada. Sofri calada. Desabafei minha contrariedade, o quanto pude, em cima dele. Fiquei revoltada. Principalmente quando tive de ir fazer exames clínicos como você, para saber se não estava contaminada com HIV, Hepatite C e outras coisas, repetindo os exames por três vezes.

— Nossa! Nem me fale nesses exames. Senti tanto constrangimento. Graças a Deus o primeiro não deu nada. Vamos precisar repetir uma segunda e terceira vezes.

— Se Deus quiser, não vai dar nada. Eu sei como é essa tensão, essa revolta e a vergonha. No começo pensei em traí-lo. Quis me matar. Mas, depois de alguns meses, entendi que eu não havia errado. O fraco, nessa história emporcalhada, tinha sido ele e a safada que aceitou ser a outra, a amante. Conversamos muito. O Márcio se mostrou arrependido. Muito arrependido e empenhado em salvar nosso casamento. Ele era um bom marido e se tornou melhor ainda. Eu mudei. Mudei para melhor, claro. Passei a existir. Cuidar de mim. Fazer as coisas de que gosto. Antes, os filhos, o marido, a casa vinham em primeiro lugar. Depois disso, não. Passei a ocupar o primeiro lugar na minha vida. Comecei a me valorizar e foi então que percebi o Márcio me valorizando ainda mais. No começo, fiquei insegura. Lógico! Quem não ficaria? Entrei até em depressão.

— Disso eu lembro. Você ficou em depressão e me falou.

— Sim. Falei. Depois, superei a depressão. Recusei remédios. Fiz psicoterapia, academia, dança, *yoga* e descobri a vida. Deixei bem claro para o Márcio: "nunca mais me traia. Se se sentir tentado a fazer isso, seja um homem forte, honesto e respeitoso. Peça o divórcio antes." Meu marido, na época, era um fraco. Depois disso tudo, ele se transformou. Valorizou muito mais a família, a nossa união, os filhos... Passou a ser mais dedicado e muito mais atencioso e carinhoso. Eu decidi não tocar mais no assunto depois que deixei bem claro para ele que não iria dar qualquer outra chance. Nossa vida foi se transformando. Fizemos uma economia, abri, no *shopping*, a loja de chocolate que sempre sonhei — sorriu. — Hoje vivemos bem. Se sua pergunta for: Você acha que ele pode te trair? Eu respondo: Sempre existe 50% de chance, como em qualquer outro relacionamento. Só que, se, por acaso, acontecer, hoje eu sou uma pessoa melhor. Eu sou feliz sozinha e me completo sozinha. Lógico que o amo. Amo meus filhos. Mas descobri que, se eu não estiver bem, não viverei bem perto ou longe de alguém. — Ofereceu breve pausa e disse sabiamente: — Não podemos depositar a nossa felicidade nas mãos dos outros. Para sermos felizes é preciso se conhecer, ser realizado com aquilo em que trabalha, ter lazer, fazer esporte, passear, viajar, ser capaz de fazer tudo em companhia de alguém ou não. Isso é ser uma pessoa segura e confiante. É ser feliz.

Hilda ficou pensativa com o que Lídia falou. Alguns instantes e perguntou:

— A dor passou?

— Passou. Esquecer? Não se esquece isso. O perdão foi automático. Aconteceu quando eu percebi a fraqueza do Márcio e que ele passou a fazer de tudo para viver bem comigo novamente. Quando isso aconteceu, comecei a viver muito bem. Experimentei um alívio indescritível. Não vivo mais desconfiada. Não confio nem desconfio de ninguém — fez uma pausa. — Aprenda que todos nós somos capazes de tudo. De errar tremendamente e de se refazer totalmente. O mais importante é aprender com a lição. — Estendeu a mão por cima da mesa e pegou a mão da amiga, dizendo: — Por isso eu te peço: não coloque a sua felicidade nas mãos dos outros. Nem todos podem ser respeitosos, honestos e fiéis como você. Mesmo se decepcionando com os outros, continue tendo orgulho de quem você é. Não tenha pena de si. Autopiedade não engrandece ninguém. Não se desvalorize querendo fazer o mesmo, vingar-se ou dar o troco. Terá muito mais para refazer, caso tome essa decisão. Não pense em terminar com a sua vida. Primeiro, porque ela é muito mais valorosa do que tudo o que te aconteceu. Segundo, para que possa aproveitar essa oportunidade que tentou te destruir e provar, com ela, que você é uma criatura grandiosa que nasceu para vencer.

— Você está bem, hoje, depois de tudo?

— Sim. Sou melhor do que antes. Sinto-me mais forte, respeitosa, fiel a mim mesma. E não existe coisa melhor do que ser uma pessoa forte — disse, sempre com semblante agradável. Breve pausa e incentivou: — Hilda, você é uma mulher forte, honesta, responsável e respeitosa. É produtiva em todos os sentidos. Porque seu marido fez o que fez, talvez, nem ele saiba responder. Lógico que ele, assim como o meu, vai tentar culpar os outros, culpar a vida, as circunstâncias ou sei lá mais o quê. Quando, na verdade, o único culpado foi ele, que não suportou a tentação. Ele foi fraco. Vamos torcer para que não seja mais. Seja você a pessoa mais empenhada e confiante, fazendo o melhor por si. Ninguém pode tirar de você sua força interior, sua dignidade e seu caráter. Continue confiante e Deus há de te abençoar. Lembre-se: nós colhemos o que plantamos. Se você mereceu ou não essa traição, não importa. O que importa é o que vai fazer de si mesma, agora, com essa experiência.

Lídia estava envolvida e a outra se sentiu melhor com as palavras da amiga.

De repente, Hilda sorriu e comentou:

— Estou desempregada.

— Você já é aposentada.

— Tem ideia do quanto recebo? — riu. — Eu gosto tanto de trabalhar. Além disso, é bom ter um dinheirinho a mais. Com o preço em que estão as coisas...

— Quer trabalhar comigo na loja do *shopping*? Estou precisando de alguém.

— Eu gostaria mesmo é de continuar com o que fazia. Deixe-me pensar um pouco. Posso mudar de ideia e querer experimentar chocolates — riram.

— Certo. — Um instante e quis saber: — E os seus filhos? Como estão depois que souberam?

— Agora tudo está um pouco mais calmo. Mesmo assim... Às vezes, acho que não deveria ter contado. A Fátima ainda não se conforma.

— Eles são adultos. Saberão lidar com essa informação.

— Mudando de assunto e voltando ao anterior, estou muito triste pelo Wagner. Não paro de pensar nesse menino. No hospital, ele estava com uma aparência tão sofrida...

— Um moço novo, tão produtivo... Que pena, né? — lamentou Lídia. Ela olhou no relógio e convidou: — Vamos dar uma volta no *shopping*? Daqui a pouco é hora do almoço. Vamos almoçar juntas?

— Tenho de aceitar. Hoje, vou me dar esse prazer.

Levantaram e se foram.

A companhia agradável de Lídia fez Hilda se sentir melhor.

Fazia poucos dias que Ieda havia começado a trabalhar na mesma empresa de Daniel.

Conforme combinaram, eles iam e voltavam juntos.

Naquela noite, depois de pegarem um trânsito terrivelmente lento, o rapaz percebeu que Ieda, séria, não conversava como de costume.

— Tem algo te preocupando? — perguntou Daniel, quebrando o silêncio.

Ela passou uma mecha de cabelo para atrás da orelha e respondeu:

— Tem. Tem sim.

— Posso saber? Estou curioso. Nunca te vi tão séria.

— As caronas que você me dá estão incomodando a Lisa. Consequentemente, incomodam a mim também.

— Ela implica com tudo. Se eu a deixasse controlar minha vida, ficaria louco. — Breve instante e o rapaz comentou: — Achei estranho a Adriana e o Nícolas voltarem de viagem bem antes. Fiquei surpreso por saber que a Dri pediu as contas. Fui conversar com ela, mas estava tão estranha. Perguntei o que era, mas não quis me responder. Você está sabendo de alguma coisa? — Longo silêncio. Pela expressão de Ieda, Daniel entendeu que ela sabia de algo. — O que está acontecendo? Não quer me dizer?

— Não sei o que dizer para ajudar a Dri.

— Ajudar?! — estranhou. — Como assim? De que tipo de ajuda minha irmã precisa?

— Ela não está feliz, Daniel.

— Desde quando voltei de viagem, antes do casamento, percebo que ela está estranha. Nunca tinha visto uma noiva tão séria. — Esperou que a amiga se manifestasse, mas ela não o fez.

Percebendo o carro parado em frente a sua casa, a moça agradeceu como sempre:

— Obrigada.

— Ieda! — chamou. Ao vê-la olhar, perguntou: — Podemos conversar um pouco?

— Desce. Entra aí.

O rapaz estacionou o carro devidamente e desceu.

Entraram.

Ieda notou que sua irmã ainda não tinha chegado.

— Você me arruma um copo com água? — ele pediu.

— Vem cá. — Foram para a cozinha. Após servir o copo com água, ela convidou: — Sente-se aí — indicou uma cadeira à mesa e se acomodou frente a ele com outro copo nas mãos.

— Eu sei que você sabe o que está acontecendo com a Adriana. Pelo visto, é sério — o rapaz comentou e ficou aguardando.

— Olha, Dani, eu não queria te contar. Pedi até que ela o fizesse, mas... Estou bastante preocupada.

— Você acha que ela se casou forçada?

— O que conversarmos precisa ficar aqui. Só entre nós. Não quero que tome decisões sem antes...

— Você não respondeu a minha pergunta — interrompeu-a.

Ieda suspirou fundo e ergueu seus expressivos olhos castanhos. Seus lábios, contraídos, exibiam desagrado. Tomou fôlego e disse:

— Não quero que tome decisões precipitadas sem antes falar comigo. Eu não deveria comentar com você, mas o assunto é sério. Muito sério. Só vou revelar tudo porque acho que ela precisa de ajuda e, sozinha, não posso fazer nada. Preciso contar com sua discrição e lealdade. Essa conversa só pode ficar entre nós.

— Sim. Claro. Tem minha palavra — encarou-a firme e com expressão preocupada.

— A Adriana não queria se casar com o Nícolas. Começou a perceber que ele estava mudado. Fazendo coisas que não lhe agradavam. Além disso, começou a gostar de outra pessoa.

— Do tal Wagner, diretor de onde ela trabalhava.

— Ele mesmo.

— Mas o cara também é noivo! — Daniel lembrou.

— Até onde sei, era. Eles se aproximaram. Descobriram que gostavam um do outro. Ele terminou o noivado. Pretendiam se conhecer melhor, ficarem juntos... Ela precisava não só terminar o noivado, mas também acabar com o casamento.

— E não teve coragem? — indagou o rapaz, figurando no rosto sério grande expectativa.

— Mais ou menos. O caso dela não era tão simples. Precisava terminar o noivado, desmarcar o casamento, avisar parentes, amigos, padrinhos, convidados. Desmarcar viagem, festa... Tudo era bem mais complexo e ela estava com medo, claro. Além disso, nunca dava certo de encontrar o Nícolas em... digamos... condições propícias para acabar com tudo. O Wagner terminou o noivado quando a mãe, irmã e noiva dele vieram para São Paulo. O combinado era a Adriana fazer o mesmo naquele fim de semana. E ela ia fazer. Daí que o Wagner viajou para levar todas para Peruíbe. No caminho, sofreram um acidente. A ex-noiva e a mãe dele morreram na hora. A irmã ficou levemente ferida e ele em estado gravíssimo. Sofreu cirurgia e está em coma até hoje.

— O quê?! — admirou-se. Pensou não ter ouvido direito. — O cara está em coma?! — Surpreendeu-se. Não esperou resposta e comentou: — Ela me contou que ele bateu o carro. Não sabia que era tão sério.

— Ele está em coma. Quebrou costelas e pernas. A Dri ligou para o celular dele e a outra irmã contou tudo. Lá na empresa, onde trabalhavam, já colocaram outro diretor no lugar, pois o estado dele é bem sério. Ninguém tem previsão de quando ele vai voltar. Se é que volta. A Adriana telefonou novamente para o celular dele, só que ninguém mais atendeu. Isso tudo foi perto do casamento. Mesmo assim, a Dri tentou terminar com o Nícolas e ele ficou enfurecido. Não admitia o fim do noivado nas vésperas do casamento. Não queria passar por humilhações. Sua mãe pressionou a Dri. Não queria que ela terminasse o noivado também. Ela ficou fragilizada, insatisfeita, triste... Um turbilhão de sentimentos a abalou muito. O Nícolas a agrediu quando tentou terminar novamente e a obrigou a pedir as contas. — Daniel respirou fundo, demonstrando uma expressão contrariada. — Até que tudo piorou ainda mais...

— Por quê? O que aconteceu a mais?

— Até que, faltando menos de uma semana para o casamento a Dri descobriu que estava grávida — olhou-o firme e ficou aguardando sua reação.

— Grávida?! — perguntou incrédulo. — De quem?!

— Do Wagner — falou baixinho.

Daniel se levantou, fazendo grande barulho ao arrastar a cadeira. Ficou perplexo.

Esfregou o rosto com as mãos e passou pelos cabelos, entrelaçando os dedos atrás da cabeça. Andou passos negligentes e parou.

Uma emoção forte o dominou. Sentiu o coração envolvido em maus presságios.

Tomado por grande sensação enervante, o rapaz respirou fundo. Voltou-se para Ieda e perguntou em tom grave e pausado:

— Ela, ao menos, tem certeza de que é do Wagner?

— Afirmou que sim. Disse ter certeza de que é do Wagner porque ela e o Nícolas já não tinham nada há alguns meses.

— E vai tentar enganar o Nícolas? Vai falar que o filho é dele?

— Não. Sua irmã não é traiçoeira. Ela foi honesta. Contou tudo para o Nícolas que a intimidou e ameaçou. Por vergonha da família, dos amigos e conhecidos não quis terminar o noivado e decidiu obrigá-la a levar o casamento em frente. Tentei falar com a Dri, mas ela não quis ouvir. Estava estranha. Em choque. Distanciou-se de mim e o casamento aconteceu.

— E o Nícolas vai aceitar o filho de outro como se fosse dele?! — indagou com um tom de incredulidade.

— Eu duvido que o faça — falou no mesmo tom pausado.

— Acha que ele é capaz de obrigá-la a fazer um aborto?

— É do que desconfio. Se já não o fizeram.

— Meu Deus... — murmurou, inconformado.

— A Dri me contou que ele andava muito diferente nos últimos tempos. Não dava importância a ela, principalmente quando estava perto da família dele e dos amigos. Disse que o Nícolas começou a beber demais...

— Reparei nisso — falou e se sentou novamente frente à amiga. — Ele começou a aparecer lá em casa cheirando a bebida alcoólica, falando diferente... Comentei com minha irmã, mas ela nada disse. — Ofereceu uma pausa. Depois pensou alto: — Se não queria, por que se casou?

— Ela estava muito confusa e também chocada com o acidente do Wagner. Se sentindo sem amparo, sem apoio de ninguém. Sinceramente, se eu tivesse como, teria entrado em contato com a família dele para ter notícias.

Daniel, angustiado, ergueu o olhar em direção à Ieda e perguntou em tom grave, sentido:

— Já que ela não teve coragem, por que você não me contou?

— Porque sou fiel e ela me pediu — tinha a resposta pronta. — Apesar de não concordar com a decisão, amigos de verdade, respeitam um ao outro.

A moça se levantou e disse:

— Vamos pensar em um jeito de irmos falar com ela. Você e eu. Tenho medo de que façam alguma besteira.

Daniel olhou o relógio e indagou:

— Quer ir lá amanhã?

— Quero. Bem cedo. — Abaixando-se próximo à pia, Ieda pegou uma panela, colocou água, pegou um pacote de sopa e convidou: — Toma uma sopa comigo?

— Não. Já vou embora.

— Fica. Vou preparar essa sopa pronta com batatas. Fica tão boa — sorriu. — Acho que temos muito o que conversar.

— Você tem ideia de como podemos ter notícias do Wagner?

— A Dri tem o número do celular dele, eu acho. Por que você quer saber?

— Acredito que o cara tem o direito de saber que vai ter um filho. Não acha?

— Sim. Concordo. Mas essa notícia teria de ser dada por ela. — Um momento e perguntou: — O que pretende fazer?

— Primeiro, ir conversar com a minha irmã. Se, por acaso, esse casamento for só para o Nícolas não se sentir idiota diante dos outros... Vou dar todo o apoio para a Dri e acabar com essa palhaçada! — exclamou zangado.

— O que vai fazer?

— Se a Adriana estiver casada contra a vontade, vou arrancá-la de lá. Vai ser a primeira coisa a fazer. Depois, ela tem que contar para o Wagner ou para a família dele que está grávida e que o filho é dele.

— E se ela não quiser?

Daniel a olhou nos olhos, suspirou fundo e argumentou:

— Quando sentimos que somos apoiados, criamos forças para enfrentar qualquer circunstância difícil. E eu vou amparar minha irmã.

Ieda sorriu satisfeita.

Conversaram um pouco mais. Tomaram a sopa e ficaram mais descontraídos enquanto comiam bombons de uma caixa que ela havia comprado por aqueles dias no mercado. Brincavam ao escolherem os que consideravam melhores e mais gostosos.

Um barulho na porta da frente e perceberam que Núbia havia chegado. Não estava sozinha.

A irmã de Ieda, duas amigas e um rapaz chegaram à cozinha falando alto e brincando.

Núbia pareceu surpresa ao ver Daniel e disse:

— Ora! Ora! Que honra receber você aqui! Estão jantando?

— Oi — ele disse tão somente.

Sem cumprimentar a Ieda, Núbia foi direto ao fogão e mexeu a panela com a concha.

— Só sobrou isso?! — indagou com expressão de protesto.

— Só. Daria muito bem para você — respondeu a irmã.

— E por que você não fez mais?!

A outra não respondeu.

O grupo parecia esfomeado. As duas moças e o rapaz também foram direto para o fogão olhar o quanto restava de sopa.

Ieda levantou-se. Respirou fundo e fez um sinal para Daniel que a seguiu para a sala.

Ao percebê-la contrariada, ele convidou:

— Vamos lá pra casa. Pegue suas coisas.

— Vou sim. Dá só um minutinho.

Ieda pegou o que precisava e se foram.

Capítulo 18

O socorro à Adriana

Ao chegarem à casa de Daniel, Heloísa os recebeu com expressão preocupada.

— Onde vocês estavam? Fiquei preocupada!

— Passei na casa da Ieda. Ficamos conversando e tomamos sopa — respondeu o filho.

— Deveriam ter ligado — reclamou a senhora.

— Não pensei que fosse demorar — tornou ele.

— Depois minha irmã chegou com os amigos. Por isso precisei vir para cá.

Heloísa afagou o ombro da jovem e disse:

— Deveria se mudar pra cá de uma vez. Assim me faria companhia, principalmente agora que a Dri não mora mais aqui.

— Ela ligou, mãe?

— Que nada. Liguei pra ela, mas acho que saíram. Ninguém atendeu. Ainda bem que se casou com um homem bom. Até a tirou do serviço.

Ninguém sabia que Adriana havia abandonado seu trabalho.

— Ora, mãe! Por favor! Se estivéssemos vivendo em 1.800, isso faria sentido! Nos dias de hoje, é insulto! Estou preocupado com ela.

— Sua irmã está bem.

— É o que quero ter certeza — disse indo à direção do quarto.

Ieda e Heloísa sentaram-se no sofá e a senhora perguntou:

— E a Núbia?

— Nunca muda. Não adianta eu falar. Depois que fuma, usa drogas, se embriaga, fica arrependida. Jura que nunca mais vai fazer isso de novo. Fica desgostosa, mas não toma jeito. A senhora sabe como é. Minha casa não tem quase nada. Ela vendeu a TV, o aparelho de som... Tudo o que pôde. Nem sei quantas vezes precisei comprar botijão de gás porque ela vendeu. O fogão, comprei outro semana passada e de segunda mão, pois não sei por quanto tempo vai ficar lá em casa. No começo, quando eu falava, acabávamos brigando muito. Nós nos pegávamos a tapas. Só me estressava.

— Eu lembro.

— De nada adiantou. — Suspirou fundo, recostou-se no sofá e fechou os olhos. Depois comentou em tom agastado, desgostoso demais: — Às vezes, eu me sinto sem forças. Estou cansada. Quero juntar uma grana, alugar um lugar para eu poder ter minhas coisas mais tranquilas e não trancada a chaves no quarto.

A senhora ficou observando sua fisionomia delicada.

Ieda era uma moça de beleza diferente. Rara. Seu rosto frágil de pele aveludada era contornado por cabelos castanhos compridos, ondulados e bem tratados. Olhos castanhos e cílios longos que os deixavam ainda mais bonitos, por serem puxadinhos. Lábios grossos, em uma boca bonita, que não sorria com frequência.

Somente o som da televisão ligada bem baixinho podia ser ouvido. Até que Daniel retornou à sala e disse:

— O chuveiro está livre.

Ieda se levantou e afirmou:

— Este mês eu pago a conta de luz.

— Ora, menina! Deixa disso! — exclamou Heloísa.

Daniel voltou ao seu quarto. Mexeu em algumas coisas. Depois se sentou na cama e pegou o celular. Ligou para a irmã.

Ninguém atendeu.

Ieda, que saia do banheiro, passava pelo corredor e, pela porta entreaberta, viu o rapaz mexendo no aparelho e perguntou:

— Falou com ela?

— Não. Ninguém atende.

— Quer ir lá? — propôs a amiga.

— Agora? — indagou, duvidoso.

— Por que não? — a moça perguntou em tom de incentivo.

Daniel se encorajou. Levantou-se e disse:

— Dá um minutinho lá na sala que já vou.

— Também vou me trocar — e voltou para o banheiro, pois estava de pijama.

Não demorou e estavam na sala, trocados.

— Aonde vocês vão? — surpreendeu-se Heloísa ao ver as chaves do carro na mão do filho.

— Eu liguei para a Adriana. Ninguém atendeu. Estou achando isso muito estranho. Vou até lá e a Ieda vai comigo.

— Quer que eu vá junto?

— Não, mãe. Qualquer coisa, eu telefono. Fica tranquila.

— Tomem cuidado.

— Pode deixar, dona Heloísa.

No caminho, durante o trajeto, a intensidade da preocupação crescia. Quase não conversaram.

Daniel estacionou o carro em frente ao condomínio com várias torres de poucos andares.

Desceram.

Ao chegar à portaria, o porteiro o reconheceu.

— Vou ver minha irmã — sorriu e disse tão somente.

— Pode entrar — autorizou o homem que já o tinha visto ali muitas vezes.

Apreensivos, Daniel e Ieda entraram e subiram as escadas, pois não havia elevador no edifício.

No terceiro andar, tocaram a campainha de um dos quatro apartamentos.

Nícolas, que esperava por sua irmã, abriu a porta sem perguntar quem era.

— Vocês?!

Percebendo-o assombrado, Daniel colocou um pé na soleira da porta para dentro do apartamento, impedindo-o de fechar.

— Não vai me deixar entrar? — inquiriu sério e firme.

— É que nós já estávamos dormindo.

Embora não usasse de muita força, Daniel precisou empurrar a porta para poder entrar e Ieda o seguiu de perto.

— Cadê minha irmã?

— Ela está dormindo.

— Por que não atendeu as minhas ligações?

Ágil, Ieda passou por entre eles e foi direto para o quarto sem que o dono do apartamento percebesse.

— Saímos o dia todo e chegamos tarde e... — Nícolas tentou dizer gaguejando, mas foi interrompido.

— Daniel!!! — O chamado de Ieda parecia mais um grito de horror do que um simples convite para se fazer ouvir.

O rapaz empurrou o cunhado e foi direto para o quarto. Chegando lá, viu Adriana sobre o leito.

Sua testa estava suada. Febre alta e perdendo os sentidos em alguns momentos. Parecia não se importar com eles ao abrir e fechar dos olhos.

— Dri?! O que foi?! — o irmão perguntou.

— Ela precisa de um médico! Urgente! — Ieda disse assustada.

Daniel virou-se para Nícolas que o seguiu e perguntou, segurando-o pela camiseta:

— O que ela tem?! O que fez com minha irmã?

— Nada! Não fiz nada! Deve ser só uma gripe.

Mais preocupado em socorrer Adriana do que em saber o que estava acontecendo, o rapaz a pegou no colo. Ieda apanhou uma coberta e a envolveu. Lembrou-se de pegar a bolsa da amiga e o seguiu.

Foi preciso descer três andares de escada com Adriana nos braços.

Ieda sentou-se no banco de trás e amparou a amiga em seu peito, enquanto Daniel dirigiu para um hospital.

Horas depois de longa espera, o médico procurou pelo irmão de Adriana e disse:

— Sua irmã nos contou que sofreu um aborto. Neste hospital, estamos com problemas para realizar exames de imagem. Não temos como fazer isso hoje. Ela já foi medicada. A hemorragia controlada. Mas precisará fazer curetagem, que é uma limpeza no útero. Continuar, rigorosamente, com a medicação. Ela nos contou que o aborto foi espontâneo, mas... — o médico pareceu duvidar. — Deverá fazer repouso absoluto. — O médico clínico geral mantinha uma postura austera. Era frio e fazia cara de poucos amigos. Parecendo carregar um fardo pesado demais, completou: — Fiz encaminhamento para outro hospital com especialista.

— Ela está bem, doutor? — Daniel quis saber.

— Ela está estável. Se fizer repouso, tomar a medicação e realizar a curetagem, ficará bem. A hemorragia foi contida, embora ainda ocorra em grau normal. Nem há como examiná-la adequadamente devido a isso. Assim que sair do soro com a medicação prescrita, estiver sem febre, indicando que a infecção está controlada, poderá ir para casa. Procurem, o mais breve possível, o hospital com especialista em ginecologia-obstetrícia sem falta.

O homem não esperou qualquer outra pergunta e se afastou. Havia muitos para serem atendidos.

— Hospital público é uma droga! — reclamou Daniel. — Acho que era caso de internação. Mas vão liberar!

— Foi o que restou! Ela nem tem plano de saúde — Ieda lembrou em tom de protesto.

Precisariam esperar um pouco mais até Adriana ser liberada.

Foram para um canto longe dos demais.

O rapaz figurava uma feição amargurada. A notícia do aborto não lhe agradou.

— Como pôde ter coragem?... — ele murmurou desalentado.

— Não sabemos sob quais circunstâncias o aborto aconteceu. Se foi natural, se ela foi obrigada ou quis realmente fazê-lo. Eu não concordo com o aborto. Sou contra, mas também procuro compreender a fraqueza e o desespero de quem se submete a ele.

— Eu também sou contra — o rapaz concordou.

Ieda o observou por alguns instantes e comentou:

— Fico feliz por você pensar assim. São poucas pessoas, hoje, que tem um posicionamento a respeito do assunto.

— Todas as pessoas que apreciam a vida deveriam ser contra o aborto. Afinal, elas não iriam querer ter suas vidas ameaçadas por isso enquanto embrião ou feto. Eu não gostaria. Adoro a vida, apesar das dificuldades.

Silenciaram.

Estava mais frio a cada hora. Daniel percebeu que Ieda, usando uma blusa fina, abraçava os próprios braços esfregando-os de vez em quando.

Ele se aproximou e colocou seu braço sobre seus ombros e a puxou para si.

A amiga riu e disse:

— Com licença, mas preciso te abraçar — envolveu-o pela cintura, colocando seus braços por baixo de sua jaqueta, que estava aberta, e recostou o rosto frio em seu peito.

O rapaz a abraçou, procurando aquecê-la. No momento seguinte, tirou a jaqueta e a fez vestir, mesmo contra sua vontade.

Apesar de vê-la agasalhada, ele a abraçou novamente e ela recostou o rosto em seu peito, enquanto sentia a mão do rapaz cobrindo sua orelha como se fosse um carinho. Achou isso tão confortante.

O ambiente hospitalar não era agradável e o vento gelado que soprava por aquele corredor, deixava uma sensação ainda pior.

Era madrugada quando Adriana foi liberada com um encaminhamento para procurar um hospital com especialista.

Estava entorpecida por medicamentos fortes. Praticamente, não conversou.

Ao chegar a casa de seus pais, sua mãe se surpreendeu:

— O que ela tem? O que foi que aconteceu?

Como contar? Foi a pergunta que Daniel não sabia responder.

— A Dri não passou muito bem e nós a levamos ao hospital — disse Ieda. — Ela precisa descansar, dona Heloísa. Tomar medicamentos fortes para a febre não voltar.

Enquanto amparava a filha, que caminhava com dificuldade, a mãe perguntou:

— Mas o que aconteceu? O que ela tem?

Já no quarto, Adriana atirou-se na cama. Ajeitou-se e nada respondeu. Lágrimas correram pelos cantos dos olhos. Afundou a cabeça no travesseiro, quando se virou para a parede, não deixando que ninguém percebesse.

— Dá para me dizerem o que ela teve? — inquiriu a senhora.

Daniel e Ieda se entreolharam e o filho comentou:

— Ela teve uma hemorragia. Parece que perdeu o bebê.

— Ah, meu Deus! Ela nem nos contou que estava grávida!... Era de poucos dias, né filha? — Não houve respostas. — E o Nícolas? Deve estar triste, né? — Passou a mão nas costas da filha e decidiu: — Vou fazer um chá para você — saiu do quarto.

Sentando-se na cama, afagou as costas da amiga, que experimentava uma onda gigantesca de amargura e arrependimento.

Ieda e Daniel se entreolharam. Não sabiam o que dizer.

Uma névoa de tristeza pairava no ambiente. Era a energia pesarosa do ato cometido.

Mesmo sem se ter a visão ou a ciência do que aconteceu no plano espiritual, podia-se sentir a vibração de comoção.

Adriana, encolhida sobre a cama e sob o efeito de medicamentos, chorou e dormiu antes de tomar o chá.

O espírito Dione, sua mentora, ajudou-a no desdobramento, que é a emancipação da alma do corpo, que ocorre enquanto se dorme.

Ao abrir os olhos da alma e reconhecer a mentora, Adriana jogou-se em seus braços e chorou muito.

— O que eu fiz? Eu não podia ter feito isso... — lamentou muito. — Agora é que vejo o quanto errei... O que fiz da minha vida... Da vida do meu filhinho...

Seu pranto forte era comovedor. Tanto que, em alguns momentos, passava as vibrações para o corpo que soluçava e chorava.

— Será difícil me entender agora, querida. Mas, preciso te dizer que o arrependimento é a primeira coisa boa que nos acontece depois de um deslize. Aquele que se arrepende é o que pega a sua cruz e segue Jesus. Enquanto esteve voltada somente para as suas preocupações, não se dedicou à prece, não se religou ao Pai e, por isso não atendeu aos apelos espirituais que a orientavam. A ausência de oração e de religiosidade não nos deixa receber os influxos vibratórios de coragem e discernimento para perseverar no bem, independente das dificuldades.

— Eu não queria fazer isso... Você sabe que não queria — lamentava. — Mas... Depois de tantas brigas com o Nícolas... Ele me bateu... Me chutou... Eu errei. Não devia ter me casado. Deveria ter assumido o meu filho sozinha. Deveria ter esperado o Wagner ou a família dele fazer contato... Ai... — chorava. — O que faço agora?

— Calma.

— Não tem como ter calma! Minha vida acabou. Eu deveria ter morrido. Minha vida não faz mais sentido.

— Vai fazer sentido, se você aproveitar essa situação — disse Dione, mas a outra não lhe dava atenção.

— Não... Não quero mais estar casada com o Nícolas. Como vou me olhar no espelho e saber que matei um filho? Tudo acabou. E o Wagner? Se ele ficar bem, como vou encará-lo e dizer que matei o filho dele?

— Aqui, neste estado de emancipação do corpo físico, você tem algum conhecimento. Eu não posso deixar de dizer que o aborto, assim como o suicídio, são os maiores crimes que a criatura humana pode cometer. A dor e o sofrimento são imensuráveis, mas não eternos. Você precisará reverter esse ato de alguma forma. Nesta ou em outra experiência de vida. Enquanto não harmonizamos nossos erros, não evoluímos.

— De que jeito? Como é que vou conseguir reverter o que fiz?

— Quando responder essas perguntas e aliviar seu coração — disse a mentora.

— E como ele está? Posso ver meu filhinho?

— Ele foi socorrido. Precisa de tratamento apropriado. Você não pode vê-lo. Não agora.

Em meio ao choro, Adriana perguntou:

— Ele sofreu?

— Como todo abortado. Agora você precisa se recompor. Terá de se recuperar logo. Haverá muito o que fazer. Pense em cuidar de você e da vida que foi confiada aos seus cuidados.

— Serei capaz de cuidar dela?

— Se lhe foi confiada, sim.

— E o Wagner?

— Está sendo cuidado. Ele precisa reagir.

— Como vou dizer isso a ele?

No plano espiritual, tempo e espaço não existem como os encarnados o percebem no plano físico. Toda essa conversa aconteceu em questão de segundos.

Adriana começou a chorar mais ainda.

Daniel acordou com o choro da irmã e imaginou que seria melhor acordá-la.

Levantou-se. Acendeu o abajur que ficava entre as camas. Sentou-se ao lado dela e a balançou com delicadeza.

— Dri... Tá tudo bem. Acorda.

Um suspiro fundo e Adriana se sobressaltou.

Sentou-se na cama e, ao olhar o irmão, abraçou-o com força e chorou.

O rapaz a afagou e pediu:

— Calma. Está tudo bem.

— Não. Não está não — lamentou com um murmúrio em meio ao choro. — O que eu fiz? O que foi que eu fiz? — chorou ainda mais.

— Agora está feito, Dri. Não dá para voltar atrás — falou firme.

— Eu errei... Ai... — chorava, inconformada e arrependida.

— Calma ou vai chamar a atenção da mãe.

Adriana estava em desespero. O remorso era expresso em lágrimas. A dor do arrependimento tornou-se um monstro cruel que esmagava seu coração.

O tormento da culpa nos pensamentos é o pior castigo que podemos enfrentar. Porém, o arrependimento é o início do refazimento na jornada da evolução.

O irmão a envolveu com um abraço e ela chorou de culpa e dor até adormecer novamente.

A manhã seguinte estava úmida e fria. Bem atípica para aquela época do ano.

Pálida, Adriana abriu os olhos melancólicos, parecendo mais envelhecida e triste do que em qualquer outro dia de sua vida.

Havia um peso no ar. Era a lembrança densa e medonha do que havia feito.

Olhou para o lado e viu o copo com água e os comprimidos que deveria tomar com as caixinhas dos remédios escritas a caneta com os horários corretos das medicações.

Por um instante, achou que havia acordado de um pesadelo. Mas não. Despertou dentro dele.

— Bom dia — desejou a voz doce e ainda rouca de Ieda ao empurrar a porta entreaberta. Ofereceu um leve sorriso, que não foi correspondido. — Tudo bem? — perguntou, sentando-se na cama ao lado da amiga. — Está melhor?

Adriana engoliu a seco e sentiu as lágrimas quentes brotarem em seus olhos. Encarando-a, respondeu com voz fraca:

— Fisicamente sim. Mas... — Em tom de lamento, falou bem baixinho: — O que foi que eu fiz?...

— A primeira coisa que precisa é se refazer. Ficar bem fisicamente.

— Ieda — olhou-a com uma feição piedosa e inconformada. Queria dizer algo, mas não sabia como se expressar.

— Você vai precisar ir a um especialista. Será necessário fazer a curetagem. Sabia disso?

— O médico me disse. Estou com medo.

— O arrependimento é o primeiro passo para um novo começo. Tristes daqueles que ainda não se arrependeram do que fizeram contra a natureza, pois estão longe do caminho de refazimento e harmonização.

— Eu sei que você entende muito sobre espiritismo... O que me diz sobre o aborto?

— Nenhuma religião ou filosofia digna é a favor do aborto. Ele sempre traz consequências tristes. Mas eu acredito que toda a desarmonia que causamos, podemos, imediatamente, começar a harmonizar.

— Neste caso, como?

— O arrependimento sincero já é um começo. Quando o experimenta verdadeiramente e deseja, de coração, consertar o que desajustou, tudo conspira para que se refaça e harmonize a situação.

— É muita dor. Estou vivendo um momento medonho... Sombrio — calou-se.

Se a sombra que vivemos é grande, devemos ter certeza de que a luz que a projeta é maior. Todos nós temos a própria luz. Adriana ignorava isso.

Ieda acreditou que aquele não seria um bom momento para falarem sobre aquele assunto. A amiga precisava se refazer, por isso pediu:

— Tome os remédios. Está na hora. — Observou a outra a obedecer automaticamente e perguntou: — Você consegue levantar ou quer que eu te traga o café aqui?

— Consigo levantar.

— Então, venha — e a amparou para que se levantasse.

Adriana foi ao banheiro e depois para a cozinha.

— Bom dia, filha. Você está melhor?

— Bom dia, mãe. Estou bem.

— Trouxe pão quentinho. Tinha essas broas de milho. Comprei porque sei que você gosta.

Heloísa serviu café com leite na xícara da filha. Tratava-a com carinho e bondade.

Percebeu sua fragilidade e abatimento. Não imaginava a realidade por trás de tudo aquilo.

Daniel chegou à cozinha, cumprimentou a irmã e perguntou:

— Melhorou?

Ela respondeu com um aceno de cabeça. Seus olhos ficaram marejados e não quis falar para não chorar mais. Estava muito sensível.

— Calma, filha. Isso acontece. Deus sabe o que faz — disse a mãe tocando-lhe a mão que estava sobre a mesa.

Adriana não resistiu e chorou.

Daniel e Ieda se entreolharam. Sabiam o real motivo do choro.

Jaime entrou na cozinha. Ele já sabia, por sua esposa, o que tinha acontecido.

Inesperadamente, o homem, que sempre foi rude, curvou-se e beijou a filha na testa e afagou-lhe as costas.

Adriana, num impulso, abraçou-o pela cintura e recostou o rosto em seu peito.

Sem palavras, o pai a acarinhou, depositando, naquele gesto, toda a generosidade que nunca havia expressado.

A filha chorou mais ainda.

Momentos depois, o pai, com voz rouca e grave, aconselhou:

— Toma o café que sua mãe fez pra você. Precisa ficar forte. — Vendo-a afastar-se do abraço, o homem se sentou ao seu lado. — Isso acontece. Mas... Onde está o Nícolas? Ele não deveria participar disso também?

Heloísa se remexeu e também quis saber:

— É mesmo. E ele?

Para não ver a irmã submetida a interrogatório, naquele momento, Daniel comentou:

— Ontem eu discuti com o Nícolas. Acho que ele não gostou. Chegamos lá e a Adriana não estava passando bem. Achei que deveria ir ao médico, mas ele achou que não precisava porque já tinham ido. Então discutimos. Decidi pegar a Dri e levá-la ao hospital. Fiz isso e não falei mais com ele.

— Fez muito bem! — exclamou o pai. — Se tá doente tem que ir no médico logo. Mesmo que já tenha ido. Se não melhorou, tem que voltar. Mas ele deveria tá aqui com você.

— O Nícolas deve ter ficado triste com a perda do bebê. Coitado — Heloísa disse.

— Não. Ele não ficou triste. Podem ter certeza disso — respondeu Adriana sem encará-los.

— Está acontecendo alguma coisa, filha? — perguntou o pai.

— Está... — chorou. — Está sim. Mas agora não é um bom momento para falar nisso. Eu preciso de um tempo.

Sentado à mesa a sua frente, o irmão lembrou:

— Você precisa ir ao médico o quanto antes. Sabe disso.

— Sei. Mas hoje é sábado.

— Não encontramos qualquer cartão de plano de saúde em meio aos seus documentos. Você tem algum plano? — tornou ele, mesmo sabendo que não.

— Não — respondeu constrangida.

Ieda, que ouvia tudo calada, sugeriu:

— Seria bom ir a um médico particular para agilizar a consulta, exames ou qualquer procedimento. Hospital público demora muito.

— O que ainda precisa ser feito? — Heloísa quis saber.

— Procedimento de limpeza do útero, feito em casos como o dela — respondeu a amiga. — Um bom médico ginecologista tem condições de realizar esse procedimento no próprio consultório.

— Vou dar um jeito. Ainda tenho dinheiro guardado e... — Adriana disse desanimada.

— Eu te arrumo dinheiro. Não se preocupe com isso — afirmou Daniel. — Só não conheço nenhum médico bom. Não entendo disso.

— Eu conheço um ótimo médico. Podemos ligar para ele na segunda-feira — propôs Ieda.

— Não é um procedimento que precisa ser urgente? — Heloísa indagou.

— Não tão urgente. Mas precisa ser feito logo. Foi isso o que o clínico geral disse — respondeu o rapaz.

— Filha, come a broa de milho — ofereceu a mãe.

— Não. Obrigada. Não estou conseguindo comer.

— Então, toma um pouco mais de café com leite — sugeriu o pai.

— Não. Obrigada — respondeu, levantando-se. Ajeitou o roupão e seguiu em direção ao quarto.

Preocupada e sem dizer nada, Ieda a seguiu.

Aproveitando-se da ausência da filha, Jaime comentou:

— Não sei não. Essa história num tá me cheirando bem. Pro Nícolas não tá aqui, é porque não tá se importando com ela.

— Vai ver tiveram alguma briguinha — suspeitou a mulher.

— Brigar depois de quinze dias do casamento! Se brigaram, essa briga foi mais feia do que imaginamos. Pra ele não tá aqui com ela nem se importando... — tornou o senhor. Depois pensou e quis saber: — Então, pra perder o nenê ela casou grávida. Não casou?

— Não! Acho que não — defendeu Heloísa.

— De quanto tempo ela tava? — tornou Jaime.

Ambos olharam para Daniel que se sentiu na obrigação de responder e justificou:

— Eu não sei de nada! Só fiquei sabendo da gravidez ontem. — Breve pausa e contou: — Mas pude perceber que ela e o Nícolas não estão se entendendo direito.

O filho tomou o último gole de café que restava na xícara e se levantou.

Não gostaria de ouvir qualquer outra especulação sobre o ocorrido.

Capítulo 19

Wagner encontrando sua mãe

Wagner não conseguia entender a leveza que sentiu ao abrir os olhos e observar a tranquilidade existente a sua volta.

Havia uma calma impressionante. A claridade perfeita não agredia sua visão.

Percebeu um vaso com flores brancas, pareciam ser rosas, sobre um móvel da mesma cor.

Pôde ouvir passos suaves e compassados vindos a sua direção.

De imediato, não conseguiu reconhecer, mas, com a aproximação, teve certeza.

O rapaz alargou o sorriso e sentiu uma alegria indescritível.

— Vovó... Vovó Maria... — balbuciou. Experimentou estranheza na voz, assim como na visão. Tudo era diferente.

— Meu querido! Despertou enfim!

Wagner foi envolvido por uma emoção que não saberia descrever. Precisou se controlar ou choraria.

Remexeu-se e teve um pouco de dificuldade para se sentar.

— Vovó, a senhora aqui? — estendeu-lhe as mãos.

— Quem você gostaria de ver? — sorriu e o abraçou de forma maternal. Beijou-lhe a testa e apertou-o contra si por alguns instantes. O rapaz, escondendo o rosto no abraço, chorou escondido. — Quanto tempo, meu querido... Eu desejaria que pudesse me perceber.

Afastando-se um pouco e recompondo as emoções, o rapaz disse, após organizar as ideias:

— Mas... vó!... A senhora!... A senhora já morreu!

— A morte não existe, Wagner. Deixa disso.

— Então eu morri também! — deduziu.

A senhora sorriu ao responder:

— Ainda não.

— Eu sofri um acidente. Lembro que estava indo para casa... Minha mãe, a Celine e a Sabrina estavam comigo no carro. Disso eu lembro. Eu e minha irmã discutíamos... Tudo fica confuso, mas ainda lembro de ver alguma coisa, a traseira de uma carreta. Eu acho... E um barulho, a batida... Vó! Eu morri!

— Não, menino! Como disse, ainda não!

— E minha mãe? — perguntou, experimentando medo.

— Está melhor do que você. Sem dúvida — riu. — Ela já veio te visitar.

— Além de mim, alguém se machucou?

— A Celine se feriu um pouco, mas já está em casa. A Sabrina ficou revoltada com o acidente. Pobre menina...

— Ela se feriu muito? — ele quis saber.

— Sabrina e sua mãe não sofreram nada. Mas reagiram de modo muito diferente. Sabe o que é, meu filho — contava com delicadeza —, o conhecimento, a moral e boas práticas dizem muito quando uma coisa assim acontece. Sabrina era uma moça que vivia de ilusões. Era imatura e achava que vivia encarnada a passeio — sorriu.

Demorou alguns instantes para Wagner organizar os pensamentos e perguntar.

— Vivia encarnada?! — Como assim vó?!

— Vivia. Agora vive, mas só que em outro plano. Assim como eu — sorriu de modo sereno.

— A Sabrina morreu?!

— Não. Ela fez a passagem. Desencarnou. Deixou de viver encarnada. Mas está vivinha da silva!

O rapaz sentiu-se mal e a senhora sabia disso.

— Ora, menino! Deixe disso! — falou mais séria.

— Eu matei a Sabrina...

— Não. Não matou a Sabrina nem sua mãe. Elas continuam vivendo — disse firme, com todas as letras, e o observou.

Wagner ergueu o olhar e balbuciou:

— Minha mãe? Ela?... Não vó! Não é possível... Onde está minha mãe?

— Nesse momento recebe instruções. Ela está ótima! — sorriu. — Estou orgulhosa de minha filha. No instante do desencarne, Ifigênia só pensou em ajudar você, sua irmã e a Sabrina, que ela não sabia que havia desencarnado. Você tinha que ver! — falou animada e de um jeito engraçado. — Ela se levantou e correu para ajudá-los. Foi graças a isso que o encontraram e a sua situação não ficou pior. Se tivessem demorado em te socorrer... Sua vontade, seu amor por você e sua irmã foram tão intensos que Ifigênia pôde ser vista e avisar os bombeiros onde encontrá-lo. Só depois percebeu que tinha desencarnado. Assim que chegou aqui, estava ótima! Aí correu para o meu abraço... Melhor ainda... Deixou-se socorrer. Olha, ela se adaptou bem e, como vocês dizem, ficou numa boa! — riu.

— Mas, vovó, se estou aqui... Então eu também morri!

— Não. Você está em coma e há bastante tempo. Foi trazido para cá, um hospital espiritual, para se recuperar melhor e mais rápido. É como quando se está dormindo. Deixa-se o corpo e vai para junto de tudo o que o atrai ou para onde se quiser, quando se tem domínio. É parecido com o estado de sono. Não pode se demorar muito por aqui. Precisa acordar logo. Seu corpo de carne necessita despertar o quanto antes para não ficar com sequelas comprometedoras.

— Por que vim para cá?

— Por merecimento. Inconformada, a Sabrina, agora espírito, ficou por muito tempo ao seu lado no leito do hospital. O que ela dizia perturbava sua consciência. Por isso o trouxemos. Daí que, quando a mãe dela o visitou no hospital terreno, Sabrina a seguiu e foi para a casa dos pais.

— Por que alguém não diz que ela morreu e a traz para cá junto com minha mãe e a senhora?

— Não é assim que funciona, meu querido. A Sabrina não eleva os pensamentos. Crê em Deus da boca pra fora. Achava que ir à igreja, rezar o terço eram suficientes. Sabe, no silêncio, pensando tudo o que é bom e justo, tudo o que é saudável e honesto, estamos mais ligados a Deus do que quando fazemos preces repetitivas, de palavras ao vento. — Um momento e contou: — A Sabrina, pobre moça, foi socorrida, mas perdeu o controle. Desesperou-se. Não atendia as solicitações dos socorristas. Acabou vendo o corpo que pertenceu a ela. Queria acordá-lo. Xingava e ofendia os socorristas encarnados. É... como chama mesmo? — Pensou: — Bombeiros! Sim! Os anjos terrenos, como alguns são chamados. Os abençoados bombeiros. Daí, ela viu você e o seguiu para o hospital. Ficou dias lá te importunando. Acusando. Então, depois, seguiu a mãe e foi para a casa dos pais.

— Como ela está?

— Trancada no próprio quarto.

— Como? — ele não entendeu.

— Uma pessoa da família foi ao quarto que pertenceu a ela e Sabrina a seguiu. A pessoa saiu do quarto e ela ficou presa lá. Acredita que precisa usar a porta, mexer a maçaneta para a porta abrir, o que nunca vai conseguir. Está se sentindo fraca, pois ainda acha que necessita da alimentação terrena. Experimenta sofrimento físico, por causa dos machucados do acidente.

— Mas, vó! Alguém precisa ir lá falar com ela!

— Pensa que Sabrina é o único caso assim? Quanto engano, Wagner! Amparo ela tem. Seu mentor está diuturnamente ao seu lado, embora ela não o veja. Isso acontece por causa de sua revolta. Ódio, raiva, contrariedade, por maldizer sobre as pessoas, sobre as experiências de vida... Ela vai ver seu mentor e sair dessa condição somente quando cansar de sofrer e se recolher em prece verdadeira, ser humilde, pedir socorro e se lembrar de Deus. Nem você nem ninguém vai conseguir ajudá-la. O mentor dela já tem esse encargo.

— E minha mãe? Gostaria de vê-la.

— Vai ver. Ela não vai demorar.

— Vó, eu desmanchei o noivado com a Sabrina. A senhora deve saber. Nós discutíamos dentro do carro. Acho que foi por isso que o acidente aconteceu. Eu fui imprudente e... — disse triste.

— Não, filho. Aconteceu porque tinha de acontecer. Embora sua irmã tenha toda a parcela de responsabilidade.

— A Celine?!

— Sim. Ela tirou sua atenção da direção e diminuiu os seus reflexos quando bateu em sua cabeça, como se te desse um tapa, com o celular na mão. Não se lembra?

— Sim... Agora estou lembrando...

— A Celine é quem precisa assumir a responsabilidade de seus atos. Você só dirigia.

— De certa forma, vou viver com a culpa de minha mãe e a Sabrina terem morrido quando eu dirigia.

— Você vai conseguir trabalhar isso em sua consciência. Aconteceu o que precisava acontecer. Se houve culpados, foi quem deixou a carreta mal estacionada e sem sinalização e sua irmã pelos desejos cultivados há séculos.

O rapaz não prestou atenção ao que ela disse no final e perguntou:

— Estou em estado de coma há muito tempo?

A senhora riu e comentou:

— O tempo é algo muito relativo. Não se preocupe com ele. Porém, não precisa fazer hora por aqui — riu e ele achou graça. — Você tem muito ainda o que fazer.

— E a Adriana?! — lembrou-se num sobressalto. — Vó, eu conheci uma moça e... Foi por ela que terminei meu noivado. Estou preocupado com ela, vó!

— A Adriana cometeu um deslize bem sério ao anular uma existência confiada aos seus cuidados. Isso vai colocar em prova sua alma, sua vontade e seu empenho. Lamentações não resolvem problemas. Precisamos de ações. Deus é bom e, muitas vezes, nós nos surpreendemos quando Sua bondade nos oferece a oportunidade de prosseguir. Você vai ficar triste com a Adriana.

— Eu? Ficar triste com ela? — riu e duvidou.

— Vai. Vai sim. Mas será uma das pessoas capazes de ajudá-la e perdoar-lhe.

— Perdoar à Adriana? Como assim?

— Vai saber. Mas, em meio a isso, receberá uma bênção — sorriu bem alegre.

— Não estou entendendo nada, vó. Do que a senhora está falando?

— De sua filha.

— Filha?! — sorriu incrédulo.

— Sim. Sua filha sobreviveu. Existe muito empenho para que ela prossiga.

— Que filha, vó? — riu novamente.

— Vocês teriam um lindo casal de filhos. Mas... O menino não poderá vir, não junto com a menininha, nesse momento.

— Ei, vó! Do que a senhora está falando? — sorriu sem entender.

— A Adriana está grávida!

Wagner ficou sério. A sombra de uma preocupação pairou em seu rosto de fisionomia agradável.

— Mas é que... — tentou dizer algo. Não conseguiu formular a frase. Logo lembrou: — Ela ia se casar, vó.

— E se casou.

— Como se casou?!!! — reagiu.

— É por isso que você precisa voltar logo. Não fique fazendo hora por aqui, menino!

— Não! Não! Não, vó! Espere. A Adriana não pode ter se casado. Ela ia terminar tudo. Ela terminou o noivado, não foi?

— Sua ausência e as circunstâncias enfrentadas com o noivo a deixaram insegura com a gravidez. Sem coragem de assumir tudo sozinha, decidiu se casar, mesmo sabendo estar grávida de você.

— Ela sabe que os filhos são meus? — ficou sério por um instante. — Estou confuso. Nem sei o que perguntar — franziu o rosto e passou a mão pela testa.

— Quer saber se ela tem certeza de que ficou grávida de você? Sim. Isso ela tem. Mas, por covardia, cometeu sérios enganos. E você precisa ajudá-la. Afinal, ela não foi irresponsável sozinha.

— Como vou poder ajudar, se agora ela está casada?! — enervou-se.

— Não sei. Isso é você quem vai ter de descobrir. Mas para isso precisa acordar.

— Estou ficando ansioso, vó! Preocupado demais!

— Ótimo! — sorriu animada. — Um pouco de adrenalina naquele seu corpo estropiado vai ajudar! — gargalhou com gosto.

Wagner a olhou por um tempo e disse em tom de reclamação:

— Olha vó, a senhora não era assim.

— Aprendi muito, meu filho. Aprendi que: a vida deve ser mais leve, mais suave e com muita responsabilidade.

— E é possível viver com responsabilidade e leveza?

— Mas é lógico que é! Sabe aquela frase do Mestre Jesus em que diz: "Seja o seu falar sim, sim. Não, não".

— Sei.

— É isso. Precisamos ter conhecimento e ter posicionamento. Quando temos conhecimento, sabemos o que é bom, útil e necessário para a nossa evolução. Então, só resta dizer: sim ou não. A dúvida, a ignorância e a falta de posicionamento, a falta de uma opinião firme, geralmente, nos metem em encrencas.

A aproximação de alguém chamou a atenção de ambos.

Sorrindo, Ifigênia chegou ao lado do filho com os braços já estendidos para um terno abraço.

— Mãe... — murmurou o rapaz.

— Meu filho... — envolveu-o com carinho.

Ficaram assim por longo tempo. A emoção foi inevitável.

Ela se afastou um pouco, mas continuou acariciando o rosto do rapaz algumas vezes.

— Mãe, a vó me contou que a senhora...

— Não morri não — falou emocionada. — Estou aqui. Não está vendo?

— Mas não pode voltar para casa — expressou-se com um toque de tristeza e emotividade.

— Estou aprendendo que preciso viver de uma forma diferente agora. Poderei visitá-los, sabia? — sorriu.

— Eu fui culpado. Estava dirigindo e... — sentiu um peso de culpa misto à grande dor.

— Não, Wagner! Você não teve culpa. Iria acontecer, filho. Havia chegado a minha hora. Se não fosse ali, naquele carro, seria em outro. Mas, de certo, aconteceria por aqueles dias.

— Como vou viver com isso, mãe?

— Tudo vai ficar claro para você. Um dia, vai. Precisa se espiritualizar mais, meu filho.

— A senhora está falando igual à Hilda.

— São os chamados. Hilda é uma criatura muito boa. Foi uma mãe muito prestimosa para você e suas irmãs. É uma pessoa querida que soube me perdoar.

— Do que a senhora está falando?

— Que ela tem toda a razão. Hilda já foi sua mãe no passado. E você precisa dar mais atenção ao seu lado religioso. Ninguém é completo quando não investe em si. Em todos os sentidos. Ela poderá te ajudar a encontrar um caminho nesse sentido, principalmente agora. Você e sua irmã precisam de espiritualização.

— Estou confuso. A vó me disse que a Adriana está grávida e que se casou!

— Estou sabendo. Mas você, seguindo um caminho de retidão, será guiado para fazer o melhor.

— Eu sempre segui um caminho reto.

— Enchendo a cara como fez algumas vezes em seu apartamento? — perguntou a avó sem trégua. — Ora, meu filho! Pensava que não estava fazendo mal a ninguém, né?! Mas já estava fazendo mal ao corpo que lhe foi emprestado por Deus!

— Olha, vó... Veja bem...

— Filho — tornou Ifigênia —, eu não tenho muito tempo aqui. Preciso ir. Cuide de você. Sempre que possível, oriente sua irmã. Não somos criaturas perfeitas, mas encarnamos para sermos melhores do que já somos, pois isso nos trará paz e não existe nada melhor do que ter paz. — Beijou-lhe a testa e disse: — Agora preciso ir. Cuide-se.

—Mãe... — Wagner se emocionou. — Mãe... Me desculpa... Me perdoa, mãe...

— Do quê? — indagou emocionada e sorrindo.

— De tudo... — lágrimas correram em seu rosto.

Ifigênia tornou a beijá-lo na testa e a abraçá-lo.

Em seguida, despediu-se:

— Não há o que te desculpar. Um dia, saberá a razão de ter sido assim. Fica com Deus, meu filho.

Afastou-se lentamente e se foi.

Olhando para a senhora, Wagner perguntou:

— E agora, vó?

— Agora vê se volta e acorda. Não tem mais nada a fazer aqui. Seu mentor está te esperando lá.

— Como?

— Não está com sono?

— Estou.

— É seu corpo chamando. Quem sabe, vai retornar do coma. Precisa desejar isso. Precisa voltar logo.

Ela o envolveu com um abraço e o rapaz se entregou a um sono irresistível. Nem ouviu a prece sentida da avó.

No mesmo instante, no hospital onde Wagner estava internado, uma enfermeira prestava seus cuidados e conversava com ele.

— Agora vamos te barbear. Vai ficar com uma aparência bem melhor. Quando sua família chegar, vão dizer: Nossa! Como ele está bonito hoje! — arremedava uma voz diferente, parecendo imitar outra pessoa. Após alguns minutos, disse: — Prontinho. Está ficando bem melhor. Vamos pentear esse cabelo ou o que sobrou dele desse lado. Que aliás, está precisando de um corte. Está torto. Mas não tem problema. — Falou como se sussurrasse: — Eu tirei os espelhos daqui para não ver — riu. Ajeitou-o na cama e arrumou o lençol que o cobria, colocando o braço do rapaz em posição que acreditava ser mais confortável. — Está precisando fazer academia, hein! Vejam estes músculos — admirou-se. — Precisam ser tonificados. Não acha?

— Falando sozinha, Sônia?

— Bom dia, Alice! — cumprimentou a outra com jeito alegre. — Não. Não estou falando sozinha. Estou dizendo ao Wagner que ele precisa fazer academia. Os braços estão perdendo o tônus muscular.

— Ela tem razão, Wagner. Trate de se levantar logo daí e se cuidar — disse a outra enfermeira em tom igualmente alegre. — Um rapaz bonito e jovem, como você, precisa viver a vida! Onde já se viu ficar trancafiado em um quarto como este? — Virando-se para a amiga, indagou: — Perguntou a família de qual música ele mais gosta?

— Perguntei. A irmã disse que ia ver e trazer para colocarmos um pouquinho pra ele ouvir.

— Tem de ser o que ele gosta e, mesmo assim, bem pouquinho. Vai que ele não aprecia e fica irritado.

— Verdade. Aí ele levanta só para dar bronca na gente — tornou Sônia em tom alegre. Voltando-se para a amiga, comentou em tom mais ameno: — É um moço tão bonito, não é?

— É sim. Tem a idade do meu filho — respondeu Alice.

— Foi um acidente muito grave. A irmã contou que a mãe e a noiva dele morreram. E ainda mais gente do outro carro.

— Sônia, você ainda sente aquele perfume neste quarto?

— Sinto. Ele recebe visitas espirituais tão boas... Seu semblante fica mais sereno. Eu gosto de ficar aqui nessas horas — sorriu. — Sinto uma coisa tão boa.

— Você chega a ver, Sônia? — a amiga quis saber.

— Não. Sinto que tem amigos e parentes dele aqui. Sabe que, outro dia, a irmã mais velha esteve aqui e também sentiu o perfume. Perguntou se era meu — riu.

— Eu sinto um bem-estar muito grande quando estou aqui. Tem alguns pacientes que a gente quer sair de perto correndo. Dele não.

— Prontinho! — riu. — Agora você está de banho tomado, com roupa toda limpa e alimentado. Tá certo que esta sonda aí não deixa sentir o gosto de nada. Mas, — sussurrou de um jeito engraçado — à noite te trago uma pizza sem que ninguém saiba. Viu? — sorriu e o afagou com carinho.

— Tchau, Wagner! — disse Alice.

— Até daqui a pouco, meu querido. Eu volto pra ver se você se comportou bem.

As enfermeiras se foram.

Elas não sabiam que o rapaz pôde ouvir toda a conversa. Tentou se mexer, mas não conseguiu. Não demorou e caiu, novamente, em sono. Não se lembraria daquilo quando acordasse.

Longe dali, Hilda recebia Lídia em sua casa.

Sentadas no sofá da sala, a amiga perguntou:

— Precisei vir aqui para saber como você está. Não atende ao telefone nem responde aos meus recados.

— Desculpe-me. Não estou em meus melhores dias.

— E quando é que vai estar? — Não houve resposta e Lídia propôs: — Vamos sair, ir ao *shopping*, tomar um café?...

— Não me sinto bem para isso. Tudo o que vou fazer ou tudo o que vejo me faz lembrar o ocorrido. Não estou com ânimo para nada.

— Entendo. Sei muito bem como é. Se vai assistir a um filme, tem cenas de traição. Se vai ver uma novela, tem uma trama de amiga que traiu a outra com o marido ou namorado. Se vai para a internet, encontra postagens com sátiras sobre traição... E tudo sem qualquer intuito benéfico ou que levante seu moral. Tudo na gente dói.

— Você usou a palavra certa. Dor. Tudo dói. Ver uma cena sedutora me mostra o quanto não sou mais jovem e bonita. Ouvir certos assuntos sobre pessoas que não são confiáveis, me agride. Um filme, uma novela, um comercial me entristecem quando vejo cenas ou enredos de traição ou falando de mulher fácil.

— Sei como é. Sei muito bem.

— Então fico triste, desanimada e acreditando que poderá acontecer novamente. Fico sentindo uma coisa...

— Sente uma expectativa, esperando pegá-lo novamente em um ato ou suspeita de traição.

— Sim, Lídia. Você sabe como é. Isso tudo me deixa aflita, ansiosa e, ao mesmo tempo, sem vontade, sem ânimo.

— E como estão as coisas entre vocês dois?

— Tem hora que eu não aguento e acabo jogando na cara do Agenor tudo o que ele fez.

— E ele?

— Na maioria das vezes, não diz nada e sai de perto. Em outros momentos, reage. Quando eu faço isso, acabo me arrependendo — Hilda confessou.

— Você se arrepende porque se magoou. Quando faz isso, quando joga na cara dele o que ele fez de errado, você se fere, se maltrata. À medida que parar de acusá-lo, vai se sentir melhor. — Breve pausa e disse: — Hilda tudo isso foi uma lição aprendida. Você, assim como eu, foi traída pela pessoa em quem mais confiava na vida: seu marido. Aliás, por duas pessoas em quem confiava: o marido e a amiga. Entenderá, aos poucos, que quem não teve valor foi ele e não você. Estará mais esperta e se, acontecer novamente, vai pegar, vai saber. Não será mais enganada por ele nem por ninguém.

— Não vou aceitar isso novamente. Eu me separo dele. Já está sendo difícil desta vez, o que dirá uma segunda! Minha autoestima acabou... Como acha que me sinto?

— Sei exatamente como se sente. Mas te digo, amiga, se você se valorizar, se admirar, se tratar bem, der importância a você, não ficará esperando reconhecimento nem valorização de mais ninguém. Esperar valorização de outra pessoa é ser submissa e dependente. Olhe para você, Hilda! Uma mulher que sempre foi guerreira! Trabalhou, construiu uma casa, criou filhos e formou todos!

— E fui traída... — murmurou.

— Foi porque o Agenor foi um fraco e incompetente, assim como o meu marido. O Márcio se renovou, mostrou-se capaz de me proporcionar uma vida melhor e mais segura ao seu lado, em todos os sentidos. O Agenor vai ter que fazer algo semelhante para te provar o mesmo. Ele vai ter de se empenhar para que sejam felizes e tudo isso não passe de uma experiência amarga, difícil, mas possível de ser superada com dedicação de amor da parte dele e perdão da sua. Você precisa ser mais forte e se reerguer. Sair desse estado de autocomiseração, que é o mesmo que dizer: "coitada de mim! Sempre trabalhei, fui boa mulher, boa mãe, mas meu marido não me valorizou e me traiu" — arremedou com voz engraçada. — Pare com isso! Você é uma mulher forte, lutadora e sabe disso. Se nunca se reconheceu assim, este é o momento. Levante a cabeça porque não foi você quem errou. Reerga-se e comece a ajeitar as coisas pelo mais próximo. Comece por você! Vamos lá fazer essas unhas, dar um corte nos seus cabelos, comprar uma roupa nova... Você nunca foi de se descuidar, por que vai fazer isso agora?

Hilda ergueu o olhar e deu um sorriso fraco. Sem muito ânimo, perguntou:

— Será que consigo um horário no salão agora?

Lídia sorriu largamente, pegou o celular e avisou:

— Já estou ligando para o Paulinho! — exclamou animada. Ao terminar a ligação, disse: — Vamos agora! Ele teve uma desistência. Vamos aproveitar.

A amiga se levantou e falou:

— Só vou pegar minha bolsa.

Passar aquela tarde em um salão de beleza foi muito bom para Hilda. Ela conseguiu se distrair e rir um pouco. Esqueceu-se, mesmo que por pouco tempo, do sofrimento causado pela traição. Embora em seus olhos figurassem o tom do brilho da dor que maltratava as mais íntimas fibras do seu ser.

Depois, as amigas passaram em um *shopping*. Compraram roupa e comeram alguma coisa enquanto conversaram sobre outros assuntos.

À noite, Hilda voltou para casa.

Estava com nova aparência. Cabelos curtos, com cor e luzes que realçavam um brilho e uma imagem impecável. Novo delineado nas sobrancelhas realçou seu rosto e deu luz aos seus olhos verdes que ficaram ainda mais bonitos com a sombra na mesma cor, mas em tons diferentes.

Os lábios finos, que desenhavam um perfeito coração, realçaram com a cor de um batom diferente.

Fátima foi visitá-la e se surpreendeu. Embora a mãe fosse uma mulher madura, muito bonita, naquele dia estava ainda mais bela.

— Nossa! A senhora está bonita! — exclamou a filha, admirada. — Esse corte ficou ótimo! A sobrancelha então!...

— A Lídia me levou ao cabeleireiro dela. Você precisa conhecer o espaço. É excelente! Dei tanta sorte. Ela ligou e alguém desmarcou os horários e peguei todos! — riu. — Fiz cabelo, sobrancelhas, unhas das mãos e descobri uma podóloga sensacional. Fiz o tratamento tradicional com reflexologia.

— Nossa!

— Reflexologia faz você ficar nas nuvens! É uma delícia! — riu de um jeito engraçado. — É uma massagem ótima. Saí de lá totalmente nova. Adorei. Vou voltar lá sempre.

— Não vai mais na Sílvia?

— Ah... — fez um jeito engraçado. — Talvez... — Abrindo uma sacola, mostrou: — Olha o que comprei no *shopping*.

— Que saia linda!

— E combina com essa blusa.

— Linda também — a filha gostou.

— Devem ficar ótimas com aqueles sapatos marrom. Sabe?

— Vai mesmo. — A moça sorriu. Expressando generosidade no olhar, falou em tom brando:

— Estou gostando de te ver assim, mãe.

— Assim como? — indagou, como se não tivesse entendido.

— Assim... Assim... — riu e expressou-se com as mãos para ela. — Cuidando de você.

— Acha que não me cuidava?

— Sempre. Sempre te vi bonita e bem arrumada. Até porque sua profissão exigia. Mas hoje está diferente. Não se arrumou toda para o trabalho. Comprou roupas, mas não para ir pro serviço. Fez isso para se sentir bem.

— Eu nem deveria ter gastado.

— Não é gasto, mãe. É investimento. Investimento na sua autoestima, no seu amor próprio. E a senhora merece isso. Olha pra você! É uma mulher bonita, inteligente, delicada, sensata, discreta... Sabe se comportar, se arrumar, se vestir, falar... No meio disso tudo, cuidou da gente... — Fátima se emocionou e sua voz embargou.

Hilda, ao seu lado, abraçou-a com ternura.

— Oh, filha... Obrigada. Eu precisava ouvir isso. — Afastando-se do abraço, ainda disse: — Sempre me senti um tanto culpada por ter de trabalhar e não poder ficar cuidando de vocês como queria.

— A senhora fez o melhor. Nunca me senti sem mãe — riu. — Ia a todas as reuniões de pais no colégio. Arrumava todas as nossas coisas. Sempre encontrei roupas lavadas e passadas em minhas gavetas. Sabe que, às vezes, tenho medo de não dar conta como a senhora fez e não conseguir ser uma mãe assim?

— Não diga isso. Somos tão parecidas.

— Acha mesmo?

— Acho sim — Hilda sorriu.

Abraçaram-se novamente.

Em seguida, Fátima perguntou:

— E o Wagner? Teve notícias dele?

A mãe olhou no relógio e disse:

— Daqui a pouco vou ligar para a Wanda. Até onde eu soube, ele está no mesmo estado. Saiu do CTI e está no quarto. Estou pensando em ir pra lá amanhã.

— Sozinha?

— Quer ir comigo? — convidou esperançosa.

— Não. Não posso.

— Então vou sozinha.

— O pai não quer ir?

— Ele não gosta. Foi comigo ao enterro da Ifigênia quase obrigado.

— A senhora não se incomoda por deixá-lo aqui, depois de tudo?

— Ele estará trabalhando e não vai poder ir. Além disso, não posso me condenar a vigiá-lo. Vou ficar neurótica e doente, se fizer isso. Não podemos controlar ninguém. Até porque, não vamos conseguir fazer isso e não vamos ter paz. O Agenor, agora mais do que nunca, sabe que errou. Eu espero que não repita o erro. Já disse a ele que não vou dar outra chance. Se acontecer novamente, vou descobrir e não vou querê-lo mais ao meu lado. Isso ficou bem claro.

— Sabe, mãe, depois disso tudo que aconteceu, eu fiquei meio neurótica. Fico imaginado que o César vai fazer o mesmo e... O pai era um homem acima de qualquer suspeita! Como pôde?!

— Estamos aqui encarnados para trabalharmos as nossas imperfeições. Todos nós, sem exceção, temos nosso lado fraco. Uns trapaceiam, outros matam, existem os que querem levar vantagem em tudo, os que traem, aqueles que se inclinam a práticas sexuais de baixa moral... Cada um tem sua imperfeição e está encarnado para educá-la. Normalmente, não sabemos qual é até fazermos besteira. Muito provavelmente, seu pai não sabia qual era a imperfeição até não resistir à tentação e sair com outra mulher.

— Que era sua amiga! — falou em tom desapontado. — Frequentava nossa casa.

— Ela também não resistiu à tentação. Traiu o marido e a amiga. Agora eles terão de trabalhar isso neles mesmos. Terão de resistir às próximas tentações. Essa experiência foi uma prova e eles se reprovaram. O tempo vai trazer outras provas, com toda a certeza. Faço votos de que o seu pai se aprove no novo teste, na experiência que vai surgir. Porque vai surgir. Esse erro cometido abalou nosso casamento e magoou nossa família. Ele sabe que provocou muita dor em nós. O traidor nunca é feliz com o que fez e, geralmente, demora muito para se harmonizar com a própria consciência. Ele nunca vai se orgulhar disso.

— Judas!

— O quê?

— Judas, aquele que traiu Jesus.

— Ele deve ter tido tanto arrependimento, não é filha?

— É.

— Com certeza. Toda traição traz desestrutura e dor. Então, vamos ter cuidado para não sermos nós aquele que trai e erra. Vamos cuidar da nossa imperfeição e deixar que o outro cuide da dele.

— A senhora está tranquila com relação ao pai?

— Estou tranquila comigo. Vou me empenhar para cuidar mais de mim e das minhas obrigações. Ficar pronta para que, se alguém mais me trair, eu possa prosseguir sozinha. Quando eu morrer, é de mim que terei de prestar contas a Deus. É sobre meus atos e minhas ações e não dos outros. Sempre dei o melhor de mim e tenho consciência limpa. Isso basta. Por isso filha, te digo: cuide de você, dos seus deveres, do seu marido. Viva com tranquilidade. Seja honesta com sua consciência. Não faça nada que possa se arrepender depois. Pense, medite sobre atitudes impulsivas. Não queira viver controlando o seu marido, porque não vai conseguir. Mas, se algo acontecer, esteja pronta para decidir sobre o melhor para você. Como a Lídia me disse: sua felicidade não pode depender dos outros. Para viver bem é preciso ser feliz consigo mesmo. Não deixe sua felicidade e sua harmonia nas mãos dos outros.

Fátima sorriu e a abraçou.

Conversaram por mais algum tempo e a filha se foi.

Capítulo 20

Uma nova vida

Adriana acordou, mas não estava com a menor vontade de sair da cama.

A semana passou e não foi à consulta médica agendada pela amiga que teve de remarcá-la.

Embora desejasse ficar em casa, precisava ir ao médico. Já havia adiado demais. Os medicamentos indicados acabaram e não saberia dizer se estava bem sem eles. Às vezes, pensava que não. Desejava que não. Era como se quisesse ser punida pelo aborto que fez.

Foi com muito sacrifício que saiu da cama. Sentia-se fraca e tonta.

Ieda, sua mãe e seu irmão tinham ido trabalhar. Talvez, seu pai estivesse dormindo. Não saberia dizer.

Na geladeira, viu um bilhete enorme. Alguém pregou com fita adesiva uma folha bem grande com os seguintes dizeres escritos em letras garrafais: "Você tem médico às 11h". Sobre a mesa um cheque em branco assinado por seu irmão. Combinaram que ele pagaria a consulta.

Pegou a garrafa térmica e balançou certificando-se de que havia café.

Desvirou a xícara emborcada no pires, encheu de café e tomou um gole. Estava quase frio e horrível. Mordeu um biscoito que também não pareceu bom: mole e velho. Sentiu-se enjoada. Nada era bom.

Levantou e decidiu tomar um banho. Afinal, daquele dia não poderia passar. Precisava ir à consulta médica.

Seu coração apertou nesse momento.

Como encarar o médico e contar que fez um aborto?

Como dizer que foi capaz de matar um filho?

O arrependimento é o pior fantasma. Ele nos assombra e fere sem que o vejamos.

Se pudesse voltar atrás. Se pudesse, por um só segundo, fazer o tempo voltar... Abriria mão da própria vida, se fosse preciso, para deixar seu filho viver. Enfrentaria o Nícolas, a família e tudo o que pudesse vir.

Somente naquele momento algumas coisas ficaram bem claras.

Como é que muitas mulheres podem ser a favor do aborto e dizer que são donas de seus corpos?

Só podemos nos considerar donos do que levamos conosco após a morte do corpo: a consciência. Por isso devemos estar em paz com ela.

Não somos donos de nosso corpo. Ele nos foi emprestado por Deus para que experimentássemos a vida e pudéssemos evoluir. Evolução é Lei Divina. Buscamos evoluir porque evoluir traz felicidade. É impossível viver estagnado e feliz.

Se não era dona de seu corpo, como poderia ser dona daquele que estava se formando dentro de si?

Era em tudo isso que Adriana pensava, enquanto tomava banho.

Lembrou-se de Nícolas.

Covarde por tudo o que a obrigou a fazer. Muito provavelmente, foi por medo de seu irmão que ele não deu sinal de vida. Nem quis saber se ela estava bem.

Iria pedir o divórcio. Isso era certo.

Procurou uma roupa das que Ieda, usando a chave que estava em sua bolsa, pegou em seu apartamento, um dia em que Nícolas se encontrava no trabalho.

Sentiu-se tonta, novamente, e quase caiu. Sentou-se na cama.

Com dificuldade, vestiu a roupa. Achou que a tontura era por não ter comido direito. Aliás, não se alimentou bem nos últimos dias. Estava totalmente inapetente.

Foi até a cozinha, novamente, para tentar comer alguma coisa. Não deveria sair em jejum. Nada que havia sobre a mesa chamava sua atenção. Lembrou-se de que, no dia anterior, sua mãe tinha feito arroz doce polvilhado com canela. Ela adorava.

Abriu a geladeira, pegou um pote com o doce, tirou algumas colheradas que pôs em um pires e esquentou no micro-ondas. A boca encheu de água, enquanto esperava aquecer e ficava olhando o pratinho girar no aparelho.

Comeu algumas colheradas e isso a fez se sentir bem melhor. Certamente seu mal-estar era fome.

Escovou os dentes e olhou no relógio. Precisava ir. Chegar cedo ao consultório seria ideal.

Algum tempo depois, Adriana estava angustiada, enquanto aguardava na sala de espera.

Ela acreditava que seria um exame de rotina e, qualquer procedimento, agendado para outro dia. Não tinha a menor ideia de como ia ser.

Seu nome foi chamado e entrou na sala do médico.

Era um senhor de meia idade. Sério, com os óculos na ponta do nariz. Lia os dados em sua ficha.

— Bom dia dona, Adriana.

— Bom dia, doutor.

— Em que posso ajudá-la?

— Eu... — Um sentimento forte tomou conta de suas palavras. Não suportou e chorou. Mesmo com lágrimas correndo pelo rosto e voz trêmula, entrecortada pela emoção, contou: — Tenho vinte e quatro anos. Fiquei grávida e... Não era do meu noivo. Ele ficou sabendo dias antes do nosso casamento. Nós nos casamos mesmo assim e... — não conseguia falar.

— A senhora pensa em fazer um aborto? É isso? — Ela não respondeu e o médico, em tom brando, informou: — Dona Adriana, não sou o profissional nem a pessoa indicada. Não sinto muito em lhe dizer isso, pois eu não realizo esse procedimento. Até hoje, com mais de trinta anos de profissão, eu nunca tive uma paciente feliz por ter feito um aborto, longe daqui, claro.

— E eu sou mais uma — disse chorando. — Fiz um aborto e estou arrependida.

O médico suspirou fundo e perguntou:

— Há quanto tempo?

— Quase dez dias, hoje. Não passei bem. Tive febre e hemorragia forte. Fui atendida em um hospital público. Tomei estes medicamentos — colocou as bulas sobre a mesa.

O médico olhou e perguntou:

— Sente dores? Tem algum sangramento?

— Sinto dores e muita tontura. Sangramento não. Estou angustiada, doutor. Arrependida. Agora sei que preciso fazer uma limpeza no útero.

— Uma curetagem. Sim. Precisa. Mas, a princípio, vamos fazer uma ultrassonografia. Vou chamar minha assistente e ela vai prepará-la na outra sala.

O homem pegou o telefone e chamou a enfermeira, que não demorou a aparecer.

Adriana, deitada em uma maca, permanecia tensa, enquanto realizava o exame de imagem.

A enfermeira, assistente do médico, era uma mulher simpática, de sorriso agradável que ficava a seu lado o tempo inteiro. E o médico permanecia muito calado.

O exame parecia demorar demais. Ela acreditava. Até que o doutor pediu:

— Olhe ali, no monitor, dona Adriana. — Ela se virou e ele apontou, indicando com o cursor na tela do computador: — A senhora está vendo aqui?

— Sim.

— Isso é um leve batimento cardíaco de uma vida que tem cerca de sete semanas.

— Eu... Não estou entendendo...

— A senhora teve um aborto sim, mas por serem gêmeos de placentas separadas... — sorriu. — Um ainda está aqui. E, pelo visto, a gestação evolui bem.

Lágrimas correram pelos cantos dos olhos de Adriana que perdeu a fala e sorriu em meio ao choro silencioso.

Ficou muito emocionada e verdadeiramente feliz.

— A Cíntia vai ajudá-la a se levantar. Vamos conversar na outra sala.

Após o médico sair, Adriana não conseguia tirar o sorriso do rosto e parar as lágrimas de alegria dos olhos.

— Pelo visto, a senhora está feliz.

— Estou. Estou muito feliz. É como se Deus tivesse me dado uma chance.

Novamente, frente à mesa do médico, secando os olhos com um lencinho, Adriana sorriu, perguntando ainda incrédula:

— Isso é possível, doutor?

— Claro. Não muito raro em caso de aborto entre gêmeos que não dividem a mesma placenta com aborto espontâneo. Porém, mais raro em caso de aborto provocado por perfuração.

— Estou feliz por saber que estou grávida, mas isso não diminui, nem um pouco, meu sentimento de culpa. Doutor, eu quero esse filho com todas as forças do meu coração.

— Ótimo! — sorriu.

— E os remédios que tomei? Isso pode prejudicar esse bebê?

O médico olhou novamente as bulas e falou com tranquilidade:

— Não vamos nos preocupar com isso agora.

— Certo. Entendo — dizia com uma ponta de preocupação.

— Vai fazer o pré-natal aqui comigo?

— Vou sim senhor.

— Ótimo! Fico feliz em saber disso, pois vamos começá-lo desde já. Vamos preparar um pré-natal bem equilibrado. A senhora está disposta a isso, não é?

— Claro! Por favor, me ajude. Eu quero muito esse filho! Ele é muito importante para mim.

— Excelente! Vou pedir alguns exames laboratoriais. Como obstetra, vou te passar essa lista nutricional para uma alimentação balanceada. Não use entorpecentes. Não fume. Não ingira bebida alcoólica. Bebida alcoólica não resolve problema e cigarro não acalma. São vícios. Não use medicamento sem me consultar ou avisar o médico ou o odontologista que está grávida. E me traga esses exames o quanto antes. As dores que diz sentir, se não são fortes, vamos considerar normais, devido ao procedimento abortivo realizado.

Se houver hemorragia, hospital com urgência e me telefone. Ficará com todos os meus contatos. Pode me ligar a qualquer hora.

— Certo.

— Alguma dúvida?

— No momento, só a surpresa — riu.

— Quero que faça anotações de todas as dúvidas, por mais que pareçam bobas e me traga na próxima consulta.

— Doutor, eu vou me divorciar. Acredito que será um período estressante. O senhor tem alguma recomendação?

— Estresse sempre faz mal à mãe e ao filho. Se o divórcio vai acontecer de qualquer jeito, deixe acontecer sem se estressar. Se quer seu filho com saúde, pense nele e ignore problemas.

— Certo. Entendi — riu. — Estou tão feliz!

— Parabéns! Que venha uma criança que a complete e realize.

— Obrigada, doutor. Muito obrigada.

Conversaram por mais algum tempo. Depois, Adriana se foi.

Ela saiu do consultório feliz e atordoada. Não sabia o que fazer. Em alguns momentos, não acreditava no que estava acontecendo. Lembrou-se de Wagner. O que ele diria, se soubesse?

Um dia, ele havia dito que a faria feliz e teriam quantos filhos ela quisesse.

Seus pensamentos ficaram mais saudáveis com a nova realidade.

Sem dúvida, ainda lamentava sua atitude egoísta. Estava triste pela vida que tirou. Contudo, aquela era uma nova chance. Uma oportunidade ímpar para reverter o erro cometido.

Ao chegar à casa de seus pais, não cabia em si de tamanha felicidade.

Sentiu-se tonta, mas agora sabia o que era.

Ao entrar, encontrou seu pai mexendo na cozinha.

— Ah!... É você?

— Oi, pai.

— Oi. Eu até esqueci que vinha pra casa. Tô esquentando almoço. Você quer?

— Sim. Vou comer um pouquinho — foi para o banheiro se lavar. Depois voltou. Preparou um prato que aqueceu no micro-ondas. Sentou-se frente a seu pai e perguntou:

— Como foi o dia?

— Arrumei emprego. Acabei de saber — sorriu.

— Parabéns, pai! Que bom! Onde?

— Lá perto da Avenida Guilherme Cotching. É de porteiro de um edifício chique. Vou ter que usar uniforme e tudo. É de uma empresa contratada.

— Que bom, pai. Estou feliz. — Alguns instantes e falou: — O senhor é um homem educado, gentil. Vai ficar bastante tempo nesse emprego, ou até se aposentar nele, se for o senhor mesmo. Sem a bebida. — Ele abaixou a cabeça e não disse nada. A filha ainda falou com jeitinho: — Eu gostaria muito de ter orgulho do senhor.

Silêncio.

Uma onda de alegria invadiu os sentimentos de Adriana. Desejaria dividir com alguém a notícia sobre a gravidez e pensou em contar para seu pai.

Mas como explicar que o filho que esperava não era de seu marido?

No mesmo instante, aquela sensação de felicidade se transformou em ansiedade.

Precisaria contar para todos. Aquilo não era algo para esconder por muito tempo.

"Estou grávida de sete semanas! Quase dois meses!" — pensou e sorriu. Lembrou-se de Wagner, de seu sorriso, de seus planos, da sua voz grave e bonita. Tinha de ter notícias dele. — "Será que ele ainda está em coma? Será que não..." — não ousou dar asas à imaginação. Não quis pensar no pior. Sabia que, se ele estivesse bem, já teria lhe telefonado.

Terminaram a refeição em silêncio.

À noite, quando Adriana ouviu um barulho que denunciou a chegada de Daniel e sua mãe, correu para vê-los.

— Oi, filha! Fiquei preocupada com você. Tentei ligar, mas meu celular acabou a bateria.

— Oi, mãe. Estou bem.

— Como foi lá no médico? — o irmão perguntou.

— Eu dei seu cheque. Anotei o valor e deixei lá em cima da cômoda.

— E o que ele disse? — tornou o rapaz.

— Que estou bem. Preciso fazer alguns exames laboratoriais e retornar.

— Fiquei preocupada com você, filha. E se precisasse realizar algum procedimento que necessitasse de acompanhante? Só hoje pensei nisso.

— Deu tudo certo, mãe.

— Vou tomar um banho — decidiu Daniel, sem dar mais atenção ao assunto.

— Eu fiz o jantar. Não sei se ficou bom — a moça avisou.

— Nem preciso ver. Sei que ficou ótimo. Só de me poupar deste trabalho... — Um instante e Heloísa disse: — Eu não queria deixá-la chateada. Sei que está triste por causa do bebê, mas a gente precisa saber. E o Nícolas?

— Sei dele tanto quanto a senhora. Ele não me ligou nem me procurou.

— Vocês não estão se dando bem, não é? — fez uma feição insatisfeita.

— Não. Nada bem. Estou decidida a me divorciar dele.

— Não, filha! Espere um pouco! Vocês não têm nem um mês de casados! Isso não pode acontecer! Você deveria...

— Espera, mãe! Por favor!

— Vocês precisam conversar! Não é assim que se resolvem as coisas! — a mulher pareceu inconformada.

Lembrando-se da recomendação do médico, Adriana procurou não se exaltar.

Ia responder, mas controlou a impulsividade. Respirou fundo e disse em tom tranquilo:

— Depois do jantar a gente conversa, mãe. Agora não estou me sentindo bem para falar sobre isso.

Heloísa, com expressão preocupada, não disse mais nada. Só acompanhou com o olhar a filha indo para o quarto.

Aproveitando que seu irmão estava no banho, Adriana mandou mensagem para a amiga:

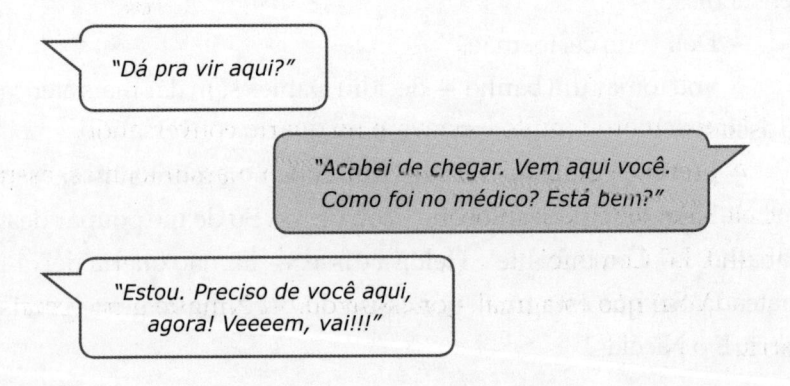

"Dá pra vir aqui?"

"Acabei de chegar. Vem aqui você. Como foi no médico? Está bem?"

"Estou. Preciso de você aqui, agora! Veeeem, vai!!!"

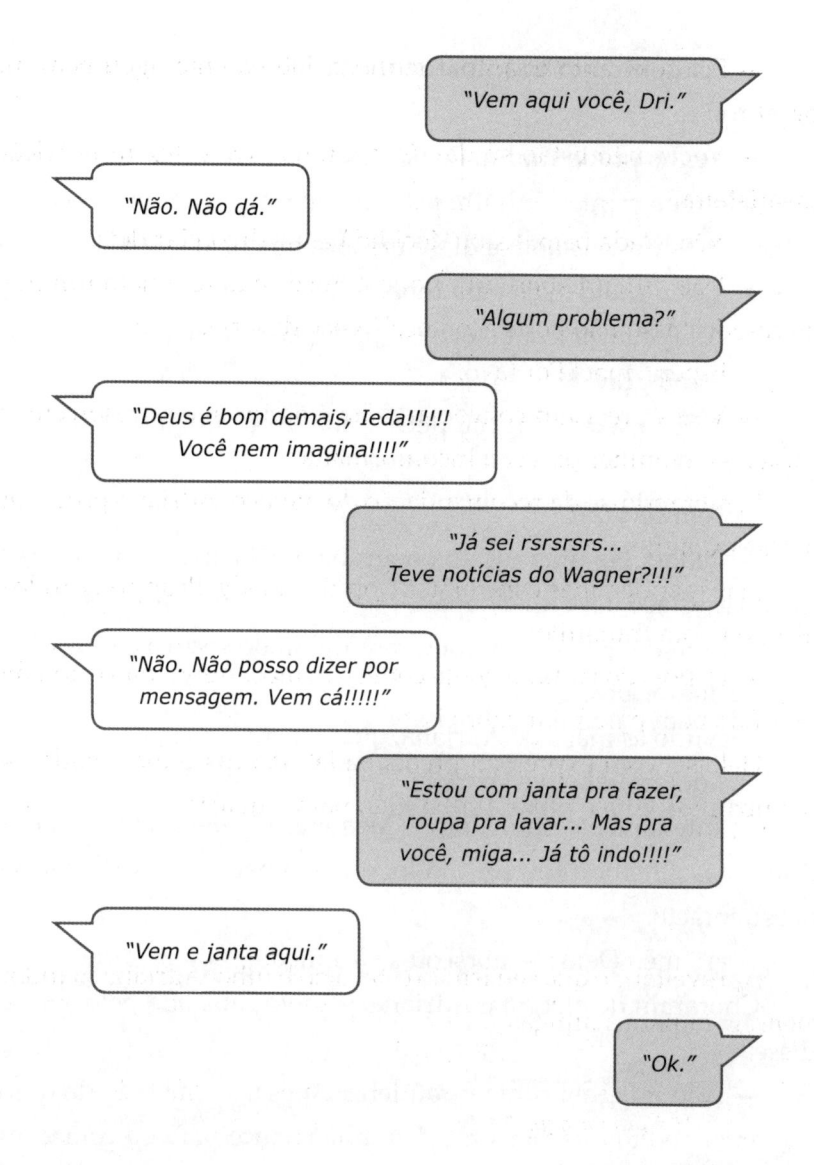

Não demorou muito e estavam no quarto conversando.

A presença de Daniel inibiu um pouco o assunto, mas, assim que ele saiu, Ieda perguntou:

— E lá? Como foi?

— Você não imagina! — sussurrou. — Ninguém imagina — sorriu.

— Está me deixando preocupada — Ieda sorriu e ficou na expectativa.

— Tenho orado muito. Pedido a Deus perdão pela minha falha, pelo meu crime. Pedi um jeito de reparar o que fiz e você não imagina! — Um instante e disse menos empolgada: — Lógico que preciso fazer muito mais para reparar, mas...

— Ai! Por favor, conta logo! — pediu aflita e falando baixinho.

— Estou grávida.

Ieda ficou séria, pareceu petrificada. Após um momento, perguntou:

— Tem certeza?

— Tenho. Fiz uma ultrassonografia e nela apareceu leve batimento cardíaco de sete semanas.

O rosto de Ieda se iluminou com um lindo sorriso e seus olhos ficaram marejados.

Pegando as mãos de Adriana, quis saber:

— Então não houve aborto?

— Infelizmente sim. Houve. Mas eram gêmeos em placentas diferentes. Quando um foi tirado, o outro não foi visto e permaneceu intacto.

— Ai, meu Deus! — abraçou-se à amiga.

Choraram de alegria e Adriana, com voz abafada pelo abraço, disse:

— Não imagina como estou feliz. Apesar de metade de mim, chorar. Acredito que Deus me deu uma chance para eu começar a reverter meu erro.

— Sim. Creio que sim, amiga.

Afastaram-se e Adriana, secando os olhos, comentou:

— Agora preciso contar tudo para minha família.

— Sim. É o certo a fazer. E eu vou estar junto dando a maior força! — sorriu.

— Obrigada. Sabia que poderia contar com você. É por isso que te chamei. Gostaria que ficasse ao meu lado.

— E o Nícolas?

— Simplesmente vou pedir o divórcio. Não quero que ele saiba da gravidez antes disso.

— Concordo. E o Wagner?

— Estou com medo de ter notícias ruins ou de ele não me querer mais. Afinal de contas, eu me casei com outro. Traí nosso compromisso e nossas promessas. E tirei um filho dele.

— Mas está esperando outro. Ele precisa saber de toda a verdade. Não podemos viver de mentirinhas ou de meias verdades. Você vai ser forte e contar tudo. Pense em uma coisa de cada vez. Primeiro, conte a novidade para sua família e peça segredo. Depois, pense no divórcio. E, depois, no Wagner.

— É verdade. Você tem razão. Como sempre — sorriu docemente, enquanto a encarava. — Uma coisa de cada vez.

As amigas se abraçaram com carinho e ficaram mais algum tempo conversando.

Logo após o jantar, Adriana sentia um tremor correndo dentro de si. Era o medo de dar a notícia de que precisava.

Quando viu seu irmão se levantando, falou:

— Daniel, não saia. Preciso conversar com todos juntos.

— Vai vir com a história do divórcio novamente?! Não tem nem um mês de casada, menina! Você e o Nícolas precisam conversar!

— Espera, mãe. Por favor, me ouça primeiro — disse a filha com voz terna.

Daniel voltou a se sentar e Jaime opinou:

— Se ela não quer mais ficar casada, não fique. Aquele cara num ligou nem apareceu aqui pra vê ela. Que marido é esse?

— Ele está chateado porque ela perdeu o bebê. Ele tem esse direito — defendeu Heloísa.

Desconfiando de algo, Daniel pediu:

— Vamos deixar a Adriana falar?

Silêncio.

Adriana sentiu o coração bater forte. Piscou os olhos mais demoradamente e respirou fundo. Sentiu a garganta ressequida e as mãos gélidas. Um torpor a estonteou, mas tomou coragem e contou:

— Há alguns meses, meu noivado com o Nícolas não estava nada bem. Ele começou a ficar distante. Tornou-se egoísta. Passou a beber muito. Não ligava para mim... A lista de reclamações era imensa nem vale a pena comentar. Por causa do casamento marcado, eu não dei tanta atenção ao que acontecia, mas não deixei de perceber. Sempre dizia para mim mesma: "Ele vai mudar. Vai ser melhor. Vai ser diferente." Só que isso não acontecia. Eu ficava desgostosa e angustiada. Nesse mesmo tempo, conheci um outro rapaz que também era noivo e estava de casamento marcado.

— Não acredito no que estou ouvindo — a mãe ficou contrariada e resmungou.

— Calma, mãe. Deixa a Adriana contar! — Daniel falou firme.

Novamente silêncio e a moça contou:

— O nome desse rapaz é Wagner. Ele trabalhava comigo. Em pouco tempo, nós nos conhecemos e nos apaixonamos. Percebi que o Nícolas não tinha mais nada a ver comigo ou com os meus ideais. E o Wagner sentia o mesmo com relação ao noivado dele. Fomos nos conhecendo melhor e nos aproximando ainda mais.

— Que absurdo! — protestou a senhora em tom grave e baixo.

A filha não se importou e prosseguiu:

— Eu e o Wagner decidimos terminar os compromissos que tínhamos. Ele chegou para a noiva e acabou tudo. Eu não consegui me encontrar com o Nícolas que não vinha me ver nem ia ao apartamento junto comigo. Ligava e o irmão dele dizia que ele tinha enchido a cara ou não tinha chegado em casa... Por mim, o noivado estava terminado. Só faltava cancelar o casamento e tudo mais. Conversei sobre isso com a mãe que não gostou nada da ideia.

— Não gostei mesmo! Que palhaçada você pensava que estava fazendo?

— Mas eu e o Wagner nos amávamos. Faltava pouco tempo para meu casamento e ia falar com o Nícolas que estava tudo acabado. O Wagner, quando ia para a casa dos pais, que moram no litoral, sofreu um acidente muito sério. A mãe e a ex-noiva morreram na hora. A irmã mais nova ficou machucada, mas está bem. Ele sofreu um traumatismo craniano. Precisou de cirurgia e entrou em coma. Liguei, conversei com a Wanda, irmã mais velha dele. Mas depois não consegui mais contato. Entrei em choque. Fiquei desesperada. Atordoada. Fui conversar com o Nícolas e terminar tudo. Ele virou uma fera. Mostrou um lado dele que nunca imaginei existir. Chegou a me agredir...

— O quê?! — perguntou o irmão, franzindo o semblante.

— Sim. Chegou a me agredir e me ameaçou de morte. Ameaçou a mim, ao Wagner e a qualquer outra pessoa que se metesse no meio. Ele ficou transtornado e não quis que terminássemos. Foi por isso que não contei para vocês. Principalmente... — tomou fôlego.

— Principalmente quando eu contei que estava grávida do Wagner.

— O que você disse?! Filha! Como foi isso?! Como você... — a mãe ficou em choque.

— Deixa ela contar!!! — exigiu Jaime muito interessado. Embora não parecesse zangado com a filha.

— Isso mesmo. Fiquei grávida do Wagner. Desesperada pelo estado dele, por não ter notícias da família, por estar grávida e ameaçada, não sabia o que fazer. O Nícolas não quis terminar e cancelar o casamento. Não queria se envergonhar perante a família e os amigos, apesar de saber que estava grávida de outro homem. Ele me ameaçou mais ainda. Atordoada, acabei me casando. Depois do casamento, tudo ficou pior a cada dia. Ele exigiu que eu fizesse um aborto. Não queria, mas as agressões começaram. — Contrariado, Daniel olhava para cima, talvez, para disfarçar sua indignação. A irmã continuou: — A nossa viagem deveria durar duas semanas, mas voltamos bem antes. As agressões continuaram... — lágrimas correram em sua face quando se lembrou. — Não aguentei a pressão. Estava dependente dele. Sem emprego. Vivi dias de angústia, pressão, confusão, tristeza ao lado de um homem que descobri que não conhecia. Eu não sabia cuidar de mim. Não sabia me defender dele... Imagina se tivesse outra vida comigo? Como eu poderia defender um filho? Então, deixei que o Nícolas e a irmã dele me levassem a um médico para fazer o aborto induzido — chorou mais. — Nem sei se era médico mesmo... Voltei para casa e comecei a passar muito mal. Tive muito frio, tremeliques, hemorragia, febre... Foi quando Deus, atendendo as minhas preces, mandou o Daniel e a Ieda lá no apartamento. Eles me levaram para o hospital... — chorou. Secou as lágrimas com o guardanapo de papel e prosseguiu: — A culpa é o pior dos sentimentos que o ser humano pode experimentar. Eu havia matado meu filho... — chorava. — Não há criatura pior do que aquela que é capaz de matar o próprio filho...

— Fica assim não... — pediu o pai, colocando a mão em seu ombro.

Ieda se levantou. Pegou uma toalha de papel e ofereceu a amiga para secar o rosto.

— Eu quis morrer depois... Não acreditava que tinha sido capaz dessa covardia. Covardia de matar um filho para não macular minha imagem, para dar uma de correta, para não ter problemas ou passar por dificuldades... Covardia para satisfazer os caprichos egoístas do Nícolas e parar de ser agredida... Não tive coragem suficiente para assumir meus erros e acertos... — Aguardou um instante, mas ninguém disse nada. — Então vim pra cá. Fiquei com vergonha de contar para a senhora, mãe, e para o senhor, pai. Embora o Daniel e a Ieda soubessem. Irresponsável, egoísta, confusa, envergonhada, culpada, triste... Era a opinião que tinha de mim. Perdi a vontade de viver. Queria que Deus tirasse minha vida. Foi até por isso que adiei ir ao médico... Então, comecei a rezar. Rezar muito. Algumas vezes, conversei com a Ieda sobre o aborto. Ela é espírita. Eu queria saber o que acontece com o espírito do abortado — olhou para a amiga. — Ela não disse muito e entendi que era coisa grave, séria. O espírito do meu filho deve ter sofrido. Deve ter se sentido rejeitado. Então, comecei a pedir perdão a ele. Perdão a Deus. Queria reparar o meu erro, o meu crime — chorou novamente. — Pedi muito para conseguir um meio de reverter o que tinha feito.

Daniel ouvia a tudo de cabeça baixa, assim como Heloísa e Ieda. Somente Jaime olhava atentamente para a filha.

— Nunca estive tão sem ânimo como nos últimos dias — tornou Adriana. — Tudo o que fiz... O aborto... Ficava rodando e rodando na minha cabeça... Impossível ter um minuto de paz. De tanto vocês insistirem, fui ao médico hoje. Encontrei um médico muito bom, compreensivo e que não me julgou, embora tenha dito que não aprovava o aborto. Ele decidiu fazer uma ultrassonografia antes de fazer a curetagem. Ainda bem. Nesse exame... — ofereceu breve pausa e contou com lágrimas correndo pelo rosto. — Durante o exame, apareceu um coração batendo levemente. — Todos se voltaram para ela com expectativa impressionante. — Eu estava grávida de gêmeos em placentas diferentes. Um foi abortado. Mas outro não. Estou grávida de sete semanas!

— Filha... Bem... É... Tem certeza? — demorou alguns segundos para Jaime perguntar.

— Tenho, pai. É raro. Bem raro, mas possível. Em aborto induzido ou espontâneo isso é possível sim. Existem mulheres que em gravidez de múltiplos, por inseminação artificial, o médico procede com intervenção de aborto induzido em um ou mais fetos para que os outros sobrevivam e a saúde da mãe seja preservada.

Daniel se levantou, abraçou e beijou a cabeça da irmã. Depois despenteou seu cabelo num gesto de carinho.

— Adriana... Isso é loucura... — murmurou sua mãe em tom de contrariedade.

— Acabou, mãe. O Nícolas não tem mais lugar na minha vida.

— E o que vai fazer?! Criar um filho sozinha?! Acha mesmo que esse tal de Wagner vai assumir?! Que a família dele vai te dar apoio?! Se é que esse moço está vivo! Se é que vão acreditar que o filho é dele!

— Vou assumir esse filho sozinha se for preciso e ter uma nova vida. Não sei como vai ser. Tenho uma economia guardada. Com o divórcio, terei metade da venda do apartamento. Depois pretendo trabalhar, lógico.

— Não vou olhar neto para você trabalhar! — exclamou em tom sério, olhando-a nos olhos.

Em tom ponderado, a filha disse:

— É bom saber disso, mãe. Assim evito pedir sua ajuda. Não quero incomodar.

— Você é uma tola! — Heloísa exprimia contrariedade na voz postada de forma grave e pausada. — Deveria pedir desculpas ao Nícolas e ficar com ele. Vocês têm onde morar. Ele trabalha e...

— E o que mãe?! Em troca de casa e comida, ser maltratada pelo resto de minha vida?! Criar meu filho em um clima ruim em que ele vai ver o Nícolas brigando comigo? Não. Prefiro a verdade. Se eu errei, foi por não ter pensado, por estar confusa e com medo. Agora vai ser diferente. Chega de coisas escondidas. Vou viver a verdade. Vou pedir o divórcio. Tentar achar o Wagner, mas sem esperar nada dele ou da família.

— Eu acho que a Adriana tem razão — disse Daniel em pé, com as mãos nos ombros da irmã, que estava sentada. — O pai de seu filho tem de saber desde já. Precisam assumir tudo.

— Ela foi boba! Não estão vendo? Poderia ter dito ao Nícolas que o filho era dele! Forjasse uma situação! Simulasse! Diria que a criança nasceu antes do tempo! Sei lá! Mas não criasse essa confusão e essa vergonha toda! — Heloísa se enfureceu. Ficou em pé e andou pela cozinha.

— A senhora gostaria que eu vivesse uma mentira?! Nem acredito no que estou ouvindo!

— Agora também não dá mais, né?! Contou pra todo mundo!

— Ela está certa em dizer a verdade e contar tudo! — opinou Jaime com firmeza.

— Você não sabe o que está falando — a esposa resmungou. — Filho dá trabalho, despesas, preocupações! Criar filho sozinha, não é fácil! Além disso, vai passar pela vergonha quando todo mundo souber. Você está sendo uma idiota, Adriana! Além de leviana, foi idiota!

— O que quer que eu faça mãe? Pensei que fosse ficar feliz!

— Ficaria feliz se tivesse dito que o filho era do Nícolas! — andava pela cozinha, indignada.

— Não vou mentir!

— Agora não dá mais! Deveria ter me contado antes para fazermos alguma coisa!

Subitamente, Jaime deu um tapa na mesa e exigiu, quase gritando:

— Não ensine sua filha a ser mentirosa como você! Você foi capaz disso! Ela é honesta! Tem caráter! Quer que o pai do filho dela saiba de tudo! Adriana não é como você!

Silêncio.

Assustada pelo imprevisto, Heloísa empalideceu.

Todos a olharam e perceberam quando sua feição cobriu-se de medo.

Daniel, com olhos espremidos como os de uma águia, contemplou a mãe seguindo-a.

Heloísa, com voz cortante, respondeu rispidamente:

— Cale a boca. Você é um bêbado sem moral.

311

— Quem sabe eu num bebo por sua causa, hein? — reagiu.

— Você é mentirosa. Se tivesse me contado a verdade, talvez fosse diferente. Eu ouvi tudo, tudo o que nossa filha contou. Tudo... E sou capaz de entender e perdoar. Sou sim. Sou capaz porque ela diz a verdade. Errou, mas quer tudo certinho. Mas você... Você mentiu pra mim. Me fez de idiota! Todos esses anos eu vivi engasgado com isso. Agora, vendo o que você quer que ela faça... Entendi o que fez comigo. Me enganou! Disse que o Daniel era meu filho! Que nasceu prematuro! Mas eu sabia que não era... Vivi com angústia esses anos todos! Às vezes... Às vezes, não queria nem olhar pra ele porque me lembrava do Duarte!

— Cale a boca, Jaime!!! — Heloísa deu um grito.

Em tom brando, Daniel pediu:

— Não, mãe. Deixe o pai falar. Nós precisamos da verdade. — Ao olhar para Jaime, o rapaz o viu secando as lágrimas nos olhos e pediu: — Continua. Por favor.

— Não tenho mais nada pra contar. Se quiser, pode até fazer aqueles exames de paternidade que eu faço — disse e se levantou. Colocando a mão no ombro da filha, disse ainda em tom mais brando: — Você está certa. Por mais dificuldade que passe, conte a verdade. Se eu puder te ajudar, é só dizer. Desculpa... Desculpa vocês dois por eu não ter sido um bom pai. É que é difícil viver na mentira, na dúvida e imaginando como foi, como era o outro que saiu com sua mulher. Você começa a achar que todo o mundo mente pra você. Não confia em mais ninguém. Desculpa — e foi para o quarto.

Heloísa, encostada na pia, de costas para todos, chorava escondida.

Daniel e Adriana se entreolharam, perplexos e incrédulos.

Só então perceberam que Ieda não estava mais na cozinha. Tinha ido embora sem que ninguém visse.

Capítulo 21

Enfrentando a realidade

Heloísa e os dois filhos permaneceram em silêncio absoluto por longo tempo.

Daniel esperou sua mãe fazer algum comentário, mas ela se conservou muda e continuou de costas para ele.

O rapaz não sabia o que dizer. Beijou a cabeça da irmã e foi para o quarto.

Adriana se levantou. Foi para junto de sua mãe e tocou-lhe o ombro.

Em tom suave, impostou gentileza na voz e perguntou:

— A senhora quer conversar?

— Vai dormir. Não tenho nada para conversar — respondeu secamente.

— Mãe...

— Vai dormir, Adriana! — foi rígida.

A filha a olhou por alguns segundos e decidiu não insistir.

Ao chegar ao quarto, viu o irmão sentado na cama. Cotovelos apoiados nos joelhos e mãos entrelaçadas. A cabeça estava baixa e não a ergueu ao vê-la entrar.

Adriana sentou-se ao seu lado e quis saber:

— Você está bem?

— Estou.

— Quer conversar?

— Sobre o quê?

— Ora, Daniel! Depois do que foi dito...

Virando-se, encarou-a para perguntar:

— Você sabia disso?

— Não! Lógico que não! Nem sei o que dizer. Estou tão chocada quanto você.

— Eu já tinha ouvido o pai acusá-la. A primeira vez, eu tinha treze anos. Depois, por mais três vezes. — Daniel sorriu e recordou: — Lembra quando você dizia que eu não era seu irmão?

— Ai, Dani! Credo!... Me desculpa.

— Se não sabia, estava prevendo.

A irmã tocou-lhe nas costas, fazendo um afago.

— O que vai acontecer agora? — ela indagou.

— Como assim? O que acha que vai mudar?

— Sei lá... O pai e a mãe...

— Agora entendo por que ele bebe tanto. Embora não justifique o pai não procurar tratamento contra o alcoolismo.

— Ele se sentiu traído. Enganado. Nunca falaram abertamente sobre o assunto.

— O pai sabia. Sempre soube.

— Confesso que isso não ficou claro para mim, Daniel. Acredito que ele só ligou as coisas agora.

— Não. Ele sabia. Só não falaram claramente. Não enfrentaram a realidade. Quando via o pai enchendo a cara, cambaleando pela casa, repetindo as coisas, falando mole e tudo o que lhe desagradava, eu ficava inquieto e com medo da possibilidade de imitá-lo, no futuro, buscando fuga para os meus problemas na bebida e ser destruído por ela, como aconteceu a ele. Então, depois de ouvir algumas brigas e desconfiar que não era filho dele, comecei a me sentir mais confiante. Apesar de nunca tê-lo agredido física ou verbalmente, perdi todo o respeito por ele. Perdi o medo. Isso foi bom.

— Por isso nunca bebeu nada de álcool?

— Já bebi sim. Mas hoje não bebo, porque não preciso — sorriu ao encará-la.

— Vai querer saber quem é seu pai? Vai procurá-lo?

— Não pensei nisso. Sei que tenho esse direito, mas...

— Vai querer ter o nome dele ou direitos?

— Não. De jeito nenhum! — foi firme. Depois, em outro tom mais suave, argumentou: — Sabe, Dri, sempre fui contra essas mães que não falavam que estavam grávidas, tiveram o filho e depois apareceram quando a criança estava grande, querendo direitos e fazendo exigências ao pai.

— É direito de um filho conhecer seu pai biológico. Não acha?

— Se a mulher sabe que está grávida e anuncia seu estado ou aparece com o filho ainda bebê, eu acho certo. Mas, depois de alguns anos, com a criança crescida ou um adulto como eu aparecer e dizer: quero um nome. Quero meus direitos de filho. Quero um espaço na sua vida. Quero direito à herança. Isso eu acho errado. Filhos que aparecem grandes não deveriam ter alguns direitos, em minha opinião.

— Você está errado, Daniel! Não posso concordar com uma opinião dessas.

— Vem cá! Vejamos algo que acontece muito: a mulher nunca disse que estava grávida, aparece depois de anos com um adolescente, sem educação, sem escolarização, sem princípios, sem moral e dizendo: toma que o filho é seu! Você acha isso justo? O cara não sabia que tinha um filho. Depois é obrigado a tentar educar, dar princípios, moral, escolarização e ainda dividir bens com um adolescente ou adulto que nunca viu na vida! Pagar pensão que não sabia que tinha de pagar! Eu não acho justo. Acho que a mulher que esconde um filho e depois decide aparecer e querer seus direitos é uma oportunista. Safada!

— Você é machista! Que absurdo!

— Não sou não! Se eu sou machista, mulher que faz isso é oportunista, safada e interesseira. Pense, Adriana! Está errado.

— Credo! Nem acredito que estou ouvindo isso de você, Daniel!

— Vamos lá! Deixe-me dar um exemplo. Digamos que estou casado. Bem de vida. Minha esposa me ajudou a construir uma vida equilibrada e harmoniosa. Temos filhos. Juntos, nós nos esforçamos para dar educação, escolarização, princípios, ética moral, religião e tudo mais para as crianças. Nossos filhos estão moços ou adolescentes. Eu e minha esposa temos bens. Casa, carros, casa na praia, dinheiro guardado... Sei lá o que mais. Então, inesperadamente, aparece uma antiga namorada minha com um filho mais velho do que os meus. O rapaz ou adolescente não teve boa criação, não estudou, não foi escolarizado devidamente, não teve boa moral ou princípios, porque ela, a mãe, não deu ou não conseguiu dar. Só que ela não me avisou que tínhamos um filho para fazermos tudo juntos. Daí que essa ex-namorada quer que eu assuma esse filho, quer que ele tenha acesso a minha vida, minha casa, direitos aos meus bens... Isso é injusto. Injusto comigo, pois, se eu soubesse, teria incluído esse garoto na minha vida e oferecido o mesmo que ofereci aos meus filhos com minha esposa. Isso é injusto com minha esposa que tanto me ajudou, foi amiga, companheira para que tivéssemos, financeiramente, o que conseguimos. É injusto para com meus filhos que terão de conviver e dividir com outro irmão, um estranho e, provavelmente, diferente deles na moral e outros aspectos.

— Você está sendo materialista!

— Lógico que estou. Suponhamos que isso aconteça. Nada veio de graça nem caiu do céu. É preciso empenho, dedicação e muita economia para se conquistar as coisas. Tudo o que eu e minha esposa conseguimos foi à custa de trabalho e sacrifício para chegar uma safada e oportunista e querer dar ao filho dela bens e facilidades que ela não me ajudou a conquistar e só apareceu porque me viu estabilizado e bem de vida. Isso sim é injusto! Como é que vou amar e querer junto de mim um filho que não imaginava ter? Ele será um estranho. — Um momento e completou: — Agora, se de alguma forma eu soubesse que tive um filho e o ignorasse, abandonando a moça, aí sim, a coisa muda de figura e eu vou precisar prestar contas dos meus atos. Ou, se depois de casado, eu arrumasse uma amante e tivesse um filho com ela, mereço cumprir minhas obrigações e dar assistência.

— Você não vai querer saber quem é seu pai?

— Por todas as razões que mencionei, não. Acho injusto eu aparecer e querer nome ou herança, por mais que ele possa ter. É injusto eu abalar uma família que esse homem construiu e não me incluiu por não saber da minha existência. Certamente isso vai provocar abalo, dúvidas cruéis, discussões, brigas... Aí te pergunto: Por que ou para que eu vou fazer tudo isso? O que vou ganhar com essa atitude? Mesmo que ganhe, financeiramente falando, não serei feliz com valores que não foram conquistados por mim e não foram me dados com alegria e satisfação. Todo pai sente orgulho ao deixar um legado, uma herança, um bem, seja qual for, para os filhos que educou, escolarizou, deu princípios, religião, moral e amor com sua presença constante. Não haverá uma energia boa fora dessa situação. Digamos que a herança não será abençoada para aquele que exigir recebê-la sem ter, legitimamente, vivido como filho em uma família. — Breve pausa. Em tom mais brando, aconselhou: — Por isso te digo: procure o Wagner e a família dele. Seja honesta e verdadeira. Conte tudo o que aconteceu.

Adriana ficou reflexiva e abaixou o olhar ao confessar:

— Estou com medo.

— Lógico que está. Isso mostra responsabilidade. Está pensando na reação da outra pessoa, preocupação com ela e você mesma.

— Matei o outro filho dele...

— Mas tem um outro aí. Se ele te ama, como disse, vai entender e te apoiar.

— Não sei qual o estado dele, Daniel. Nem sei se a família vai querer me receber se, por acaso, ele não resistiu — a voz ficou embargada, seus olhos ficaram marejados e seu rosto se contorceu tentando não chorar.

— Não importa a forma como vão te receber. O que não pode é viver com a ausência da verdade. Eles e você.

— Vou procurá-lo. Preciso saber como está. Mas vou esperar passar toda a turbulência do divórcio. Tenho de resolver minha situação para não chegar até ele com tanta bagagem. Além disso, melhor o Nícolas não saber que estou grávida.

— Isso é prudente. — Em tom que exibia sensibilidade, o irmão indagou: — Você gosta dele?

— Muito... — lágrimas rolaram silenciosas e lentas, tão somente.

— Então vá procurá-lo. Vai dar tudo certo, como tem de ser.

Vendo o irmão se voltar para outras coisas, Adriana revelou:

— Estou preocupada com você.

O rapaz se espreguiçou e respirou fundo antes de dizer:

— Agora estou sob o efeito de um choque. Embora já desconfiasse. Vou é dormir. Amanhã penso em alguma coisa. Se é que ainda existe algo para se pensar. — Um instante e quis saber:

— E a Ieda?

— Acho que não quis ficar por causa do assunto de família. Vou mandar uma mensagem pra ela.

Daniel não disse nada e foi para o banheiro se trocar. A irmã achou interessante vê-lo se preocupar com sua amiga. Ele vivia provocando-a.

Com o passar dos dias, Adriana procurou por Nícolas. Telefonou, mas ele não atendeu. Foi então que decidiu deixar recado, mas não houve retorno.

— Você ligou? — perguntou o irmão.

— Várias vezes. Preciso ir ao apartamento pegar minhas coisas e...

— Não. Isso pode ser abandono. Você passou mal e está na casa de sua mãe. Até aí tudo bem. Mas, se tirar suas coisas de lá, pode configurar abandono de lar. O melhor é consultar um advogado, já que vai se divorciar.

Ela ficou insatisfeita. Desejaria que tudo fosse mais fácil.

— Não quero que ele saiba que estou grávida. Isso pode fazer com que queira dificultar as coisas.

— Talvez. Mas é bom se informar. Tenho um colega que se divorciou. Acho que ele poderá indicar o advogado.

— Por favor. Peça a ele. Vai me ajudar muito.

— Pode deixar.

Desde o episódio surpresa sobre a revelação de que Daniel não era filho de Jaime, ninguém mais tocou naquele assunto. Havia um clima sempre pesado perto de Heloísa que não queria conversa. Jaime também se calou. Por perceber que seu irmão estava mais quieto a cada dia, Adriana decidiu perguntar, com cautela, para tentar entrar naquele assunto:

— Tudo bem?

— Sim. Por quê?

— Estou te percebendo tão quieto, Dani.

— Eeeeh... Até você?

— Mais alguém notou? — não houve resposta. — Dani? — gostaria que ele a olhasse.

— O quê? — perguntou sem se virar.

— O que você está pensando?

— Em ir embora daqui. Estou procurando apartamento. Quero dar um rumo diferente a minha vida.

— Não pode sair daqui desse jeito.

— Não dá mais, Dri. Além do que, vai precisar deste quarto, sem mim, quando o bebê nascer.

— Você está sofrendo. Dá para ver isso nos seus olhos.

— Dri, desde que o pai revelou tudo aquilo, ninguém mais tocou no assunto.

— Tentei falar, mas não tenho muito o que dizer.

— Não estou falando de você. Estou falando da mãe e do pai. Nunca me senti tão excluído. — Breve pausa e explicou: — Também não quero especular o caso. A mãe não se importou em me esclarecer. Vive se escondendo de mim. Não é mais a mesma.

— Deve estar envergonhada. Tentou falar com ela?

— Acho que é ela quem tem muita coisa para me dizer. Para começar, pedir desculpas por me oferecer uma vida de mentira, tentar se explicar, justificar alguma coisa.

— Ela está com vergonha, Daniel. Nem comigo está conversando direito.

— Isso não importa. Agora vou cuidar de mim, da minha vida e... Ela que faça o quer quiser.

— E a Lisa?

— O que tem?

— Contou para ela?

— Deveria?

— É sua namorada, oras!

— Terminamos.

— Quando? Por quê?! — surpreendeu-se.

— Acho que... Três dias... Uma semana... Sei lá!

— Por quê? — ela insistiu.

— Porque estou decidido a mudar minha vida. A começar por ela. Não aguento mulher que fala muito, que quer me controlar. Nos últimos tempos, a Lisa deu pra fazer isso direto. Vive me telefonando, passando mensagens... Não consigo ouvir meus pensamentos. Ela fala muito. É implicante. Quer saber onde, como e por que, sempre que saio ou não. Ah! Chega! Deu! — falava de modo brando, mas enfatizando a insatisfação. Outro dia, fui ao centro espírita. Ia ter uma palestra que a Ieda disse que era legal. Fui e gostei mesmo. Nossa! A Lisa ficou louca. Reclamou que não a chamei. Se eu tivesse chamado, não iria porque é centro espírita... Ah! Tá louco!...

— Você está estranho.

— Quero um pouco de paz. Não posso mais planejar minha vida dependendo dos outros. Quem não se encaixa nela, na minha vida, tem de estar fora. E seria bom você pensar dessa forma. Faça o que precisa fazer e não dependa muito dos outros. Não fique adiando as coisas que necessitam ser feitas.

— O que é que tenho de fazer que esteja adiando?

— Procurar o Wagner. Ter notícias do pai de seu filho. Contar para ele e para a família tudo o que aconteceu. Você está muito acomodada, não acha?

— Não posso fazer as coisas dessa forma! — zangou-se. — Preciso me divorciar. Não quero que o Nícolas saiba que estou grávida para que ele não me provoque ainda mais. Também não é correto procurar o Wagner com toda essa bagagem.

— Mas você nem foi procurar saber do cara, pelo menos!

— Nem sei por onde começar!

— Pela empresa onde trabalhou. Liga novamente para o celular dele! Caramba! Quer que eu faça as coisas por você?!

— Nossa, Daniel! Não estou te reconhecendo.

— Não é nossa, não! Tome uma atitude, Dri! Tem de fazer? Faça logo! Não fique adiando o que precisa ser feito — expressou-se em tom firme, um tanto irritado.

Dizendo isso, saiu do quarto e a deixou reflexiva.

Daniel estava abrindo o portão para tirar o carro, quando seu pai chegou.

Ao notá-lo, reparou que estava sóbrio. Lembrou-se de que há dias o via assim.

— Boa noite.

— Boa noite, pai.

— Cê vai sair?

— Vou.

— Aonde cê vai? — o senhor perguntou. Talvez, para puxar assunto.

— Vou ver apartamentos com uma corretora. Ela vai me mostrar alguns imóveis. — Consultou o relógio e disse: — Estou em cima da hora.

— Vai sair de casa?

— Vou — falou baixo, fugindo o olhar.

O senhor abaixou a cabeça. Ficou pensativo. Demorou algum tempo quando falou de um jeito quase inaudível:

— Eu queria conversar com você.

O rapaz se surpreendeu. Ainda mais quando Jaime o encarou com expressão apreensiva, que escondia certa aflição.

— Quer conversar agora? — perguntou com voz fraca.

— Não sei...

Daniel olhou para a casa. Sabia que sua mãe e irmã estavam lá e não teriam privacidade. Além disso, havia marcado horário com a corretora.

Para onde poderia levá-lo? Foi o que ficou pensando.

— Deixa pra lá — tornou Jaime com brilho estranho no olhar.

— É que agora tenho o compromisso com a corretora. Conversamos depois, certo?

— Tá. Tá bom.

Jaime ficou esperando o filho tirar o carro e fechou o portão da garagem para que o rapaz não precisasse ter o trabalho de fazê-lo.

Ao ir, vagarosamente, pela rua, pensando no que havia acontecido, Daniel avistou Ieda sentada no degrau de seu portão.

Parou o carro, abaixou o vidro e brincou com ela ao perguntar:

— Não tem o que fazer dentro de casa não?!

A moça iluminou seu rosto com lindo sorriso e respondeu:

— Não. Já fiz tudo o que precisava.

Ele riu. Pensou um minuto e convidou:

— Quer ir comigo?

— Onde?

— Ver uns apartamentos.

Ela pensou um pouco. Achou o convite estranho. Aproximou-se do carro e quis saber:

— Apartamento? Por quê?

— Marquei com uma corretora. Vou ver três apartamentos. Estou fazendo uma pesquisa de mercado. Penso em comprar um.

— Olha, na verdade estou sem nada para fazer e um pouco entediada. Gostaria de ir com você sim, mas acho que não fica bem. A Lisa não vai gostar. Ela já implica com as caronas que me dá.

— Ela não vai mais se importar com nada disso. Terminamos — Daniel disse e sorriu.

A moça ficou surpresa e sentiu um contentamento que não sabia explicar. Mas não poderia demonstrar sua satisfação.

Debruçada à janela do carro, olhou para o lado, pensou por um instante e disse:

— Então tudo bem. Quero mesmo dar uma volta para me distrair. Vou aproveitar seu convite. Dê só um tempinho. Vou colocar um tênis e pegar minha bolsa.

Sem demora, ela retornou, entrou no carro e se foram.

Conforme planejado, Daniel visitou os imóveis com Ieda que, com seu jeito calmo, ofereceu algumas opiniões quando ele pedia.

Ao terminarem, o rapaz disse à corretora que iria pensar, verificar seu orçamento e a dispensou.

Virando-se para a amiga, convidou:

— Vamos a um barzinho?

— Vamos — sorriu docemente.

Algum tempo depois, ele comentou:

— Ainda bem que me mostrou aquele vazamento no banheiro. Eu não tinha visto. Era quase imperceptível.

— De problema hidráulico entendo bem. O difícil é encontrar um encanador bom. Lá em casa, você já viu, sou eu que resolvo tudo.

— Não adianta conversar com a Núbia, não é?

— Não. Sabe, Daniel, já me estressei muito. Chegamos a brigar a ponto de nos pegarmos a tapas. Você sabe. Porém, isso não adiantou. O vício, seja ele qual for, consome o viciado e destrói a família. Ela é minha irmã e tudo o que me resta de família. Por eu não ter condições de sair de casa, que é nossa por herança, decidi colocar reforço e tranca na porta do meu quarto. Esse foi o único jeito que deu certo, até agora.

— Se ela fosse embora...

— Não vai. Por lei não posso mandá-la. Mesmo se pudesse, não faria isso. É minha irmã. Não é correto.

— Entendo.

— Por isso a casa está vazia. Mal temos uma mesa e uma geladeira na cozinha. Além de poucas panelas. De vez em quando, ela vende o botijão de gás para comprar drogas. Por isso sempre tenho um de reserva no quarto. Alimentação, tenho de comprar a cada dois dias. Se fizer estoque de arroz, feijão, óleo... Ela leva para vender. Como muito mal, quase não tem frutas e legumes porque não é fácil ir ao mercado com frequência. Guardo o que posso no meu quarto.

Não é fácil também comer escondido de minha própria irmã. — O silêncio imperou. Depois disse: — Desculpe por desabafar.

— Não. O que é isso? Não tem de se desculpar.

— Acho que minha irmã é assim porque não quis assumir responsabilidade. Quando nossos pais se separaram, a Nuna — referiu-se à irmã — ficou revoltada, como se isso adiantasse alguma coisa. Minha mãe não tinha autoridade e deixava que ela se expressasse como quisesse — usou um tom de contrariedade. — Depois que nosso pai foi embora, a Núbia começou a ter comportamento agressivo. Envolveu-se com gente que não prestava. Daí nosso pai e a nova namorada sofreram o acidente. Morreram. Em seguida, minha mãe foi atropelada. Daí em diante... Eu errei quando deixei que ela trouxesse amigos para dentro de casa. Mas não podia fazer nada. Fiz o mesmo antes. Então, nossa casa é o que é.

— A culpa não é sua. Você poderia ter se revoltado e levado uma vida como a dela. Mas não aconteceu.

— Cometi erros e enganos, mas quem não comete? Cada burrada que fazia, sentia uma coisa ruim... Ficava me sentindo muito mal. Então decidi viver uma vida mais calma e sem sentimentos ruins. Descobri que tem coisas que podemos mudar, outras aceitar, mas por pouco tempo, pois devemos buscar melhorias.

— Com o término da faculdade, deve estar cheia de planos.

— Cheia de planos não é a frase ccrta. Vou juntar uma grana, arrumar uma casinha simples para alugar, porque não tenho dinheiro para comprar nada — riu graciosamente. — Desejo um cantinho meu, para que não tenha que trancar a porta do quarto ou me preocupar com a roupa boa que deixo no varal e pode sumir. Quero ter paz...

— É o que também procuro. Apesar de você não ter tocado no assunto, está sabendo da grande revelação de eu não ser filho legítimo do meu pai.

— Você não me pareceu muito surpreso. Sabia disso? — Ieda se interessou.

— Desconfiava. Ouvia uma conversa aqui, outra ali... — Breve pausa. — Desde aquele dia, minha mãe quase não fala comigo nem tocou nesse assunto.

— Não?! — admirou-se.

— Não. Mal conversamos. Não me trata mais como antes. Sabe Ieda, eu sempre quis fazer o melhor por ela, mas a dona Heloísa não colabora. Não estou dando razão para meu pai. Ele é um homem fraco e bebe por não saber lidar com a situação provocada por minha mãe.

— Você e seu pai conversaram?

— Não. Vamos providenciar isso. Hoje, ele demonstrou que quer conversar comigo. Pela primeira vez! — riu.

— E você? Como está se sentindo?

— Não sei explicar, Ieda. Embora desconfiasse, a confirmação foi um choque. Acho que ainda estou um tanto aturdido. Porém, decidido.

— A quê?

— A não ficar morando com eles. Insistindo que minha mãe leve uma vida diferente. Querendo que meu pai faça um tratamento. Incentivando que a Adriana tenha opinião e faça algo por ela mesma... Não adianta querer o melhor para os outros e eles não colaborarem. Quando fazemos isso, nossas forças minam... Vão embora. Assim como você, quero paz. Lá eu fico preso, entende? Fico só servindo os outros e a mim mesmo... Nada. Quando a vida está chata, o jeito é enfrentar a realidade, tomar uma atitude e mudá-la para melhor. Reclamar não adianta. — Ela pendeu com a cabeça positivamente. Daniel completou: — Não viajo, não saio o quanto gostaria, não compro o que preciso porque não tenho lugar para pôr... Talvez isso seja egoísmo, mas...

— Não creio que seja egoísmo. Afinal, você existe e precisa cuidar do seu bem-estar e de sua vida. — Ieda sorriu. Com uma expressão de quem estava brincando, encolheu os ombros com jeitinho mimoso e disse: — Só estou preocupada com uma coisa.

— Com o quê? — ele sorriu também. Talvez, adivinhasse.

— Quando se mudar, vou perder a minha carona — riu de um jeito gracioso.

Daniel riu junto e comentou:

— Você tem um sorriso lindo!

Ela não esperava por esse elogio. Parou de rir, mas não conseguiu tirar o esboço do leve sorriso do rosto generoso.

Tentando corrigir-se a tempo, o rapaz disse:

— Quem sabe? De repente eu compro aquele ap que fica perto da avenida. Então ficará no caminho para te pegar.

— Aquele é bem bonito. Espaçoso. Bem ventilado. Tem janelas na cozinha e na lavanderia. O ar circula muito bem.

Continuaram conversando descontraidamente.

Era bem tarde quando decidiram ir embora.

Capítulo 22

Comece pelo seu quarto

Hilda visitava Wagner no hospital.

Havia dias que retiraram os aparelhos que o auxilia-vam na respiração, com exceção do aparelho de oxigênio. O rapaz ainda não havia saído do estado do coma.

Sozinha no quarto, a mulher dizia:

— Sinto falta das nossas conversas. Estou desem-pregada e procurando algo para fazer. Precisa sair logo daqui. Quando eu estava vindo para cá, lembrei muito da Adriana. Preciso falar com a Wanda para darmos um jeito de procurá-la. Talvez, se revirarmos suas coisas, possamos encontrar o telefone dela, endereço. Também, quem mandou deixar o número sem identificação? Se não fosse isso... — Breve pausa. — Eu entendo. Vocês não podiam ligar um para o outro e deixar a identificação aparecer. Na época, se sua noiva ou o noivo dela pegasse... Viu o que dá fazer coisa escondida? — indagou em tom de brincadeira. — Acho que a Adriana está bem preocupada. — Acariciou o rosto do rapaz, sentiu sua pele fria e experimentou grande piedade. Sorriu e desejou: — Você bem que poderia nos dar um ótimo presente de Natal e sair deste estado. Pense nisso, viu? — sorriu e sua voz embargou. Não acreditava que alguém como ele pudesse se prender naquele estado. Era uma situação comovente.

— Hilda? — chamou uma voz suave as suas costas.

Virando-se, cumprimentou:

— Wanda! Como vai? — alegrou-se e secou rapidamente as lágrimas em seu rosto para a outra não perceber.

— Vou bem. E você? — Abraçaram-se e trocaram beijos.

— Bem... Vou indo.

— Deveria ter passado lá em casa. Viríamos juntas.

— Não quis perder tempo. Pretendo subir para São Paulo hoje ainda.

— Por que não fica? Não precisa ir para a casa de sua irmã. Pode ficar lá em casa com a gente. Temos quarto de hóspede. Você sabe! — sorriu.

— Eu dizia ao Wagner que ele deveria nos dar um belo presente de Natal, não é mesmo?

— Seria um ótimo presente! Falando nisso, Hilda, você poderia passar o Natal conosco. Aliás, deve trazer seu marido, o filho... Que tal?

— Obrigada pelo convite, mas acho que vamos passar em casa.

— Em todo caso, fica o convite. Sabe, eu quero te agradecer.

— Pelo quê? — sorriu sem jeito.

— Por suas visitas, por considerar tanto meu irmão, nós... Você é sempre bem-vinda. Suas conversas com a Celine ajudam muito. Depois do acidente, ela ficou rebelde, arredia... Mas, quando fala com você, muda completamente.

— Isso vai passar. Ela ainda está contrariada.

— Tomara, Hilda. Tomara que passe. Às vezes, não consigo dar conta. Tenho minha casa para cuidar, meus dois filhos, marido... Agora meu pai, minha irmã e o Wagner no hospital. Sua presença sempre me ajuda muito. Nem imagina.

— Como está seu pai?

— Ficou bem abatido. Emagreceu muito. Nem está cuidando direito dos negócios. Os empregados estão tomando conta, daí já viu né!

— Coitado do Hernâni. É um período bem difícil. Se este moço aqui — bateu delicadamente na mão de Wagner — acordasse, daria grande alegria a todos.

— Claro! Eu já disse isso pra ele — Wanda sorriu e fez um afago no rosto do irmão.

Conversaram, mas apenas sobre assuntos positivos.

Assim que Hilda decidiu ir embora, Wanda insistiu:

— Vamos lá pra casa. Vai ser bom para o meu pai receber visita.

A amiga ficou pensativa. Depois decidiu:

— Está bem. Vou sim.

Saíram do hospital e foram para a casa de Hernâni.

Ao chegarem, puderam ouvir a música em volume alto e os gritos de Celine brigando com o pai.

— Não abaixo!!! Não quero saber!!! Os vizinhos que se danem!!! Se fosse o Wagner que fizesse isso, você não diria nada! Tá bom?!

— Seu irmão nunca fez isso! — disse o pai, que estava no corredor, junto à porta trancada do quarto. — Virando-se, viu Wanda e Hilda se aproximando. Cumprimentou-as e disse, parecendo transtornado: — Desculpem-me. Não sei mais o que fazer.

Sua voz quase não foi ouvida.

Hilda aproximou-se da porta e chamou:

— Celine! Abra a porta. Sou eu, Hilda!

Demorou alguns minutos e a porta foi aberta.

Nesse instante, inesperadamente, Hernâni entrou no quarto, passando por elas rapidamente, foi até onde estava o aparelho de som.

Pegou o eletrônico, arrancou o fio da tomada, puxando-o com força e saiu arrastando fios pelo caminho e deslocando as caixas acústicas de onde se desplugaram, deixando-as pelo chão.

— Você não pode fazer isso! Pare!!! Esse som é meu!!!

A jovem falou e esbravejou por alguns instantes.

Wanda, indignada, não suportou e saiu de perto. Foi atrás de seu pai.

Hilda deixou Celine desabafar. Enquanto isso, olhou cada detalhe do belo quarto, que estava todo desarrumado.

Quando a jovem ofereceu uma trégua, Hilda aproveitou e bateu a mão na cama, pedindo:

— Sente-se aqui.

— Droga! Viu! — sentou-se com força, provocando grande movimento no colchão de molas.

A mulher puxou uma cadeira de rodinha que havia perto de uma mesa e se sentou frente à moça.

Olhando-a, percebeu que estava chorando.

Ainda enfurecida e exprimindo raiva, embora em tom mais moderado, Celine perguntou:

— Você viu como é?!Viu o que ele fez?!

Com voz suave e branda, expressando fisionomia tranquila, a mulher disse:

— A dor das outras pessoas nunca é igual a nossa, mas ainda é uma dor e faz sofrer. Já pensou que ele, assim como você, está sofrendo?

A jovem a olhou por algum tempo. Depois respondeu:

— Mas ele não pensa em mim. Não vê como estou!

— E você? Está vendo como ele está? — Não houve resposta. Com expressão compreensiva e extremamente dócil, Hilda comentou: — Seu pai está sofrendo. Ele também não sabe lidar com a nova situação imposta pelo acidente. Perdeu a esposa, o filho está em coma... Sozinho precisa cuidar de você, de seu irmão, da casa, dos negócios. São muitas preocupações.

— Ele implica porque gosto de som alto. Vive falando que os vizinhos isso, os vizinhos aquilo. Que se danem os vizinhos!

Hilda se lembrou de ter conversado com Wagner sobre aquele assunto. Não quis mencionar o nome do irmão para que a jovem não repelisse a conversa de imediato. Desejava que a moça prestasse atenção. E, calmamente, disse:

— Sabe Celine, as pessoas falam "que se dane" é porque não têm conhecimento. São egoístas, pois só pensam em si mesmas. Quando você fala "que se dane", é porque não pensou nas consequências de seus atos para com as outras pessoas. Não percebe que o que está fazendo pode perturbar e atrapalhar alguém. Pior ainda, quando o seu "que se dane", faz alguém sofrer. O som alto, por exemplo, pode fazer o seu vizinho sofrer. O coitado pode estar doente, com dor de cabeça ou coisa pior. Preocupado com situação difícil, doente da alma, triste... Aí, o som alto, que invade a casa dele, aumenta a dificuldade que enfrenta e o faz ficar transtornado. Todo transtorno faz sofrer. Neste caso, o seu egoísmo em dizer "que se dane", provoca dor. É bom saber que tudo o que fazemos, volta para nós. Pode ser hoje ou amanhã, mas volta. Não precisa ser da mesma forma, mas será no mesmo grau de sofrimento. Sabe, existem muitas coisas em que as pessoas falam "que se dane". Eu mesma já tive uma experiência muito difícil. Uma pessoa egoísta, que disse "que se dane", tomou algumas decisões pensando só nela, só em seu prazer. Isso me trouxe muita dor. Precisamos tomar cuidado quando dizemos isso. Podemos ferir e, certamente, seremos vítimas pelo que causarmos.

— Você está falando igual a minha mãe.

— Sua mãe era uma pessoa experiente. Com os anos e as situações difíceis que vivemos, aprendemos muito. Creio que foi o caso dela.

Celine começou chorar. Puxou a ponta do lençol e secou o rosto.

— Tudo tá uma droga!

— O que você acha que pode deixar sua vida melhor? — Hilda perguntou no mesmo tom calmo.

— As pessoas não me entendem!

— E você?

— O que tenho eu?

— Entende as pessoas? — A jovem se remexeu, respirou fundo, porém não respondeu. — Eu sempre aprendi que nós recebemos de volta o que fazemos. Se você procurar entender os outros, prestar atenção ao que dizem, eles também vão devolver esse tipo de tratamento. Da mesma forma que tratarmos o mundo, seremos tratados. Se você briga, xinga, ofende e não está nem aí para as dores ou dificuldades dos outros, se sempre diz "que se dane", é o desprezo, o desrespeito, a incompreensão que vai receber de volta.

— Não sei o que fazer da minha vida. Tudo está uma droga! — e falou um palavrão.

— Se esse seu jeito de tratar a vida e as pessoas não está funcionando e está insatisfeita, então não é o jeito certo. Está na hora de mudar.

— Mudar como? Ninguém me valoriza nem me elogia!

— Nunca recebemos recompensas se não oferecemos algo de bom, agradável ou útil. Quer que a elogiem do quê? Por quê? O que fez para ser elogiada? — A jovem não respondeu. Somente a olhou. — Quer um exemplo?

— Manda — falou mais branda.

— Olhe para o seu quarto — Hilda a viu passando o olhar pelo ambiente. — Tudo está fora do lugar. As gavetas não fecham direito, as portas dos armários muito menos e a escrivaninha está toda desarrumada, com papéis e livros fora do lugar. Nem há espaço para estudar ou escrever. Por que seu pai ou sua irmã iriam elogiar você pelo seu quarto, por exemplo? — Hilda viu um sorriso irônico no rosto de Celine. — O quarto, a casa, assim como o ambiente de trabalho de uma pessoa mostra o seu interior. Se seu quarto, seus armários estão bagunçados, em seu interior, em sua mente tudo está a maior bagunça também. Isso mostra que não é capaz de se organizar, resolver situações simples do cotidiano, opinar sabiamente, silenciar ou refletir. Silêncio é arrumação íntima. Você fala, responde e ofende porque não silencia. O silêncio, necessário em muitos casos, é a paz interior. Quando se tem um quarto ou uma casa organizada tudo flui melhor. Assim como quando se tem uma mente organizada e os pensamentos calmos, não precisamos responder de modo ríspido, com ironia, zombaria. Não precisamos incomodar os outros com nosso barulho. Não precisamos mandar os outros se danarem. Isso é imaturidade e falta de paz intima — Viu-a séria e atenta. — Quando vejo uma pessoa dizer que quer que os outros se danem, eu penso: "como essa pessoa é infeliz, sem paz interior, mal resolvida e imatura." Maturidade se conquista arrumando-se, arrumando onde se vive e buscando paz, mas sem *neura*. Limpe seu quarto. Jogue fora o que não precisa, o que é inútil, o que está guardando sem saber por que. Jogue fora as coisas que não te fazem falta. Abra aquele armário direito — apontou —, fique frente a ele e comece a se desfazer do que não te serve mais, do que não usa mais. Não guarde lixo, não carregue consigo o que não necessita. — Breve pausa. — Assim é nossa mente, Celine. Para viver melhor, precisamos limpar nossas memórias. Perdoar, esquecer, compreender, entender... Jogar fora mágoas, ressentimentos, contrariedades, fazer uma limpeza geral. Se não consegue fazer isso tão rápido em sua mente, comece pelo seu quarto. Renove tudo. Deixe somente o que precisa. Uma vez eu li a história de uma garotinha que pedia para a avó a solução de um problema e a senhora disse: "suba, arrume suas gavetas e após isso terá a solução para o seu problema" — sorriu. — Nunca vi tamanha sabedoria. Sempre que estou triste, com desafios sérios, eu arrumo minhas gavetas, meus armários, minha casa deixando tudo alegre. De imediato, posso não encontrar a solução para o que preciso, mas me sinto tão bem com tudo limpo e organizado, dá um prazer ver tudo no lugar. Então, quando menos espero, a solução aparece, a alegria se renova e vejo a vida com outros olhos. Minha casa, meu quarto, minhas gavetas são o reflexo de meu estado emocional e de minhas atitudes. Manifesto neles o que tenho em meu interior. Você, eu, todos nós podemos influenciar nosso interior com o exterior e vice-versa. Quando limpo um armário e jogo fora o que não preciso, o que não serve mais ou o que não gosto, estou reprogramando, simbolicamente, a minha mente, o meu interior. Se quero ser melhor, mais organizada, atenciosa e quero que as pessoas vejam o melhor em mim, preciso me mudar, me reprogramar para ser agradável, gentil, educada, cortês, jogar fora de mim sentimentos inúteis, expressões deselegantes, atitudes e pensamentos desprezíveis, desnecessários. Isso é um treino. Como também, depois de arrumado seu quarto, deverá treinar para mantê-lo limpo. Arrumar a casa, o quarto, as gavetas é a chave para serenar pensamentos, sentimentos e renovar tudo a sua volta. Aproveite que daqui a pouco vamos começar um novo ano e renove-se por inteira. Procure por uma religião ou filosofia harmoniosa e equilibrada para encher seu interior de sabedoria e amor. Se fizer tudo isso, sua vida será melhor. As pessoas passarão a te respeitar, assim como você irá respeitá-las. Sua vida será mais alegre e irá atrair coisas boas.

— Eu respeito as pessoas.

— Fazendo o que fez quando eu cheguei aqui? — Não esperou resposta. — Menina! Bem se vê que precisa amadurecer.

— Ele não liga para mim. Dá mais atenção ao Wagner do que a mim. Será que eu preciso entrar em coma para ele me dar atenção?

— Não. Mas, como acabei de falar, precisa explorar o seu lado bom, positivo, para que mostre ao seu pai as suas qualidades. Quando exibimos nossas qualidades, nossos defeitos desaparecem ou são insignificantes.

— Como faço isso?

— Comece pelo mais próximo. Comece por você, por seu quarto. É simples.

— Estou cansada desta vida... — resmungou.

— Que ótimo! Então precisa renovar tudo!

— Eu repeti de ano — chorou. — De novo...

— Que pena. Eu lamento.

— Tenho raiva de repetir tanto. Não gosto de estar no meio daquela molecada, não gosto de estudar lá... Era pra ser o último ano do Ensino Médio.

— Você já deveria ter terminado o Ensino Médio há tempos. O que não a deixou passar? — Não houve resposta. Depois de longa pausa, tentou animá-la: — Vendo pelo lado positivo, você terá mais um ano para escolher um curso superior. Estará mais madura e preparada para ele.

Celine suspirou fundo e perguntou:

— Por que você não mora mais perto? Poderia morar aqui com a gente.

Hilda riu de um jeito gostoso e respondeu:

— Bem que eu gostaria. Adoro praia, sol... — Em seguida, sugeriu: — Agora, com cabeça mais fria, você deveria entender que seu pai passa por muita dor e dificuldades. Isso gera preocupações. Não seja causadora de mais tristezas para ele. Procure entendê-lo.

— Não sei por que eu faço isso.

— Eu sei — a mulher sorriu.

— Por quê?

— Quer atenção positiva como: elogio, consideração, carinho. Porém, em vez disso, com o que faz, só atrai atenção negativa como: críticas, censura, condenação. Se começar a realizar coisas prósperas, ter bons resultados no que faz e progredir em um ou vários aspectos, tudo vai ser diferente.

— Quero ser importante para ele.

— É importante para seu pai. Se assim não fosse, o Hernâni não estaria tentando fazer de você uma pessoa melhor. O que tem agora são dúvidas e insegurança, nesta etapa da vida. Algo comum na sua idade. Mas deve facilitar as coisas para com aqueles que convivem com você. Rebeldia, exigências, falta de compreensão não ajudam em nada. O melhor é conversar. Exponha seus sentimentos, fale de suas dúvidas e até do que te desagrada.

— Eles não acreditam que vi minha mãe no acidente nem que falei com ela.

— Talvez, algum comportamento anterior seu tenha gerado essa descrença. Não acha que pode ser isso?

— Não sei.

— Em todo caso, talvez isso não seja tão importante. Com o tempo, depois de novas atitudes de sua parte, seu pai e sua irmã vão acreditar no que diz.

— Não querem que eu fale que o Wagner estava correndo, causou o acidente e matou minha mãe.

— Por que você acha que seu pai não quer que fale dessa forma?

— Para proteger meu irmão, oras!

— De que vai adiantar acusá-lo?

— Vão saber quem ele é!

— O que ele é? — A jovem não respondeu. — Pense nisso. Pense se seu irmão merece o que você diz. Acusá-lo de bater o carro, como está fazendo, é algo perigoso. Não sei como funciona, mas ele pode até ser criminalmente responsável pelo acidente. Será que isso é correto? Acha que o Wagner quis bater o carro e matar sua mãe e a Sabrina? Será que ele foi imprudente mesmo? — Celine abaixou a cabeça. Hilda esperou um momento e perguntou: — O que aconteceu pouco antes do acidente?

— Ele e a Sabrina estavam brigando.

— E você?

— Eu estava ouvindo — falou baixinho.

— Tem certeza?

— Por quê? Está duvidando de mim?!

— Acho que essa história não está completa. Não é comum, nem nunca foi, o Wagner falar alguma coisa e você não retrucar. — A jovem continuou de cabeça baixa. Hilda ficou ainda mais desconfiada. — Você estava sentada no banco atrás dele, não estava? — Sabia disso. Só queria puxar mais assunto. A mulher era influenciada pelo plano espiritual. — Celine, o que aconteceu, de verdade, antes do acidente?

— Nada. Acha que eu tive alguma culpa? — falou com agressividade.

— Isso seria possível? — Hilda perguntou.

Na espiritualidade, Ifigênia abraçou a filha pelas costas e recostou seu rosto ao dela. De modo carinhoso, imprimiu-lhe, com generosidade, a ideia:

— Não acuse seu irmão injustamente. Diga a verdade, minha filha.

A jovem começou chorar.

Hilda afagou seu rosto ao aconselhar:

— Vai se sentir mais aliviada se conversarmos.

— O Wagner estava dirigindo. Não foi culpa minha.

— Por que diz isso? — perguntou a mulher calmamente. — Como é que poderia ser sua culpa?

— Não poderia. É isso o que estou dizendo — falava sem encará-la.

— Mas ninguém disse isso até agora. Será que existe alguma razão para te acusarem?

— Não sei por que estamos falando disso — Celine a encarou.

— Estamos falando sobre não ser correto acusar seu irmão como vem fazendo. Só isso.

— Não quero falar sobre isso.

Hilda ficou ainda mais desconfiada. Entendeu que a jovem sabia muito mais do que dizia. Muito provavelmente, teria algum grau de responsabilidade no acidente e não desejaria contar.

Sua forma de conversar, com calma e paciência, usando argumentações dóceis e oferecendo reflexão, sem exigências, era o melhor a ser feito. Com isso, ela conquistava o respeito e a confiança de Celine, que absorvia a brandura e os conceitos de suas palavras.

Não podiam ver, mas, na espiritualidade, Ifigênia e o espírito Maria, que foi sua mãe quando encarnada, além de outros amigos espirituais, estavam presentes.

Para que servisse de aprendizado, Éser, mentor de Ifigênia, contou:

— Hilda e Ifigênia, em um passado distante, foram irmãs. Viviam bem e unidas até que a inveja de Ifigênia a cegou. Inconformada com a felicidade da irmã, Ifigênia inventou calúnias sobre ela. O marido de Hilda não procurou saber a verdade e mandou a esposa embora de casa. Hilda não teve direito de dizer nada, em uma época em que a mulher era considerada inferior. Ela não teria o direito de sequer ver os filhos. Viviam na Idade Média. Mulheres não recebiam consideração nem respeito. Hilda não poderia reivindicar nada.

— Eu me arrependi muito por tudo o que fiz — disse Ifigênia. — Não pensei que as consequências seriam tamanhas. Fui proibida de ver minha irmã ou lhe oferecer recursos. Por remorso, cuidei dos filhos que ficaram sós e não tive mais coragem de olhar para os olhos de seu marido, que viveu dias regados a muita bebida e longe de casa, procurando mulheres fáceis, sem valor.

— Hilda viveu na miséria, pedindo esmolas nas ruas até ser atropelada por uma carruagem e vir a morrer — prosseguiu Éser. — O luxuoso meio de transporte, na época, era a condução predileta de uma mulher muito rica e orgulhosa que não deixou o cocheiro parar e prestar socorro à vítima, exigindo que o funcionário prosseguisse, pois pobres e mendigos não mereciam ajuda ou socorro. Essa mulher rica era Sabrina, vítima no mesmo acidente em que Ifigênia morreu.

— Coitada da Sabrina. Por isso hoje se prende sozinha e não eleva os pensamentos para ser socorrida — opinou Maria, espírito que foi mãe de Ifigênia.

— Os filhos de Hilda eram Wagner, Wanda e Celine — contou o mentor. — Sentindo uma culpa insuportável, que aumentava a cada dia, na velhice, Ifigênia não suportou. Chamou os sobrinhos e contou toda a verdade.

— Foi a coisa mais difícil que já tinha feito — tornou Ifigênia. — A Wanda, embora contrariada e muito triste comigo, soube me perdoar. Wagner ficou inconformado e desejou todo o mal para mim. Falou coisas duras, tristes e amargas que mereci ouvir. Chorei muito. Era meu sobrinho querido e predileto. Ele também odiou, com todas as forças, a pessoa que não prestou socorro a sua mãe. Queria que morresse da mesma forma. Culpou-a mais do que a mim. Seu ódio ficou contido em seus desejos — revelou triste. — Mas Celine, foi pior. Jurou procurar um meio de me matar para vingar sua mãe. Planejou e tentou. Naquela época, não conseguiu devido aos meus filhos, sempre presentes e que me rodeavam. Faleci logo depois de revelar a verdade e Celine não conseguiu seu intento. Mesmo assim, continuou me odiando com todas as forças de seu coração.

— Desencarnada, Ifigênia pediu perdão, mas Celine nunca lhe perdoou e tornou-se sua perseguidora — lembrou Éser. — Hilda, por sua vez, foi capaz de perdoar e entender a pequenez humana.

— Foi então que em novo planejamento reencarnatório implorei receber como filhos queridos Wanda, Wagner e Celine, para receber o perdão, poder amá-los e reverter tudo o que pensavam de mim. Faria o possível para que me amassem.

— A Celine, a princípio, não concordou com os planos. Mas depois, sabendo que Wanda e Wagner concordaram, aceitou renascer como filha de Ifigênia, apesar de contrariada. Acreditou que jamais conseguiria amar aquela mulher como mãe. Jurou que, quando pudesse, iria se vingar.

— Eu não soube. E a Sabrina? Onde ela entra nessa história? — Maria quis saber.

— A Sabrina se culpou muito pelo ocorrido. Sua consciência sofria pela culpa. Na espiritualidade, permaneceu muito tempo revendo o acidente e o sofrimento daquela inocente a quem não prestou socorro. Por ser um espírito sem muita elevação, que não procura conhecimento nem se esforça para evoluir, seu mentor a conduziu para que se atraísse pelo rapaz que serviria de agente para o cumprimento da lei de causa e efeito. Lei de harmonização de sua consciência — contou Éser. — Inconscientemente, os desejos ficaram registrados. Na atual existência, Celine atraiu todas as circunstâncias para colaborar com o desencarne de Ifigênia, cumprindo seu juramento. Mesmo sem saber, conseguiu o que tanto desejou: o desencarne de Ifigênia.

— Wagner foi instrumento indireto para que tudo acontecesse — lamentou o espírito Maria. — Eu não podia ter dito isso quando conversamos. Seria cruel demais. Mas, ele também, moralmente, teve uma parcela de culpa.

— Sim. Teve — tornou o mentor. — Mas, por ser uma alma mais entendida e em elevação, já experimenta, com seu estado agravado, as consequências de seus desejos e falta de perdão. Embora terá de conviver com a culpa por ter participação indireta no ocorrido.

— Mas ele não foi culpado — defendeu Ifigênia.

— Se não tivesse qualquer parcela de envolvimento, Wagner não estaria dirigindo aquele carro. E tudo não seria como foi. Nada é por acaso, cara Ifigênia. Há uma razão para tudo.

— Então Celine...

— Sim. Ainda precisará harmonizar o que desarmonizou pela ausência de perdão, amor, pelo egoísmo e falta de maturidade. Isso pode ser nesta ou em outra experiência de vida. Tudo vai depender de sua maneira de querer evoluir. A mentira sobre o acidente complica ainda mais sua situação — completou Éser. — Tomemos cuidado com nossos pensamentos, nosso ódio, nossa falta de perdão e desejo de vingança. Não sabemos de que modo eles vão se realizar.

No hospital, o espírito Fábio, mentor de Wagner, junto com outros amigos espirituais auxiliavam o rapaz com energias elevadas para recompô-lo.

Sônia, a enfermeira que sempre conversava com o rapaz, mesmo sabendo que se achava em coma, estava no quarto e dizia:

— Acho que tem visitas... Sinto um perfume tão gostoso!...

Uma onda, em forma de desejo incontrolável, invadiu a vontade de Sônia.

Por necessitarem de energia de um encarnado, o mentor da mulher a inspirou e a induziu a se aproximar do leito. Atendendo a desejos que não saberia explicar, discretamente, sobrepôs sua mão a dele e, simplesmente, fechou os olhos e orou o Pai Nosso, prece que o Mestre Jesus nos ensinou.

Quando terminou, sorriu. Deu tapinhas suaves na mão fria de Wagner e falou baixinho:

— Deus te abençoe. — Virou-se e foi pegar alguma coisa que precisava. Sem querer, deixou cair uma bandeja metálica e alguns instrumentos que fizeram um barulho enorme. Nesse instante, disse:

— Desculpe, Wagner. Acho que te assustei — e abaixou para pegar os metais no chão.

Ao se levantar, olhou para o paciente e o viu piscando lentamente. Percebeu a respiração alterada e movimento nas mãos.

— Wagner?... — chamou com voz terna.

Ele balbuciou com extrema dificuldade:

— Sônia...

— Wagner! — admirou-se sussurrando. — Você voltou... Que bênção! — emocionou-se, pegando sua mão e sentiu-o apertar a sua e vê-lo encará-la. — Vou chamar o médico! — saiu às pressas.

Após o médico examiná-lo, a família foi avisada e todos correram para o hospital.

Wagner não falava direito e tinha dificuldade para entender o que diziam perto dele. Pareceu bem esquecido. Vítima de uma amnésia dissociativa, que é o esquecimento parcial ou de todo um acontecimento que envolve algum trauma ou acidente sofrido.

Às vezes, fechava os olhos e dormia, quando alguém conversava com ele. Seus movimentos estavam comprometidos. Não conseguia ter coordenação. Todos perceberam que ele se lembrou de Hilda no instante em que a viu, pois alargou um belo sorriso assim que viu seu rosto.

Ao olhar para o pai e as irmãs, pareceu não reconhecê-los. Sorriu de forma diferente. Em seguida, cerrou os olhos como se dormisse ou estivesse muito cansado.

A alegria não poderia ter sido maior.

O médico recomendou que o deixassem descansar. Não deveriam forçá-lo tanto.

Emocionada, Wanda abraçou-se à Hilda e choraram.

Por ter ido ao hospital e ficado lá muito tempo, já era tarde quando Hilda decidiu ir embora. Wanda não admitiu que ela pegasse a estrada e viajasse tanto devido à hora.

A mulher telefonou para sua irmã, que morava no litoral, mas ninguém atendeu. Não havia ninguém em casa.

Por insistência de Wanda, Celine e Hernâni, Hilda aceitou dormir na casa da família. Foi então que ligou para o celular do marido que concordou plenamente. Disse que ele e o filho estariam bem. Que ela poderia ficar tranquila.

Na manhã seguinte, Hilda lembrou-se de perguntar para Wanda:

— A Adriana ligou novamente?

— Menina!... Esqueci... Ai, eu esqueci totalmente! Não liguei o celular do meu irmão. O pessoal do serviço dele sempre liga aqui pra casa do meu pai, então...

— Não tem o número dela, não é?

— Não. A chamada não ficou identificada. Revirei o celular dele, mas não tem nenhuma Adriana nos contatos.

— Que pena... Assim que chegar a São Paulo, vou ligar para a empresa e conseguir o telefone dela.

— Ai, que chato.

— Não se preocupe. Você estava cuidando de muita coisa.

— A moça vai pensar que eu fiz pouco caso.

— A Adriana é uma pessoa muito boa. Vai entender.

— Pelo jeito, meu irmão gostava dela, não é mesmo?

— Gostava sim — sorriu. — Agora preciso ir Wanda.

— Fica mais um pouco.

— Não posso mesmo. Ele deve se recuperar rapidamente. O Wagner tem muita força. Venho visitá-lo no fim de semana.

— Venha sim. Mas fique alguns dias. Uma semana pelo menos. Vai ser muito bom.

Hernâni chegou à sala e disse:

— Hilda, tenho muito o que lhe agradecer: pela conversa com a Celine, por sua preocupação com o Wagner, pela consideração com a gente... Por tudo.

— Ora... Não tem de agradecer nada. A Celine só está confusa. Mas isso vai passar.

— Tenho de agradecer sim. Muito obrigado por tudo. Nossa casa é sua. Quero que venha para ficar mais dias. Será muito bom para todos nós. Traga seu filho e seu marido.

— Agradeço o convite. Embora duvide de que o Agenor vá querer vir. Ele gosta de ficar recluso em casa.

— Mas você pode vir sem ele, não pode? — disse Wanda alegremente.

— Vamos ver...

Conversaram mais um pouco, Hilda se despediu e se foi.

Chegando à sua casa, Hilda sentia-se cansada da viagem.

Olhou em volta e percebeu alguma coisa estranha. Tudo estava muito organizado. Nem na pia havia copos ou xícaras para lavar.

Uma angústia invadiu sua alma.

A sombra do medo de ser traída novamente rondou seus pensamentos.

Pegou o celular e mandou mensagem para o filho Rodrigo.

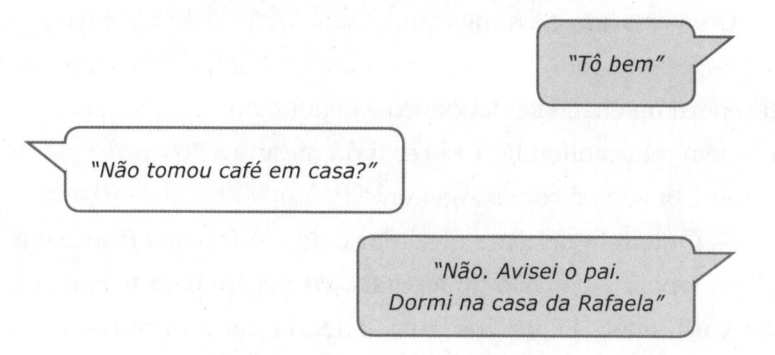

"Acabei de chegar em casa. Vocês ficaram bem?"

Alguns instantes, que pareceram eternos, o rapaz respondeu:

"Tô bem"

"Não tomou café em casa?"

"Não. Avisei o pai. Dormi na casa da Rafaela"

Referiu-se à namorada.

"Ok. Bjs"

"Bjs"

Hilda foi para o seu quarto e a cama estava bem arrumada. Exatamente como ela havia deixado.

Não gostaria de suspeitar indevidamente de Agenor, mas aquilo era muito estranho.

Lembrou-se de seus pedidos de desculpa e do juramento que fez a ela sobre nunca mais magoá-la nem traí-la.

Um suor gélido banhou suas mãos nervosas. Não conseguia conter seus pensamentos acelerados, experimentando uma onda de raiva.

Agenor não poderia tê-la enganado. Não de novo.

Ela não sabia como deveria agir.

Seria certo telefonar para ele e perguntar? Ou isso seria ridículo?

Pegou o telefone e ligou para Lídia.

A amiga a ouviu, atentamente, e decidiram marcar encontro em um Café, no *shopping*.

Hilda estava aflita quando Lídia a viu.

Conversaram e a amiga comentou:

— Sabe quando a casa está estranha? A impressão é que assim, que eu saí ontem cedo, depois do Agenor e do Rodrigo terem saído, ninguém mais voltou lá. Tudo está do mesmo jeito.

— Conversou com o Agenor?

— Ontem liguei para o celular dele e avisei que ficaria em Peruíbe. Depois disso, não liguei mais. Pensei em ligar bem à noite lá para casa, mas... Fiquei insegura. Poderia dar a impressão de que estava pegando no pé... Sabe? — Breve pausa e confessou: — Estou com medo de ser precipitada, impulsiva ou ridícula. Preciso agir com inteligência.

— Vamos pensar...

— Lídia, não posso e não quero viver nessa eterna insegurança.

— Não deve viver assim. O Agenor não pode dar motivos para que viva assim. Muito embora, você não deva ser controladora.

— Não sei o que fazer.

— Terá de perguntar. — Um instante e propôs: — Quer ir ao serviço dele?

— Não sei se devo — Hilda titubeou.

— Por que não deveria?

— Você vai comigo? — indagou em tom inseguro.

— Sou sua amiga, não sou? — respondeu Lídia com leve sorriso.

— Então vamos.

— Não quer almoçar antes?

— Não consigo pensar em comida. Mas se você quiser, eu te espero.

— Não. Vamos embora.

Algum tempo depois, as amigas chegaram aonde o marido trabalhava.

No mesmo instante, o homem estacionava seu carro em uma das vagas que havia em frente à empresa.

Agenor desceu. Do lado do passageiro também desceu uma moça risonha e muito bonita.

Hilda, tomada por uma sensação enervante, desceu do carro, atravessou a rua sem olhar para os lados. Nem mesmo pareceu ouvir a buzina estridente que soou de um veículo que precisou parar subitamente para que ela passasse.

Chegando à calçada, ficou parada para ser vista. Nesse instante, reparou que ele estava com a mesma roupa que o viu no dia anterior. Foi aí que deduziu que não tinha voltado para casa, pois usava a mesma vestimenta.

O marido tomou um susto e disse sem que ela perguntasse:

— Não é o que você está pensando.

A moça, que o acompanhava, parou de sorrir e fez uma expressão surpresa ao suspirar fundo e lentamente.

— Não estou pensando nada — a voz da esposa soou estranhamente fria.

— Hilda, precisamos conversar.

— Não. Não precisamos — falou mecanicamente, sem pensar.

— Essa moça é uma cliente! Precisamos ir até a seguradora e...

— Se precisassem, fossem cada um por seus meios. Você não é motorista particular e, por ter um histórico comprometedor, deveria se poupar de situações suspeitas.

— Nós precisamos conversar! — foi firme.

— Não temos mais nada para conversar, Agenor.

Hilda deu as costas. Atravessou a rua e entrou no carro de Lídia.

A amiga não esperou que Agenor se aproximasse. Deu a partida no carro e se foram.

Capítulo 23

A sombra do medo

Lídia ficou surpresa com a frieza e seriedade da amiga que, dentro do carro, não deu uma única palavra, até ela perguntar:

— Você está bem?

— Sim. Estou consciente.

— Hilda, o que você vai fazer?

— Por favor, me leve para minha casa. Lá vou pensar direito.

Lídia estava trêmula. Preocupada demais, principalmente, pela frieza que a amiga apresentava.

Ao ver o carro estacionado, Hilda desceu. Pegou as chaves, abriu o portão e esperou por Lídia.

Entraram.

Chegando à sala, sentou-se no sofá e a amiga ao seu lado.

— Não acha melhor conversarem?

— Para quê? — Hilda perguntou. — Para ele tentar me iludir e fazer-me acreditar que não vai errar mais? Deveria ter aproveitado a oportunidade que eu dei! Poderíamos ter construído uma nova vida. Assim como você e o Márcio fizeram.

— Não pude ouvir direito. O que ele te disse exatamente?

— Que era uma cliente. Que precisaram ir à seguradora. Que não era nada do que eu estava pensando.

— E o que você pensou exatamente? — quis saber Lídia.

— Que ele deveria ter sido mais maduro, esperto, responsável, respeitoso comigo e não me dar qualquer motivo para desconfiança. — Lágrimas correram em sua face pálida. Ela secou o rosto com as mãos e respirou fundo.

— Você está bem?

— Não. Estou péssima. Com raiva. Não com raiva dele. Com raiva de mim por ter escolhido uma pessoa tão pobre de espírito para ficar ao meu lado.

— É uma pena. O Agenor é um fraco e confirmou isso agora.

Hilda respirou fundo. Levantou-se e foi para o quarto, seguida pela amiga.

Retirou de dentro do armário uma mala de onde tirou outras duas.

Abriu-as sobre a cama e colocou dentro todas as coisas de Agenor que encontrou.

Percebendo que as malas não foram suficientes, pegou sacolas plásticas gigantes e acomodou o restante.

Com a ajuda de Lídia, pôs tudo próximo ao portão da entrada principal, do lado de dentro da residência.

Virando-se para a amiga, pediu:

— Se quiser, pode ir. Não será bom se envolver ainda mais.

— Não. Eu fico com você.

Hilda a olhou por um momento, depois a abraçou forte. Ao se separarem, agradeceu:

— Obrigada. É bom ter uma amiga ao lado em um momento como esse.

Quando Agenor chegou, abriu o portão da garagem e viu, no canto, perto do portão social, todas as suas coisas.

Ele colocou o carro para dentro da garagem, mas não conseguiu entrar na casa. Hilda havia trancado todas as portas por dentro.

Tentou conversar, mas ela não respondeu.

Ficou nervoso. A princípio, pediu que ela abrisse e o deixasse entrar, mas Hilda permaneceu calada. Foi então que ele disse:

— Sabe por que eu saí com aquela moça? — Não esperou resposta. — Porque ela é jovem, bonita, esperta e faz tudo o que um homem quer! Fiquei realizado! Você queria saber por que eu procurei outras mulheres? Agora sabe. Elas são jovens, satisfazem um homem... realizam minhas fantasias... Têm um corpo lindo! Você até pode ser boa dona de casa, boa nisso ou naquilo, mas está velha. Não tem mais vinte anos. Não me satisfaz mais. Já, elas, não. São atraentes, gostosas... — e discursou tudo o que podia, com baixeza, para magoá-la e entristecê-la.

Agenor cometia a pior das crueldades. Falou e contou detalhes de sua traição e as razões infundadas dela.

Calada, Hilda ouviu e chorou.

Depois de horas, percebendo que não conseguiria conversar, ele desistiu. Colocou suas coisas no carro e se foi.

Ao ouvir o veículo ir embora, Lídia se preocupou:

— Como você está?

— Péssima — murmurou.

— Para onde ele deve ter ido?

— Tomara que tenha ido pro inferno, que é de onde nunca deveria ter saído!

— Calma, Hilda.

— O Agenor... Quem diria? Ainda não acredito... — dizia perplexa.
— Nunca mais quero saber de homem na minha vida. Nunca mais!

Ela chorou um pouco mais e conversaram por algum tempo.

Separação sempre dilacera a alma e faz sofrer.

Embora Hilda fosse uma mulher forte, seu coração apertava, enquanto uma tristeza cruel castigava seus pensamentos.

À noite, a amiga tinha ido embora. Quando Rodrigo chegou do serviço, estranhou ver a mãe com os olhos vermelhos.

Ela contou tudo o que havia acontecido.

O filho caçula, mesmo chocado com a notícia, sentou-se ao seu lado e repousou o braço em seus ombros.

Chorando em silêncio, a mãe inclinou-se e o abraçou.

Ficaram assim por algum tempo. Então ela se afastou e disse:

— Eu não queria que fosse assim — seu olhar expressava uma tristeza infinita.

— Mãe... Sei que sou novo demais. Não tenho experiência, como vocês dizem, mas... Na minha opinião, acredito que foi o melhor pra você.

— Como assim? Acha que foi melhor ele ter me traído?

— Acho. Pelo menos, ele fez isso agora e não daqui há alguns anos. O pai mostrou ser uma pessoa mesquinha, insensível, pobre. Talvez, seja um cara safado mesmo. Eu observei o seguinte: depois de tudo o que nos contou sobre tê-lo pegado com outra, esperei que o pai se tornasse um homem melhor, mais presente ao seu lado. Se tornasse aquela pessoa que errou, foi perdoada e depois disso ficou fazendo de tudo para o relacionamento dar certo. Tudo mesmo. Se empenhasse mais em sair com você, te levar para passear. Fazer programas agradáveis, como ir ao cinema, passear de mãos dadas no *shopping*, ir a um restaurante ou passear no parque. Ele deveria querer ficar ao seu lado... Sei lá. Se eu gostasse mesmo, de verdade de alguém e, por uma bobeira, tivesse *pisado na bola* e descobrisse que errei feio... Se ela me perdoasse, eu iria me empenhar muito e fazer de tudo para que essa pessoa confiasse novamente em mim. Não iria dar motivos, nem de longe, para que desconfiasse. Procuraria melhorar, em todos os sentidos, a qualidade da nossa relação. Mãe, pelo que eu percebi, não foi isso que o pai fez. Ele ficou triste, com vergonha, mas não se empenhou em te mostrar e mostrar para os filhos que seria outro homem. Deveria se tornar um cara mais presente, dedicado a você e mais disposto. Grato pela nova oportunidade, pelo seu perdão... Acredito que você fez o certo. Na primeira vez, decidiu passar por cima de sua dor e dar uma chance a vocês. Mas ele, logo de cara, não correspondeu. Agora chega! Você não precisa mais viver a dor de ter passado por boba, de ter sido enganada... Chega, né?!

— Rodrigo, e se o que ele me falou for verdade? E se fosse uma cliente mesmo?

— Mãe, veja bem... Foi como disse: ele não é motorista particular e já tinha um histórico comprometedor. Deveria ter se lembrado disso e não ter dado motivo para desconfiança. Se foi verdade, o pai estava dando sorte para o azar. Mas não acredito que seja. Tanto que ele estava com a mesma roupa e depois te falou aquele monte de desaforos aqui na porta. Ele pisou na bola sim. Criou oportunidades, como a senhora sempre diz.

— Criando oportunidades... — forçou o sorriso, quando lembrou a conversa que havia tido com Wagner sobre atitudes que criavam situações.

— É isso mesmo — disse o rapaz.

— Faz algum tempo, eu falei muito com o Wagner sobre criar situações e oportunidades. É verdade. Seu pai, talvez, não quisesse qualquer envolvimento, mas foi criando oportunidades e se envolveu. Tudo deu no que deu.

— Quando tudo aconteceu, da primeira vez, eu não tinha uma opinião formada. Hoje tenho. O que fez foi o correto e tem o meu apoio. Talvez, não seja tão fácil no começo, mas acredito que vai se refazer de tudo isso. E ainda usar essa experiência infeliz para ser uma pessoa melhor do que já é. Você é bonita! Inteligente! Tem conteúdo! É produtiva!

— Estou desempregada, filho — falou com jeito mimoso e sorriu, quase se forçando a isso.

— Por enquanto, mãe! Com seu currículo, eu diria que está tirando férias mais prolongadas.

— Você não imagina como toda essa situação dói — lágrimas correram. — Ficar imaginando seu marido com outra ou com outras... Não existe coisa mais cruel e destrutiva. Era uma mulher mais jovem, bonita... Como se não bastasse eu ter visto, ele ainda me falou tudo aquilo.

— Mãe! Mãe! Mãe! Pare com isso! O quanto antes parar de falar nisso e se focar na sua nova vida, melhor! — Segurando seu rosto com as mãos, olhando em seus olhos verdes, Rodrigo repetiu: — Foque em sua nova vida de hoje em diante!

— Acho que ele foi para a casa dos seus avós.

— Não importa para onde ele foi! — enfatizava. — Desligue-se, mãe! Não tem mais que se preocupar com ele, com a roupa dele, com o café dele, com a comida dele, com mais nada dele! Agora é só você! E eu estou contigo, mãe! Meus irmãos também! Tenho certeza!

Hilda se emocionou. Estava fragilizada e abraçou-se ao filho.

— Obrigada, Rodrigo.

— Conte comigo, tá?

— Tá bom. — Afastaram-se. Ela respirou fundo e tentou se recompor. Para mudar de assunto, contou: — Ia me esquecendo... O Wagner voltou do coma.

— Sério?! Que legal!

— Voltou sim. Está um pouco confuso, coitado... Fiquei tão comovida com ele. Está tão magro, abatido, pálido... Sorriu quando me viu.

— Ele disse alguma coisa ou se lembra do acidente?

— Tentou falar, mas ficou emocionado. Percebi que está muito confuso. Trocava as palavras e não coordenava as ideias. Olhou para o pai e para as irmãs e não disse nada. Tivemos a impressão de que não se lembrou deles. O curioso foi ter chamado a enfermeira Sônia pelo nome, sem a conhecer. Ela estava no quarto quando ele acordou e a chamou pelo nome. Simples assim.

— Nossa! Como pode ser isso?

— Acho que, enquanto estava em coma, ouviu o nome e por isso o repetiu. É uma mulher gentil e que conversava muito com ele.

— Mãe, por que você não tira férias daqui de casa e fica alguns dias na praia?

— Como assim?

— Não tem de se preocupar comigo. Eu fico na casa da Rafa. A dona Clotilde me adora — riu. — E a senhora fica alguns dias na casa do Wagner. Pode fazer companhia, dar uma assessoria, sei lá! Gosta tanto dele e eles de você. Seria como férias para ficar longe de toda a pressão que existe aqui. Pelo menos, por enquanto.

Hilda ficou pensativa por alguns instantes. Depois comentou:

— Gosto deles também. Quero muito bem à Wanda, ao Wagner e à Celine. São como meus filhos.

—Tô ficando com ciúme, hein! — falou brincando e rindo.

— Meu coração é grande. Cabe todos vocês — abraçou-o e riram juntos.

Aquela noite foi uma das mais dolorosas na vida de Hilda.

Por mais que tentasse, não conseguia deixar de lembrar de tudo. Seus pensamentos eram dor, mágoa, tristeza e solidão.

Em seu quarto, chorou sozinha. Sentia-se abandonada, desamparada e experimentava uma angústia que crescia a cada instante.

Precisava suportar, com firmeza, tão rude golpe e recorreu à prece.

A princípio, não se concentrava. Recordava situações, conversas, cenas, promessas, ofensas e tudo o que se referia a Agenor.

Insistiu. Várias vezes, forçava-se a prestar atenção em cada palavra de sua conversa com Deus.

Demorou, mas seu coração começou a ficar mais sereno.

Espíritos amigos, junto com seu mentor, envolveram-na com imensa generosidade e com vibrações ternas. Inspiravam-na a pensamentos, atitudes e palavras evoluídas.

Causticar e prender imagens em lembranças tristes é sofrer em dobro e isso é desnecessário para a pessoa evoluída.

Sentiu um alento brando e bom. Sabia que era assistida espiritualmente.

Deitou-se.

Embora a noite parecesse interminável, acreditou estar um pouco melhor.

Adriana foi à procura de informações para se separar de Nícolas. No fórum, encontrou um advogado que iria auxiliá-la no divórcio. Seu irmão havia indicado um, mas cobrava muito caro. Desnecessário em seu caso.

Logicamente seria estressante. Separação sempre o é.

Estava em casa de seus pais e muito triste. Suas ideias eram envolvidas por energias inferiores.

Espíritos infelizes, revoltados com o aborto que ela tinha praticado contra o próprio filho, procuravam envolvê-la com toda sombra de dor.

Adriana acariciava levemente a barriga, que ainda não estava definida e, em seu coração, podia sentir a vida que se iniciava.

Lágrimas grossas corriam lentas por sua face pálida.

Chorava arrependida. Imaginava como tinha sido cruel seu ato abominável e não se perdoava.

O filho teria sentido dor? Medo? Teria experimentado angústia infindável pelo que aconteceu?

Ela não saberia dizer. Mas esses pensamentos macabros, como cenas de um filme de horror, passavam impiedosamente por sua cabeça, pois suas ideias estavam imantadas por espíritos inferiores.

Chorou. Um choro de remorso. Culpa. Um arrependimento infeliz, só experimentado por mulheres a caminho da evolução que se deram conta do ato praticado.

Obsessores cruéis castigavam-na com cenas em um processo mental doloroso. Começou a imaginar que o filho que esperava, gêmeo do abortado, deveria sofrer os reflexos do aborto também. Talvez, viesse imperfeito, deformado, com alguma síndrome irreversível por sua culpa, somando mais dor ao seu remorso.

Não há nada pior do que o arrependimento pelo que se praticou. Porém, somente ele serve de alavanca para o refazimento e a evolução.

Sua mentora a envolveu com carinho. Gostaria de guiá-la para que encontrasse uma solução. O espírito Dione, sua mentora, abraçou-a tal qual mãe que deseja confortar filha querida.

Adriana secou as lágrimas e se levantou. Não desejava acordar o irmão, que dormia profundamente.

Tomou um copo com água e foi para a sala. Sentou-se no sofá.

A luz acesa na cozinha deixava a sala na penumbra.

Algum tempo e Jaime se levantou. Achou estranho encontrar a luz acesa e sem ninguém no ambiente. Influenciado por seu mentor e por Dione, antes de apagá-la, olhou na sala para ver se havia alguém. Viu o vulto da filha sentada no sofá. Percebeu que ela não o tinha visto e ficou pensativo. Não sabia se deveria ir até lá.

Um tanto atordoado, decidiu ir à sala. A filha percebeu sua aproximação. Secou as lágrimas. Não gostaria de que a visse chorando.

— Perdeu o sono? — o pai perguntou.

— Perdi — respondeu tão somente.

— E o nenê?

Após sorrir levemente, suspirou fundo e respondeu:

— Está bem.

— Então por que você tá chorando? — indagou e sentou-se ao seu lado.

— Porque estou arrependida, com remorso, medo, culpa...

— Arrependida do quê? — Jaime questionou, mesmo sabendo a razão.

— De ter tirado o outro bebê... — chorou. — Não paro de pensar nisso. Às vezes, dá um medo tão grande desse aqui vir com problema — secou o rosto com as mãos.

— Mas a culpa não é toda sua. Você tava acuada pelo Nícolas. Ele te forçou.

— Mesmo assim pai. É uma dor, um remorso tão grande. Fico imaginando se ele sofreu. Como é que meu filho, morto por mim, está me vendo agora?

— Pede perdão pra Deus. Pede perdão pro teu filho. Pros dois filhos. Promete trabalhar esse erro moralmente e fazer alguma coisa que ajude você e outras crianças. Acho que você tem que fazer algo de bom e superior a essa coisa ruim que fez.

— O quê? O que posso fazer de bom que seja superior ao crime que cometi?

— Você pode... — Jaime foi inspirado e disse: — Fazer alerta pras outras mulheres não fazer o mesmo que você ou então cuidar de outras crianças ou de pessoas doentes. Cuidar deles como se fosse seus filhos. — Embora errado, falava mansamente. — Daí vai se sentir melhor. Deus vai te perdoar e você vai se perdoar. Vai achar um bom moço e, quem sabe, esse filho que você tirou vai te perdoar e vem de novo como seu filho.

A filha virou-se lentamente para ele e sentiu-se invadida por uma sensação leve e, indefinidamente, boa. Não sabia descrever, apenas sentiu.

Apesar do coração ainda pesado e dolorido, acreditou que aquela era uma resposta para suas orações e pedido de perdão.

— Não sei por onde começar, pai.

— Procure um jeito. Fale com a Ieda. Essa menina vale ouro. Ela diz coisas que faz sentido para mim.

Dione a abraçou pelas costas e induziu seus pensamentos com a frase:

— Quando encontramos obstáculos e desafios, é porque a vida quer nos ensinar algo mais.

Adriana respirou fundo e disse:

— O senhor está sabendo que vou me separar do Nícolas?

— Eu ouvi vocês comentando. Vai ser logo?

— Sim. Hoje em dia, tudo é bem rápido. Ele está concordando com tudo. Pedi para meu advogado dizer que, se ele concordar com tudo, não vou dar queixa por agressão e por me forçar a fazer o aborto. Sei que fazer a denúncia seria o certo, mas quero me livrar dele. Quero o que é meu de forma justa, pois o ajudei a conseguir metade de tudo aquilo. O apartamento será vendido junto com tudo o que tem nele. Dividiremos o valor. Esse dinheiro deve ser o suficiente para eu me manter por um bom tempo ou mais.

— Você está fazendo o que é certo.

— Espero que sim.

O silêncio imperou por longos minutos.

A filha olhou para o pai e decidiu comentar:

— Pai, sobre o assunto do Daniel... O senhor e a mãe não falaram mais a respeito. Aliás, pelo que percebo, nem conversam mais com ele.

O homem ficou inquieto. Remexeu-se um pouco e suspirou fundo antes de dizer:

— O que eu teria para conversar?

— Não sei exatamente. Talvez, falar que o considera como um filho ou que o fato de ele não ser seu filho biológico não importa, pois gosta dele como se fosse. Uma conversa nesse sentido faria muito bem aos dois.

— Eu já pensei nisso. Tentei falar com seu irmão, mas ele foi fazer uma coisa mais importante. Não sou de conversar. Sabe disso. É duro... Muito duro...

— O que é duro, pai?

— É duro saber que foi traído. O que aconteceu com você, de engravidar de outro, mesmo sendo noiva, foi o que aconteceu com sua mãe. Mas ela não teve caráter e disse que o filho era meu.

— Pai, isso já passou — expressou-se com jeito meigo. — A mãe ficou com medo. Talvez, tenha ficado apavorada com a ideia de criar um filho sozinha. Mesmo hoje em dia, isso não é fácil. Naquela época então! Há mais de trinta anos! — exclamou sussurrando. — Deve ter sido bem difícil para ela. Sabe pai, a gente comete erros, faz burradas na vida e só depois entende que trocou os pés pelas mãos. Só depois, descobrimos que agimos errado, magoamos a nós e aos outros. No momento, o que fazemos não parece errado. Isso é falta de evolução, falta de maturidade. Sei exatamente o que a mãe sentiu. Perdoa, pai. Liberte-se dessa mágoa, dessa coisa ruim. Liberte-se.

— Eu não devia ter contado isso. Sabe, nesses anos todos, a única vez que entendi sua mãe foi quando você contou, daquele jeito, que gostou do outro e ficou grávida. Odiei saber que o Nícolas bateu e te agrediu. Odiei saber que ele fez você tirar o filho. Não queria que você sofresse. Só aí entendi sua mãe, eu acho.

— Conversem então!

— O que vou dizer?

— Se, em todos esses anos, o senhor ficou ao lado da mãe mesmo sabendo de tudo, se criou o Daniel como seu filho, então os ama, e eles precisam saber disso.

— Ora... — ficou sem jeito. Fugiu ao olhar.

— É verdade, pai! Vai ser bom para o senhor e para eles.

— Seu irmão nunca gostou de mim — Jaime falou em tom grave e baixo. Quase inaudível.

— Isso não é verdade. O senhor é nosso pai e nós te amamos! — falou, murmurando.

— Vocês não gostam de mim...

— Claro que sim. Não diga isso. Podemos não aprovar algum comportamento do senhor, mas nós o amamos sim!

— Não queria ser assim. Eu sempre...

— Sempre o que, pai? — tornou a filha no mesmo tom. — Sempre acha que vai largar a bebida, mas, depois, não resiste. Era isso o que ia falar?

— Tá na hora de dormir — levantou-se.

— Pai — ao vê-lo olhar disse: —, o senhor pode se tratar. Seria maravilhoso se mudasse de vida. Aproveite essa revelação sobre o Daniel e se reconcilie com a mãe. Diga ao Dani o quanto gosta dele. Procure ajuda para se livrar desse vício e seja um novo homem. Seria uma bênção. Não acha?

— Vai dormir. Vai... Eu já estou indo.

Jaime se virou e seguiu corredor afora.

Adriana ficou pensativa. Aquela era a primeira vez que conversava com seu pai daquela forma. Acreditou que a maior frustração desse homem era sua mãe tê-lo traído e tentar enganá-lo. Apesar do curto tempo, pôde sentir grande tristeza e um sentimento de inferioridade. Percebeu que ele se sentia mal-amado e nada querido. E isso precisava mudar.

Alguns dias se passaram...

Era um sábado de sol e temperatura agradável quando Adriana foi à casa de Ieda.

— Oi!

— Oi! Entra.

— Tá ocupada?

— Lavando minha roupa. Mas já estou acabando. Entra. Vem pra cá na lavanderia. Preciso pôr no varal logo cedo, senão não seca — riu. — É difícil não ter máquina de lavar. Centrifugar a roupa é tão bom. Sai quase seca da máquina e não demora nada pra secar — disse, enquanto seguia para a lavanderia no quintal.

— Leva lá em casa e centrifuga lá.

— Não. É pouca coisa. — Um instante e quis saber: — E aí? Novidades?

— Terça-feira assino o divórcio — Adriana contou.

— Já?! Tão rápido!

— Hoje em dia, se as partes estão de acordo, é bem rápido.

— O Nícolas não sabe que você está grávida, né?

— Não. Nem pode imaginar.

Ieda começou a pendurar as roupas no varal e a amiga ajudou.

— Dri, não acha que está na hora do Wagner ou da família dele saber?

— Sim. Mas vou esperar primeiro assinar o divórcio. Será melhor.

Acabando de estender as roupas, Ieda a chamou:

— Agora vem. Vou fazer um... Café não, né?

— Melhor um chá — Adriana propôs e sorriu.

— Isso. Vou fazer um chá e torrar pão com margarina na frigideira — sorriu. — Na cozinha, enquanto preparava o que queria, notou que a amiga estava muito quieta. — O que foi, Dri? Estou te achando tão murcha.

— Medo.

— Medo?!

— Sim, Ieda. Medo do divórcio, do filho a caminho, do sumiço do Wagner... Se ele estivesse bem, já teria me procurado. Não acha?

— Não sei dizer, amiga. Não é bom fazermos suposições. Nas suposições, sofremos com algo que não aconteceu e provavelmente não acontecerá. Depois, descobrimos que foi à toa. O ideal seria entrar em contato com a família. Assim que o divórcio sair, o advogado pode requerer o endereço dele lá na empresa onde trabalharam. Ou isso pode ser feito de modo informal também, com um amigo, sei lá... — Quando olhou para Adriana, viu-a com lágrimas correndo no rosto. — Dri... — foi para perto da amiga. — O que foi? — afagou-lhe o ombro e o rosto.

— Sinto um medo... Uma coisa tão triste, tão ruim... Como vou encarar o Wagner? Matei um filho dele... Pensei em não contar, mas... Omissão também é mentira e eu não quero mais omitir nem mentir nada em minha vida. Mentirinha também é mentira. Não é justo nem leal.

— Não sofra por isso. Quando contar, ele pode entender. Daí sofreu sem razão. Só deixou o nenê nervoso. Você está indo ao médico e fazendo tudo direitinho?

— Preciso marcar para levar os exames. Mas quero deixar para a outra semana. Preciso resolver outras coisas para me ver livre do Nícolas.

— Entendo. — Voltou para junto da chaleira que fervia. Preparou o chá e torrou os pães com margarina. Estendeu uma toalha na mesa e, após servir a amiga, acomodou-se.

— Só um pouco de chá. Obrigada.

— Perguntou para o bebê se ele quer pão? — Ieda brincou para ver a outra sorrir.

— Não. Acho que ele não quer — sorriu.

— E então! Será que a próxima ultrassonografia vai dar para saber o que é? — perguntou para fugir de assunto que deixasse a amiga triste.

— Não sei. Não tenho ideia.

— Acho muito legal essa expectativa!

— Eu também. Gostaria de saber se é menino ou menina com o Wagner ao lado — Adriana abaixou o olhar.

Percebendo-a ainda triste, propôs:

— Quer ir ao centro espírita hoje comigo?

— Não sei se quero... Você sabe como fiquei mal quando fui conversar com aquela mulher, lá, naquele centro espírita, que te falei. Isso me deixou tão...

— Dri, ela era uma pessoa sem instrução. Eu disse que deveria ir aonde conheço, na casa que frequento. Lá, garanto que será uma pessoa que, além de instruída, é amável e compreensiva. Vai saber te orientar.

— Você não me fala nada sobre esse assunto. Quero saber se meu filho sofreu!

— Não me sinto preparada para conversar sobre aborto. Melhor uma pessoa mais experiente na vida e em Doutrina Espírita. — Um instante e convidou, novamente: — Vamos comigo ao centro que frequento, vai! Pelo menos, para se sentir melhor. Nem precisa conversar nada com ninguém. Vai ouvir uma palestrinha bem curtinha depois da leitura do Evangelho. Em seguida, tem os passes e acabou. Vai te fazer bem. Garanto.

O espírito Dione abraçou sua pupila pelas costas e lhe passou energias salutares.

— Então... Acho que vou... — disse sem convicção.

— Ai! Que bom! — alegrou-se Ieda e serviu-lhe mais chá.

Depois de um gole da bebida, Adriana interessou-se:

— E a Núbia?

— Não aparece há cinco dias. Embora eu esteja acostumada, ainda assim me preocupo. Fico com o coração apertado, sabe?

— Sei. De coração apertado eu entendo. — Breve pausa e contou: — Emocionalmente, não me sinto bem, Ieda. Acredito piamente que isso acontece porque tirei o nenê... — Seus olhos lacrimejaram.

— É um arrependimento tão grande... Tão intenso... Me culpo o tempo todo. Se não fosse por este bebê aqui, preferiria morrer...

— Não pense assim. Se existem dois erros que não podemos praticar são: aborto e suicídio. Se já fez um e está arrependida... Não queira se arrepender mais ainda. Eu acredito que você pode reverter essa situação.

— Será? Eu me sinto desanimada, desmotivada. Não tenho vontade para nada.

— Isso vai passar. Deus, além de bom, é justo. Sabe, Dri, nunca pratiquei o aborto nem incentivei alguém a fazer. Mas também já cometi meus enganos. Senti remorso, culpa... Algo tão intenso e acreditei que nunca iria me recuperar, na época. Ficava triste, *deprê*... Não tinha vontade pra nada. Pensava muito nos meus pais. Queria entender por que os dois precisaram se separar, por que precisaram morrer. Eu sempre vivia à sombra do medo. Aí conheci a Doutrina Espírita.

— Eu lembro. Fui ao centro com você as primeiras vezes.

— Foi pena você não ter continuado. Não sei o que me forçou a ir — riu. — Cheguei a pensar que era minha mãe... Para ver se eu dava um rumo bom à minha vida — emocionou-se.

— E era eu sim, minha filha — disse o espírito que foi mãe de Ieda e a abraçou com carinho. — Queria que tivesse noção da espiritualidade, além de respostas às suas perguntas. Eu te induzi por amor.

Ieda secou o rosto, sorriu e continuou:

— No começo, ia me arrastando, mas ia! Nós nascemos para vencer. Quando nós nos determinamos a fazer algo bom e saudável, começamos a alimentar a certeza da vitória — sorriu e viu a amiga corresponder. — É difícil sair do estado triste? Levante-se e faça alguma coisa boa e produtiva para criar outro estado emocional. Está decepcionada com você? Faça algo que tenha orgulho de si. O que te impede?

— Como assim?

— O que te impede de fazer algo bom e saudável por si mesma?

— Não sei. Talvez, eu não saiba por onde começar.

— Então vamos ao centro comigo hoje e diga a Deus: Pai, quero começar de novo. Por favor, me guie, me oriente, me faça entender e agir para o bem e com amor. Deixe de viver à sombra do medo. Reaja! Tome uma atitude!

Adriana sorriu.

— Está bem. Vou sim.

— Ótimo!

— Agora preciso ir. Mais tarde eu volto para irmos ao centro — decidiu a amiga.

Adriana voltou mais animada para sua casa, mas, ao entrar, experimentou novos pensamentos causticantes.

Espíritos inferiores, ligados à ação do aborto, acompanhavam-na, alimentando com energias negativas todas as ideias infelizes que geravam em sua mente.

"Eu deveria morrer... Por quê? Por quê? Por que matei meu filho?" — indagava Adriana em pensamento, repetindo, pela milionésima vez, a mesma pergunta sem resposta. — "Mereço sofrer. Sou uma infeliz. Se não fosse por estar grávida..." — Chorou. O arrependimento cruel cravava uma angústia infindável em seu coração. — "Matei meu filho... O filho de quem amei... Ai, meu Deus! Me perdoa!"

— Calma. Persista mais um pouco. Mais um pouco e as forças do amor e da bondade chegarão para que consiga se reerguer e trabalhar — dizia sua mentora Dione.

"Meu Deus! Me ajuda! Me ensina um jeito de reverter isso! Me dê uma luz! Uma ideia para eu não sofrer tanto assim!..."

Capítulo 24

Uma luz chamada esperança

Adriana foi à casa espírita onde havia atividade para a Evangelização Infantil e Mocidade Espírita. Programações comuns em muitos centros espíritas para a evangelização em diferentes idades.

As mães das crianças, enquanto aguardavam, ouviram a leitura de um trecho de *O Evangelho Segundo o Espiritismo* e depois a explicação.

Ieda, acompanhada da amiga, chegou e foi recebida com muito carinho.

Apresentou Adriana para alguns companheiros da instituição e depois pediu que se sentasse onde preferisse no salão principal. Em seguida, foi até a livraria devolver um livro que pegou emprestado.

Sozinha, Adriana ainda lutava com os pensamentos infernais de culpa e arrependimento que a assombravam ininterruptamente.

Ieda voltou. Conversou um pouco com ela e logo foi para outra sala onde dava aula de Evangelização Infantil.

Tristeza infindável e intensa pesava em seu coração, quando a movimentação de pais se iniciou no salão.

Mulheres a cumprimentavam e sorriam. Sentavam-se ao seu lado e algumas, em silêncio, fechavam os olhos como que em prece, ligando-se ao Alto, entrando em contato com energias sublimes.

A moça sabia que eram mães, avós ou parentes próximos das crianças que estavam em outra sala, na Evangelização. Ficou-se imaginando ali, esperando seu filho ou filha educando-se na religiosidade. Sabia que deveriam ser dois. Mas um ela havia matado.

A jovem engoliu a seco. Discretamente, enxugou as lágrimas que arderam em seus olhos e teimaram cair.

Após algum tempo, e uma senhora de cabelos curtos e bem ajeitados, de posse de algumas folhas, foi à frente. Desejou boa tarde e conversou um pouco sobre as atividades da casa espírita. Depois pediu para elevarem os pensamentos e fez linda prece. Em seguida, leu um trecho curto de *O Evangelho Segundo o Espiritismo*, Capítulo XVIII – Muitos os chamados e poucos os escolhidos.

Adriana quase não atentava para a leitura. Enquanto que Dione, sua mentora, a envolvia com fluidos superiores, buscando libertá-la, a princípio, dos próprios pensamentos inferiores, resultado do peso da consciência provocado pela culpa.

Durante a leitura, o espírito Dione repetiu, de pensamento a pensamento, frases importantes para sua pupila.

"Procurai os verdadeiros cristãos e os reconhecereis pelas suas obras. Uma árvore boa não pode dar maus frutos, nem uma árvore má dar bons frutos[2]".

---

2. Nota da Autora Espiritual: *O Evangelho Segundo o Espiritismo*, Capítulo XVIII – item 16 – Reconhece-se o Cristão Pelas Suas Obras.

Ao final da leitura, a senhora ofereceu explicações compatíveis ao texto. Realizaram vibrações e prece.

Aqueles que aceitaram, dirigiram-se à câmara de passes para recebê-lo.

Adriana seguiu os demais. Recebeu o passe e retornou para o salão, ficando à espera de Ieda, enquanto os pais foram para o pátio, cantina ou livraria à espera das crianças.

Sentada em uma cadeira próxima ao corredor, ela correspondeu ao sorriso da mesma senhora que realizou a leitura do Evangelho.

Aproximando-se, a mulher perguntou:

— Você é amiga da Ieda e irmã do Daniel, não é mesmo?

— Sim. Sou — sorriu com leveza.

— Adoro a Ieda e gostei muito do seu irmão. Sinta-se bem-vinda a esta casa espírita.

— Obrigada.

A senhora esfregou levemente o ombro da jovem, mas quando fez menção de se afastar, Adriana a chamou:

— Por favor...

— Sim — voltou e sorriu.

— Ouvi suas explicações sobre o texto e gostaria de fazer uma pergunta.

— Sim, querida. Claro. O que quer saber?

— A senhora disse que os verdadeiros cristãos são reconhecidos por suas obras. E que uma árvore boa não pode dar maus frutos.

— Sim. Eu disse.

— E se eu me considerar cristã e cometer pecados mortais? Se eu tiver cometido um pecado que não tem perdão? Como fica?

— A mulher ofereceu um sorriso simpático e perguntou com doçura no tom de voz:

— Qual é o seu nome, querida?

— Adriana.

— O meu é Lia. — Olhando-a mais de perto, pôde ver seus olhos empoçados em lágrimas que quase rolaram. Inspirada por seu mentor, a senhora percebeu que a moça trazia um peso imenso no coração. Acreditou que seria melhor irem para outro lugar. — Acho que poderíamos ir para aquela sala conversarmos um pouco. Ficaríamos mais à vontade.

Com gesto automático e influenciada por sua mentora, Adriana pareceu nem pensar no convite. Levantou-se e a seguiu.

Entraram em uma pequena sala onde podia-se ouvir uma música suave em baixo volume.

Lia fechou a porta e pediu para que a jovem se acomodasse em uma das cadeiras que havia em frente à mesa que ela contornou.

Sentando-se, a senhora perguntou:

— Em que eu posso te ajudar?

Mentores e espíritos amigos sustentavam o lugar com energias salutares.

Espíritos menos esclarecidos, que acompanhavam a jovem, não estavam presentes. Afugentaram-se pelas vibrações superiores existentes no local.

Adriana sentiu um nó na garganta. Não deteve algumas lágrimas e mesmo assim disse:

— Eu cometi um pecado mortal... Sofro muito por causa disso — chorou um pouco. — Tomou fôlego e contou sua história.

Lia ouviu-a atentamente até que Adriana perguntou:

— O que posso fazer para reparar o meu erro? Será que existe alguma possibilidade de eu ajudar o filho que matei?

— Sabe querida, realmente o aborto é um ato muito sério e preocupante.

— É um crime! — clamou em pranto.

— A partir do momento em que acreditamos na vida antes da vida e após a morte, entendemos que devemos defender a existência de um ser vivo desde o instante da concepção.

A moça secou o rosto com um lenço de papel que tirou de uma caixinha sobre a mesa, respirou fundo e contou:

— A culpa, a dor, o arrependimento é tanto que, um dia, saí de casa sem rumo. Acabei entrando em uma igreja e o padre, que me ouviu em confissão, disse que cometi um pecado mortal. O pior dos pecados... — chorou. Após se recompor um pouco, prosseguiu: — Ele ainda disse que, talvez, Deus tivesse me dado uma nova chance, pois ainda estou grávida. Falou para eu ser muito boa para, pelo menos, ir para o purgatório e aguardar o juízo final. Mesmo assim... Não disse nada mais que aliviasse minha alma. Saí de lá atordoada. Derrotada. Andei sei lá por onde e cheguei a outro centro espírita, parecido com este. Conversei com uma senhora. Ela me ouviu, disse que meu filho abortado sofreu horrores. Que ele sentiu, a sangue frio, todo o processo do aborto... — O soluço travou sua voz. Chorou. — Que ele está revoltado e sofrendo ainda... Não aguentei. Levantei e a deixei falando sozinha... Fiquei desesperada. — Pegou mais lenços, secou o rosto e o nariz. Sem encarar a senhora, admitiu: — Sei que errei. Fiz meu filho sofrer. Talvez esteja sofrendo ainda. Mas para que me torturar ainda mais? Isso não vai adiantar. O que eu quero é saber como posso consertar toda essa burrada que eu fiz!... Sinto um desespero muito grande! A senhora entende? Matei meu filho com o aborto, mas... E agora?

Lia se levantou. Saiu da sala e retornou rapidamente com um copo com água e ofereceu à Adriana que aceitou. A mulher esperou que ela se recompusesse e explicou:

— Perdoe.

— O quê? — olhou-a sem entender.

— Perdoe aqueles que não são capazes de entender sua dor e seu remorso. Perdoe aqueles que a culpam por não terem capacidade, competência ou aptidão de perceber que está cansada da dor e quer reparar o que fez. Sabe, querida, nós geralmente encontramos, nas pessoas que julgam e condenam, almas sem evolução e que têm muito a aprender. Elas ainda não sabem, sequer, imaginar a dor do outro e pensam, talvez, que explicações rudes esclarecem e consolam. Mas não é assim que deve acontecer.

— Cometi um crime? Não foi?

— Eu já presenciei palestrantes espíritas que, na tentativa de esclarecer sobre o aborto, acabaram por levar mulheres a crises de desespero e remorso, quando falaram sobre esse ato. É lógico que o esclarecimento é necessário. Não podemos esconder a verdade. Por isso, eu gostaria que você prestasse muita atenção ao que vou te falar. — Lia aguardou alguns segundos até ver Adriana bem atenta. Envolvida, pareceu bem mais calma e a senhora disse: — Hoje em dia, existe muita polêmica a respeito do aborto. Há movimentos pró e contra. Os que são a favor do aborto se apegam a uma única expressão: "Somos donos do nosso corpo". Fora esse, não possuem nenhum outro argumento que seja claro, defensável e útil. Por outro lado, nós, espíritas, sabemos que a Doutrina Espírita é contrária a qualquer forma de interrupção da vida. Principalmente, o aborto. Salvo apenas quando a mãe corre algum risco de morte[3].

— Mesmo quando a gravidez é resultado de estupro ou quando o feto tem lesões ou que dificilmente tem a chance de sobreviver?

— Sim. Mesmo em casos de deformidades, poucas chances de sobrevivência ou estupro. É importante nós considerarmos que, em qualquer um desses casos, existe um espírito, um ser, uma vida, um bebê. Um bebê que não é culpado pela violência do estupro e que poderá vir ao mundo servindo de instrumento de amor à mãezinha querida. O correto, pelas Leis Divinas, seria ela procurar cuidar e amar o filho que lhe foi confiado. Mas, se não conseguir, pode lhe dar a vida e entregá-lo, por meio da doação, a pais caridosos capazes de amá-lo.

---

3. N. A. E. Em *O Livro dos Espíritos*, Capítulo VII, Pergunta 359, fala a respeito desse assunto.

— Mas e aqueles que têm probleminha ou pouca chance de sobreviver? — indagou novamente Adriana na tentativa, talvez, de encontrar uma justificativa.

Lia esboçou leve e quase imperceptível sorriso ao se lembrar da resposta da questão 360 de *O Livro dos Espíritos*:

— "Por que não respeitar as obras da Criação, algumas vezes incompletas, por vontade do Criador"? — Não houve resposta. Esperou um momento e completou: — Existem muitos espíritos querendo reencarnar. Todos merecem viver com seus desafios e o quanto for preciso. Mesmo que seja só por horas, dias, meses ou anos. Podem ser espíritos necessitados de pouco tempo de vida no ventre materno ou fora dele. Espíritos ansiosos por aliviar suas faltas, arrependidos de seus erros e que necessitam tanto de um corpinho imperfeito para harmonizar, mostrar sua força por meio da luta diária para vencer desafios. Ou ainda, espíritos que se submetem à existência reencarnatória difícil como provas para eles e para os pais. — Observando a moça pensativa, a mulher perguntou: — Acaso nós temos o direito de eutanasiar, matar nosso filho de cinco, seis ou dez anos de idade caso ele sofra um acidente e fique com problemas motores ou mentais? — Não houve resposta. Lia explicou: — Somente ser contra o aborto não é suficiente. Precisamos entender todo o processo da vida para termos argumentos a fim de defender essa tese. A partir do momento da concepção, existe um ser cheio de vida, ansioso pelo amor de sua mãe para guiá-lo e fortalecê-lo na experiência de vida. — Quando viu lágrimas correrem pela face pálida de Adriana, falou com voz mansa e ponderada: — Os defensores do aborto não consideram os prejuízos emocionais e espirituais para a mãe e para o bebê. Se não houvesse prejuízo algum, incontáveis mulheres, assim como você, não estariam sentindo essa dor após o ato. Todas as mulheres, cedo ou tarde, vão experimentar essa dor, essa culpa. Quanto mais tarde, pior.

Além disso — prosseguiu em tom brando —, o aborto pode oferecer vários danos ao corpo feminino como: infecção, obstrução das trompas, insuficiência do colo do útero, lesão no intestino ou na bexiga, hemorragias, graves complicações em uma próxima gravidez, esterilidade e, incontáveis vezes, leva à morte.

Aqueles que tentam, de maneira inquisidora, mostrar o quanto o aborto é cruel, não percebem a sua própria crueldade. Como eu disse — continuou Lia —, não podemos esconder a verdade, mas precisamos mostrar alternativas de refazimento e reversão desse ato.

— E existe? Existe um jeito de reverter um crime como esse?

— Tem de existir ou Deus não seria bom e justo. Sabe filha, eu gosto de lembrar que a culpa pelo aborto não pode sobrecair somente na mulher. Na grande maioria, os namorados, maridos e pais são responsáveis por essa prática. Muito provavelmente, a mulher não faria o aborto se recebesse apoio, compreensão e ajuda. Os namorados ou maridos são homens fracos e incapazes de entender ou apoiar. Os pais, por outro lado, por causa do orgulho, só pensam na vergonha ou nas despesas. Precisamos de conscientização.

— Não fosse o Nícolas, eu jamais teria ido sozinha àquele lugar. Ele me pressionou, me agrediu... — chorou.

— Adriana, Deus sabe exatamente tudo e leva em consideração o desespero e a verdade na ignorância, pois estava te acompanhando. A Criação vivenciou tudo junto com você. É impossível esconder algo do Pai Criador.

— Eu não tinha ideia... Não sabia o que estava fazendo no sentido moral e espiritual. Mas, de alguma forma, sentia algo errado. Nunca tive orientaçao sobre o crime do aborto.

— As parcelas de culpa e de reparo são de acordo com o grau de intenção, desespero e conhecimento. Não podemos exigir de ninguém. Por isso, querida, não podemos julgar. Devemos aprender com Jesus a orientar, não julgar e amparar.

— Sou um monstro.

— Não, meu bem. Você não é um monstro. Estamos aqui reencarnados para aprendermos, saldarmos nossas dívidas e evoluirmos. Se ainda reencarnamos é porque a nossa história pessoal, de incontáveis vidas passadas, foi repleta de erros e bem comprometedora. Hoje é o passado do amanhã. Para sermos felizes, temos de acertar e nos corrigir agora. Fazendo tudo o que estiver ao nosso alcance para não sofrermos tanto.

— Eu não quero perdão. Se souber que Deus me perdoou, ainda assim, estarei arrependida e sofrerei dor na consciência ao pensar que esquartejei meu filho. Se tivesse um jeito de fazer o tempo voltar... Mas não existe essa possibilidade. Eu quero corrigir o que fiz, resgatar o meu erro, reverter tudo isso. Mas como? — falou de modo comovente e sincero.

— Que bênção ouvir isso! — sorriu com feição que emanava esperança. — Sabe, Adriana, muitas pessoas querem perdão pelos erros cometidos. Somente aqueles que buscam aprimoramento e evolução conseguem pensar como você. Sabe querida, Deus não perdoa nem castiga. Somos nós que nos castigamos e nos atraímos para prejuízos de todas as espécies quando descobrimos que nossos pensamentos e ações foram contrários às Leis da Criação. Também somos nós que nos perdoamos, mas só conseguimos fazer isso quando temos a consciência tranquila pelo equilíbrio que buscamos por meio de novas e saudáveis realizações. Deus não terá lucro algum, a humanidade não terá lucro algum se você for castigada e punida pelo aborto que realizou. No entanto, sem dúvida alguma, você receberá todas as bênçãos possíveis se, e somente se, começar a vencer obstáculos e reverter o que fez.

— Como?! Diga-me como posso reverter o que fiz? Sinto um desespero tão grande, tão intenso... Uma culpa muito cruel. Eu não sabia, antes de fazer o aborto, que esse sentimento de culpa, de arrependimento era tão terrível. Não imaginava que meu filhinho sofreria com o aborto que pratiquei. Não sabia que o espírito se ligava ao corpo no momento da concepção. Se eu soubesse...

O olhar maternal de Lia fixou-se em Adriana e comentou:

— O arrependimento dos erros é uma coisa muito boa. É o primeiro sentimento que exibe nossa evolução. Mas isso só não é suficiente. Você não vai se ajudar nem ajudar seu filhinho se ficar somente arrependida. Na espiritualidade, existe um planejamento antes de nascermos, mais conhecido como planejamento reencarnatório e a ligação psíquica do espírito com seus pais antecede muito a sua ligação com a célula-ovo fecundada, ou seja, o óvulo fecundado pelo espermatozoide. Quando ocorre o aborto, todo o trabalho de um planejamento reencarnatório foi prejudicado e comprometido. É preciso que você se movimente e faça algo que possa harmonizar isso. Os espíritos amigos, que te acompanham, que ajudaram, fizeram e sustentaram todo esse planejamento vão te apoiar.

— Então me diga um meio para eu reverter o que fiz — dizia de modo suplicante.

— Cada caso é um caso. Cada pessoa encontra um meio diferente de resgatar, reverter ou harmonizar o que desarmonizou.

— Não entendo nada de Espiritismo ou reencarnação, mas não acredito que meu filho aceite reencarnar novamente comigo. Até porque, muito possivelmente, o pai dele, o Wagner, se estiver bem, quando souber, não vai querer ficar comigo.

— Não fique ansiosa tentando prever ou controlar o futuro. O futuro só pertence a Deus, porém ele depende de nossos pensamentos, palavras e ações de agora, no presente. — Ofereceu breve pausa e, por um segundo, rogou inspiração para orientar naquele caso tão delicado. Envolvida por seu mentor, Lia disse: — Existem mulheres que praticam o aborto e ficam arrependidas, tristes e depressivas pelo resto da vida. Nada fazem para harmonizar o que desarmonizaram. Outras, não ligam e levam a vida acreditando que suas ações não prejudicaram ninguém. Que o corpo dela é dela. Quanto engano. Tudo o que temos neste mundo nos foi emprestado pela Criação. Tudo. Exatamente tudo! Incluindo nosso corpo, perfeito ou não. Nosso corpo nos foi emprestado para nos aperfeiçoarmos como espírito. A única coisa que levaremos conosco ao desencarnar é a consciência repleta de nossas realizações. Desencarnados é que vamos nos deparar com o que fizemos de errado e contra as Leis Universais da Criação. Incontáveis e indizíveis são o número de espíritos desencarnados que se deparam com o sofrimento consciencial e com as consequências cruéis pelo ato do aborto, por seus corações endurecidos, quando encarnados, que defenderam esse ato ou o praticaram. — Fez breve pausa. — Outras mulheres, ainda encarnadas, arrependidas por suas práticas, procuraram harmonizar, reverter ou resgatar essa ação. Sem dúvida alguma, foram amparadas e muitas obtiveram êxito e evolução bem maior do que se não tivessem praticado esse ato. Mas foi preciso muita coragem, determinação e empenho. Dessas últimas, cada uma encontrou um meio, um jeito diferente de agir melhor e evoluir por meio de trabalho, caridade e amor. Algumas, prejudicadas no corpo físico pelo aborto, não podendo ter filhos, partiram para a adoção, orando encontrar o filho abortado. Tratando como filhos do coração.

— É possível, por meio da adoção, receber o filho que abortamos?

— Nada é impossível para Deus. — Silêncio. Vendo-a atenta, prosseguiu: — Outras mulheres, por falta de condições de adoção, decidiram se dedicar a trabalhos voluntários em orfanatos, hospitais, instituições que cuidam de crianças com necessidades especiais onde é preciso a presença amiga e querida de alguém. Você não imagina como hospitais infantis, como o do câncer, por exemplo, como orfanatos carecem de voluntárias e trabalhadoras, não visitantes, para auxiliar com carinho e boa vontade. Existem até aquelas que puderam ter seus próprios filhos ou mesmo tiveram filhos do coração, pela adoção, e estudaram, ganharam conhecimento, armaram-se de amor, bom ânimo, delicadeza e boa vontade e decidiram ser palestrantes e defensoras da vida, orientando o quanto puderam, muitas outras pessoas que, como você, ainda dizem: "Se eu soubesse..." — Fez breve pausa e prosseguiu: — Se essas mulheres soubessem, tivessem ideia do tamanho dessa dor, assim como você, teriam enfrentado seus namorados, maridos, pais e outras dificuldades. Teriam enfrentado medos, dúvidas para deixarem seu filho nascer. Sabe querida, pouquíssimas pessoas são posicionadas, ou seja, têm opinião firme sobre o aborto. Isso acontece por falta de orientação, religiosidade e argumentos como lhe expus. Poucos são os corajosos que defendem a vida, têm entendimento, argumentos filosóficos e religiosidade para elucidarem o crime que é o aborto.

Adriana suspirou fundo e ficou reflexiva por alguns instantes. Depois perguntou:

— Se eu tomar um desses caminhos, poderei ajudar meu filho? Quero tê-lo comigo e aliviar minha dor.

— Se não fizer nada, aí sim, tenho certeza de que não vai ajudar seu filho nem tê-lo contigo nem aliviar sua dor.

— Tenho muito o que aprender. Preciso de conhecimento para entender e saber o que preciso fazer. Tenho boa vontade.

— Há uma frase ali fora na parede que diz: "Fora da caridade não há salvação". Amor é caridade. Trabalho é caridade. Orientação para o bem é caridade. Empenho no bem é caridade. Instrução é caridade. Portanto, devemos salvar nossas almas e consciências com atitudes caridosas. Existem várias formas de fazer isso, sem falar em dinheiro. Mas sim na doação de si mesmo. Dinheiro, algumas vezes, não é caridade, pois o beneficiado pode usá-lo para o mal, para o que não presta, não é bom nem saudável para ele e para os outros. Dinheiro, também, causa acomodação. E o doador, sem dúvida, é responsável pelo que proporcionou. Todos nós seremos responsáveis por nossos atos. Até os de doações. Por isso, a melhor doação é ofertar trabalho, informação, instrução e incentivo para o bem.

A mulher sorriu. Pela primeira vez, Adriana esboçou um sorriso e, embora seu coração estivesse opresso, nele nasceu uma luz chamada: esperança.

Alguns instantes refletindo e a moça perguntou:

— A senhora disse que muitos espíritos querem reencarnar. Se é assim, por que acontece o aborto espontâneo?

— Existem inúmeras razões para que o aborto espontâneo ocorra. Tudo é de acordo com a história de vida de cada um, em incontáveis experiências corpóreas. Mesmo que não pareça aos encarnados, a ligação com o corpo em formação, geralmente, visa ao melhoramento ou aperfeiçoamento do espírito ligado ao óvulo, embrião ou feto que sofre o aborto espontâneo. Qualquer gestação, seja de horas, dias, semanas ou meses que, aparentemente, possa parecer um fracasso por causa do aborto espontâneo, serve de enorme benefício evolutivo ao espírito para a reconstituição de seu corpo espiritual, de acordo com suas provas ou expiações.

Embora cada caso seja um caso — Lia prosseguiu —, existem abortos espontâneos também quando, durante a gestação, ocorrem acidentes que comprometem o corpo em formação e o espírito ligado a ele não necessita daquela experiência que poderá ser penosa, desnecessária ou que comprometa sua tarefa terrena, inviabilizando seu nascimento em um corpo saudável. Quando não existe a necessidade de provas ou expiações em corpo incompatível, o espírito reencarnante, desde que tenha elevação a ponto de escolher, pode recuar no reencarne. — Vendo-a atenta, ainda explicou: — Em alguns casos, no planejamento reencarnatório, pais e mães amorosos, embora tristes, aceitam receber espíritos que necessitem contato, por pouco tempo, com o corpo em formação durante a curta gestação. Outros pais, no entanto, necessitam tão igualmente da experiência dolorosa do aborto espontâneo por provas ou expiações. Existem ainda gestações em que, ao corpo, nenhum espírito esteve ligado e isso ocorre quando a experiência é útil tão somente aos pais[4].

Adriana suspirou fundo, olhou a senhora nos olhos e agradeceu:

— Obrigada, dona Lia.

— Sou eu que agradeço por ter vindo aqui em busca de ajuda e ter tido a paciência de me ouvir e confiar a mim seus desafios.

A mulher se levantou, foi até a moça e a abraçou com carinho.

Ao sair da sala, Adriana encontrou Ieda no salão principal. Sorriu ao vê-la acompanhada de Lia, pois imaginou que haviam conversado e sabia que aquela mulher poderia orientar sua amiga.

Discreta, sem qualquer comentário, Ieda convidou:

— Vamos comer alguma coisa? Estou morrendo de fome.

---

4. N. A. E. Outras informações a respeito podem ser encontradas em *O Livro dos Espíritos* – questões de 344 a 360.

Capítulo 25

Novos planos

Na casa de Ieda, Adriana contou toda a conversa.

— Eu sabia que, se conversasse com dona Lia, acenderia uma luz nessa escuridão.

— Ainda estou triste. Não imagina o quanto isso dói. Mas me sinto bem melhor após falar com ela. Agora quero saber mais. Ter mais conhecimento. O que você me indica?

— Livros. Sem dúvida. Acho que pode começar com as obras da Codificação Espírita. Você é esperta. Lê bastante. Sabe interpretar a leitura. Não terá dificuldade. Vou te emprestar *O Livro dos Espíritos*. E também os livros do médium Chico Xavier, as obras do espírito André Luiz. Comece pelo livro *Nosso Lar*. É importante você também ir à casa espírita assistir às palestras, fazer cursos...

— Sabe, senti-me tão bem lá. Nos últimos dias, estive tão péssima. Agora estou diferente. Não quero reclamar, mas... No outro centro a que fui... Sei lá... Não sei se foi a conversa com aquela mulher...

— Como a dona Lia te disse: perdoa. Não dê importância ao que ela falou. Coitada. Talvez, não estivesse preparada. O que ela disse sobre o sofrimento dos abortados não é mentira. Mas não era o caso de ela falar sobre isso sem falar em como resgatar ou harmonizar sua consciência. Eu não sou pessoa com conhecimento suficiente nesse assunto, por isso não entrei em detalhes com você e quis que conversasse com alguém mais preparada do que eu.

— Mas a dona Lia foi realista. Mesmo assim, não me senti tão mal.

— Foi a forma como ela falou. Quando desenvolvemos amor, impregnamos esse sentimento em tudo o que fazemos, pensamos e falamos. Então, qualquer assunto se torna suave. Até mesmo os não agradáveis. — Um momento e lembrou: — Ah! Vou te emprestar *O Evangelho Segundo o Espiritismo*. Esse seria bom você ler um trecho a cada dia e também...

A campainha tocou. Ieda se levantou e disse:

— *Peraí*! — Algum tempo e retornou dizendo de modo engraçado: — Olha o que achei perdido aí no portão! Fiquei com dó e trouxe pra dentro.

Eles riram. Daniel foi até a irmã. Deu-lhe um beijo na testa e perguntou:

— Tudo bem?

— Sim. Agora estou melhor.

— Não se sentiu bem hoje?

— Fisicamente estou bem, mas minha cabeça estava... Então fui ao centro espírita com a Ieda. Ouvi uma palestrinha, recebi passe e conversei com uma senhora.

— Acabamos de chegar — contou Ieda. — A Dri gostou de lá. Conheceu a dona Lia — sorriu.

— É sim. Senti-me bem. Não sei explicar. A Ieda vai me emprestar alguns livros. Vou ler. Quero entender melhor tudo o que está acontecendo comigo. Preciso dar um objetivo à minha vida. Nada melhor do que ganhar conhecimento. Quero assistir às palestras e fazer cursos da doutrina.

— Pode baixar livros da internet — o irmão sugeriu.

— Não. Não faça isso, Daniel.

O rapaz sacudiu os ombros num gesto de tanto faz e respondeu:

— Todo o mundo faz isso.

— Porque ainda não sabem, não tem ideia do que estão fazendo. Baixar livros, músicas e filmes que estão livres na internet, é crime, mas não é só. Se livros, músicas e filmes estão expostos gratuitamente na internet é pirataria, é crime nas Leis dos homens e nas de Deus. Todo trabalho com música, filmes e livros gera empregos, desde os seus criadores até a loja, virtual ou física, onde eles são vendidos. Por exemplo, o trabalho com uma obra literária oferece emprego a quem diagrama, revisa, publica. Dá emprego a quem vende papel, a quem faz a arte das capas. Dá emprego àqueles que trabalham nas gráficas, nas livrarias, na divulgação. Até o faxineiro da livraria tem emprego por conta dos livros vendidos. Emprego é algo que existe em prol da sociedade, da humanidade. Ele qualifica, enobrece, profissionaliza, dá orgulho saudável, oferece honestidade, salário, dá estabilidade financeira e emocional, prosperidade, autoconfiança, benefícios trabalhistas como aposentadoria, diminui a criminalidade. — Observando o amigo pensativo, perguntou: — Você gostaria que alguém reduzisse o valor do seu emprego ou diminuísse a importância de seu trabalho?

Daniel sorriu e respondeu sem graça:

— Não.

— É isso o que alguém faz quando baixa gratuitamente livro da internet. Centenas, milhares de pessoas são prejudicadas por esse crime que, não só contribui para a degeneração do progresso literário, como também para a decadência trabalhista e ao insucesso de muita gente. Cada livro baixado em pdf, dificulta a geração de empregos.

O mesmo acontece com músicas e filmes. Lamentavelmente, pessoas instruídas deveriam saber disso e combater esse e outros tipos de crimes. Mas, ao contrário, praticam e divulgam, abertamente, incentivando e até indicando *sites* criminosos que disponibilizam livros em pdf ou outro tipo de arquivo, gratuitamente. — Breve pausa e prosseguiu: — Mas os prejuízos não param por aí. Livros espiritualistas ou espíritas, na maioria das vezes, têm seus direitos autorais destinados a instituições filantrópicas que cuidam de crianças, idosos ou mesmo adultos e famílias, sem condições mínimas de trabalho, para se proverem. São pessoas verdadeiramente necessitadas e dependentes. O que acontece é que esses *sites* criminosos pirateiam o livro, colocam à disposição na internet para ser baixado e destroem a única forma digna de ganho financeiro que essas pessoas possuem.

Como pessoas instruídas e espiritualizadas, devemos saber que existe Lei de Causa e Efeito — continuou Ieda. — São pequenos hábitos, gestos e feitos que constroem nossos caminhos. Tudo o que fazemos e oferecemos volta multiplicado para nós. Como podemos progredir financeira, moral e espiritualmente se tiramos dos outros a oportunidade de trabalho e progresso quando baixamos livros da internet, compramos CDs e DVDs piratas? Como podemos desejar uma vida tranquila, se tiramos a tranquilidade de trabalhadores honestos e dignos quando baixamos, gratuitamente, livros da internet, compramos CDs e DVDs piratas? Como podemos desejar que a miséria do mundo acabe se tiramos o meio lícito e honesto de direitos autorais doados a instituições filantrópicas quando baixamos livros espíritas ou espiritualistas, de graça, da internet, compramos CDs e DVDs espíritas também piratas? Como podemos exigir honestidade de nossos políticos quando não somos honestos? Porque pirataria é desonestidade.

Os controladores ou donos desses *sites*, na internet, que cometem o crime de dispor livros sem a devida autorização dos responsáveis, lucram sozinhos. Ganham financeira e desonestamente sozinhos. Alguns ainda têm a cara-de-pau de dizer que fazem isso porque os livros são caros e eles estão contribuindo para a divulgação e a cultura — falou de modo contrariado. — Coitados. Terão de harmonizar o que desarmonizaram. — Um instante e Ieda disse: — Não precisamos nos unir ao que é ruim. Não precisamos ser escravos de ações negativas. Vamos ter de reparar tudo. O bem-estar é nosso bem mais precioso e por essa razão necessitamos nos libertar de pensamentos, palavras e ações que não oferecem paz. — Breve pausa e refletiu: — Quem sabe, em reencarnação futura, eles não estarão em instituições filantrópicas para necessitarem das doações dos direitos autorais de livros. Não é mesmo?

— Credo, Ieda! Para com isso! — exclamou Daniel.

— A consciência pesou, né? — ela riu de um jeito engraçado. — Eu ainda não falei tudo. Existe ainda o lado espiritual atrás dessas práticas. Que tipo de espírito está ligado ou está próximo de alguém que está fazendo pirataria, comprando CD ou DVD, baixando livros da internet? Certamente, não é um espírito bom. — Os irmãos riram e Adriana pendeu com a cabeça positivamente. — Quando oramos, sabemos que espíritos superiores estão ao nosso lado. Então, quando cometemos esses delitos, devemos saber que são espíritos inferiores que nos acompanham.

— Concordo — disse Daniel. — Vendo por esse lado...

— Falei tanto de harmonização com a dona Lia hoje que é inevitável a pergunta — Adriana riu ao indagar: — O que faço para me harmonizar, caso tenha baixado um livro da internet e prejudicado muitas pessoas com esse crime?

— Compre o livro e doe para quem precisa ou presenteie alguém que você gosta — respondeu a amiga.

— Caramba!!! — exacerbou Daniel, que riu e se jogou para trás da cadeira.

— Verdade! — tornou Ieda, rindo. Já imaginava a razão de tamanha exclamação. — Como eu disse: tudo o que fazemos e oferecemos volta multiplicado para nós. Quando se compra um DVD pirata, baixa livro ou coisa assim, você acha legal, acha que tirou vantagem. Quanto engano, meu amigo! Isso fica registrado, inconscientemente. O prejuízo que causou, cedo ou tarde, volta do mesmo jeito. De repente, você é roubado, furtado... Levam seu celular, furtam seu carro... Sei lá! Acontece alguma coisa, que acha que foi injustiça com você, como lição ao prejuízo que causou.

— Droga... — murmurou o rapaz. — Por isso furtaram o pneu estepe do meu carro.

— Bem provável — Ieda riu.

— Roubaram o pneu? — a irmã se surpreendeu.

— Não sei como. Só senti falta hoje quando precisei usar o estepe.

— Vai ter que comprar outro estepe para reparar o prejuízo que ofereceu ao universo com pirataria de CDs — disse Ieda ainda sorrindo.

— Como sabe que baixei música da internet?

— Eu vi aqueles CDs no seu carro. Simples assim — tornou a amiga achando graça. Logo disse: — Vocês repararam que os vende- dores de CDs e DVDs piratas geralmente são pobres coitados que nunca têm condições de se candidatarem a um emprego melhor? Vivem nas ruas clandestinamente, com medo da polícia e da fiscali- zação. Nunca têm lucro suficiente para uma vida melhor. O mesmo acontece com o coitado que pirateia livros e os expõe na internet. Prejuízo em cima de prejuízo. E se não o teve, terá.

— E as pessoas que compram produtos piratas ou baixam os livros em pdf da internet, elas percebem os prejuízos?

— Geralmente, eles começam de forma insignificante, como o estepe do Daniel. Depois aumentam. É a lei de causa e efeito. A lei do retorno.

— Então preciso comprar dez livros, vinte CDs... — Daniel co- mentou em tom alegre.

— Vai mesmo? — perguntou a irmã.

— Vou sim. Não quero ter furtado, novamente, o estepe, o celular, a blusa que deixei na cadeira na empresa... Esses pequenos prejuízos me irritam.

— Eu mesma venho me corrigindo em muitos aspectos e pequenos hábitos. Tudo o que é ruim começa aos poucos. Ninguém acorda pela manhã e diz, inesperadamente: "Hoje, vou roubar um celular." Essa pessoa, provavelmente, começou vendo pai ou mãe baixando livros e dando prejuízos aos outros. Viu pai, mãe e muitas outras pessoas em volta do vendedor de CDs e DVDs piratas comprando esses itens, dando prejuízos a muitos trabalhadores honestos que participam da construção do original. E começou a achar isso normal. Depois se apropriou de um lápis na escola e não se importou com o dano causado ao colega. Provavelmente, pegou dinheiro da carteira dos pais, que não deram importância e não o repreenderam como deveriam. Esses primeiros delitos, que não são repreendidos aumentam, crescem e são aperfeiçoados. Com o tempo, podem virar furto e roubo de celular, carteira, carro, residência, banco... Por quê? Porque a pessoa veio se aperfeiçoando no decorrer da vida. Pais se esquecem de que filhos pequenos têm uma memória espetacular. A criança aprende e aperfeiçoa o que vive. Minha mãe, quando me levava à feira livre, sempre me dizia ao ver o vendedor de CDs piratas: "Isso é errado. É crime. Comprar CDs piratas é prejudicar muitos trabalhadores honestos. O furto de uma galinha e o furto de uma carteira com muito dinheiro são crimes que têm o mesmo peso perante Deus." Fui crescendo com essa ideia. Mesmo assim, baixei músicas... — sorriu de um jeito engraçado. — Depois fui filosofar a razão de alguns prejuízos. Tive dois celulares furtados. Um eu estava dentro do metrô. O outro dentro do ônibus. Depois fui roubada à mão armada. O sujeito levou minha carteira. Só não levou o celular, porque fui furtada na semana anterior e ainda não tinha comprado outro. Não gostei da lesão financeira e fiquei muito assustada. Hoje só tenho o que posso comprar. Vivo tão bem — falou sorrindo, com leveza e consciência tranquila.

— Tudo o que você faz o Universo retribui.

— Exatamente Daniel. É a lei da atração. As pessoas têm a mania de dizer: "só faço isso porque o outro faz." "Não economizo água porque meu vizinho não economiza." Se esquecem de que quem vai ter que prestar contas daquela ação errada do vizinho é ele. Mas ela também terá que prestar contas da sua ação. Daí suas práticas se tornam sem controle. Hoje, você baixa livro, amanhã, compra CDs e DVDs piratas, faz gambiarra para ter TV por assinatura de graça, faz gambiarra para pagar menos água e gastar demais e ainda acha que está tirando vantagem, quando, na verdade, está se afundando em débitos futuros que, sem dúvida, terá de saldar. Aí, um dia, vai procurar emprego e não acha. Quando acha, não tem um salário justo. É demitido com frequência. A pessoa não percebe que os pequenos prejuízos são resultados de ações que praticou.

— É uma boa reflexão. Você deveria dar uma palestra no centro sobre isso — comentou Daniel.

— Nós construímos nossos caminhos diariamente com pensamentos, palavras e ações. Se queremos prosperidade, temos de agir com honestidade — desfechou Ieda.

— Tudo bem! Tudo bem! Já entendi. Você será a primeira pessoa a ganhar um livro e um CD pela aula que me deu. Estou com a consciência pesada — o rapaz riu e fez um gesto engraçado.

— Já está ficando tarde. Preciso ir — Adriana considerou, levantando-se.

— Não! Fiquem! Vou pedir uma pizza — decidiu Ieda.

— Que tal irmos a uma pizzaria? — sugeriu Daniel, imaginando que Núbia pudesse aparecer e estragar o momento.

Eles se entreolharam e Ieda sacudiu os ombros como quem diz: tanto faz.

— Então vamos! — decidiu o rapaz.

— Preciso me trocar. Podem esperar um pouquinho? — Ieda pediu.

— Aaaaahhhh não! Tô indo! — o rapaz brincou e se levantou.

— Ah! Espera sim. Vou aproveitar e pegar os livros pra Dri.

Dizendo isso, a amiga foi para o quarto.

Após demorar um pouco, chamou pelo amigo com jeitinho:

— Daniel! Vem aqui um pouquinho, por favor!

Chegando ao quarto, ele viu Ieda se equilibrando na ondulação do colchão, na beirada da cama, esticando-se e com a mão estendida, segurando uma caixa dentro do guarda-roupa.

— O que você está tentando fazer? — ele riu.

Com a voz sufocada por ter de se esticar ao máximo, a moça respondeu:

— Pegar essa caixa sem a escada...

O rapaz foi até ela, entrou a sua frente, apanhou a caixa e colocou sobre a cama.

— Ai! Obrigada! — exclamou aliviada ao descer. Era uma caixa florida e delicada. Ela abriu a tampa e começou a procurar os livros que queria. — Eu tenho o Evangelho ali... Mas é meu. Sempre tenho outros sobrando para dar pra alguém... — dizia ao mesmo tempo em que procurava.

Enquanto isso, Daniel passou os olhos pelo quarto. Era um cômodo grande típico de casa muito antiga. Tinha uma janela enorme, daquelas que os vidros abrem para dentro do quarto e as venezianas para fora. Mas estava tudo fechado. As cortinas de renda suave, encolhidas nas laterais de forma graciosa por belos laçarotes, ficavam fofas e deixavam o forro aparecer. Ele reparou também o ventilador no teto.

Em uma cômoda de madeira e verniz escuro, havia um vaso com flores muito bonitas que o rapaz não saberia dizer o nome. Elas refletiam no espelho, cujo reflexo dava a impressão de haver mais.

Eram claras, alegres e harmonizavam-se com a cor clara e suave das paredes.

Combinando com a cômoda, havia a cama, um criado-mudo com um abajur delicado e um relógio digital ao lado. Na beirada da cama, um tapete felpudo de lã.

O guarda-roupa, bem antigo como os outros móveis, também era de verniz e muito bem lustrado.

Sobre a cama, uma colcha delicada e o travesseiro com a fronha igual. Duas almofadas graciosas pelas estampas floridas e um coelhinho de pelúcia entre elas.

Havia somente um armário que não combinava com aquilo tudo.

— É onde guardo alguns mantimentos.

— O quê? — ele perguntou.

— O armário. Você está olhando para ele e dizendo: Nossa! — arremedou. — Esse móvel não combina com nada! — O rapaz ofereceu agradável sorriso e ela tornou a explicar: — Preciso deixar alguns mantimentos trancados aqui neste quarto, ou minha irmã... Já sabe né?

— Pega para vender.

— É.

— Gostei do seu quarto. É tudo bem arrumado. Tem até flores.

— Em algum lugar desta casa, eu preciso de um pouco de alegria e conforto. O restante dela, que são as partes comuns que divido com minha irmã, não posso deixar como gostaria.

— Você é muito caprichosa — sorriu ao elogiar.

— Obrigada — ficou sem jeito e correspondeu ao sorriso.

— Por que não se muda daqui Ieda? — perguntou em tom solene, mesmo sabendo a resposta. Talvez, quisesse fazê-la pensar no assunto.

— Vou fazer isso, Daniel — encarou-o por um segundo. — Mas não agora. Já te falei. Estou me preparando. É algo que precisa ser planejado. — Sorriu de forma agradável e pediu: — Agora, coloque a caixa de volta no lugar, por favor. Já peguei o que precisava.

O rapaz assim o fez.

— Pronto! Mais alguma coisa, madame? — brincou.

— Não senhor! — correspondeu no mesmo tom.

— Só uma curiosidade... — tornou Daniel, antes de saírem do quarto. — Que flores são essas?

— Gérberas. Adoro gérberas! — sorriu ao ressaltar. — São consideradas flores nobres. Bonitas, alegres e coloridas. Dão vida ao ambiente. São procuradas por pessoas que desejam homenagear alguém devido a sua beleza e significado.

— Parecem margaridas.

— São da mesma família das margaridas e dos girassóis, pois as pétalas são bem semelhantes.

Conversavam corredor afora até chegarem à sala onde Adriana esperava.

— Gérberas... — o rapaz murmurou, sem ninguém ouvir. Pareceu querer guardar o nome na memória.

— Vamos?! — Ieda chamou alegre.

— Sim. Vamos — a amiga concordou.

Naquela manhã de domingo, Lídia decidiu ir até a casa da amiga. Muito abatida, Hilda a recebeu com grande indisposição.

— O que é isso, amiga?! Nunca te vi assim tão... — não quis dizer. Qualquer palavra poderia deixar a outra mais deprimida.

— Estou me recuperando ainda. Entra — Hilda convidou.

— Como estão as coisas?

— As coisas estão caminhando. Vamos assinar o divórcio em breve. Tudo já está sendo analisado pelo advogado.

— O que vão fazer com esta casa?

— Já foi colocada à venda. Vou morar aqui por enquanto e... Não sei o que fazer depois. O Rodrigo trabalha e o que ele ganha não é justo que eu pegue para pagar aluguel. Sou aposentada com aquele salário que não dá nem para os remédios contra osteoporose. Preciso arrumar uma casa e não sei o que fazer. Talvez, o que receba não dê para comprar outro imóvel. Não aqui em São Paulo onde tudo é muito caro. Mas não posso me mudar para o interior por causa do trabalho do meu filho. Ele ainda mora comigo e isso seria injusto.

— E o dinheiro da casa de praia que vocês venderam?

— Ele disse que gastou tudo com despesas do carro, desta casa. Lógico que é mentira. Mas não tenho como provar e não quero criar mais problemas e dificuldades para nos separarmos. Acredito que, de alguma forma, tudo vai melhorar quando eu não estiver mais ligada ao Agenor.

— Acho que você deveria lutar pelo que é seu! Lutar pelos seus direitos!

— Tenho mais de cinquenta anos! Embora o juiz me reconheça como pessoa capaz de me sustentar sozinha — falou com ironia. — Quem representa a justiça é injusto ao decretar algo assim. Não me conhece nem sabe da minha vida nem das minhas lutas. Principalmente neste país. Sou aposentada. Ganho uma miséria que não dá para pagar a medicação contra osteoporose. Dei minha vida inteira em prol do que o meu marido fazia ou queria fazer. Apoiei esse homem em tudo! De repente, ele tem um surto, se desfaz de tudo o que lutamos por anos para conseguir, decide arranjar outras mulheres, acaba comigo... — sua voz embargou. — Estou tão desgastada, magoada, amargurada que prefiro me livrar de tudo isso e tentar procurar uma vida melhor a brigar por algo que não sei se vou ter sucesso. Embora eu acredite que mereça ficar com uma parte maior, vou aceitar receber a metade. O que é meu voltará de um jeito ou de outro. Sei que ele vai gastar e acabar com a parte que lhe cabe rapidinho... Será até capaz de vir pedir mais para mim.

— Você e o Agenor conversaram?

— Um pouco. Ele está sempre falando de forma grosseira, rude... Não é mais aquele homem atencioso e compreensivo. Estranhamente, me trata como se eu fosse sua inimiga. — Hilda deu um suspiro longo. Recostou-se no sofá e fechou os olhos.

— Você pode ir morar com seus filhos. A Fátima e o Rogério vão te apoiar e não vão negar um lugar para o Rodrigo.

— De jeito nenhum! Eles precisam viver a vida deles. Mesmo que eu não interfira no dia a dia da família deles, serei sempre uma sombra e uma preocupação dentro da casa deles. Só viveria com um dos meus filhos caso estivesse dependente física ou mentalmente. Ainda assim, gostaria que me colocassem em uma casa de repouso. Não sou do tipo de mulher que nasceu para dar trabalho aos outros.

— Não acha que isso é orgulho? — Lídia indagou com brandura.

— Não. Acredito que sou capaz e determinada. Tenho fé em Deus que a solução está a caminho e, quando surgir, vou aproveitá-la com capacidade e empenho.

O telefone celular de Lídia tocou. Ela atendeu. Conversou um pouco e desligou. Voltando-se para a amiga, disse:

— Preciso ir. À noite, te ligo.

— Obrigada, Lídia. É muito bom ter uma amiga nesse momento. Despediram-se e a amiga se foi.

Hilda foi à cozinha, pegou uma caneca de chá e voltou para a sala.

Sentou-se no sofá e ficou olhando por todo o ambiente. Reparou, pela milionésima vez, o quanto sua casa era bonita e agradável. Iluminada e bem arejada. A sala extensa, dois ambientes, ostentava uma bela e grande televisão, escolhida pelo marido. Os sofás longos e confortáveis, que somavam oito lugares, enchiam o recinto. Duas cadeiras, tipo poltronas, ficavam bem dispostas e alegravam o ambiente de cor neutra com o belo colorido, igual às almofadas do sofá.

Sobre alguns móveis, vasos delicados com florezinhas artificiais encantavam.

Porta-retratos com fotos do casal e dos filhos, com genro e nora, exibiam os registros de momentos felizes.

Olhou para a mesa redonda na sala de jantar e reparou que as flores, que antes duravam uma semana, permaneceram alegres por menos dias. Elas murcharam. Pareciam absorver sua tristeza.

Lágrimas rolaram dos olhos de Hilda. Não acreditava no que lhe acontecia.

Ao ouvir um barulho vindo do corredor, secou o rosto com as mãos.

Rodrigo havia levantado.

Descalço, vestia calça comprida de um agasalho que se arrastava ao chão, estava sem camisa e se espreguiçando ao chegar perto da mãe.

— Bom dia — cumprimentou com a voz rouca e se curvou para beijá-la.

— Bom dia, filho — correspondeu e lhe fez um carinho no rosto.

— Ouvi conversa. Quem estava aqui?

— A Lídia. Veio me ver.

O rapaz se sentou ao seu lado, pegou o controle remoto que se encontrava sobre a mesinha central e ligou a televisão. Passou por vários canais e nada lhe agradou. Desligou o aparelho. Sem demora, a mãe sugeriu:

— Vai tomar café. Já são quase dez horas.

— Mãe... — Esperou que a mulher o encarasse e contou: — Desde sexta-feira estou meio engasgado pra te contar uma coisa.

Hilda sentiu-se gelar. Um mal-estar percorreu seu corpo e sentiu-se mal. Não disse nada, mas não suportaria mais surpresas desagradáveis. Ficou firme. Desejando que o filho contasse logo, perguntou:

— O que foi?

— É que... Surgiu uma oportunidade para eu ser promovido. Recusei. Mas o diretor do jornal pediu para eu pensar melhor. Tenho de dar uma resposta logo.

Hilda sentiu um alívio que não saberia explicar. Quase se irritou. Mesmo assim, calma, perguntou com ênfase:

— Como assim?! Você recusou uma promoção?! Filho!

— Terei de ir para o Rio de Janeiro, mãe — ofereceu um sorriso. — Não posso fazer isso. E a senhora?

Lágrimas correram pela face de Hilda, que sorriu. Ela afagou o ombro do rapaz e comentou:

— Rodrigo, estou emocionada com a sua forma de pensar, com sua consideração por mim e... Nem sei o que dizer. Mas não é assim que a vida funciona, meu filho. Como é que vou viver feliz e realizada, sabendo que prejudiquei, de alguma forma, o seu sucesso, o seu progresso, a sua prosperidade? Você não pode ficar aqui por minha causa!

— E o que você vai fazer, aqui, sozinha? Se o pai estivesse aqui!...

— Rodrigo, preste atenção: você tem de fazer o que é melhor para a sua vida! — enfatizou. — Precisa pensar no seu futuro. — Um momento e perguntou: — E a Rafaela? Já comentou com ela?

— Eu... — Esfregou os cabelos já desarrumados, suspirou fundo, espreguiçou-se e comentou: — É que, se eu aceitasse... Pensei em casar com a Rafa — falou de modo tímido.

— Que ótimo, filho! Que maravilha! Pense em seu futuro! No seu progresso! A Rafa é uma boa moça. Vocês têm tudo para darem certo e serem felizes.

— Mas e você, mãe?!

— Ainda não sei muito bem. Agora, neste momento, ainda estou organizando minhas ideias. Talvez... — Fez breve pausa e revelou: — Eu estava preocupada com você e seu trabalho. Vamos ter de nos mudar daqui após a venda desta casa, sabe disso. Não sei se o dinheiro que vamos receber dela vai dar para comprar outra. Com certeza, não do mesmo tamanho nem neste bairro. Isso não. Aluguel é algo bem difícil, sem fim e minha aposentadoria não daria para pagar um. Se você, nesta etapa da vida, fosse se meter em aluguel para me ajudar, não iria prosperar. Não como deveria. Tenho um carro popular em bom estado e não gostaria de me desfazer dele. Então... — fez longa pausa para concatenar os pensamentos.

— E o que vai fazer se eu for para o Rio de Janeiro?! Como vai pagar aluguel?!

— Você indo para o Rio, as coisas mudam de figura. Eu, sabendo que você está bem, pego o dinheiro que me restar desta casa e compro uma casinha no interior. Algo só pra mim. Dessa forma acho que dá. Não pretendo ficar parada. Vou arrumar algum trabalho. Posso dar aulas particulares de inglês, francês ou italiano. Dependendo do lugar, posso até dar aula em uma escola de idiomas — animou-se e sorriu.

— É uma aventura, mãe.

— E daí?! — sorriu. — Preciso fazer alguma coisa. Construir um novo caminho. Não quero e não vou depender de meus filhos. Isso não é justo. Se não conseguir, então sim, peço ajuda.

— Não sei... Estou preocupado.

— Eu também, Rodrigo. Mas é o que nos resta fazer, filho. Aceite a oferta de promoção. Case-se. Vá para o Rio. Assim estarei mais tranquila e livre para tocar minha vida. Se eu ficar parada, chorando e dependente, ficarei maluca e só vou complicar a vida de vocês.

— Tem certeza, mãe?

— Tenho. Tenho sim.

— Vou falar com a Rafa... — riu. — Se ela quiser casar comigo...

— E se ela não quiser? — perguntou com delicadeza. Talvez, para preveni-lo.

— Vai querer! — riu gostoso. — Duvido! — Um momento e considerou: — Se não quiser, vou para o Rio assim mesmo. Não posso me prender. Será uma grande oportunidade. A promoção, o salário, a experiência... Não posso jogar essa chance fora.

— Se pensa assim, por que recusou a oferta, a princípio?

— Por você, né mãe!... Tudo o que está vivendo...

Hilda o abraçou com carinho e se emocionaram. Em seguida, afastando-se, ela disse:

— Olha... Vai dar tudo certo do jeito que tem de ser. Fale com a Rafaela. Façam planos. Vá em busca de prosperidade. Eu vou fazer o mesmo.

O filho olhou-a na alma através de seus olhos e comentou:

— Mãe... Você sempre foi um grande exemplo para nós. Se sou um homem capaz, honesto, disciplinado... qualidades que só me fazem prosperar na vida, aprendi com você.

Em lágrimas, ela argumentou:

— Então, meu filho, inclua fidelidade nessa lista de qualidades. Seja fiel e respeite sua esposa e companheira. A dor de ser traída é tão cruel, tão intensa que ninguém merece experimentar.

— Pode deixar — sorriu. Inclinou-se e a abraçou. Levantando-se, disse: — Vou almoçar na casa da Rafa. Vem comigo? Os pais dela gostam muito de você e vão achar legal sua presença.

— Hoje não, filho. Preciso fazer uma coisa que estou adiando muito.

— Já sei! Visitar o Wagner!

— Não. Mas é algo ligado a ele.

— E como ele está? — o filho quis saber.

— Ligo todos os dias. Você sabe — riu. — Ele está se recuperando aos poucos. Não fala direito e demora a perceber as coisas ou a entender. Fica confuso e ainda não reconhece todo o mundo. Está sem coordenação motora. Não tem equilíbrio para pegar as coisas.

— Lembrou-se do pai?

— Ainda não. Coitado do Hernâni.

— Quando ele vai receber alta?

— Provavelmente, na próxima semana. É o que a Wanda acha.

— Você poderia tirar umas férias, mãe. Ficar uns dias na casa da tia, lá na praia, e visitar o Wagner mais vezes. Acho que isso iria te fazer bem.

— Não se tira férias indo para a casa dos outros — riu. — Não quero tirar o sossego de sua tia. Além do mais...

— Já sei. Ela não aceitou muito bem sua separação. Não foi?

— Foi isso mesmo. Mas... — sorriu. — Vou pensar na possibilidade das férias. Com toda a reviravolta em nossas vidas, não tenho onde passar o Natal. A Fátima e o Rogério vão viajar no cruzeiro. Você vai passar com a família da Rafaela. E eu...

— É mesmo! Não! Não! Não vou!

— Vai sim! Sei onde vou ficar nesse Natal.

— Na casa do Wagner?! — Rodrigo riu.

— É bem provável. Quando fui convidada, recusei, mas agora... Estou considerando a ideia. Vou falar com a Wanda.

— Se estiver lá com eles, estarei tranquilo.

Hilda olhou o relógio e disse:

— Nossa! Já são onze horas!

— Vou me arrumar para ir pra casa da Rafa!

— Vai sim, filho. Vai sim.

CAPÍTULO 26

Hilda encontra Adriana

Bem no fim da tarde de domingo...

— Alô!

— Meu nome é Hilda, por favor, eu poderia falar com a Adriana?

— Hilda?! Hilda! Ai, meu Deus! Hilda! — sentiu seu coração bater forte quando deduziu de quem se tratava. — Hilda, aqui é a Adriana. É a respeito do Wagner?! Como ele está?! Por favor, me diga! — perguntou aflita.

— Ele está se recuperando. E você? Como está? — indagou em tom tranquilo.

— Ai meu Deus... — começou a chorar. — Meu Deus... Me diga que ele está bem, por favor? — pedia com a voz trêmula, como se implorasse. — Liguei para o telefone dele. Conversei com a Wanda, mas depois ninguém mais me atendeu nem me deu notícias. Por favor, me diga como ele está.

— Calma. Ele vai ficar bem. O acidente foi muito grave. O Wagner passou por duas cirurgias. Acordou do coma há poucos dias. Não está reconhecendo algumas pessoas nem se lembra do que aconteceu.

— O Wagner perdeu a memória?! — preocupou-se.

— Por enquanto, parte dela. O médico disse que isso é mais ou menos comum em casos como o dele. O cérebro é um órgão cheio de surpresas e mistérios. Acredita-se que isso deva passar. Ele deve se recuperar aos poucos. — Hilda ouviu a moça chorar baixinho e comentou: — Desculpe-me por não ter ligado antes. Tive problemas pessoais bem sérios. Fui demitida. A Wanda me contou que você ligou, mas o telefone do Wagner acabou a bateria e ela não tinha carregador compatível. Em meio a muito trabalho por causa do irmão no hospital, a morte da mãe e a vida pessoal, ela não teve como se preocupar com isso. Só depois conseguiu carregar a bateria do celular, mas o seu número não aparecia. Era um número restrito. Eu não tinha seus contatos. Além disso tudo, soube que você se casou e fiquei um tanto receosa de ligar. Só agora, com a cabeça mais fria e com um pouco mais de tempo, entrei em contato com uma amiga do Departamento de Recursos Humanos lá da empresa e ela me forneceu esse número. — Um instante e quis saber: — Como você está, Adriana? — Diante do silêncio, interveio: — Se não puder conversar, no momento, por causa de alguém ao seu lado ou do seu marido...

— Não... Não tenho marido... — falou emocionada por conversar com ela e ter as notícias que desejava. — Vou me divorciar na terça-feira. Aconteceu muita coisa...

Hilda ficou surpresa. Não esperava por aquela notícia.

— Sinto muito, Adriana. Eu também estou passando por um divórcio. Sei, exatamente, o quanto isso é difícil. Não importa se é um casamento de meses ou anos. Sempre existe dor.

— Eu estou grávida do Wagner — falou subitamente.

— Como?! — a mulher se assustou. Pensou ter ouvido errado.

— Eu estava grávida do Wagner. Meu noivo descobriu tudo e disse que me mataria e mataria o Wagner. Me casei forçada... — chorou. — Fiquei com medo... Ele me agrediu e... Aconteceu tanta coisa...

— Calma. Agora está tudo bem, não está?

— Eu não deveria contar tudo isso por telefone, mas creio que alguém, próximo do Wagner, precisaria saber para não me deixar mais sem notícias. Fiquei aflita!

— Onde você está morando?

— Por enquanto, na casa dos meus pais. Não estou trabalhando no momento. O Nícolas, meu... marido — titubeou, pensando no que ele seria — não sabe que estou grávida e não pode saber.

— Não estou entendendo. Você me disse que ele descobriu.

— Descobriu, ou melhor... — Não conseguia coordenar as ideias por causa da emoção. — Foi assim: eu quis terminar tudo dias antes do casamento. O Nícolas foi rude e me agrediu... — chorou. — Contei que estava grávida do Wagner. Ele me obrigou a casar e... Aconteceu muita coisa... Eu... Eu perdi um bebê e... — estava emocionada. Com a voz embargada, quase não conseguia falar. Não queria contar que havia feito um aborto. Toda a tristeza, a culpa, o remorso, a dor, o arrependimento e outros sentimentos afloraram. — Sofri muito... Mas depois, quando fiz um exame, descobri que eram gêmeos. Que havia perdido um, mas o outro, por ser de bolsa diferente, estava vivo e bem e... Criei forças para me separar do Nícolas, por isso não quero que ele saiba que estou grávida.

— Certo. Entendi. Precisamos conversar melhor, Adriana.

— Sim... Precisamos. Por favor, precisamos sim. Vivo aflita, querendo notícias do Wagner.

Conversaram mais um pouco. Depois Hilda sugeriu:

— Na terça-feira, você assina o divórcio. Então, na quarta-feira, podemos ir para Peruíbe. Acho que o Wagner vai gostar de te ver. Não sei se ele está em condições de saber de tudo isso que me contou.

Acho que é muita emoção para o estado dele. Vamos conversar com o médico e ver o que ele fala.

— Sim! Sim! Sim! Claro!... Oh meu Deus! — Chorou. — Obrigada, Hilda! Muito obrigada!

— Não me agradeça por isso, querida. Gosto muito daquele menino e quero vê-lo bem. Fique com os meus contatos. Qualquer novidade, me telefona.

— Sim. Claro. Obrigada.

Conversaram, trocaram contatos e desligaram.

Daniel chegou ao quarto e encontrou a irmã chorando e rindo ao mesmo tempo.

— Eih!... — exclamou sussurrando. — O que foi?

Ela contou transbordando emoção.

— Então, na quarta-feira, vamos lá.

— Uau!!! Já que o cara não morreu no acidente, vocês duas querem matá-lo de qualquer jeito! Já pensou chegar lá e dizer: Você vai ser pai!!! — enfatizou e riu com gosto. — Eu morreria!!!

— Não brinca, Dani.

— Uma dica — disse mais sério —, não conte nada para mais ninguém sobre você ir visitar o Wagner.

— Nem para a mãe? — ela indagou, estranhando a sugestão.

Olhando-a nos olhos, o irmão afirmou:

— Ninguém. Espere seu divórcio sair. Só por precaução. Aprenda a fazer uma coisa de cada vez e a não contar sua vida para todo o mundo.

— Certo. Você tem razão.

— E o bebê está bem?

— Está — ela sorriu ao responder.

Daniel mexeu em algumas coisas e, dissimulando, perguntou:

— Pensei que a Ieda estivesse aqui.

— Não. Ela não veio aqui hoje.

— Passei na casa dela e não estava.

Adriana iluminou o rosto com um sorriso e comentou em tom provocante:

— Estou vendo que está interessado, hein!

— Não! Nada disso — ficou inquieto.

— Sei. É por isso que está indo com frequência à casa dela, chamando para comer pizza, ir a um barzinho, ver apartamento... Além de irem e voltarem todos os dias juntos... — riu.

— Foi só por eu não ter companhia. Quanto a irmos trabalhar, não tenho opção a não ser levá-la — envergou a boca segurando o sorriso e fugiu o olhar. Não queria admitir que a irmã estivesse certa. Um instante e comentou: — Nossa! O quarto dela é tão arrumado! Simples e bonito.

— Ela é muito caprichosa e limpa. O resto da casa não tem nada por causa da irmã. Nem televisão ela pode ter.

— Ela não arruma o quarto só esperando que alguém vá lá... como algumas pessoas.

— Isso é indireta?

— Não. De jeito algum — riu. — A Ieda deveria mudar dali.

— Está guardando uma grana para isso. — Breve momento e, vendo-o quieto, perguntou de modo travesso: — Oh, Dani! Por que você não chega de uma vez na Ieda? Vocês formam um casal tão bonito!

— Ah! Não enche! — saiu do quarto e ela riu.

Na sala, Daniel encontrou seu pai agitado.

Jaime mexia nas coisas da estante com modos nervosos.

A televisão estava desligada. O filho pegou o controle remoto para ligar o aparelho e reparou seu estado.

— O que foi?

— Nada. Não é nada. Não tenho nada.

— Está procurando alguma coisa? — o rapaz perguntou.

— É... Não.

— Aconteceu alguma coisa? — tornou Daniel com jeito paciente.

— Não. Nada. Nada não.

O homem tentou se aquietar e se sentou no sofá. Com jeito frenético, mexia com as mãos e também roía as unhas, tentando prestar atenção na TV.

Daniel percebeu-o sóbrio. Não via o pai embriagado há alguns dias e desconfiou de que aquele estado alterado deveria ser por essa razão.

Desligando a televisão, o que surpreendeu o homem, o rapaz virou-se para ele e perguntou:

— O senhor está bem inquieto. Quer conversar?

— Não sei sobre o que a gente poderia conversar.

— Sobre o senhor não beber há alguns dias. Eu percebi isso e estou achando muito legal.

Aquela frase pareceu cair em cima de Jaime como um balde de água gelada.

— Você... Percebeu?! Percebeu é? Percebeu que eu não bebi?!

— Sim. E faz alguns dias.

Jaime, parecendo nervoso, sentou-se na beirada do sofá. Apoiou os cotovelos nos joelhos e segurou a cabeça com as mãos, depois que alinhou os ralos cabelos com os dedos.

— Tá difícil — murmurou. — Tá muito difícil. Dá uma coisa... Um desespero... Sinto tremores nas mãos, nas pernas. Um tremor forte no peito. Parece que vou ficar louco. Não consigo me concentrar nas coisas. Esqueço o que vou fazer. Sei que se eu beber, isso tudo passa, mas não consigo beber só um golinho. Se começar, não paro.

Daniel, embora sentado em outro sofá, remexeu-se e ficou mais perto de Jaime.

— Pai, o que o senhor está fazendo é uma vitória! — exclamou sussurrando e sorrindo. — O senhor está admitindo o vício, a necessidade do álcool. Não pode entregar os pontos e perder essa batalha. Para isso vai precisar de ajuda.

Inesperadamente, Jaime começou chorar de modo compulsivo.

O filho, bem próximo, afagou-lhe o ombro e as costas em sinal de apoio.

— Quero mudar... Ser diferente. Ser alguém que você e sua irmã não tenham vergonha... Tenho vergonha de vocês terem vergonha de mim. Sabe como é?

— Eu entendo e vou ficar orgulhoso se o senhor aceitar ajuda para vencer essa doença.

— Que doença? — perguntou, secando o rosto com as mãos.

— Alcoolismo é uma doença progressiva. Uma doença física, emocional, mental e espiritual, pai. Precisa ser tratada e, para isso, é necessário ajuda.

— E que ajuda?

— Eu quero te ajudar. Podemos procurar um grupo de apoio, médico psiquiatra, psicólogo, nutricionista, tratamentos terapêuticos alternativos... Tudo o que for necessário. Mas é preciso que o senhor queira.

— Eu fui na igreja católica aqui perto. Assisti uma reunião lá do AA — referiu-se aos Alcoólicos Anônimos, falando de modo informal. — Mas fiquei com vergonha e saí de lá sem falar com ninguém.

Com jeito generoso na imposição da voz grave, Daniel sorriu ao dizer:

— Procurou ajuda e teve vergonha?! Pai! — enfatizou. — O senhor deveria ter orgulho da sua coragem! Veja o que fez! — O homem o olhou e pareceu mais atento. Daniel prosseguiu: — Decidiu dar um basta a essa escravidão, que é o álcool. Decidiu se libertar dessas algemas doentias da bebida alcoólica. Isso é razão para ter orgulho! Que coragem! Estou admirado por sua coragem!

— Será?!

— Sem dúvida, pai! Estou começando a ficar orgulhoso do senhor! — sorriu satisfeito.

O homem sorriu levemente e contou:

— Mas eu saí correndo. E agora pra voltar lá?

— Vai ser a coisa mais fácil!

— Você acha? Acha mesmo?! — Jaime duvidou.

— Vai sim. Se quiser vou com o senhor — o rapaz decidiu.

Lágrimas fizeram os olhos de Jaime brilharem.

Daniel se levantou e o puxou para um abraço, que foi correspondido.

Afastando-se, o filho quis saber:

— Quando será a próxima reunião?

— Na terça-feira.

— Sabe como funciona? Quanto é que paga?

— Eles dizem que é uma irmandade. Que não tem que pagar taxa nenhuma nem mensalidades. Nunca! Que eles não estão ligados a nenhuma seita ou religião. Pra fazer essas reuniões, usam os centros comunitários, hospitais, igrejas crentes ou católicas ou qualquer espaço por causa do espaço do lugar e porque é fácil conhecer. Mas não tem ligação com nada. A única coisa que precisa é o membro querer parar de beber. São homens e mulheres que se reúnem para se apoiarem. Falar das experiências para resolver os problemas e ajudar outros a se recuperar do alcoolismo — comentou com jeito simples e falando errado, como sempre. — Eu ouvi um lá dizer que, mesmo a gente tendo perdido o controle para controlar a bebida, todos têm um período que quer parar de beber. E devemos aproveitar esse período pra procurar toda ajuda possível. Lá tem gente de toda idade. Tem adolescente também. O pessoal de lá disse que o grupo ajuda a gente sim, mas muitos ainda precisam de acompanhamento de profissional para se garantir. Acho que é isso que você falou dos médicos aí. Ah! E disseram que garantem o anonimato.

— Só foi lá uma vez e voltou tão bem informado assim?! — admirou-se e sorriu. — O senhor está bem disposto e interessado. Acho que devemos aproveitar esse período de querer se ajudar, mudar de vida, deixar a dependência. — Um momento e falou de modo generoso: — Pai, sei que em caso de vícios, seja ele qual for, mas, principalmente, os vícios de dependência química, a religiosidade é um auxílio muito importante. Tenho companheiros de serviço que já foram dependentes de drogas, de álcool e, todos eles me disseram que a religião ajudou muito. Embora o AA não seja uma entidade religiosa, acredito que não haja problema o senhor frequentar algum lugar.

— Eu rezo.

— Sim. Eu sei. Mas rezar não é suficiente. É necessário uma...

— Frequência em algum lugar — disse ao interrompê-lo.

— Isso mesmo.

— Eu fui lá na igreja e fiquei um tempo lá e gostei. Também vejo a Ieda falando em Centro Espírita e tenho curiosidade. Não sei do que vou gostar.

— Deus é um só. Seu coração é que encontra o melhor caminho até Ele para que se ligue. Vá à igreja, à casa espírita, ao centro de umbanda, à igreja crente ou evangélica... Não importa. O importante é sua fé, sem prejuízo próprio ou incômodo aos outros. Religando-se a Deus terá força, coragem e determinação. Poderá e deverá recorrer a Ele nos momentos em que sentir fraqueza, dúvida ou tentação. Isso é o que ouvi de conhecidos com desafios assim.

— Eu quero que esse tremor passe. Esse tremor vai passar?

— À medida que seu corpo se limpar do álcool, sim. Creio que vai passar. Isso mostra a dependência física. É o corpo exigindo a bebida alcoólica.

O senhor deu alguns passos, abaixou o olhar e ficou pensativo. Depois disse:

— Então vou aguentar. É. Vou aguentar sim. Eu posso aguentar isso. Vou aguentar, né?

— Vai sim, pai. O senhor é um homem forte. Se me permitir, eu gostaria de levá-lo a um médico e, talvez, a um psicólogo. Algo para auxiliar nesse processo.

— Médico? Psicólogo?

— Sim. Um bom médico psiquiatra, talvez, indique alguma medicação. De preferência uma medicação natural, antroposófica, que não vicia, para ajudar essa ansiedade e diminuir os tremores.

— Antro... o quê?

— Médico antroposófico. Medicina antroposófica. Deixe-me tentar explicar... — pensou e respondeu de modo simples para ele entender: — Os medicamentos antroposóficos são totalmente naturais. São feitos a partir de minerais, vegetais ou animais, nunca de plantas geneticamente modificadas. Os medicamentos antroposóficos nunca são sintéticos, embora o médico antroposófico possa recorrer a remédios alopáticos, se necessário. Esse tipo de tratamento tem sua abordagem, ou melhor, o seu olhar e seus fundamentos em um entendimento espiritual-científico do ser humano. Dentro desse tipo de tratamento, o médico considera a doença e o bem-estar situações ligadas à mente, corpo e espírito. Somos vistos como um todo. Não se tratam os fatores que causam a doença. Vai além. Eu já me tratei com esse tipo de medicina e gostei muito. Embora ainda seja um pouco cara, vale a pena tentar por não causar vício nem intoxicar o corpo.

— É, tem que ser natural. Chega de vício, né? Chega de vício. Nada mais de vício.

— Vamos procurar. Vai dar certo, pai — Daniel sorriu de modo agradável.

Jaime se sentou novamente e o filho percebeu que ele queria conversar mais alguma coisa.

— Obrigado viu... Obrigado, Daniel — falou baixinho. — Eu peço desculpas por todos esses anos que bebi. Desculpa viu.

— Não precisa se desculpar se vai se recuperar.

— É. Eu vou. Vou conseguir. E desculpa também por eu não ser o seu pai... Acho que se eu fosse seu pai você seria um fracassado igual eu. Olha só você! Um homem grandão, bonito, educado... Sabe conversar, fala direito... Se eu fosse seu pai...

— O senhor é meu pai — disse firme ao olhá-lo nos olhos quando se sentou ao seu lado e ficou praticamente à frente dele. Suspirou fundo e disse: — Eu tenho o que preciso e mereço para evoluir. Não seria o que sou se minha vida fosse diferente. Usando como desculpa as experiências que tive, eu poderia ter feito tudo errado. Bebido, fumado, jogado... Mas não.

— Não vai querer conhecer seu pai?

— Já o conheço muito bem porque vivo e convivo com ele. Meu pai é o senhor.

Jaime, com olhos lacrimejados, tentou se levantar, mas o filho o segurou e o puxou para si, beijando seu rosto.

Emocionaram-se.

Logo se afastaram do abraço e Jaime decidiu:

— Preciso ir deitar, viu? Preciso dormir. Acordo bem cedo — levantou-se. Deu dois passos e afirmou: — Eu gosto de você. Gosto de ter você como filho — emocionou-se e se virou.

— Pai — esperou que ele olhasse e pediu — converse com a mãe. Se vocês se entenderem, vai ser melhor para o senhor e para ela. Quando perdoamos, a vida fica mais leve.

— Tá. Vou ver — seguiu para o quarto.

Daniel sorriu. Sentiu uma leveza inexplicável nos sentimentos.

Invadido por uma sensação boa, quis dividi-la. Lembrou-se de Ieda. Pegou o celular e mandou uma mensagem:

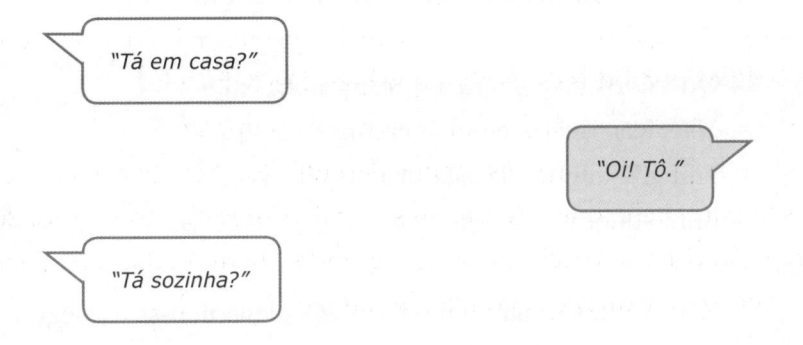

"Tá em casa?"

"Oi! Tô."

"Tá sozinha?"

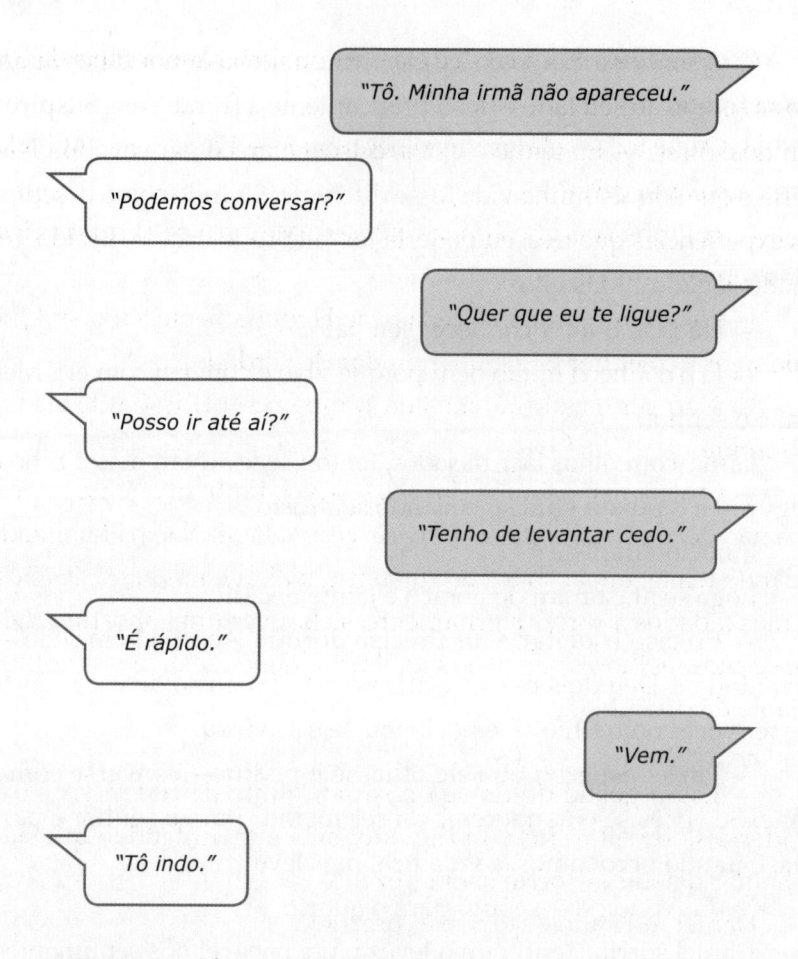

Não demorou e o rapaz estava na casa de Ieda.

— Oi. Entra.

Ele a cumprimentou e entrou. Procurou por um sofá e se sentou sem que ela oferecesse.

— Quer um chá? — a moça perguntou.

— Não. Não quero te dar trabalho.

— Trabalho algum. Já está pronto.

— Então quero! — alegrou-se.

— Vou pegar.

— Não. Vamos tomar aí na cozinha — levantou-se e a seguiu.

O rapaz se sentou à mesa e ela colocou uma caneca cheia de chá a sua frente.

— O que foi? — ela sorriu ao perguntar. — Parece tão... Agitado, seria a palavra certa?

— Foi uma coisa boa que aconteceu. Meu pai se abriu comigo. Nós conversamos e... — contou tudo.

— Pôxa! Que bacana! — Ieda ficou legitimamente feliz. — Acho que, agora, o senhor Jaime quer mudar de verdade.

— Não sei o porquê, mas eu também senti isso. Ele estava diferente.

— O alcoolismo é uma doença terrível. Embora doença, a pessoa não deve se acomodar e se sentir vítima fatal. Não há fatalidade quando temos uma chance de superar o mal que nos ataca. Não estamos fadados a sofrer eternamente, se houver uma oportunidade de sermos melhores. Uma vida melhor só depende da nossa atitude diante da dificuldade.

— Verdade.

— Estou gostando da sua posição diante de tudo isso. Você poderia se revoltar, ficar indignado, mas não. Entendeu que não adiantaria nada — sorriu com leveza.

Daniel retribuiu o sorriso e comentou:

— Outro dia, quando fui ao centro com você, um palestrante disse: tudo é útil em nossa vida e nada é por acaso, até aquilo que mais nos incomoda serve para nosso aperfeiçoamento. — Breve pausa e comentou: — Não sei exatamente a razão de o senhor Jaime ser meu pai. Se Deus permitiu, isso é útil para minha evolução e sou eu que preciso enxergar em que essa condição vai me fazer ser melhor. Se der as costas a ele, estarei fazendo mal a mim e a minha consciência.

— Que legal, Dani! Você aprendeu rápido! — riu.

— Quero ajudá-lo, Ieda. Se ele estiver bem, ficarei melhor.

— Sem dúvida. Até porque você será o instrumento que o ajudou a ficar bem. Mas faça isso sem se prejudicar.

— Claro. — Um instante e disse: — Acho que vou colocá-lo no plano de saúde que tenho. Assim ele terá acesso a médicos, psicólogos, nutricionistas, terapias alternativas... Sei lá mais o quê. O plano que tenho é muito bom.

— Isso vai ajudar mesmo. E sua mãe?

— O que tem ela?

— Disse alguma coisa? — Ieda perguntou.

— Não. Você acha que ela precisa opinar?

— Não sei de nada. Nem mesmo sei por que perguntei isso.

— E sua irmã? Nada?

— Nada. Não apareceu ainda — suspirou fundo e demonstrou não querer falar do assunto.

Ieda se levantou. Foi até o fogão, pegou a chaleira e se serviu com mais chá. Enquanto isso, ele a seguiu com o olhar.

Voltou. Colocou sua caneca sobre a mesa. Ao ir pegar a caneca de Daniel para servi-lo, o rapaz colocou a mão sobre a dela para impedi-la.

Aquele toque pareceu diferente quando ele segurou demoradamente sua mão, ao mesmo tempo em que se levantou e ficou a sua frente.

Ieda mostrou-se surpresa e o olhou firme.

Seus corações bateram forte, talvez, no mesmo compasso.

O rapaz levou a mão até seu rosto delicado e a tocou. Mas ela deu um passo para trás e fugiu do carinho.

Suspirando fundo, decidiu:

— Bem, Daniel. Já está tarde. Não é mesmo?

— Ieda...

— Olha... Amanhã temos de levantar cedo e...

— Ieda, olha pra mim — pediu ao ir em sua direção.

— Daniel... Por favor. Não vá atrapalhar nossa amizade.

— Nossa amizade já está atrapalhada desde aquele dia no hospital, onde ficamos abraçados. Não percebeu?

— Percebi que você é meu amigo. Nós nos conhecemos desde criança. Nunca nos demos muito bem. Brigamos demais. Só nos últimos tempos, a coisa melhorou. Não vá estragar isso. Por favor.

— Eu gosto de você.

— Você está enganado! — afastou-se, sem encará-lo.

O rapaz se aproximou novamente. Tocou seu ombro e falou firme:

— Olha pra mim!

Ieda o encarou. Seu coração batia forte. Ela tentava disfarçar a respiração quase ofegante.

— Daniel... Por favor, vá embora.

— Por que está fazendo isso? — perguntou com generosidade, mas não houve resposta. Ela abaixou o olhar. — Vamos dar uma chance para nós? — propôs no mesmo tom amoroso.

— Não existe nós, Daniel. Você é quem está forçando uma situação.

— Qual é, Ieda?! — ficou contrariado.

— Amanhã conversamos. Vá embora.

Muito descontente ele se foi. Nem se despediu.

Já em sua casa, no quarto que dividia com sua irmã, Daniel achava-se insatisfeito. Mexia em suas coisas com jeito abrupto e Adriana, mesmo imantada ao livro que lia, percebeu e quis saber:

— O que foi? — não era comum vê-lo assim.

— Nada — respondeu secamente.

— Algum bicho te mordeu? — ela brincou.

Zangado, o irmão perguntou:

— Qual é a da Ieda, hein?!

— Como assim? — estranhou. Adriana não entendeu o que estava acontecendo.

— *Mina* folgada!

— O que ela fez? — não houve resposta. — Vocês brigaram? — quis saber.

— Ela me mandou embora da casa dela — murmurou contrariado.

— E o que você fez para merecer isso? — ficou curiosa e sorriu.

— Ah!... Não enche você também.

— Já sei! — deduziu sorrindo. — Foi chegar nela e ela te deu o fora!

— Qual é hein, Dri?! Vai começar, é?!

— Sabe o que é, Dani? A Ieda já sofreu muito com amor. Teve seu coração partido. Ficou frustrada, arrependida, contrariada... Acho que não quer sofrer de novo.

O rapaz se sentou em sua cama e a olhou. Trazia o rosto sisudo ao perguntar:

— E vai querer ficar assim pelo resto da vida? Eu também já me frustrei, fiquei arrependido, fiz burrada, magoei e fui magoado...

— Se ela perceber que é sério da sua parte, acho que poderá ter uma chance. Ela só não quer ser um passatempo. Até porque você sempre *tirou uma* com ela. Nunca a levou a sério. *Tirava onda...*

— Era brincadeira! — defendeu-se.

— Agora recebe o troco. — O rapaz nada disse. Ficou pensativo e ela perguntou mais séria: — Está gostando dela, não é?

— Ela parece legal. Depois que começamos a ir e voltar juntos do serviço, passamos a conversar mais. Percebi que a Ieda é bem madura, consciente, séria. Pessoa que sabe o que quer e o que ela quer é coisa boa, honesta, digna, correta...

— Se gostou disso tudo, mostra pra ela que não quer usá-la ou brincar com seus sentimentos.

— Como? — perguntou baixinho.

— Homem é tudo a mesma porcaria! — murmurou, mas ele ouviu.

— Ah! Qual é? Você também!

— Caramba, Daniel! Acorda! — ficou brava.

— Não sei como mostrar pra ela que estou falando sério. Droga! É isso!

— De tanto não levar nada a sério, o dia que é preciso ser verdadeiro não sabe como fazer, né?!

— Não enche, Dri! — levantou-se. Pegou sua roupa e saiu do quarto.

Tomou um banho demorado. Retornou para dormir e a irmã o chamou:

— Dani?

— Que é? — respondeu ainda em tom zangado.

— Achei tão legal você estar interessado nela — falou e sorriu.

O rapaz não respondeu. Deitou-se e procurou dormir.

No dia imediato, Daniel parou o carro em frente à casa de Ieda e deu um toque na buzina. Achava-se apreensivo. Ficou com medo de ela não aparecer. De já ter ido trabalhar.

Sem demora, ela saiu e ele pôde vê-la trancar a porta e o portão antes de entrar em seu carro.

— Bom dia — ele cumprimentou com expectativa.

— Bom dia, Daniel — disse tão somente e mal o encarou.

Ele a achou quieta e séria demais. Diferente dos outros dias. Decidiu não perguntar nada e fazer de conta que o assunto estava esquecido.

No dia combinado, Hilda estacionou em frente ao portão da casa onde Adriana já a esperava.

Desceu do carro e cumprimentou a moça.

O abraço apertado transmitia uma emoção indefinida, sem palavras.

Ao se afastarem, beijaram-se no rosto e Adriana perguntou:

— Tudo bem com a senhora?

— Senhora, não — sorriu ao falar com doçura. — Sim. Estou bem. E você?

— Melhor agora. Estou tão nervosa!

— Digamos que essa apreensão é normal. Mas procure ficar tranquila. — Sorriram e Hilda perguntou: — Pronta para ir?

— Estou — suspirou fundo.

— Fez uma pequena mala como te falei?

— Fiz sim. Apesar de não achar necessário. Creio que devemos voltar hoje mesmo, não é?

— Como te falei, não sei. De repente... É bom estarmos preparadas. Daqui lá é um pouco longe. Podem acontecer imprevistos ou... Não sei — sorriu. — Agora vamos.

Hilda ajudou Adriana a colocar a mala no carro e seguiram.

No caminho, fizeram uma parada para um café e conversaram de forma mais intensa, pois, dirigindo, Hilda prestava mais atenção na estrada.

Adriana contou tudo o que aconteceu a ela desde o acidente de Wagner e a nova amiga prestou muita atenção. Sincera, também contou chorando sobre o aborto.

Hilda ouviu sem se manifestar. A dor da moça, pelo arrependimento, já era suficiente. Não precisava reforçar o sentimento tão cruel que a jovem experimentava.

— Achei bom você ter ido a uma casa espírita e encontrado alguém que soube te orientar.

— Estou lendo bastante. Aprendendo muito. Principalmente, porque estou com tempo. Quero fazer algo para me redimir, aliviar minha consciência. Tenho uma vontade de divulgar o quanto é difícil a dor desse arrependimento e como é cruel, na espiritualidade, o aborto para o abortado — falou de modo comovedor. — Sabe, Hilda, às vezes, sinto um medo, uma preocupação imensa. Quando eu contar para o Wagner... Como vai ser?

— Eu também não sei. Embora o conheça bem, não vou arriscar nenhum palpite sobre a opinião, reação ou comportamento de ninguém. Aprendi isso depois de algumas experiências de vida.

— Entendo.

— Existe uma grande chance de ele compreender. Isso é no que eu acredito.

— Tomara que compreenda — falou com a sombra de um sorriso que logo se desfez.

Hilda já tinha telefonado para Wanda dizendo que levaria Adriana para a cidade de Peruíbe. Mas não contou sobre a gravidez da moça. Acreditou que esse assunto deveria ser comentado pessoalmente e pela própria Adriana.

A família do rapaz estava com grande expectativa. Iriam conhecer a jovem pela qual Wagner havia se apaixonado. Além disso, acreditavam que ela traria alguma melhora para a saúde do rapaz.

No hospital, o senhor Hernâni parecia apreensivo.

Ao ver uma jovem, caminhando com jeito preocupado, ao lado de Hilda, o senhor deduziu quem era e foi a sua direção para encurtar o caminho.

Frente a ambas, sem olhar para os lados, estendeu as mãos para Adriana que, impensadamente, pegou-as. As mãos da jovem eram finas, frágeis e estavam frias. Talvez, por sua apreensão. Embora seu semblante se achasse sério, era belo e suave. Olhou-a nos olhos e percebeu o quanto se encontrava aflita.

Wagner era incrivelmente parecido com seu pai. Não havia como se enganar. Somente a cor dos olhos era diferente. O rapaz tinha olhos escuros.

Fitaram-se por alguns segundos e o homem, sentindo um nó na garganta, puxou-a para um abraço.

Hilda sorriu e só observou. Achou melhor não dizer nada. Não precisava.

Antes de se afastar, ele beijou a cabeça de Adriana e agradeceu:

— Obrigado por ter vindo. Não imagina como me deixa feliz.

— Sou eu que agradeço por me receber...

— Pode me chamar de Hernâni.

— Sim, senhor Hernâni. Obrigada. Meu nome é Adriana.

O homem cumprimentou Hilda e também lhe agradeceu. Em seguida, voltou-se para a moça e disse:

— Perdoe-nos por não ter entrado em contato antes. Tivemos muitas dificuldades por aqui e... — não sabia como se justificar.

— Não se preocupe. Entendo. — Sem demora, quis saber: — Como está o Wagner?

— Vem melhorando. Mas não como desejamos. Há dois dias, parece mais disposto, porém confuso. Sua fala está estranha. O acidente afetou a parte cognitiva, ou seja, seu entendimento e raciocínio. Sua memória, as lembranças e a concentração também foram afetadas. Não dá para saber se isso será permanente ou se ele vai se recuperar. Ele se esqueceu de mim e da Celine. Ontem se lembrou da Wanda, minha filha mais velha, mas não sabe quem ele é. Lembra da Hilda — sorriu. — Mas não sabe de onde. Falamos do trabalho, mas não se recorda. A maior parte do tempo parece distante. Em outros momentos, fica agitado. No outro, alheio a tudo. O médico disse que isso ocorre devido a desordens neurológicas.

— Emocionou-se. Engoliu seco e revelou: — Mas está longe de ser o rapaz ágil que foi um dia... — lágrimas correram em seu rosto. Abaixando a cabeça, secou a face com a mão e respirou fundo.

Encarando-a, com esperança, disse: — Quem sabe, ao ver você...
— não completou.

Adriana franziu o semblante e lágrimas correram em seu rosto
sem que conseguisse deter.

Hilda, com sua voz terna, avisou:

— Ele não sabe que a Sabrina e a mãe morreram. Nem falou
nelas. Melhor não tocar no assunto do acidente.

— Sim. Claro. Tem mais alguma recomendação? — a moça
quis saber.

Hilda e Hernâni se entreolharam e o senhor pendeu com a
cabeça negativamente. Depois comentou:

— Ele passou por duas cirurgias na cabeça e precisou drenar
água de seus pulmões, que foram lesionados no acidente. Agora,
não precisa dos aparelhos para respirar, mas ainda está sendo con-
trolado por monitores.

— O que os médicos dizem da amnésia? — tornou ela, preocupada.

— Não sabem dizer se é permanente. Só o tempo dirá — respondeu o senhor.

Adriana olhou para Hilda e perguntou com voz embargada.

— E se ele não se lembrar de mim? — falou quase chorando.

A mulher segurou em ambas as mãos, olhou-a nos olhos marejados e afirmou:

— Tenhamos fé!

Com lágrimas correndo na face pálida, a moça pediu:

— Posso vê-lo agora?

Capítulo 27

O reencontro com Wagner

Adriana deu um suspiro profundo após um passo para dentro do quarto onde Wagner estava. Um ambiente claro e calmo em que a luz da janela entrava com suavidade.

Lavou-se em uma pia que Hilda indicou e secou as mãos. Fez tudo de forma automática, querendo se voltar para o rapaz.

Em um leito, com leve inclinação, viu-o deitado com olhos cerrados.

Bem devagar, a moça se aproximou e recostou-se na grade. Sentia seu coração bater forte como nunca.

Experimentou uma sensação angustiante ao olhar para um monitor e alguns fios que ainda se prendiam ao rapaz.

Uma das mãos, a que permanecia livre, repousava pálida sobre o corpo.

Ele havia emagrecido muito e estava sem cor. Os lábios brancos e ressequidos tiravam a beleza do rosto, antes vigoroso e alegre.

Adriana respirou fundo mais uma vez e olhou para o pai do rapaz quando ia levando a mão para tocá-lo. Esperou uma repreensão, mas o homem sorriu e consentiu com a cabeça.

Tocando-lhe na mão que repousava, pôde senti-la fria e largada.

Ela engoliu a seco quando não viu nenhuma reação. Não contente, pegou a mão de Wagner e colocou entre as suas querendo aquecê-la.

Nesse instante, o rapaz se mexeu levemente. Abriu e fechou os olhos demoradamente. Olhou-a firme à medida que seu semblante se modificava.

Lágrimas rolaram na face de ambos e Wagner começou a sorrir, iluminando o rosto como nunca.

Mesmo tendo o outro braço preso a fios, levou a mão até as da moça, apertando-as e murmurou:

— Adriana... Você veio...

Com dificuldade, ela se pressionou na grade da cama hospitalar e o abraçou. Não conseguia falar. Só chorava.

— Dri... Dri... Para. Não chora — ele pediu quando lhe afagou os cabelos.

Sua voz saía com dificuldade. Havia uma moleza no tom. Praticamente balbuciava as palavras.

— Wagner... Como eu queria te ver... Eu rezei tanto... — disse ela.

— Por que não veio antes?

— Eu... — ela olhou para Hilda, como se pedisse socorro.

— Ela não pôde vir antes, Wagner. Só hoje eu pude trazê-la — respondeu a mulher em tom brando.

— Eu tô estranho e... — olhou-a e a tocava como se não estivesse acreditando. Tudo era feito em ritmo muito lento.

— Ficou feliz em vê-la, não é filho?! — alegrou-se o pai, pois a mudança do rapaz foi nítida.

421

— É... É...

— Ainda bem que se lembra dela! — tornou o homem.

— Lembro. Lembro que... — sorriu. — Que... fizemos planos. Você quer uma casa com coisas novas. Quer ter filhos... — falava demoradamente. — ...e nós vamos ter.

Adriana rompeu em um choro compulsivo e recostou-se em seu ombro, tentando abraçá-lo.

— Lembro de nós... no meu apartamento. Lembro... — sorriu e a afagou. — ...do *shopping*. Eu estava com dor de cabeça... — emocionou-se. Lágrimas correram em sua face. — Eu não lembrava, mas agora...

Hilda e Hernâni se entreolharam e sorriram largamente. Era a maior demonstração de recuperação desde quando Wagner voltou do coma. A amnésia perdia espaço para a razão e lembranças.

Adriana se afastou, mas ainda segurando sua mão, perguntou:

— Antes de eu chegar você não se recordava de mim? — sorriu.

— Ah... Perdão. Não. Só agora...

— Não lembra ainda de mim, filho? — perguntou o pai que, em pé, aos pés da cama, ansiava por vê-lo melhorar.

O rapaz, segurando firme a mão de Adriana, olhou-o demoradamente e franziu o rosto ao responder:

— Quase... É vago... — talvez, tenha dito para agradar-lhe.

— Do trabalho? Do que fazia? Lembra-se, agora que a viu? — tentou novamente o senhor.

— Agora lembro de um prédio. De salas... Gente em mesas... — falava sempre vagarosamente, com dificuldade.

— Era onde trabalhávamos — disse Adriana. — Lembra quando nos vimos pela primeira vez? — Diante do silêncio, contou: — Você estava em uma cafeteria com uma bandeja nas mãos e... — sorriu.

O rapaz alargou o sorriso e se emocionou quando tudo ficou claro em sua mente.

— O suco... Lembro. Eu virei rápido e você estava do lado... Derrubei todo o suco de laranja em cima de você... — sorriu largamente com as recordações.

— Quando me deu carona no dia seguinte, você disse que isso não era uma coisa para esquecer... — a moça se emocionou e chorou.
— Nunca pensei que eu fosse ficar tão feliz com a lembrança dessa história do suco de laranja...

— Você foi trabalhar... na minha diretoria. Tinha sido... mandada embora, mas a Juçara te chamou porque eu exigi uns documentos.

— Isso! Isso mesmo! — Hilda não se segurou e exclamou animada.

— Hilda... — voltou-se para a mulher. — Nós conversamos tanto... Morei na sua casa... — ria e chorava conforme as lembranças afloravam em sua memória. A mulher se aproximou e pegou em sua mão. — Hilda... Nossa... Lembro do Rodrigo... Rogério e... Fátima... Seus filhos... — falava sempre devagar. Parecia organizar as ideias. — O Agenor... — Nesse instante, ficou sério e a olhou firme. Lembrou-se de suas últimas conversas.

— Sim. — Fez breve pausa. Observando seu semblante, entendeu que ele havia se recordado, então decidiu contar: — Eu e o Agenor estamos nos divorciando, Wagner. Você lembrou do que conversamos nos últimos dias em que trabalhamos juntos?

— Lembrei... Sim... Lamento, Hilda...

— Está tudo bem — a mulher disse.

— Por que será que não se lembra do próprio pai? — indagou o senhor em tom calmo e triste.

Wagner fixou-se nele por longo tempo e não sabia responder.

O homem se aproximou. Ficou ao lado de Hilda, sorriu e tocou o ombro do filho, enquanto ele ainda o olhava como a um estranho. Era um vazio, algo que o rapaz não sabia entender nem explicar.

— Ele está progredindo. Já se lembrou da empresa, do que fazia e da Adriana — disse Hilda, sorrindo.

— Sim. Sou diretor do Departamento Comercial. Mas... Perdão... — olhou para Hernâni. — Não me lembro de você...

— Hoje teve um grande progresso. Estou feliz por isso. Não vejo a hora de levá-lo para casa, filho. Quando estiver lá, verá fotos, vídeos e, talvez, se recorde.

Adriana não tirava os olhos dele nem soltava uma de suas mãos.

O rapaz virou-se para ela. Sorriu e tentou tocá-la. A moça aproximou seu rosto e ele lhe fez um carinho demorado.

Permaneceram ali, por algumas horas, até Wanda chegar para ficar com o irmão.

Ao conhecer Adriana, a irmã mais velha sentiu uma alegria inexplicável.

Conversaram por algum tempo, mas a moça não contou sobre a gravidez. Achou que aquele não era um bom momento.

O difícil foi se despedir para irem embora.

O pai do rapaz insistiu para que ambas passassem a noite em sua casa. Estava tarde demais para pegarem a estrada de volta a São Paulo.

Aceitaram e assim foi feito.

Após o jantar, conversavam sentados na sala de estar e Hernâni quis saber sobre Adriana.

Mesmo temerosa, ela contou tudo. Só omitiu o aborto.

— Deixe-me ver se entendi. Você está grávida do meu filho? — indagou sério.

— Sim senhor — respondeu constrangida e abaixou a cabeça.

— Meu filho sabe?

— Não. Como eu disse, quando descobri, ele já havia sofrido o acidente. Achei melhor não falar disso no hospital. Acho que não está em condições de saber ainda.

Hernâni levantou-se. Caminhou alguns passos e parou. Desejava uma vida tranquila para o seu filho, principalmente, durante essa fase de recuperação. Não achou ruim o fato da gravidez, mas sim a moça ter se casado, mesmo sabendo que esperava um filho de Wagner. Ainda tinha divórcio. Era muita complicação para Wagner entender e enfrentar naquele estado. E se ela trouxesse mais problemas além desse?

O homem respirou fundo. Virou-se para a moça e perguntou de modo singular:

— Adriana, você está mesmo divorciada?

— Sim senhor. Assinei o divórcio ontem.

— Desculpe-me perguntar isso, mas... Você tem certeza de que esse filho é do Wagner? — indagou em tom baixo, quase sussurrando. Talvez, acreditasse que, dessa forma, não a iria ofender.

— Sim senhor. Tenho certeza. Estou disposta a fazer qualquer teste de paternidade. Aliás, faço questão de realizá-lo assim que o Wagner puder — sentiu-se mal como nunca. Quem sabe, e com toda a razão, aquele senhor a estivesse julgando como aproveitadora, interesseira, sem moral e sem caráter. Se não quisesse que pensassem dessa forma, não deveria ter agido como agiu. Deveria ter sido mais responsável e prudente, se não quisesse ser mal interpretada. Por isso, precisava enfrentar a vergonha e assumir responsabilidades. Sua apreensão era mais angustiante quando pensava no que Wagner iria achar de tudo aquilo. Provavelmente, agora, ele tivesse outro conceito dela. Era noiva e se envolveu com ele. Sabia que estava grávida e se casou. Fez o aborto. Divorciou-se e ainda estava grávida. Agora sua bagagem era imensa.

— Perdoe-me perguntar isso — tornou o senhor, tirando-a das reflexões. — É que você me disse que estava noiva, assim como o meu filho, quando vocês dois se envolveram e...

— Entendo, senhor Hernâni. Estou envergonhada por esse erro. Eu ia terminar meu noivado e desmanchar o casamento. As coisas, entre mim e meu noivo, na época, não estavam bem. O Wagner sabia de tudo isso. Ele e a Sabrina também não estavam bem e...

O homem sentou-se novamente. Fitou-a por algum tempo e perguntou:

— Você viu como ele está? Não sabemos até onde vai sua recuperação. Tenho orado muito, pois não nos resta mais nada a fazer. Os médicos dizem que é preciso aguardar, mas... — Breve pausa. Passou as mãos pelo rosto. Encarou-a firme. Em seus olhos, podia-se ver a sombra de uma profunda tristeza quando disse: — Perdi minha mulher... Não queria perder meu filho. Deus me ouviu. Agora não quero que ele fique com sequelas e estou orando muito por isso. Hoje, quando o Wagner a viu... Foi o melhor dia dele desde o acidente. Até se lembrou de quem era, do que fazia, do trabalho, de quando a conheceu... Minha esperança cresceu.

— Ele não se recordava nem em que trabalhava? — quis saber a moça.

— Não. Nada. Meu filho olhava para a Hilda, sabia que ela era, mas não de onde a conhecia nem o que conversavam. Nada. Não fala da mãe nem pergunta por ela. Muito menos da Sabrina. Os médicos orientaram para não o forçarmos nessa primeira etapa de recuperação. É mais importante que ele fique bem fisicamente. É para esperarmos que as recordações ocorram de modo natural. Pelo menos agora. Mas, quando ele viu você... — o senhor sorriu e pareceu bem emocionado. Fugiu-lhe o olhar e sua voz embargou.

— Ele brilhou! — comentou Hilda com semblante satisfeito. — Eu tinha certeza que isso iria acontecer.

— Deveria tê-la trazido antes, Hilda — disse sorrindo, dirigindo-se à mulher.

— É que eu soube que a Adriana havia se casado. Achei melhor dar um tempo para entrar em contato. Além disso, tive problemas pessoais.

— Eu sei que, visto de fora, minha vida parece uma bagunça. Tenho vergonha do que podem pensar sobre mim. Mas não sou uma pessoa leviana ou aproveitadora. O Wagner sabe disso — justificou-se a moça.

— Não vou julgá-la. Porém quero que tome uma decisão. Tenha uma opinião formada e que... Se acreditar que pode ficar ao lado do meu filho, do jeito que ele está, ótimo. Se, ao contrário, pensar que vai ser muito difícil, pois não sabemos qual a extensão das sequelas... Por favor, não lhe dê esperanças. Por favor, não seja volúvel — falou bem sério.

— O maior erro da minha vida, foi ter me afastado do Wagner e me casado com outro, embora eu tenha feito isso para proteger o seu filho. Não quero cometer mais erros, pelo menos, não quero cometer erros tão significativos. Eu estava com medo. Com muito medo. E o medo é o pior dos sentimentos. Ele nos paralisa, nos deixa cegos. Não pode imaginar, senhor Hernâni, como me arrependo por não ter enfrentado o Nícolas. Preferiria morrer a passar novamente pela experiência que vivi por causa dele depois de casada e que deixaram sequelas amargas e cruéis em mim — seus olhos lacrimejaram. Emocionou-se. — A única coisa que me deu uma luz, uma gota de esperança de vida foi saber que estava esperando um filho do Wagner. Mesmo que seu filho não me queira depois que souber que me casei com outro e me divorciei. Mesmo que o senhor e sua família não me desejem por perto. Pelo menos, eu fiz o que precisava fazer. Avisei a todos que o Wagner vai ter um filho. Se não me quiserem por perto, vou entender e vou levar minha vida sozinha, de forma correta e decente. Não vou incomodá-los. Tenho planos traçados.

— Perdoe-me pelas perguntas que te fiz, Adriana. Não quero ficar com elas e sem respostas. Você deve entender que qualquer pai prudente, em meu lugar, faria essas perguntas e desejaria respostas. Tanto o Wagner como você não foram... digamos... responsáveis, nessa história toda. Deve convir comigo.

— Sim eu sei. Hoje, eu sei — olhou-o nos olhos.

— Por mim, e também posso falar por minha família, você é bem-vinda entre nós — sorriu. — Lógico que é. Vou adorar ser avô do filho do Wagner e... — riu com um toque de emoção. — Vocês serão sempre bem-vindos nesta casa, independente do que meu filho decidir. Pelo que vi hoje, duvido que ele não a queira ao lado. — Suspirou fundo e prosseguiu: — Sabe, Adriana, acredito que você e o bebê poderão contribuir muito para a recuperação dele. Se você o ama como demonstra, será ainda mais querida entre nós.

Hilda havia se levantado durante a conversa e, naquele momento, retornava com uma bandeja e xícaras de chá, servindo-os.

— Obrigada, senhor Hernâni. Tenha certeza de que, se o Wagner me quiser ao lado dele depois de tudo o que fiz, serei muito fiel e grata a qualquer compromisso com ele e com sua família.

— Gostei de ouvir isso — Hilda comentou. — Hoje em dia, está faltando gratidão e fidelidade no mundo. As pessoas estão perdendo seus valores, nesse sentido.

— É verdade — concordou Hernâni. — Não quero com isso que você entenda que deva se sentir cativa aqui em casa. Só espero que seja sincera.

— Pode deixar. Serei — sorriu com leveza.

— Conte-nos um pouco mais sobre você, Adriana. Tem irmãos? Mora sozinha?

— Sempre morei com meus pais. Só me afastei da casa dos meus pais, por alguns dias, no apartamento, enquanto casada. Hoje estou morando com meus pais e meu irmão, que é mais velho do que eu.

— Como conheceu meu filho? Que história é aquela do suco? — sorriu o senhor.

— Ah... Foi assim...

Continuaram conversando até que Celine chegou e o pai a apresentou:

— Ah! Então foi por você que o Wagner deu o fora na Sabrina?!
Adriana ficou sem graça e não respondeu.

— Celine... — o pai chamou seu nome em tom de advertência.

— Ueh! E não foi? — Virando-se para Adriana, disse: — O pessoal desta casa não gosta de dizer a verdade. Vivem tentando me reprimir só porque sou sincera.

— Sua sinceridade é cruel, Celine.

A filha não se importou e prosseguiu:

— O queridinho aqui é o Wagner. — Indo até onde Hilda estava, beijou-a, sentou-se ao seu lado e enlaçou-lhe o braço recostando-se em seu ombro. — Ela é a única que me entende. — Olhando-a, ainda disse: — Você bem que poderia ser minha mãe.

Celine estava bem diferente. Usava roupas que transmitiam imagem agressiva. Jaqueta de couro preto que tinha botões pontiagudos além de argolas. A calça rasgada parecia suja e usava botas tipo coturno militar. Seus cabelos desarrumados estavam curtos, com um corte irregular. Tingidos de vermelho, azul e preto.

Hilda lhe fez um afago.

Adriana se lembrou de que Wagner tinha lhe contado sobre a irmã ser exigente e mimada.

— E aí? Você trabalhou com ele? — Celine quis saber.

— Sim. Trabalhamos juntos.

Hernâni olhou para Hilda com ar de insatisfação. Sabia onde a conversa iria chegar.

— Já visitou ele no hospital? — tornou a jovem.

— Sim. Hoje fui vê-lo.

— Ele te reconheceu?

— Sim — sorriu.

— Tô falando! Esse dramalhão todo de ter perdido a memória é mentira. Isso é pra todo mundo ficar com peninha dele.

— Celine, por favor. É melhor você parar — pediu o pai em tom firme.

A filha se levantou e, com jeito debochado, comentou antes de ir para seu quarto:

— Viu? Sempre assim! Ninguém aqui gosta da verdade!!! — gritou e foi para o quarto.

Após se garantir de que a filha não ouviria, Hernâni contou:

— Ela sempre foi rebelde. Depois que a mãe morreu, ficou pior. A Hilda tem ajudado muito, mesmo assim...

Continuaram conversando mais um pouco. Depois foram dormir.

Em uma colônia espiritual especializada em cuidar de espíritos que sofreram com a experiência do aborto, Dione, com todo o carinho, visitava Iago, espírito que sua protegida Adriana havia abortado.

Com um dos enfermeiros daquela instituição, caminhavam por uma ala apropriada ao estado de Iago.

— Ele tem se recuperado bem — contava o espírito Leo, enfermeiro. — Como sabe, desde o instante da concepção, o espírito designado para tomar determinado corpo, liga-se a ele por laços fluídicos que se vão encurtando, cada vez mais, até o instante em que a criança nasce e vem à luz. O grito que oferece no instante do nascimento anuncia que aquele espírito, em forma de bebê, entrou para o mundo dos vivos e dos servos de Deus. Qualquer forma de eliminar a vida, em qualquer momento após a concepção, é um crime contra a Criação, contra Deus. Por isso a consciência da mulher que se coloca para a prática do aborto sempre se sente culpada.

— Algumas possuem o coração tão endurecido que não sofrem o menor remorso. Não de imediato.

— É verdade. Algumas encarnadas não sentem qualquer culpa ou dor pela prática do aborto. Mas, sem dúvida alguma, um dia vão sentir. Não tem como ser diferente. Encarnada ou desencarnada vão experimentar remorso e culpa. Outras ainda, que se arrependendo não admitem, são defensoras desse ato cruel para que outras mulheres se juntem a elas. Talvez, inconscientemente, acreditem que quanto maior for o número de aliadas nessa triste prática, menos será sua dor e responsabilidade. Quanto engano. Também somos responsáveis por aqueles a quem induzimos ao erro e teremos de harmonizar nossos atos. É igualmente lamentável quando encontramos aqueles que não têm uma opinião formada e isso acaba somando força aos que apoiam essa prática.

—Verdade, Leo. Devemos ter medo e ficarmos preocupados ao sermos indiferentes quando podemos ser úteis. — Um instante e o espírito Dione quis saber: — E Iago como está?

— Técnicos, especialistas em recuperação do corpo espiritual, vêm conseguindo muito progresso. Principalmente quando as preces, as vibrações fervorosas da mãezinha que o abortou chegam como energias vigorosas. Não imagina como isso ajuda. É o bálsamo medicamentoso que recupera e auxilia na cura. Ligado, por laços fluídicos ao corpinho que se formava, Iago experimentou impressões de esquartejamento. A impiedade e a rejeição são sentimentos cruéis e os que mais castigam. Seu corpo espiritual, pelas impressões recebidas, experimentou lacerações que, agora, na espiritualidade, precisam ser corrigidas e curadas. Um procedimento bem semelhante de como se estivesse encarnado. Só que aqui, na espiritualidade, tem que dar certo. Ele precisa de tratamento no corpo espiritual e, mais ainda, na consciência. Por essa razão, psicólogos espirituais são imensamente importantes. Se Iago não se recuperar, psiquicamente, pode permanecer com traumas ou lesões no corpo espiritual que podem impregnar e refletir em seu próximo corpo físico, se encarnado sem perdoar à Adriana.

— A falta de perdão é algo muito perigoso. Pais e mães que não se arrependem pela prática do aborto e não emitem vibrações de amor e pedido de perdão verdadeiro, somado aos sentimentos de revolta e ódio do filho abortado, pode resultar em renascimento de o abortado como filho com necessidades especiais entre pais que enfrentarão incontáveis dificuldades por ele. Todo sentimento de raiva, desejo de vingança do abortado impregnam seu corpo espiritual deixando marcas e cicatrizes que vão se manifestar como doenças, síndromes ou deformidades em uma próxima encarnação como filho dos mesmos pais, ou mãe. Essa consequência tem o propósito de fazer nascer o amor com os cuidados dispensados ao filho e com o amor e atenção recebidos. Depois dessa experiência, o filho desencarnado perceberá que seu ódio, sua raiva só o deixou dependente daquela que tanto odiou. Por outro lado, a mãe e o pai do filho com necessidades especiais vão se empenhar em ajudar, cuidar, proteger seu filhinho querido mais do que qualquer coisa na vida. Fazendo nascer o amor manifesto inconsciente do arrependimento pelo ato praticado no passado.

— Conheci vários casos assim — comentou Leo. — Um, em especial, é muito interessante. Uma mãe abortou seu filho. Simplesmente não queria ter filhos. Puro egoísmo. Sem evolução, essa mulher ainda tinha o coração endurecido na ignorância. O filho abortado não lhe perdoou. Odiou-a com todas as forças de seus sentimentos. E, como você sabe, a ausência de perdão cria ferida em nosso corpo espiritual e, na próxima reencarnação, essas "feridas" somatizam--se, aparecem como doenças. Desencarnada, a mulher sofreu ao entender o que havia provocado. Viu o ódio de seu filho e todas as marcas no corpo espiritual pelo ato do aborto. Algo terrível. Após muito sofrimento consciencial, ela solicitou recebê-lo, novamente, em outra oportunidade de vida terrena. O filho reencarnou com síndrome que lhe causava limitações física e mental. Ela não suportou e colocou-o em um orfanato. Foi triste. Perdeu a oportunidade de evoluir e harmonizar. O filho, novamente, não lhe perdoou pelo abandono. Em novo planejamento reencarnatório, ela, que havia sofrido um acidente e perdido um braço, aceitou o nascimento de um filho com síndrome que o debilitou física e mentalmente. A essa criança, dedicou-se com amor e todo o carinho por todos os anos de sua vida, criando laços de amor verdadeiro. Hoje, sanada toda a culpa e visto que a ausência do perdão só dificulta e atravanca a evolução, eles são diretores aqui, nesta colônia abençoada. Cuidam e servem de exemplo para todos aqui.

— Quando encarnados, não entendemos as dificuldades que vivemos. Não sabemos que elas são as experiências que vão nos fazer mais fortes e evoluídos. Não entendemos que a falta de perdão e dedicação são o mal do mundo e o egoísmo o câncer da sociedade — comentou Dione. Um momento e contou o que havia planejado: — Adriana está em luto pela prática do aborto. Esse período de tristeza está sendo voltado para a prece, dedicação ao aprendizado. Voltado à religiosidade e, principalmente, ao desejo de organizar a vida. Quero aproveitar essa oportunidade para apresentá-los aqui, na espiritualidade, novamente. Essa energia manifesta em forma de crescimento e desejo no bem vai mostrar a Iago que sua mãezinha deseja se melhorar e reparar o erro. Ele precisa entender que o fato ocorreu por medo e ignorância de Adriana. Acredito que isso irá ajudá-los e uni-los.

— Certamente. Mas você bem sabe que não é o momento — lembrou Leo.

— Sim. Claro.

Seguiram para as câmaras onde abortados, como internados em hospital, encontravam-se.

Muitos deles estavam ali meses ou anos, sofrendo o trauma psíquico que refletia no corpo espiritual e experiência do aborto.

Na espiritualidade, eles não conseguiam, com facilidade, livrarem-se das lembranças do sofrimento experimentado. Quanto menos evoluído o espírito, maior era o seu sofrimento.

Todo espírito, conforme nos ensina a *Codificação Espírita*, mais especificamente *O Livro dos Espíritos*, da pergunta 93 a 95, possui um envoltório, que é o corpo espiritual. A Doutrina Espírita o denomina como perispírito. O espírito propriamente dito é uma centelha, uma luz. E é nesse envoltório, semimaterial, que é o corpo espiritual do espírito, que permanecem gravadas as sensações. É o registro da consciência. Nesse corpo espiritual, perispírito, ficam registrados a moral, os desejos e os pensamentos. Tudo o que se é, pensa, fala e faz como raiva, ódio, mágoa e outros sentimentos, além das práticas delituosas, imorais, agressivas vícios e outras impregnam nosso corpo espiritual. A ausência de impregnações nesse corpo espiritual e as boas práticas mostram a luz do espírito, ou seja, exibe que esse espírito já se desimpregnou, libertou-se de vícios, de pensamentos inadequados à elevação, ações e práticas imprudentes. Mostra que seus pensamentos e ideias são nobres. Por essa razão, espíritos elevados são chamados de espíritos de luz.

O orgulho, a vaidade, o egoísmo, a impiedade e a falta de perdão são sentimentos e práticas que mais ofuscam o corpo espiritual, deixando o espírito sem luz.

O corpo espiritual, o perispírito, não tem sangue igual ao do corpo humano, não tem mesmo. Suas propriedades fluídicas são outras. Mas a mente, conforme o seu grau de evolução, fica presa, ou melhor, revive, em pensamento, as lembranças de um sofrimento moral ou físico e impregna o perispírito. Quando se trata de dores morais como: ódio, raiva, falta de perdão, o corpo espiritual imbui de ulcerações fluídicas que, na maioria das vezes, manifestam-se em doenças em diversas regiões do corpo físico, quando encarnado, ou se reservam, para os desencarnados, para uma próxima encarnação. Essas doenças podem se desenvolver desde gastrite, úlceras gástricas, cefaleias, enxaquecas, tumores, cânceres etc...

Já, para o espírito desencarnado, de acordo com sua evolução, sua mente fica presa ao sofrimento experimentando e revivendo o que ocorreu no corpo de carne. Desse forma, ele plasma, despropositadamente, em seu perispírito, a dor que conheceu, exibindo a agressão, o corte, a dilaceração ou o sofrimento. Quanto mais penosa e traumática for sua impressão, mais dramáticas suas lacerações e até sangue esvaindo para demonstrar sua dor.

Lógico que cada caso é um caso. Há espíritos que vivem experiências terríveis e, por não se lamentarem nem guardarem ódio ou mágoa, por se resignarem, evoluem incrivelmente e se recompõem com bastante facilidade no plano espiritual.

As lamentações e a falta de perdão são os sentimentos que mais fazem um espírito sofrer, encarnado ou desencarnado.

Lembremos Jesus que padeceu moral e fisicamente e, luzente, perfeito, apareceu aos apóstolos no terceiro dia de sua crucificação. Exemplo maior de resignação e perdão, que devemos aprender.

Dione e Leo se aproximaram do leito onde Iago se encontrava.

Ela o observou por longos minutos.

Leo, penalizado, disse:

— Precisamos esperar mais por sua recuperação consciencial para que sejam realizadas cirurgias espirituais por especialistas nessa área. Embora existam aqueles que, com a mesma experiência do aborto, não necessitem delas, pois se recuperam bem mais rápido.

— Sim. Isso ocorre pela capacidade de perdão — acrescentou Dione.

Alguns instantes e a bondosa mentora tocou em Iago, fazendo-lhe um carinho.

O espírito em sofrimento abriu os olhos e, angustiado e sofrido, olhou-a.

— Eu sei que é capaz de me entender — disse Dione. — Procure pensar em seu corpo sadio. Deseje, imaginando como se já estivesse perfeito. E assim será.

Um gemido e, talvez, o esboço de um sorriso triste foram a resposta.

Ficaram ali por mais algum tempo, suficiente para Dione fazer linda prece, e Leo a acompanhou. Depois se foram.

Capítulo 28

Hora da verdade

De volta a São Paulo, Adriana sentia-se como se tivesse deixado metade de seu coração junto de Wagner.

Entusiasmada, contou a sua família tudo o que havia acontecido.

Sua mãe nada disse. Havia algum tempo que Heloísa falava pouco. Jaime, por sua vez, estava mais participativo, demonstrando interesse em tudo o que os filhos falavam.

Daniel, após ouvir a irmã, ainda brincou:

— Ainda bem que não contou pro sujeito que ele vai ser pai. É capaz de ele voltar pro coma.

— Ai... Deixa de ser bobo! — respondeu a irmã.

— Você fez o certo, filha. Fez o certo — concordou o pai.

— Quero uma vida mais leve, pai. Isso faz um bem incrível.

Heloísa nada comentou.

Mais tarde, a sós no quarto com seu irmão, Adriana reclamou:

— Passei uma mensagem para a Ieda dizendo que estaria em casa hoje, mas ela não veio aqui. Vai ver você aprontou alguma, né?

— Aprontei nada! Qual é?! — ficou zangado. Nem olhou para a irmã.

— Vocês estão conversando?

— O suficiente a caminho do serviço. Não temos muito o que falar. Mas... Vamos mudar de assunto!

— Tem algo importante para me dizer? — ela indagou em tom singular.

— O pai foi lá no grupo do AA. Já tem consulta agendada com um psiquiatra, que é médico antroposófico também. Vai começar a fazer psicoterapia e mais um tratamento de medicina oriental. Eu o coloquei no meu plano de saúde e a partir da próxima semana esses tratamentos vão ficar mais fáceis.

— O quê?! — Adriana ficou surpresa. — Fico fora dois dias e já temos essas novidades?! — alegrou-se.

Daniel sorriu ao responder:

— Isso mesmo o que ouviu. Ele tomou uma atitude. Além disso, quer frequentar o centro espírita que a Ieda vai.

— Quanta notícia boa! — Em seguida, quis saber: — E a mãe? Por que está com aquela cara?

— Não sei dizer — o irmão respondeu.

— Acho que é vergonha por causa de tudo.

— Pode ser. Acho que agora era a hora de ela ser mais participativa e demonstrar que apoia o marido. — Daniel ofereceu um suspiro profundo, depois perguntou: — O que você vai fazer de sua vida, Dri?

— Como assim?

— Agora que a família do Wagner está sabendo, deve ter alguma ideia do que vai fazer. Ou não?

— Grávida, será difícil arrumar emprego. Durante a viagem conversei muito com a Hilda. Ela tem uma amiga que tem uma loja de chocolate e que está precisando de alguém para emprego temporário para o fim de ano. Pelo menos, para eu ter um dinheirinho e não ficar parada. Mas preciso arrumar minha documentação lá na empresa. Eu abandonei o emprego. Vou ver se faço isso, sem falta, na próxima semana.

— Pensei que fosse querer morar na casa do pai do Wagner.

— Seria cômodo. Mas não sou uma pessoa oportunista, aproveitadora ou coisa assim. Vou querer que o Wagner se recupere. Depois vamos ver o que é preciso fazer. Quero cuidar do meu filho. Elevar meu lado religioso. Tenho planos, sim. Mas por que me pergunta isso?

— Fechei negócio com um apartamento. Acho que, em breve vou me mudar daqui. Mas vou dar todo o apoio. Principalmente para o pai.

— Para dizer a verdade, Dani, eu também não quero ficar aqui. Tenho um dinheiro guardado, mas não posso me desfazer de tudo. Preciso fazer o enxoval do bebê... Pagar médico, internação para o parto, pediatria... Terei muitos gastos.

— Não posso te pagar tudo, mas vou te dar uma força. A primeira coisa é você procurar um plano de saúde razoável.

— Obrigada por querer me ajudar. Tomara que eu não precise. Mas se for o caso... Vou aceitar. Quanto ao plano de saúde, já estou vendo um. Procurei um corretor e ele me apresentou alguns bem interessantes.

— Ainda terá o dinheiro da venda do apartamento.

— Sim. Mas ainda não posso contar com esse dinheiro. — Havia um tom de tristeza na voz e no brilho do olhar de Adriana quando disse: — A precipitação nos faz cometer erros. O ideal é dar um passo de cada vez.

— Você se sentiu melhor depois que viu o Wagner?

— Por um lado sim. Por outro... Fiquei mais apreensiva ainda.

— Por quê? — o irmão quis saber.

— A hora de contar tudo está se aproximando.

— Será que precisa falar sobre o aborto? — Daniel perguntou.

— Preciso. Não tem coisa melhor do que a verdade. Até porque tem muita gente sabendo dessa história e um dia tudo pode vir à tona. Mesmo que não tivesse, minha consciência sabe. Para o senhor Hernâni eu não disse nada nem vou dizer. Acho que ele e as irmãs do Wagner não precisam saber. Mas o Wagner sim.

— Você disse que ele está bastante sequelado. Acha que vai ter condições de entender tudo agora?

— Não sei. Tem hora que ele parece não entender nada do que estamos falando. Mas, em alguns momentos, fica bem lúcido e coordena o que fala. Está muito frágil, mental e emocionalmente. Emociona-se fácil... Na hora em que olha para o pai, ele tem uma parada... Fica longe.

— Acho que, inconscientemente, deve saber que a mãe morreu no acidente e o pai é o elo dessa lembrança. Sem o elo, sem lembrança. Por isso não se recorda do pai. Não é o momento de saber que dirigia o carro em que a mãe e a noiva morreram.

— Talvez seja isso.

— Não falaram nada sobre o acidente? — Daniel perguntou.

— Disseram que ele sofreu um acidente. Mas não contaram quem estava junto. Ele não se lembra do acidente nem do carro, de nada. Só hoje, ao me reconhecer, lembrou-se de onde trabalha e o que fazia.

— Provavelmente, esse processo seja demorado mesmo. Tenha fé.

— É o que mais tenho. Deus vai ajudar o Wagner. Vai sim! — falou firme impondo desejo em seu tom de voz.

O irmão sorriu, mas seu sorriso se fechou tão rápido quanto se formou, e ela não percebeu.

Em outro dia...

Pela manhã, Adriana havia ido ao médico dar continuidade ao tratamento de pré-natal. Hilda telefonou e convidou-a para que almoçassem juntas. Gostaria de lhe apresentar Lídia para saber se era possível a jovem, mesmo grávida, trabalhar em sua loja de chocolate.

Após o almoço em que Lídia aceitou admitir Adriana temporariamente, Hilda a convidou para ir a sua casa.

De lá, ligaram para Hernâni para terem mais notícias.

Era princípio de noite. Adriana mandou uma mensagem, por celular, para o irmão, pedindo que passasse na casa de Hilda para apanhá-la. Embora morassem em bairros próximos, aquele horário seria difícil pegar um lotação.

Ao recebê-lo, acompanhado de Ieda, Hilda insistiu para que entrassem.

Na sala de estar, Adriana contou animada:

— O Wagner já recebeu alta e foi para a casa do pai. O senhor Hernâni contou que o cachorro fez uma festa incrível quando o viu. Nem deixava os outros chegarem perto.

— Ele se lembrou do pai ou do cachorro? — Daniel perguntou de modo engraçado.

Hilda e Adriana se entreolharem e a mulher respondeu com um sorrizinho engraçado:

— O Wagner se lembrou do cachorro. Chamou-o pelo nome — Hilda contou e riu gostoso.

Daniel não aguentou e gargalhou. Depois comentou:

— Coitado do pai dele! Nossa!!!

— Ao conversar com o Wagner, por telefone, achei que ele estava bem melhor do que no hospital. Até sua voz estava melhor.

— Eu também achei — Adriana concordou. — Ele quer que eu vá, para lá, no fim de semana. Mas, talvez, não dê. Vamos ver.

Conversaram, por algum tempo, até Ieda, que se achava bem quieta, pedir para ir ao banheiro.

Hilda indicou e retornou para a sala onde viu Adriana dizendo para o irmão:

— Você poderia se aproximar mais! — exclamava sussurrando. — Se gosta dela, invista!

— *Já deu*, Dri! Chega — pediu, talvez, por ter visto a aproximação da mulher.

Hilda, experiente, percebeu algo no ar. Não foi direta, mas quis saber:

— Gostei de você, Daniel. E da Ieda também. Vocês namoram?

— São só amigos — Adriana respondeu no lugar do irmão. — O Dani até que tentou, mas a Ieda está um tanto... Descrente. Digamos assim. E o meu queridíssimo irmão não sabe demonstrar que gosta dela de verdade — falou em tom de ironia.

— Oh, Dri! Por favor, né?! — Daniel a repreendeu demonstrando insatisfação.

— Sabe, eu acho que entendo a Ieda. Hoje em dia, as pessoas não estão respeitando umas às outras, principalmente, em matéria de sentimento. Por isso é difícil acreditar quando alguém diz que gosta da gente. Mas... Podemos dizer que amamos alguém sem usar a frase: Eu te amo — comentou Hilda. Daniel ficou atento. Percebendo isso, ela prosseguiu: — Através do romantismo, podemos e devemos fazer isso. São práticas que alguns deixaram cair no esquecimento. Um contato, um toque, um gesto, um olhar, uma frase de elogio no instante certo. Tudo isso diz: Eu gosto muito de você. Todos sabemos fazer isso. Alguns têm vergonha. Outros se esquecem. Há os que não ligam. E ainda existem os que não aprenderam. Mas é muito importante dizer, dessa forma indireta: eu gosto de você.

— Acho que é meu caso — disse Daniel, praticamente, interrompendo-a. — Não tive referência. Não aprendi isso em casa.

— Sempre é tempo de aprender, Daniel — tornou a mulher. — Outro dia, eu estava assistindo a um programa de TV e um chefe confeiteiro fazia aniversário. Sua esposa e seus quatro filhos, acho que a mais velha deveria ter dez anos e o mais novo um aninho, resolveram fazer um bolo de três andares para comemorarem a data. A mulher dele fez uma bagunça enorme em sua cozinha e tentava, com a ajuda das crianças, deixar o bolo em pé e enfeitado. O bolo ficou pronto. Cada andar tinha uma cor diferente, escolhida pelos filhos. Estava torto. Nem sei dizer como não desmanchou — riu. — Os desenhos ou decorações que os filhos e a esposa tentaram fazer não ficaram graciosos. Mas estava pronto. O homem chegou a sua casa e não pôde deixar de ver a bagunça na cozinha. A mulher pediu para que ele saísse, mas ele entrou na cozinha para lhe dar um beijo por ter chegado. Depois, não tendo como esconder o bolo, ela o mostrou e disse ser um presente seu e dos filhos. O confeiteiro ficou visivelmente feliz e emocionado. Beijou-a novamente e também beijou cada um dos filhos e disse: Esse é o bolo mais lindo que eu já vi e tenho certeza de que é o mais gostoso, pois foi você e meus filhos que fizeram. Ninguém usou a frase: eu te amo. Mas todos, com seus gestos, disseram que amavam o pai e ele também disse que os amava quando ficou feliz por ver o esforço de todos. Por ele ser um renomado confeiteiro, poderia reparar os detalhes, ter dito do bolo torto e nada bonito. Poderia ter zombado da esposa por saber fazer bolos melhor do que ela. Mas não. Ele encontrou outra forma de dizer: eu te amo. Eu gosto muito de você. — Breve pausa. — Então, Daniel, você precisa encontrar essa forma de dizer para essa moça que não está brincando, que gosta dela e a leva a sério. Que ela é importante para você. O seu silêncio em palavras e ações só prova que Ieda está certa. Devemos lutar, investir, nos esforçarmos por aquilo que vale a pena.

A chegada de Ieda fez o assunto mudar e Hilda contornou a situação:

— A Adriana me disse que você dá aula de Evangelização Infantil na casa espírita que frequenta.

— Sim senhora — Ieda sorriu.

— Pode me chamar de você — pediu, sorrindo gentilmente e com fala generosa.

A jovem sorriu e respondeu:

— Tudo bem. Eu adoro o que faço. Preparar as aulas, cantar, montar as atividades...

Continuaram conversando.

Dois dias depois...

Iam para o serviço, assim que Ieda entrou no carro e Daniel lhe entregou uma sacola de papelão bem bonita, amarrada com laços de fita acetinada.

— Para mim?! — estranhou e sorriu levemente.

O rapaz sorriu ao responder:

— Sim. É para você.

Ela abriu a sacola de onde tirou um livro e um CD de música que sabia que ela gostava.

— Nossa! Obrigada, Dani. Gostei muito — pareceu bem satisfeita.

— Ainda bem que gostou — ele correspondeu ao sorriso e não disse mais nada.

Foram para o trabalho.

Ao voltarem do serviço, quando parou o carro em frente à casa da moça para que ela descesse, Daniel a chamou:

— Ieda! — Ao vê-la olhar... — Eu ia me esquecendo... Isso aqui é pra você — entregou-lhe uma sacolinha. Dentro, uma caixa bonita, lindamente decorada, com alguns bombons.

— Obrigada, Dani — sorriu levemente. Parecia desconfiada.
— Gostei muito. — Achou que fosse um pedido de desculpas pelo que havia ocorrido e quisesse que a amizade fosse como antes. Virou-se e entrou sem dizer mais nada. Embora ficasse um pouco intrigada.

E assim foi no decorrer de alguns dias

Toda manhã e à noite, Daniel passou a lhe dar um mimo, um presentinho, simples enfeite, singelo artesanato ou somente um bombom. Teve um dia em que se lembrou de suas flores prediletas e lhe deu um maço de Gérberas e um ursinho de pelúcia. Ela sorriu encantada.

Duas semanas depois, em uma sexta-feira, quando a moça ia descer do carro, o rapaz a chamou:

— Ieda — ela já esperava por aquilo e se virou preparada para ver o que iria receber. Então Daniel disse: — Hoje eu tive um dia muito cheio. Não saí para almoçar e... — Alguns segundos e ficaram se olhando até ele pedir: — Feche os olhos. Ela ofereceu leve sorriso e fechou. Daniel se aproximou, segurou seu rosto com carinho e lhe deu um beijo demorado no rosto. Após suave afago, falou: — É o que tenho hoje para representar o quanto gosto de você.

Séria, Ieda suspirou fundo. Por sua expressão, era impossível identificar seus sentimentos.

A moça não disse nada e desceu do carro. O rapaz ficou olhando-a seguir portão adentro.

Quando ia chegando perto da porta para abri-la, parou.

Daniel, que estava com o carro ligado e pronto para sair, ficou atento. Decidiu esperar.

Ieda se virou. Voltou até o portão e cruzou a calçada. Chegando até o vidro do carro que ele abaixou, indagou:

— Por que você está fazendo isso?

— Para mostrar o quanto gosto de você — respondeu com simplicidade e de modo meigo.

— Que droga, Daniel! Que droga! — disse tão somente e ficou zangada. Deu as costas e entrou.

O rapaz sorriu largamente. Sentiu que atingiu seu objetivo.

Ao chegar a sua casa, foi para o quarto que dividia com a irmã e a encontrou fazendo as malas.

— A Hilda vai passar aqui amanhã bem cedo e vamos para Peruíbe. Você não quer vir junto?

—Acho que não fica bem, né?

— Verdade.

— Além do que, tenho de ir ao apartamento amanhã. Marquei com um pintor. Já tenho algumas coisas lá. Você precisa ir ver.

— Quero ver sim. Mas vai ter de ser em outro dia. — Subitamente, Adriana perguntou: — E a Ieda?

— O que tem ela?

— Está sumida. Não veio mais aqui. Também estou sem tempo de ir lá. Mal nos falamos por algumas mensagens. — O irmão nada disse e ela comentou insatisfeita: — Você, hein!

— O quê?!

— Está conseguindo estragar nossa amizade.

— Não estraguei nada — Daniel se defendeu.

— Sabe qual é o seu problema, Dani? — Não esperou e respondeu: — Você nunca levou ninguém a sério.

— Nunca levei a sério mulheres que não se levam a sério. O mundo está cheio de interesseiras e aproveitadoras. *Minas* que querem um homem para se encostar.

— Por que existem muitos caras aproveitadores!

— Olha, Dri, como homem quero alguém para dividir comigo, para crescermos juntos. Não procuro uma mulher perfeita, mas não quero ser explorado e exigido. Tem muitas por aí que pensam que homem é trouxa. Elas se vestem, se maquiam, se produzem toda para provocarem e conquistarem alguém que sustentem tudo aquilo. Na verdade não estão a fim de se sustentarem, de assumirem responsabilidades. Querem juntar ou casar e deixar as despesas da casa por conta do trouxa do cara. Quer que o sujeito banque o luxo, desde a academia até as roupas ou o salão de beleza. Ficam exigentes, querem mordomia. Ainda gritam e se transformam em controladoras. Daí que o cara chega em casa, não encontra nada arrumado, muito menos comida pronta ou roupa no lugar. Mulheres que usam o corpo para segurarem um cara, é comerciante, para não dizer um nome pior. Essas não se valorizam. Por que eu teria de valorizá-las?

— Credo, Daniel! Que bicho te mordeu?!

— É a pura verdade! Estou com trinta e um anos. Vejo colegas meus que se atraíram por mulheres que só pensaram no corpinho bonito espremido num vestido de periguete. Que, aliás, diga-se de passagem, eu teria vergonha de estar ao lado de alguém que se vestisse assim, pois não sou cafetão. Daí esses colegas se casaram e o casamento não durou nem seis meses. *Minas* que se oferecem está cheio. Mulheres de verdade, que se valorizam, se preservam, cultivam outros valores e não ficam se expondo, é coisa rara hoje em dia.

— Se você está a fim de pessoa certinha vai ter de procurar num convento. Se é que lá vai encontrar.

— Não, Adriana. Você não entendeu. Não quero uma freira. Não estou atrás de uma virgem. A pessoa precisa de experiências de vida em todos os sentidos, mas não precisa exagerar! É preciso se amar, cultivar princípios e valores morais, culturais e religiosos. Se não tiver isso, como poderá construir um caminho próspero, promissor, equilibrado e saudável? — Não houve resposta. — Se você não faz isso por si mesma, não fará quando estiver com alguém ao lado. Suas escolhas no presente constroem seu caminho para o futuro. Por isso, cuidado com o que você escolhe e constrói. — Breve pausa. — Olhe para você. Não pensou direito. Tomou decisões erradas e sofreu muito por isso. Agora não consegue voltar atrás. Tem de enfrentar pessoas, passar por constrangimentos que poderia ter evitado. Isso o que vive não foi destino. Foi escolha. Nem sempre o destino está escrito. Estou achando legal ver que você não quer ser aproveitadora ou oportunista e se encostar na família do Wagner. Nota dez pra você! Muitas outras, provavelmente em seu lugar, adorariam encostar no cara ou na família dele e serem servidas, se achando vítimas das circunstâncias.

— Não precisa me jogar na cara os meus erros.

— Não estou fazendo isso. Só estou te usando como exemplo.

— Quero usar essa má experiência para o meu crescimento. Sofri sim e ainda sofro. Mas não me considero vítima. Vou lutar, trabalhar e fazer sei lá mais o quê para reverter essa situação — disse Adriana séria.

— Isso é legal de ouvir! Você fez besteiras, acreditou em alguém que não merecia, mas agora estou vendo que quer corrigir tudo, começar de novo. Isso é de se admirar! Continue sendo lutadora. Procure ser equilibrada sempre. Esses são valores que te classificam. — Um momento e comentou: — Quando você diz que eu nunca levei ninguém a sério, está enganada. Só tratei a pessoa como ela quis. Quando nós nos amamos, nos respeitamos, nos valorizamos por meio dos nossos pensamentos, palavras e comportamento, ensinamos aos outros como eles precisam nos tratar. Isso serve para homens e mulheres. Não sou machista. Sou maduro. Tem cara que quer ganhar bem, ter ótimo emprego, mas anda todo mal vestido, com calça caindo, cabelo desarrumado, tingido de cor estranha e cortado ridiculamente. Todo tatuado e cheio de *pirceng*. E quer o quê? Arrumar um emprego de categoria em uma grande empresa? Quer ser diretor financeiro? Ser respeitado? Nunca vai conseguir uma função renomada, respeitada e que ganhe muito bem com essa aparência. E pior! — ressaltou. — Depois vai se revoltar contra a classe alta, capitalista ou coisa assim. Vai se tornar mais um dependente da saúde e educação pública, sustentada pelos altos impostos, pagos pelos ricos capitalistas e mal administrados por um péssimo governo ladrão. Isso serve para homens e mulheres. Eu vejo lá na empresa onde trabalho. No alto escalão, temos homens e mulheres vestidos de acordo. Sem cabelos azuis ou verdes. Sem tatuagens berrantes ou agressivas aparecendo nem *pirceng* que danificam ou deixam a aparência comprometida, disforme. Mas os peões, como são chamados, possuem uma aparência... Como dizer?... — pensou. — Incompatível com os princípios da organização. Alguns parecem piratas ou nativos do Caribe na Idade Média ou sei lá o quê. Com certeza, não parecem pessoas confiáveis, pois, se são capazes de fazer aquilo com eles, o que dirá com outra pessoa.

— Isso é preconceito! — a irmã protestou.

— Concordo. Mas vai dizer isso para os grandes empresários. Vejo mulheres que estão com cabelo desfiado, raspado, cortado estranho, pintado de verde ou rosa ou sei lá... com roupa curta demais, justa demais, rasgada... Agora me diz: Como os presidentes e diretores dessa empresa podem promovê-las a cargos executivos, que representem a instituição que tem que ter respeito no mercado? Como pessoas assim vão cuidar de negócios de alto nível e serem levadas a sério? — Não houve respostas. — Podem até ser competentes, mas será difícil darem uma oportunidade. Esse pessoal não vai passar das funções que ocupam. É lógico que a empresa vai querer pessoas que se vistam, falem, conversem, tenham postura, aparência que traduzam respeito e dignidade para representá-la, além de estudo e conhecimento. Depois, o sujeito que está há anos na empresa e não é promovido, reclama porque chegou alguém de fora para ocupar a função. — Breve pausa. — Em pouco tempo lá na empresa, se você visse como a Ieda é bem quista e valorizada pelo conhecimento, comportamento, aparência e a forma de se apresentar... Nem te conto! Fiquei impressionado, pois outros diretores já a indicaram para uma promoção. Ela nem sabe.

— Sério?! — alegrou-se a irmã.

— Sério. Isso faz a diferença. Não adianta reclamar. Aqueles que se valorizam e se respeitam, impõem à sociedade como deve ser tratado. Se você usar palavras chulas, fizer fofocas, você também será desrespeitada e não será bem vista. Muitas vezes, a mídia impõe algo como padrão de beleza e comportamento, só que esse visual ou linguajar desvalorizam a pessoa e ela nem percebe. Cria-se então uma pessoa revoltada e sem princípios por não se sentir aceita. Uma coisa é moda, outra é bom senso. Tomemos cuidado com o linguajar, a vestimenta, o comportamento, a aparência, a educação e o respeito que expressamos. Somos um todo.

— Talvez, você tenha razão — Adriana disse, mas não se alongou. Percebeu que o irmão defendia uma opinião e seria difícil vencê-lo no debate.

— Voltando ao início da nossa conversa — ele riu. — Hoje, mais maduro, estou mais observador. Por valorizar a Ieda, estou procurando tratá-la como ela quer e merece.

— O que ela quer? — sorriu curiosa.

— Ser conquistada.

— Ah, Dani... Se, nos dias de hoje, uma mulher esperar um homem se aproximar para conquistá-la!...

— Então se joga desesperada pra cima do primeiro cara que aparecer e vai ver o que acontece. Certamente vai se decepcionar. Depois me conta! As mulheres parecem desesperadas! Com medo de ficarem sozinhas! Acreditam serem libertas e liberais, mas acabam se colocando como suas bisavós que, no passado, temiam se autosustentar e ficarem solteiras.

— Ah! Dani! Credo! Hoje você está terrível! Não tá dando pra conversar com você!

O irmão riu gostoso e saiu do quarto, mas antes disse:

— É só pra refletir!

Wagner se recuperava. Mais animado desde que recebeu alta. Ainda ficava bastante tempo confinado à casa de seu pai por ter gesso em uma das pernas e precisar usar um aparelho para o alongamento do osso na outra. O rapaz dependia de cadeira de rodas.

Hernâni, com muita paciência, mostrava ao filho fotografias e filmagens dele com a família para, aos poucos, tentar fazê-lo lembrar, conforme orientação do médico.

— Aqui estamos todos nós — disse o pai ao exibir uma fotografia com ele, a esposa e os três filhos.

O rapaz parou. Fitou a imagem por longo tempo e chorou.

— O que foi, filho? — o senhor perguntou.

— Pai... — balbuciou.

— O que é? Lembrou?

— Não de tudo... Mas... Você é meu pai... Ela... — apontou — Minha mãe — falava com dificuldade, embora estivesse melhor. — Mas só sei disso... Não lembro o resto. Lembro de uma festa, mas podem ser outras festas misturadas... Não sei se é festa...

— Sua mãe gostava muito de reunir os parentes e amigos aqui em casa. Era comum fazermos churrascos, luau ou coisa assim. Principalmente, quando você vinha pra cá.

— Ifigênia... — murmurou e o pai sorriu. Ele estava lembrando.

— É o nome dela... Ifigênia. — Longa pausa em que secou o rosto lentamente e perguntou: — E ela? Onde está?

— Ela morreu no mesmo acidente que te deixou assim — contou conforme orientação do neurologista, para não criar impacto. Embora isso fosse inevitável.

— Morreu?!...

— Sim, filho. Ela morreu. Vocês estavam lá no seu apartamento em São Paulo e viajaram de volta para Peruíbe. Não se lembra? — Não houve resposta. O rapaz ficou pensativo. Em seguida, o pai mostrou outra foto dele com Sabrina. — Conhece essa moça?

Wagner ficou olhando por longo tempo. Não sabia dizer quem era.

Enciumada, Celine andava de um lado para outro, fazendo barulho ao respirar ou batendo algo para chamar a atenção.

— Não adianta! Não vê que ele ficou retardado?! Não percebeu?! — exclamou com jeito rude.

Wagner a olhou de modo estranho. Parecia não entender ou não conseguia ter reação para se defender.

Hernâni se levantou, pegou Celine pelo braço e a levou para outro cômodo onde exigiu, sussurrando:

— Pare de provocar! Deixe de ser agressiva e revoltada!

— Era ele quem dirigia! Foi culpado por tudo! Matou a mãe e a noiva e precisa saber!

— Não por você!!! — o pai ficou furioso.

— Como você é injusto! — exclamou. Puxou o braço num gesto violento e foi para o quarto.

Hernâni voltou para a sala. Wagner, que pareceu não ter percebido a discussão, ainda se achava com a fotografia nas mãos, falou:

— Essa moça estava lá no quarto do hospital...

— Como, filho?

— Ela estava no quarto... Eu vi... — falou com dificuldade. — Tava no chão... Depois sumiu... Mas eu não conseguia me mexer. Ela falava comigo, mas tinha aqueles tubos na minha boca... — isso havia ocorrido logo após a primeira cirurgia.

— Essa moça é a Sabrina. Não se lembra dela?

Celine, que espiava, surgiu inesperadamente e gritou:

— Você a matou! Seu idiota!!! Matou ela e a nossa mãe!!!

Wagner ficou perturbado. Sentiu-se confuso e atordoado.

Hernâni se levantou subitamente, pegou Celine pelos braços e a chacoalhou.

— Cale sua boca!!! — exigiu.

A filha se remexeu e se soltou. Um pouco longe do pai, gritou:

— Ele precisa saber que é um assassino!!! Que tava dirigindo e matou a mãe, a Sabrina, que era noiva dele, e quase me matou! Precisa saber que traiu a Sabrina com a Adriana e quando a noiva foi lá pra São Paulo aproveitou e deu o fora nela!!! Depois voltamos e eles brigaram no caminho todo!!! Ele não prestou atenção e bateu o maldito carro que não sobrou nada!!!

Hernâni, enfurecido, aproximou-se da filha e deu-lhe um tapa no rosto.

Em meio a tudo o que a filha dizia, o homem não havia percebido a campainha tocar e a empregada atender.

Naquele instante, Hilda e Adriana entrarem na sala e a mulher, que tinha visto a cena, foi para junto dele. Entrou no meio, separou-os e levou Celine, chorando para o quarto.

Wagner sentia-se muito mal. Nem se importou com a chegada de Adriana.

Tudo era muito confuso em sua mente. Imagens, que a princípio não era capaz de entender ou associar às suas experiências, surgiram à sua mente, confundindo-o e provocando sensações físicas que desconhecia.

Seu rosto esfriou e achou que fosse desmaiar. Não conseguia escutar o que seu pai e Adriana falavam.

Os minutos de mal-estar deram a impressão de serem eternos.

Aos poucos, foi se recompondo e aceitou o copo com água e açúcar que o pai oferecia.

O impacto cruel das informações fornecidas irresponsavelmente pareceu destruí-lo.

Lágrimas correram por seu rosto e ele esfregou sem erguer a cabeça.

Alguns instantes e olhou para o pai perguntando:

— É... verdade?

— Não da forma como ela contou — o senhor respondeu solene.

— Eu dirigia?

— Sim, filho — confirmou sentindo uma faca atravessar seu coração.

Adriana ficou calada. Achou melhor não se manifestar e permaneceu ao seu lado.

— Filho, olhe para mim. Preste atenção. — Ao vê-lo erguer o olhar, Hernâni alertou em tom comovido: — Sua irmã, a Celine...

Talvez você não se lembre direito. Mas... Precisa saber que ela não é confiável. Sempre altera fatos, adultera informações. É exigente. Quer ser o centro das atenções. Não podemos acreditar nela. Celine sempre teve ciúme de você. Por favor, não acredite nela.

— Mas eu dirigia...

— Sim. É verdade. Mas a carreta estava sem sinalização, com luzes apagadas e mal estacionada. O carro à sua frente desviou rapidamente e você não teve como fazer o mesmo. O veículo que vinha atrás do seu também bateu em seu carro. Muito provavelmente, ele cooperou para comprometer mais ainda os danos e as mortes dos que estavam junto com você.

Enquanto o pai conversava com o filho, Hilda, no quarto de Celine, ouvia todas as queixas desnecessárias da jovem.

— Ele é o queridinho! Sempre foi! Não dão valor nem atenção a mim! Não me valorizam! E aí, mesmo matando minha mãe, a noiva e quase me matando, ele é o coitado!

Depois de falar muito, a jovem ofereceu pausa. Sentou-se na cama, batendo o pé ou chacoalhando a perna em sinal de agitação e nervosismo.

Tranquila, Hilda puxou a cadeira da escrivaninha e se acomodou perto dela.

Entoando a voz com calma, perguntou com sensatez, relembrando a conversa que já tiveram:

— No que você acha que precisam te valorizar, Celine? — Não houve resposta. — Para uma pessoa ser valorosa, ela precisa ter valores. E para se ter valores, a pessoa precisa se empenhar e investir em si mesma. É necessário estudo, conquistas realizações, produção. Quando alguém fica focado, empenhado, estudando, conquistando diplomas, bom emprego, boa apresentação de si... Quando a criatura se esforça para trabalhar em algo bom e em que acredita, ela tem sucesso e é produtiva. Primeiro, ela não encontra tempo para ficar de olho no que os outros estão fazendo e segundo, vai conseguir chamar a atenção para si. Vai ser valorizada sem ter que exigir reconhecimento.

— Até você, Hilda?!

— Acha que estou errada? — A jovem não respondeu. — Pense um pouquinho, minha filha. É como dizem, Celine: as pessoas que se dão mal na vida acreditam no falso, duvidam do verdadeiro, valorizam o errado e abandonam o que é certo. Pior ainda, quando se tornam improdutivas e acham que devem ser servidas e que têm toda a razão em tudo. O que vai acontecer a essa pessoa é que, cada vez mais, as situações difíceis vão aumentar e ela vai acabar sozinha, porque ninguém vai ficar por muito tempo servindo-a do jeito que ela deseja. — A jovem permaneceu calada. — A pessoa que quer ser valorizada, deve ser produtiva. A que quer ser amada, deve dar amor e assim por diante. Só recebemos da vida aquilo que oferecemos a ela.

— Ninguém me entende. Nem você. Todo o mundo me critica e me despreza. Não me dão valor.

— Olhe-se, Celine. Veja como se veste, como fala. Sempre existe uma agressividade ao olharmos para você.

— Sou verdadeira!

— É verdadeira ou agressiva? — Não houve resposta. — Jesus nunca mentiu e nem por isso vivia agressivo ou era rude com os que se aproximavam dele. Podemos falar tudo o que quisermos, mas só seremos ouvidos se houver educação, sensatez e prudência em nossas palavras. Quem quer ser valorizado, vai ter que se esforçar para fazer algo bom, produtivo e valoroso. Ninguém é exaltado quando não produz coisa boa. Não por muito tempo.

Dizendo isso, Hilda não esperou para ouvir mais nada e foi para a sala.

Só então cumprimentou Wagner:

— Oi, meu querido — abraçou-o com carinho. — Como você está?

O rapaz levantou os olhos marejados e forçou um sorriso ao responder:

— Estou levando... — ainda se sentia atordoado.

— E a Celine? — Hernâni perguntou.

— Deixei-a no quarto com algumas reflexões.

— Foi bom... Bom ela ter falado — disse Wagner lentamente. Olhando para Adriana, pediu: — Me conta o que aconteceu... Conta tudo! — falou firme.

Hernâni olhou para a moça e acenou positivamente com a cabeça, consentindo que revelasse tudo. Logo, ele e Hilda se entreolharam e os deixaram a sós.

Ao seu lado, pegando em sua mão, Adriana, nervosa, começou:

— Nós nos conhecemos na cafeteria, quando me jogou aquele suco de laranja — sorriu, mas com vontade de chorar. Contou pormenores. — Então você precisava vir para Peruíbe trazê-las. Era seu aniversário. Não tive mais notícias — Contou mais detalhes até que revelou, chorando em alguns momentos: — Fiz o exame e descobri que estava grávida de você. Eu não sabia o que fazer! Estava com medo e desesperada. O Nícolas me ameaçava e dizia que iria nos matar. Fiquei com medo por você. Não tinha notícias suas... Não tinha nada... — chorou. — Acabei me casando com ele...

O rapaz respirou fundo. Sentiu como se uma faca atravessasse seu peito. Apesar disso, perguntou:

— Mesmo sabendo que esperava um filho meu?

— Sim... — ela chorou mais ainda.

— Está casada com outro e veio aqui me ver?! — indagou após organizar as ideias.

— Não! Fiquei casada por menos de um mês... Vivi com ele menos de 15 dias... Foram dias horríveis. Ele me maltratava, me batia... e me obrigou a fazer um aborto — contou de uma só vez.

— Ah... não... — ele murmurou e deu um suspiro. Soltou sua mão e virou o rosto franzido, parecendo sofrer com a notícia.

— Me perdoa, Wagner!... Por favor!... Me perdoa!... — chorava em desespero. Mesmo percebendo que ele não a encarava, prosseguiu:

— Passei muito mal. Tive hemorragia, febre... Uma infecção e... Por não terem notícias minhas, meu irmão e a Ieda foram até onde eu estava morando e me levaram para um hospital...

— Por que você tirou meu filho? — indagou com grande angústia na voz e semblante sofrido.

Ela chorou como nunca e pediu:

— Me escuta... Por favor... Preciso te contar tudo — pediu, implorando. O rapaz nada disse e ela prosseguiu: — Fui para o hospital passando mal. Depois meu irmão me levou de volta para a casa dos meus pais. A dor do meu coração era bem pior do que qualquer dor física. O arrependimento, a culpa, o remorso... — chorava, enquanto dizia. — Não existe coisa pior... Eu queria morrer... A ideia de suicídio não saía da minha cabeça. Quando colocavam os remédios para eu tomar, sempre pensava em engolir todos os comprimidos de uma só vez para morrer... Você não saía da minha cabeça... Pensava em como ia te encarar e dizer...

— Que matou... meu filho?... — indagou magoado, interrompendo-a.

— Me perdoa... Por favor. Eu estava desesperada. Ponha-se em meu lugar! — implorou. — Então...

— As coisas estão ficando mais claras... — Wagner a interrompeu novamente e ela ouviu: — Me lembro da Sabrina. Éramos noivos. Me apaixonei por você... — Respirou ofegante e esfregou o rosto. Depois, olhou-a de modo indefinido. — Lembrei... Na noite do acidente, nós nos encontramos. Você iria terminar o noivado e acabar com a história do casamento. Por que não fez o que combinamos?

— Tentei!... Juro que tentei! — dizia em desespero, com lágrimas correndo em sua face pálida. — Já te contei. Quando eu disse isso para o Nícolas, ele foi violento e me ameaçou. Ameaçou você... Depois do seu acidente, fiquei fragilizada... Não tive forças pra mais nada. Então descobri que estava grávida... Contei pra ele para ver se assim desistia do casamento... Mas foi ainda pior... Me perdoa, Wagner... Por favor...

— Estou passando mal... — falou lentamente e fechou os olhos por alguns minutos. Respirava de forma ofegante.

— Quer que eu chame seu pai? — ficou atenta.

— Não... É algo estranho... As imagens agora fazem sentido na minha cabeça... Lembro que, no apartamento, briguei com minha irmã Celine, com a Sabrina e resolvi que viríamos pra cá... Agora me lembro de tudo... — Breve pausa e clamou baixinho: — Meu Deus! Meu Deus!... — precisou ser forte. Recordou de momentos importantes.

— Wagner... Por favor... O que está acontecendo? — assustou-se com aquela reação.

O rapaz a encarou e não contou o que era. Tocou seu rosto com a palma da mão e ficou olhando-a por longo tempo. Vendo-a chorar.

— O que sinto por você é muito forte, mas... Adriana...

— Fala! — pediu. Precisava de uma resposta. Decidiu omitir, por algum tempo, sobre a gravidez para saber quais os sentimentos dele. Não desejaria que ficasse com ela só por causa do filho que esperava. Aquela era a hora da verdade.

— Estou tonto — murmurou. — Confuso... Não consigo coordenar direito minha... meus... pensamentos. Mas eu lembro...

— Quer se deitar?

— Não.

— Quer que eu vá embora?

— Não — pendeu com a cabeça ao murmurar. Um tanto descoordenado, esfregou o rosto com as mãos e recostou a cabeça no sofá. Suspirou fundo e cerrou os olhos, tentando se acalmar.

Ela não sabia mais o que dizer. Ficou ao lado, calada e esperando que ele se manifestasse.

Intuitivo, o cachorro foi para perto do dono. Deu um grunhido e Wagner o olhou e lhe fez um carinho. O cão esfregou-se nele por algum tempo e se sentou em baixo de sua perna estendida. Aquilo distraiu o rapaz e sentiu-se mais leve ao recostar-se novamente no sofá.

Após algum tempo, Wagner abriu os olhos e a encarou de modo indefinido. Erguendo a mão em sua direção, tocou-a com carinho e a puxou para próximo de si.

Adriana recostou em seu peito, abraçou-o pela cintura e chorou ao sussurrar:

— Me perdoa...

O rapaz beijou, demoradamente, sua cabeça e afagou seu rosto. Depois perguntou:

— Pretende ficar casada com o Nícolas? — pareceu não ter entendido.

— Já estamos divorciados — respondeu, encarando-o.

— Preciso de um tempo para organizar o que sinto, mas sei que... ...que amo muito você. Estou triste, mas acho que isso vai passar. Não é só com você... Tem muita coisa que tô lembrando agora... Se quiser ficar comigo...

— Eu te amo, Wagner. — Ele sorriu e a afagou com carinho. Em seguida, ela pediu: — Posso te contar o resto da minha história?

— Tem mais?...

— Sim, tem. E você precisa saber.

— Conta — encarou-a e ficou aguardando.

— No hospital, onde fui socorrida, não havia médico ou equipamento para exames especializados para que eu fizesse curetagem. Uma limpeza do útero que deve ser realizada após o aborto. Ainda bem. O médico que me atendeu pediu para eu procurar um hospital que tivesse esse tipo de atendimento o quanto antes.

— Por que ainda bem?

— Eu queria morrer. Não estava mais me importando comigo nem com minha saúde. Demorei muito para procurar um médico e só o fiz por causa da insistência da Ieda. Foi ela que agendou uma consulta em seu médico particular. Fui à consulta e... — sorriu e chorou. Não sabia como falar.

— Calma... Conta... — pediu, sem imaginar o que aguardava.

— Esse médico resolveu fazer um exame de ultrassonografia para ver se estava tudo bem antes de fazer a curetagem e... Esse exame mostrou que eu estava grávida. Havia um coraçãozinho pulsando...

— Como assim?!...

— A gravidez era de gêmeos em bolsas diferentes. Um foi abortado sim, mas o outro não. E a gravidez ia bem. Está indo tudo bem... — emocionou-se.

— É... Eu... Não sei se entendi... — falou confuso. — Você está grávida?

— Estou — respondeu entre lágrimas. — Estou esperando um filho seu.

Wagner começou chorar quando a abraçou.

Capítulo 29

Novos rumos

Enquanto Adriana e Wagner conversavam, Hilda e Hernâni foram para o quintal, em uma área avarandada perto da piscina.

Haviam se sentado em duas cadeiras que estavam em torno da mesa e o homem comentou:

— Está sendo difícil, Hilda. Às vezes, acho que não vou suportar.

— Calma. Vai dar certo.

— A Celine está me tirando do sério. Por outro lado, o Wagner me preocupa. Agora que está em casa, preciso controlar a Celine para não agredir o irmão com suas colocações e argumentos que machucam. A Wanda não pode me ajudar em tudo. Nem posso exigir nada dela que tem feito muito. Não estou dando conta dos negócios, desta casa, dos meus filhos... Tem os médicos, o principal é o neuro, o fisioterapeuta, o fono... e sei lá mais o quê, que o Wagner precisa ir e... E a Adriana grávida! Tenho de me lembrar disso.

Colocou os cotovelos sobre a mesa e esfregou o rosto com as mãos. Depois ficou segurando a cabeça e suspirou fundo.

— Todos temos nossos momentos difíceis em que a vida parece muito exigente e nós não damos conta.

— Não sei o que fazer, Hilda — encarou-a. — Meu filho desse jeito. A Celine não colabora. As imobiliárias que tenho estão sem administração. Nas mãos dos funcionários. O que faço?

— Entendo. A ausência da Ifigênia já apresenta seus reflexos, além da dor da saudade.

— Eu e a Ifigênia já estávamos separados — murmurou.

— Como assim? — indagou com tranquilidade. Mas em seguida, acreditou ser indiscreta.

Hernâni pareceu não se importar com a pergunta e contou:

— Certa vez, eu a encontrei em atitude suspeita. Acredito que estava me traindo. Apesar de ela jurar que não. Por causa dos filhos, eu propus que continuássemos juntos. Dividíamos a mesma casa, mas não a mesma cama. Ifigênia aceitou. Por ser religiosa, acreditava que o casamento não devia ser desfeito.

— Seus filhos sabem? — perguntou baixinho.

— A Wanda sabe, pois ela estava comigo. Isso foi há dez anos. Nós dois vimos a Ifigênia se abraçando no carro com meu cunhado, viúvo de minha irmã.

— Meu Deus... — murmurou e lembrou-se de quando viu seu marido. Sabia entender aquela experiência e dor.

— Você não imagina como é a decepção de ser traído. É algo... — Breve pausa e respirou fundo. — A Wanda estava comigo e eu não fiz nada pensando nela. Voltei para casa e esperei Ifigênia chegar. Conversamos e ela disse... Jurou que não tinha nada. Mas eu vi. Eu e minha filha vimos. Não há como negar. Entende? A Wanda sofreu muito... Eu também...

Enquanto conversavam, na espiritualidade, Ifigênia estava entristecida ao lado de Hernâni. Quase em lágrimas, pousou a mão em seu ombro e pediu, mesmo sabendo que ele não poderia ouvi-la:

— Desculpe-me... Realmente não houve nada. Eu aceitei uma carona. Ficamos conversando e ele desabafou coisas pessoais. Falou de sua tristeza pela perda de sua mulher. Fui consolar e o abracei... Beijei seu rosto. Mas, naquela noite chuvosa, com os vidros embaçados, dentro do carro, certamente você e a nossa filha tiveram a impressão de outra coisa... Eu e ele éramos bons amigos... Mas eu sei... Sei que, por consequências do passado, tive de experimentar o que fiz a minha irmã sofrer. Precisei passar por essa experiência que, encarnada, considerei injusta... — chorou. — Perdoe-me por fazê-lo sofrer assim. Isso também deve ter uma explicação. — Indo para perto de Hilda, disse: — Perdoe-me mais uma vez, minha irmã... Cuide dele e dos meus, digo, dos nossos filhos...

O espírito Éser, seu mentor, aproximou-se e esclareceu:

— Nossa consciência nos atrai para as situações que precisamos harmonizar. Por ter, em outra encarnação, testemunhado mentirosamente contra Hilda, que foi sua irmã, nesta última existência terrena, você e seu cunhado se atraíram para uma circunstância que, vista como enxergaram, parecia comprometedora.

— Fiquei magoada por ele não acreditar em mim. Depois, desencarnada, vi a cena com o mesmo prisma. Realmente, parecia que eu havia abraçado meu cunhado com outras intenções e que o havia beijado na boca. Que vergonha...

— Lamento, Ifigênia. Assim como você, Hernâni um dia saberá a verdade. Certamente vai lamentar, mas também entender a razão de tudo. — Um instante e propôs: — Agora precisamos ir.

Assim foi feito.

— Hilda e Hernâni continuavam conversando quando ele insistiu em dizer:

— Não imagina como é cruel ver a pessoa que você mais confia, a mãe de seus filhos, com outro homem...

— Imagino sim. Eu sei, exatamente, o que é isso. Depois de trinta anos de casamento sólido, irrepreensível, peguei meu marido com outra. Isso é cruel demais, principalmente depois de eu ter dado minha vida, minha juventude, minha saúde para cuidar dele, da casa, dos nossos filhos... Trabalhando, economizando e... — Calou-se. O homem se surpreendeu. Conhecia a vida de Hilda. Um instante e ela continuou: — Eu sei o que você passou. Me propus ao perdão e decidimos prosseguir. Mas ele não cooperou. Estou me divorciando do Agenor depois de nova traição em tão pouco tempo. Ele me disse coisas que... — seus olhos marejaram. Hilda suspirou fundo e abaixou o olhar. Depois contou com brevidade: — Para piorar, minha casa está à venda. Vou ter de mudar e, como se não bastasse, estou desempregada... — esboçou um sorriso quase irônico que logo se desfez. — Meu filho caçula vai se casar e mudar para o Rio de Janeiro em breve. Não quero incomodar meus filhos e ir morar com eles, tirando o sossego de todo o mundo. Estou rezando para que consiga vender a casa onde moro e consiga, com a divisão de bens, comprar uma casinha, mesmo que seja no interior, para não pagar aluguel. Na minha idade, vai ser bem difícil arrumar um emprego do mesmo nível, com o mesmo salário. Penso em viver com minha aposentadoria e dar aulas de idiomas.

— Peruíbe é uma boa cidade litorânea — disse Hernâni com um toque de sugestão. — Tenho as imobiliárias e diversas opções de casas. — Um momento e perguntou: — Você entende de imobiliária?

— Meu primeiro emprego foi em uma imobiliária — riu. — Eu tinha dezesseis anos! Embora faça muito tempo... Sou esperta e aprendo rápido. Estou gostando da sugestão — sorriu e ficou atenta.

— Na verdade, Hilda... — pensou por um momento e falou: — Passou uma avalanche de ideias na minha cabeça e... Estou um tanto constrangido de falar, mas...

— Por favor! Diga! Estou precisando de alguma coisa pra fazer na vida — disse, sorrindo.

— Sabe como é... — estava sem jeito. — Não estou cuidando muito bem dos negócios. Como dizem: "o gado só engorda sob os olhos do dono". Ao mesmo tempo, preciso cuidar do Wagner, da Celine, desta casa... Você vai ter que deixar sua casa. Temos quartos sobrando e... Se quiser morar aqui e me ajudar. Temos a edícula — apontou. — Poderia deixar suas coisas lá.

— Posso morar na edícula e...

— Não. Não! Eu gostaria que me ajudasse com esta casa, com meus filhos. Principalmente com o Wagner nessa primeira fase de recuperação, enquanto está muito dependente devido àquele aparelho na perna e falta de coordenação motora e verbal. Precisará de muita ajuda. Alguém que dirija, tenha paciência para médico, fisioterapias e outras coisas. Enquanto isso, eu volto a tomar as rédeas dos meus negócios. Quando meu filho estiver melhor e você se cansar de ser babá — sorriu —, poderá vir trabalhar comigo nas imobiliárias. Caso aqui não esteja bom o suficiente, podemos encontrar uma casa que te sirva. O que me diz? — Quando a viu pensativa, lembrou: — Lógico que vamos combinar um salário. Afinal, será um grande trabalho ter de cuidar desta casa orientando os empregados e ajudar com o Wagner.

Sem entender a razão, Hilda, que não era emotiva, sentiu seus olhos aquecerem. Olhou para o belo jardim, para a piscina e a área da churrasqueira. Reparou, talvez pela primeira vez, o quanto aquela residência era aconchegante e bonita. Deveria dar muito trabalho. Aquele jardim, certamente, era cuidado por um profissional assim como a piscina, grande e muito limpa.

Aquela área era enorme, com mesas, cadeiras almofadadas, espreguiçadeiras e redes. Tudo limpo e bonito. Com um toque impecável de bom gosto. Parecia até uma área de lazer preparada, caprichosamente, para fotos de revistas de casas e decorações.

Tudo aquilo era só o quintal. O interior da residência, assim como a área avarandada na frente da casa, antes do portão da rua tinha, igualmente, o mesmo estilo requintado.

— Não sei... — murmurou. Sentia-se em dúvida.

— Eu gostaria muito que aceitasse. É uma pessoa respeitável, de nossa inteira confiança e meus filhos gostam muito de você. Terá total autoridade para cuidar de tudo como se fosse seu. Vamos combinar um bom salário. Aceite, por favor.

Hilda não tinha muitas alternativas. Sua situação era preocupante. Havia orado por uma saída, por uma solução e aquela pareceu a melhor.

Encarando-o, sorriu e confirmou:

— Eu aceito. Quando posso começar?

— Quando quiser! Quando quiser, Hilda! — ficou, verdadeiramente, satisfeito.

— Vou providenciar minha mudança, então! — riu. — Assim, a casa onde moro hoje ficará livre, na imobiliária, para visitação. Não imagina como é desagradável receber interessados a toda hora.

— Sei como é! — riu.

— Só que acho que tenho muita coisa. Vou ter de providenciar um caminhão de mudanças.

— Tenho contatos aqui. Posso providenciar isso para você. Certamente ficará mais barato. Vamos conversando a respeito e, quando quiser, faremos sua mudança.

Ela sorriu com uma gota de apreensão e revelou:

— Estou com frio na barriga! — riu.

— Estou muito satisfeito! Precisamos contar ao Wagner e à Celine. Eles vão gostar.

Ambos pareceram ganhar vida por estarem resolvendo seus problemas.

Ao chegarem à sala, encontraram Adriana e o rapaz com os olhos vermelhos. Estavam abraçados e chorando.

— O que foi? — perguntou o pai, preocupado.

A moça se afastou do abraço, secou o rosto com as mãos e revelou:

— Contei tudo a ele.

— Vou ser pai... — Wagner riu ao dizer.

— Vai, meu filho. Vai sim — disse o senhor, aliviado.

— Vou melhorar pra cuidar do meu filho. Vou sim...

Antes da chegada de Hilda e Hernâni, Wagner e Adriana decidiram que mais ninguém precisaria saber sobre o aborto. Aquele era um assunto triste e que só dizia respeito aos dois. Não adiantaria outras pessoas ficarem sabendo.

— Tenho outra notícia que também vai te animar! — Quando viu o filho encará-lo, contou: — Hilda virá morar aqui em casa. Ficará em um dos quartos vazios que vou pedir para a empregada arrumar o quanto antes. Como ela precisa se mudar da casa em que mora, vai trazer suas coisas e deixar na edícula. Vamos combinar um salário e ela vai ajudar a administrar tudo por aqui. Quando você melhorar e ela se cansar de nós — olhou para a mulher —, vamos arrumar uma casa aqui perto e ela vai trabalhar comigo na imobiliária.

Wagner estendeu a mão para Hilda que a segurou. Ela se aproximou do rapaz, sentou-se e o beijou com carinho. Olharam-se e sorriram.

Não demorou e Celine chegou à sala.

— Quanta emoção! Qual é a boa? — a jovem perguntou em tom agressivo. — Minha mãe morreu por culpa desse aí e vocês estão rindo?

— Celine, não vamos!...

— Pai... Pai... — Wagner chamou. O homem parou com o que dizia e o filho prosseguiu: — Ela está assim por remorso. Deixa quieto. — A irmã respirou fundo e o encarou. Havia grande perspectiva em seu semblante. — Eu lembrei... Lembrei-me de tudo. — Wagner a encarou firme. Mesmo falando com certa demora, revelou: — Eu dirigia... Conversava e mandava a Celine parar com as provocações... Ela empurrou meu banco algumas vezes. Em dado momento... a Celine bateu na minha cabeça com alguma coisa e... no mesmo instante eu vi o carro da minha frente desviar e a batida...

— Ele está mentindo!!! — a jovem gritou. — Ele é mentiroso!!!

Calmo e olhando fixamente para a irmã, o rapaz confirmou:

— Não estou. Você sabe que digo a verdade. Foi você que tirou minha atenção quando me bateu com alguma coisa... Eu lembro...

— Mentiroso!!! — gritou e saiu correndo.

— Celine!!! Celine!!! — chamou o pai.

— Deixa pai... Não vai adiantar...

— Que bom você ter lembrado, Wagner — disse Hilda.

— Acho que me lembro de tudo... ou quase... Pelo menos, eu sei quem sou.

— Vou conversar com sua irmã.

— Melhor não, Hernâni — aconselhou Hilda. — Não é um bom momento. Não vai adiantar. Você sabe.

— Então foi ela? Ela quem tirou sua atenção e...

O filho abaixou a cabeça e lágrimas correram em sua face.

Ao seu lado, Adriana secou seu rosto com as mãos e Hilda disse:

— Eu sentia que tinha algo errado na versão da Celine. Porém, não imaginava que era tão sério.

— Eu discutia com ela e com a Sabrina, mas a Celine me bateu com algo... Tenho certeza... Mas... Era eu quem dirigia...

— Lamento filho, mas não vou poder fazer nada quanto a isso. Tudo não passou de um acidente, de uma fatalidade. Apesar de conhecer sua irmã, tenho certeza de que ela não queria que terminasse como terminou.

— Eu sei...

A cada minuto, Wagner parecia mais consciente.

Todas as boas novidades lhe deram força e ânimo.

Hernâni e o filho pediram que Adriana também se mudasse para lá. A moça relutou. Foi firme e não aceitou.

Então, o pai do rapaz sugeriu que ela ficasse morando no apartamento do filho. Parecendo uma oferta razoável, ela disse que iria pensar.

Ao chegar a São Paulo, Adriana conversava com Daniel a respeito de tudo.

— Contei tudo. Foi difícil, doloroso... Ele acabou se lembrando de tudo. Do acidente, da irmã que bateu nele...

— Que menina irresponsável! — Daniel considerou.

— Ela é terrível. Tem que ver.

— E sobre o aborto. Você contou?

— Sim. Exatamente como aconteceu. — Sentiu um travo na voz, mas prosseguiu: — Por um instante pensei que o Wagner não iria me perdoar. Ele ficou tão triste, tão decepcionado... Não tem coisa pior do que ver alguém que ama se decepcionar com você. — Um momento e comentou: — Sabe Dani, acho que nunca vou conseguir arrancar toda essa angústia de dentro de mim. E, pior de tudo, isso é por minha culpa.

— Com o tempo isso passa.

— Não sei não.

— E o que decidiram fazer?

— Ele pareceu compreender e querer ficar ao meu lado.

— Não acha precipitado demais? Não conhece o Wagner o suficiente.

— Acho mesmo que não. Descubro, a cada dia, que ninguém conhece ninguém. Nunca somos capazes de saber, exatamente, o que uma pessoa é capaz de fazer. Veja o Nícolas. Pensei que o conhecesse, mas não precisou muito para se revelar uma criatura cruel... Veja a mãe... Sempre achamos que ela era a vítima nessa situação toda e o pai, o carrasco. Na verdade, as atitudes dela colaboraram para a fraqueza dele se refugiar na bebida. Só agora, que tudo foi exposto, que o pai decidiu se resgatar. — Breve pausa e observou: — Olhe para você. Sempre teve qualquer uma. Sempre achei que, quando fosse se casar, iria arrumar uma safada qualquer para isso. A Ieda esteve sempre aqui em casa, desde sempre e você nunca olhou para ela e, hoje, está aí correndo atrás.

— Porque ela está dando uma de difícil — sorriu.

— Não. É porque, com ela, você viu a oportunidade de uma vida melhor, mais equilibrada e saudável.

— É verdade — o irmão concordou.

— Sei que conheço pouco o Wagner. Também sei que não conhecemos totalmente ninguém. Não vou construir uma nova vida apoiada na dele. Vou construir uma vida firme e sólida para mim, pensando em fazer isso ao lado dele. Sempre pronta para assumir minhas responsabilidades e arcar com os meus compromissos, caso ele não possa me acompanhar por qualquer razão.

— Vai aceitar o convite de morar no apartamento dele?

— Acho que vou sim. Aquele dia, na discussão com a mãe, ficou claro que ela não apoiou minha atitude, lógico. Fui realmente irresponsável e devo assumir as consequências dos meus atos. Por outro lado, vejo também que, não só eu fui precipitada e irresponsável, mas também o Wagner tem metade dessa parcela de culpa. Eu não iria conceber um filho sozinha. Então, juntos, deveremos assumir tudo. Não é justo querer dividir o peso das nossas responsabilidades com quem não tem nada com isso. Devo me mudar para o apartamento dele sim. Trabalhar na loja até o bebê nascer, enquanto aguardo o Wagner se recuperar.

— Talvez, a recuperação total demore. Não acha?

— Talvez. A primeira vez que o vi no hospital, não acreditei que se recuperasse. Mas agora... Ele mudou muito. Senti uma melhora após toda a discussão com a irmã e a notícia de que vai ser pai... Não sei dizer, mas... Sinto que algo mudou.

— É questão de tempo — disse o irmão para animá-la. — Tudo vai dar certo como tem de ser.

Ela o olhou com serenidade e sorriu. Depois perguntou:

— E você e a Ieda?

Daniel sorriu de modo agradável e disse:

— Consegui um jeito de chamar a atenção dela. — Contou o que vinha fazendo. — Fosse um bombom ou uma caixa... Um enfeitinho, uma flor... Um ursinho... Arranjei um monte de coisas e dava para ela de manhã e à noite.

— E ela? — sorriu interessada.

— Ficou na dela. Até que um dia eu não tinha nada para dar. Fiquei até sem jeito. Mas, de repente, me deu um estalo e então pedi para que fechasse os olhos e dei um beijo no rosto dela. Ela perguntou por quê. E eu disse que era para representar o quanto gostava dela — riu. — Me achei meio bobo. Mas foi um sentimento gostoso. O dia que o amor sair de moda, o mundo estará perdido.

— E ela? — sorriu, contente com o que ouvia.

— Falou: "Que droga, Daniel!" — arremedou e riu.

— E depois? — perguntou, curiosa, animada e sorridente.

— Não sei. Acho que vou até lá daqui a pouco. Ela não está vindo aqui e estou preocupado.

— Mandou mensagem?

— Não. Vou lá sem avisar. Quero conversar com ela.

— Vai sim. Eu ia ligar pra ela, mas...

— Deixa pra depois — Daniel sorriu e saiu do quarto.

Na casa de Ieda, Daniel estranhou a demora para ser atendido. Pulou o portão que era baixo e foi bater à porta.

Depois de algum tempo, Núbia atendeu.

— Oi — cumprimentou. — E sua irmã? — o rapaz perguntou.

— Oi. Tá aí. Entra — pediu e virou as costas deixando o moço parado com a porta aberta.

Ele entrou e foi direto para o quarto da Ieda.

Achou estranho ao vê-la deitada e encolhida. Foi até a cama e procurou ver seu rosto, levantando a colcha que o cobria parcialmente.

— Ieda? — chamou baixinho.

— Dani... — murmurou, chorando.

— O que foi? — preocupou-se.

— Pedi pra minha irmã te chamar... Que bom que veio... — gemia e chorava.

— O que aconteceu? — ficou assustado com seu estado. Nunca a tinha visto assim.

— Não estou aguentando... Sinto uma dor na barriga... — gemeu baixinho. — Aqui do lado... ela desce pra perna e repuxa e... Estou com febre...

— Onde está sua bolsa? Seus documentos?

— Ali... — apontou. Parecia fazer grande sacrifício para falar e se movimentar.

Daniel tirou a coberta que a envolvia e a ajudou a se sentar.

Ieda não conseguia erguer o corpo nem andar direito. Chorava em silêncio, tamanha era a dor.

O rapaz a calçou, vestiu-lhe uma blusa e a levou para a sala.

— Fique aqui. Vou buscar meu carro para te levar pro hospital do convênio.

Ela não disse nada. Só chorava de dor. Ele pegou seu carro e não avisou nada em sua casa. Não queria demorar e achou que sua irmã ou sua mãe pudessem fazê-lo perder tempo.

Quando retornou, encontrou-a encolhida sobre o sofá e Núbia não se importou com a situação.

Imediatamente, levou-a ao hospital.

Ieda foi submetida a uma cirurgia de emergência. Sofreu uma apendicite.

Daniel acompanhou tudo. Somente então ligou para Adriana e contou o que havia acontecido.

No dia em que recebeu alta, Ieda foi para sua casa com a ajuda de Daniel que a levou.

Ao chegarem, a imagem de seu quarto a deixou desolada.

Seu único refúgio e lugar seguro havia sido invadido pela irmã.

Precisando de dinheiro para sustentar o vício, Núbia pegou o que pôde do quarto de Ieda. Roupas, tapete, abajur, objetos de decoração, cortinas, cobertas... Tudo o que pôde. O que não levou, quebrou. Os móveis de verniz lustrados estavam com gavetas e portas danificadas. Paredes pichadas e sujas. Até o ventilador de teto havia sido arrancado.

Daniel ficou tão surpreso quanto Ieda.

Andando com dificuldade, a moça se sentou na cama revirada e pegou um ursinho de pelúcia que ele havia lhe dado e o abraçou forte junto ao peito, apoiando o queixo nele.

Com os olhos cheios de lágrimas, observou todo o seu quarto destruído e lamentou num murmúrio:

— Não... Ela não podia ter feito isso... — chorou em silêncio.

Contendo sua raiva, o rapaz sentou-se ao seu lado e passou a mão em suas costas, perguntando firme:

— Chega, não é, Ieda?

Encarando-o com lágrimas no rosto, indagou com voz fraca:

— O que vou fazer, Daniel?

— Vem comigo. Fica comigo. Vou cuidar de você.

Procurando abraçá-la com cuidado, envolveu-a com carinho e a recostou em seu peito.

Ieda chorou por algum tempo. Quando a viu se recompor, o rapaz sugeriu:

— O meu apartamento está pintado. Tem cama, sofá... É... — sorriu. — Tem uma cozinha com fogão e o gás está ligado. A lavanderia tem máquina de lavar, varal e secadora — riu. Sabia que eram coisas de que ela sentia falta. — Não tem mesa, tapete nem cortina na sala, mas dá para providenciar. Vamos pra lá? Posso pegar suas roupas aqui e... — olhou em volta. — Pelo menos pegar o que sobrou — falou com ar de riso para ser cômico e procurar animá-la.

A jovem sorriu, mas seu rosto se contorceu novamente. Com voz fraca, disse:

— Eu não gostaria que fosse assim...

— Então gostaria que fosse? — sorriu, ao perguntar em tom amoroso.

Ela ergueu o olhar. Daniel secou as lágrimas de seu rosto com a mão. Tirou-lhe os cabelos da face e lhe fez um carinho.

— Não tenho o direito de te usar.

— Não está me usando. — Respirou fundo e afirmou calmo e convicto: — Ieda, estou gostando muito de você. Quero te ajudar. Mas não se sinta na obrigação de ter de retribuir com qualquer coisa que não queira. Vamos para o apartamento. Você ficará tranquila e acomodada. Vai se recuperar e depois poderá fazer o que quiser.

— Daniel... Eu também gosto muito de você. Mas não podemos começar dessa forma. Não posso ir para o seu apartamento e... Não é certo. Se puder me ajudar a ir para a casa de sua mãe... Tenho certeza de que a dona Heloísa vai me acolher, pelo menos, nesse período de recuperação.

— Não tem ninguém lá agora. Estão todos trabalhando.

— Tem você que faltou no serviço pra me buscar no hospital.

— Tudo bem — ele sorriu e concordou. — Está certo. — Levantando-se, estendeu a mão para ajudá-la a se erguer.

Mesmo com dificuldade, Ieda abraçou o ursinho e amparou-se em Daniel que a ajudou a ir para o carro e para a casa de sua mãe.

Por insistência de Heloísa e Adriana, Ieda se mudou e passou a morar com eles.

Ela e Daniel começaram a namorar.

A moça ainda estava se recuperando da cirurgia, quando Jaime a viu trazendo algumas roupas que recolheu do varal.

— Não devia tá fazendo isso! Você sabia que não devia tá fazendo isso?!

— Não é nada de mais, seu Jaime. É só a roupa que recolhi — justificou.

Na cozinha, Heloísa se alertou para o que acontecia e reclamou:

— Já te falei, Ieda. Pare quieta, para se recuperar direito! Você precisa de repouso!

— Estou bem melhor, dona Heloísa. Não se preocupe.

— Eu disse pra ela que não devia fazer isso — tornou o senhor.

— É muito ruim ficar parada e sem fazer nada. É horrível — a moça sorriu.

— Mas é só por um tempo, menina! Custa fazer repouso direito?! — zangou-se a senhora, pegando as roupas de seus braços.

— É... Heloísa tem razão — disse o homem.

Ieda se sentou à mesa e passou a ajudar a senhora a dobrar as roupas. Jaime, observando a cena, comentou: — Vamos perder uma filha e ganhar outra.

— Não vamos perder uma filha! — Heloísa protestou. — Ela vai se mudar para a casa do rapaz, pai do filho dela. Mas não vai deixar de ser nossa filha.

— Tô falando porque a Ieda vai morar aqui agora.

— É só por esse período de recuperação, seu Jaime.

— É lógico que você vai morar aqui mesmo depois. Não tem cabimento voltar a viver com a desregulada da sua irmã! — indignou-se Heloísa. — Onde já se viu?! Você doente, com febre, rolando de dor e a menina não liga pra ninguém! Se o Dani não fosse lá!...

— Na verdade, depois disso que aconteceu, estou com medo de voltar pra lá. Vi o quanto a Núbia está afetada pelo uso de entorpecentes — a moça comentou e baixou a cabeça.

— Não se preocupa com isso não. Você é como nossa filha. Vai ficar com a gente, morando aqui — Jaime disse.

— É uma situação complicada. Principalmente agora...

— Diz isso porque está namorando o Daniel? Ora, menina! — a senhora riu. — O Dani também está falando em ir morar no tal apartamento que comprou. Enquanto vocês não se casam — achou graça —, poderá ficar com o quarto deles.

— É! Isso você pode! — concordou o senhor. Em seguida, ele quis saber: — Vocês se conhecem muito. Por que não casam logo?

Ieda sorriu e comentou:

— Eu prefiro esperar um pouco mais.

— Por que, Ieda? — indagou a mulher.

— Não sei. Talvez... — deteve as palavras. — Nunca tive boas referências. Vi o quanto minha mãe sofreu e se magoou por causa do meu pai. Na teoria, nas novelas, nos livros a separação, o divórcio é fácil, legal e vira até piada. Mas, na vida real, é algo que traz muita dor. Aquela conversa mole de "Estou me separando da sua mãe e não de vocês", não existe. No começo, tudo bem. Depois não deu para aparecer em um aniversário, no Natal... As férias que deveriam ser com ele não podem acontecer e... Distância total. Tenho medo de passar por isso. Já vi muitos homens cafajestes, desonestos...

— Mas o Daniel não é assim — Jaime defendeu. — Meu filho é um bom homem.

Heloísa olhou para o marido e ficou admirada de vê-lo falar bem do rapaz.

— Tudo é questão de conversar, de se conhecerem e se entenderem. Conversa é a principal atitude em um casamento — disse a senhora.

— É verdade — concordou Jaime que olhou para a esposa. — Estou aprendendo isso na terapia. Lá no grupo também. Depois que comecei a conversar, as coisas estão mudando.

— Por que você não fez isso antes? — a esposa perguntou.

— Porque eu não sabia. Tem coisa simples que a gente não sabe fazer. Se tivesse feito, seria diferente. Não acha?

— É que quando ia conversar, você sempre estava bêbado ou mal humorado por causa do efeito da bebida.

— Agora num tô mais bêbado. Tô limpo há mais de um mês. Quase dois! Tô fazendo tratamento. Tô trabalhando. — Fez breve pausa e prosseguiu: — Tem hora que quero alguém pra conversar e você não diz nada.

— Por que não começa uma conversa? — perguntou Heloísa.

— Porque agora é você quem tá de cara feia. — Um momento e propôs: — Será que dá pra gente ser diferente?

— Depois de tudo o que passamos?

— É. Depois de tudo o que passamos — ele concordou. — Se a gente aguentou ficar junto depois de tudo... Acho que podemos ficar junto e ser diferente. Diferente do que sempre foi.

A esposa abaixou a cabeça e disse:

— Preciso que me perdoe por tudo. Eu tentei te enganar. Sempre neguei sobre o Daniel ser filho de outro homem, mas... Eu deveria ter sido tão corajosa quanto a Adriana. Mas fui fraca.

— O Daniel é meu filho. Tenho orgulho dele. É um bom homem. Num bebe nem fuma... Eu que criei ele. Pai é quem cria. Eu também preciso que me perdoe por tudo o que fiz nesses anos todos e... — A mulher ficou olhando-o. Estava surpresa. Encararam-se por alguns instantes. Jaime se aproximou e disse em tom brando: — Eu só entendi você depois de tudo o que aconteceu com a Adriana. Sei que ela não foi correta com o noivo. Traiu ele. Mas consegui entender ela e você. Não gostei do que o Nícolas fez com a nossa filha. Não precisava isso. Então eu vi que eu fui como ele. Maltratei você todos esses anos...

Fui covarde e bebia... Enchia a cara porque não aguentava saber que fui traído... Tive certeza que fui traído quando o Daniel nasceu e vi que ele era muito diferente de nós dois. Depois, quando a Adriana nasceu e era bem diferente do irmão... Fiquei louco. Errei por não querer mais conversar com você. Em vez disso, fiquei te maltratando todos esses anos.

— A culpa foi minha também. Não tive coragem de dizer a verdade e nunca toquei no assunto. Preciso que me perdoe.

— Preciso que me perdoe também. — Breve pausa e perguntou: — Vamos começar de novo? — ele a olhou e ficou esperando.

Heloísa o encarou ao indagar:

— Como?

— Ora! Vamos conversar diferente. Como agora. A gente pode sair, passear... Eu sempre quis passear junto com você, do seu lado... — sorriu. — Gosto quando cê tá arrumada. Fica bonita... — falou sem jeito. — Quero passear do seu lado.

— Eu também... — correspondeu ao sorriso. — Sabe Jaime, para uma vida melhor, não basta só um querer. É preciso que os dois queiram, que os dois se empenhem. Se você estiver disposto, podemos ser diferentes.

— Estou disposto. Podemos começar amanhã. Você vai no AA comigo?

— Vou. Mas podemos começar hoje! Vamos jantar só nós dois?

— E os meninos?

— Já jantaram. O Daniel ia passar no apartamento e a Adriana está arrumando as coisas dela para ir pro apartamento do Wagner. A Ieda... — olhou em volta. Só então se lembrou da moça e percebeu que ela já havia se retirado da cozinha sem que eles notassem. Heloísa sorriu ao dizer: — A Ieda está no quarto com a Dri.

— Vamos jantar então. O que tem hoje?

— Sopa! — ela riu gostoso.

— Eu gosto muito da sua sopa — foi para perto de Heloísa, afagou suas costas e beijou seu rosto.

A esposa lhe fez um carinho. Sorriu e foi arrumar a mesa para jantarem e o marido a ajudou.

No quarto com Ieda, Adriana comentava:

— Poderia casar logo com o Dani.

— Você está igual ao seu pai.

— Eu soube que o Dani te propôs isso.

— Eu quero esperar só um pouco mais.

— Mas se conhecem há tanto tempo! Não têm que namorar tanto!

— Talvez me sinta insegura. Não só pela referência que tenho dos meus pais. Na minha vida, só encontrei homens que não prestavam. Foram aproveitadores, cafajestes, desonestos... Até que entendi que era eu quem permitia que isso acontecesse. Se eu não tivesse deixado o cara entrar na minha vida daquela forma, tudo aquilo não teria acontecido. Na verdade, não me valorizei. Por isso, quero ir devagar com seu irmão.

— Ele gosta tanto de você.

— E eu dele. O Daniel precisa entender que, se for para ficarmos juntos, ele vai ter que ser maduro e não aprontar como fazia.

— Acho que ele amadureceu muito, Ieda. Ele gosta mesmo de você. Dá pra ver isso.

— Mesmo assim, prefiro esperar. Ele disse que vai se mudar para o apartamento. Assim eu fico aqui com seus pais, pois você vai mudar para o apartamento do Wagner.

— Vou sim. Já está tudo arrumado.

— E o Wagner? Como está?

— Recuperando-se. Está fazendo vários tratamentos. Fisioterapia, fono... Agora tirou o gesso, mas ainda está com aquele aparelho horroroso. Dessa forma, as terapias ficam mais intensivas. Sua fala está melhorando, apesar de comprometida ainda. Ficamos com medo de o seu lado cognitivo ter sido afetado no acidente. Mas o raciocínio está bem normal. Graças a Deus.

— Ele já se lembra de tudo?

— Praticamente de tudo. Tem coisas que ainda não recorda direito. Mas são situações sem grande importância. Ainda bem que se lembra de nós — riu. — Já pensou se esquecer de mim? — O sorriso de Adriana se fechou.

— O que foi?

— Lembrei uma coisa...

— O quê? — Ieda quis saber.

— O aborto que fiz... — quase chorou.

— Agora, com o apoio do Wagner, vai se sentir mais fortalecida.

— Não é bem assim. Ele ficou triste. Precisava ver. Pensei que não fosse me perdoar. Mas... É uma dor que... Eu não tinha a menor ideia que essa dor pudesse existir... — Adriana chorou.

— Ei!... Não fica assim... — aproximou-se e abraçou a amiga por um instante.

— Não tem como ser diferente. Não importa quanto tempo se passe. É algo triste. É uma culpa cruel... — suspirou fundo e secou o rosto com as mãos. — Se eu tivesse encontrado alguém que me dissesse que faria tão mal a mim e ao meu filho... Se eu soubesse que carregaria esse sentimento de culpa... Tudo seria diferente agora. Depois que esse filho nascer, vou olhar para ele ou para ela e sempre pensar: deveria ter outro ou outra igual, da mesma idade... — chorou.

— Em cada aniversário, na escola, nos passeios... Vou olhar e dizer para mim: teria outro fazendo tudo isso junto.

— Olha, Dri, tudo bem que você errou. Mas, pense que, com isso, está se tornando uma pessoa melhor. Está estudando a Doutrina Espírita, pensando em fazer um alerta a outras pessoas que não têm conhecimento. A sua atuação, por causa do seu sofrimento, é a construção de uma base sólida para uma nova pessoa amanhã. Só depende de você. Toda a grande estrutura precisa de uma grande base. Os mais altos edifícios precisam de um grande alicerce. Pessoas que sabem o que é sofrer e usam suas experiências em prol do benefício alheio, tornam-se úteis a Deus. Leve luz onde há trevas.

— Esse é o meu objetivo. — Forçando um sorriso e respirando fundo para mudar de assunto, disse: — Bem... Preciso me concentrar na minha mudança para o apartamento do Wagner. Já levei quase tudo o que vou precisar. Amanhã já vou dormir lá.

— E o sexo do bebê? Não vai querer saber ainda?

— Não. Enquanto o Wagner não puder ir comigo fazer o pré-natal, não vou querer saber. Ele está animado pra vir pra cá por causa disso. Não fala em outra coisa.

— E o enxoval do bebê?

— O que comprei, já levei pra lá. Tudo em cores neutras. Está lindo!

— Vi poucas coisas que você me mostrou — Ieda sorriu e acariciou a barriga da amiga. — Está ficando tão linda! — admirou.

Abraçaram-se.

CAPÍTULO 30

O pulsar de dois corações

Algum tempo depois...

Em casa de Hernâni, o filho já se recuperava muito bem.

Wagner queria ir para São Paulo, voltar para o seu apartamento, mas ainda não havia sido liberado pelo médico e fazia tratamentos.

— Quero voltar a trabalhar, cuidar da Adriana. Daqui a pouco o bebê vai nascer. Preciso estar ao lado dela. Ela está morando sozinha!

— Calma, filho. De que jeito quer voltar? Ainda usando esse aparelho horroroso na perna? Você está de licença médica. Não se recuperou totalmente. Anda de muletas ou cadeira de rodas.

— Também sei que ainda não falo direito, mas melhorei muito.

— Precisa se recuperar bem. Comprar um outro carro que o seguro pagou... Voltar a dirigir. Uma coisa de casa vez — alertou o pai, querendo que fosse realista. Realmente o rapaz não tinha qualquer condição de estar sozinho. Sempre precisava de ajuda para tudo.

— Voltar a dirigir... — murmurou e ficou pensativo. Ainda falava um pouco devagar. — Quando me lembro do acidente... Sempre penso que poderia ter sido de outro jeito.

— Foi um acidente que precisava acontecer. Embora sua irmã tenha colaborado.

— Não temos como saber, pai. Eu dirigia o carro que matou a mãe e a Sabrina. Vou ter que viver com esse peso. O senhor não sabe como é.

— Foi um acidente! Se a culpa foi de alguém... Se a Celine não tivesse agredido você, talvez... — não completou. — Ainda é agressiva e... Não sei mais o que fazer com ela — Hernâni desabafou. — Estou tentando ensinar, alertar, fazê-la compreender, mas...

— Ela é maior de idade. Não pode fazer muita coisa. Como é que vai trancá-la aqui em casa?

— Quero ver quando... — o senhor deteve as palavras.

— Quando o quê? — o filho quis saber.

— Wagner... — O homem encorajou-se. Suspirou fundo e desabafou: — Qualquer hora você vai ter de saber mesmo e...

— O quê?

— É sobre mim e a Hilda. Nós...

O rapaz tentou segurar o sorriso, mas não conseguiu. Seu rosto se contorceu e ele abaixou a cabeça para que o pai não visse. Tentou disfarçar e acariciou o cachorro, sempre ao seu lado.

Hernâni ficou nervoso e revelou de uma vez:

— Eu e a Hilda estamos nos gostando e pensamos em ficar juntos.

— Não vá fazer da Hilda uma mulher indigna, pai! Case-se com ela logo! — exclamou ironicamente ao brincar.

— E quem falou que não vamos nos casar? — sorriu, aliviado com a reação do outro.

O filho começou a rir e disse:

— Que bom. Fico feliz por vocês dois. Gosto muito da Hilda.

Sem jeito, falando baixo, o senhor considerou:

— É que sua mãe morreu há tão pouco tempo e... É uma situação tão difícil.

— Entendo. Por um lado, você ficou viúvo há poucos meses. Ela se divorciou também há poucos meses... Mas... Vocês não são tão jovens, não têm todo o tempo do mundo e precisam aproveitar a vida. Não é isso?

— Sim. É isso sim. — Breve pausa e perguntou: — O que me diz?

— Está pedindo conselho para mim?! Ora, pai! — riu. — A mãe foi uma grande mulher. Sempre cuidou bem de nós, do senhor, da casa... O senhor sempre foi ótimo marido e pai. Mas não pode cultuar a imagem da mãe de forma doentia. Ela não está mais aqui. Seria um desrespeito se tivesse e eu não concordaria se a situação de vocês não fosse legal. Não é o caso. Ninguém, nunca, vai substituir a mãe. Entendo que a Hilda é uma outra pessoa e que não vai tentar fazer isso. Daqui a pouco eu me caso e vou embora. Isso é questão de dias! A Wanda tem a casa dela, os filhos e o marido. A Celine... Bem, dela eu não sei. Mas o senhor precisa de uma companhia, de alguém com quem dividir o espaço desta casa, cuidar das coisas junto com o senhor. A solidão é uma coisa triste, pai. Conheço muito bem a Hilda. Ela é uma ótima pessoa. Por que não deveriam se unir? O que os impede?

— A língua do povo — falou baixinho. — A família... Seus tios, primos...

— Não são eles que virão aqui te ajudar, fazer companhia, cuidar de suas coisas, cuidar do senhor quando precisar. Não ligue para essas pessoas. Não deve satisfações a elas. Na verdade, não deve satisfações nem aos seus filhos.

— Têm os filhos dela. Não sabemos como vão reagir. Você pensa assim. Mas suas irmãs... Não sei.

— Os filhos dela são gente fina. Minhas irmãs... Elas gostam muito da Hilda. Percebo isso — Wagner lembrou. — Não acho que seriam contra e, mesmo se forem, não importa.

— Importa sim. Para nós dois, importa.

— A Hilda é uma pessoa maravilhosa. Como eu disse, sei que ela nunca vai ocupar o lugar da minha mãe, mas a tenho como uma. Principalmente agora que cuidou e cuida de mim... Coisa que só uma mãe faria. No começo, eu ficava até constrangido, mas... Nossa! O que ela faz por mim... — Um instante, e considerou: — A Hilda é a pessoa certa.

— Eu sei disso. Vejo o quanto ela se dedica a você e a sua irmã. Até a Wanda ela ajuda, de vez em quando, para olhar os meninos.

— Então não se preocupe. Não perca tempo. Fale com a Wanda e com a Celine. Elas...

— O que tem a Celine aí?! — perguntou a jovem que chegou e não sabia sobre o que estavam conversando.

Com jeito rebelde, um tanto agressivo, jogou-se no sofá e ficou à espera de resposta.

— Eu estava aqui falando para o seu irmão que... — Hernâni ficou nervoso. Não só o assunto o deixou assim. Nunca sabia qual a reação da filha e isso o estressava.

— É o seguinte! — Wagner foi direto e tomou a frente. — O pai e a Hilda vão se casar.

Celine olhou para um depois para o outro e comentou com jeito irônico:

— Tá bom. Mas se virar chifrudo novamente... Se acontecer, toma uma atitude de homem e dê um pé nela!

— O que é isso, Celine?! — o irmão protestou.

— Coitado de você, Wagner. É sempre o último a saber... — gargalhou, levantou-se e foi para o quarto.

Hernâni abaixou a cabeça e não disse nada. Estava em choque.

— Pai! Que história é essa? Como deixa que ela fale assim com o senhor?

— Sempre acreditei que só a Wanda soubesse.

— Como?! Não estou entendendo!...

O pai contou-lhe tudo e desfechou:

— A Celine tinha dez anos. Acho que ouviu a minha conversa com sua mãe, na época, mas não tive certeza.

Wagner ficou decepcionado. Triste perguntou:

— Será que a Wanda não contou?

— Não. Tenho certeza de que não. Se ela fosse contar, seria para você. São mais unidos. — Pensou um pouco e concluiu: — Isso justifica a revolta da Celine. Sua mãe deveria desconfiar que ela soubesse de tudo e, por isso, cedia aos seus caprichos e a mimava tanto. Somente isso justifica a rebeldia da Celine e sua mãe tratá-la como sempre tratou.

Wagner sentiu-se mal. Não esperava por aquela revelação. Nunca poderia imaginar uma situação daquela. Justo sua mãe.

Com uma amargura que não demonstrava, aconselhou:

— Pai, cuida de sua vida. Seus filhos estão criados. Aproveite o que puder. Case-se com a Hilda e vá ser feliz — sorriu e apoiou a mão em seu ombro.

— Quer marcar a data de casamento junto comigo?

— Sério?!

— Por que não? — o senhor sorriu. — Aliás, você e a Adriana estão adiando muito.

— Vamos lá! Eu quero sim. Vou falar com a Dri.

— Vou falar com a Hilda.

Foi assim que, após um mês, os casamentos aconteceram.

Sempre agressiva e sem se importar com os que viviam junto a ela, Celine atraía, para si, companhias espirituais inferiores.

Nesta existência terrena, ela não necessitaria de tais atrações que a carregavam para amarguras. Em busca de rebeldia, aventura ou algo que mostrasse sua liberdade e liderança, típica pessoa que diz: "faço o que eu quero e não o que me orientam", Celine se envolveu com amigos irresponsáveis.

Seu mentor, além do espírito que foi sua mãe e sua avó, tentou inspirá-la, mas foi em vão.

A jovem e alguns amigos alugaram um barco e foram para alto mar. Usaram entorpecentes que os deixaram alterados, falsamente alegres. A irresponsabilidade aumentou. Celine caiu no mar. Demoraram muito tempo para sentir sua falta. Buscas foram feitas e encontraram seu corpo somente no dia seguinte.

Para Hernâni, não houve dor maior em sua vida. Hilda o amparou e ficou ao seu lado o quanto foi preciso.

Todos sabiam que o pai havia feito de tudo para ajudar a filha, que se negou às orientações recebidas.

Foi difícil para o espírito Ifigênia, mas ela achava-se determinada a se elevar para ajudar a filha que ficaria, por algum tempo, em estado consciencial difícil.

Três anos depois...

Hilda estava com uma bela aparência, refletindo a jovialidade e a alegria de sua alma.

Bem vestida e perfumada, sorriu largamente ao ver Lídia, sua melhor amiga, a certa distância.

Os sons dos saltos altos estalando acelerados pela corridinha no piso de granito do *shopping*, misturados aos gritinhos contidos de felicidade, antecederam ao abraço caloroso e animado, chamando a atenção de algumas pessoas que sorriram ao verem a cena.

— Ah!... Como é bom te ver! Quanto tempo, Hilda! — Pegando na mão da amiga, se afastou e admirou: — Como você está linda! Gostei dos cabelos! Gostei de tudo! — riu gostoso.

— Você também está maravilhosa! — disse ao enlaçar seu braço e puxá-la para que caminhassem para uma cafeteria no *shopping*.

— Como estão as coisas? — Lídia quis saber.

Acomodadas em uma mesa, Hilda contou:

— Tanta coisa aconteceu, menina! Por telefone nem sempre dá para atualizar os fatos. Até porque você só viaja, né?! — sorriu com jeitinho mimoso.

— Verdade. Eu e o Márcio decidimos fazer duas viagens por ano. Agora com os filhos criados, crescidos, casados, estamos livres! Mas... Conte-me, como você está?! E seu marido?

— Eu e o Hernâni estamos bem. Graças a Deus! Sempre estamos viajando, passeando um pouco. Falei pra ele que agora é a fase de desacelerar um pouco com o trabalho e pensar mais em nós. Somos só nós dois. Quem mais aparece lá em casa é a Wanda. Nós nos damos tão bem! — sorriu alegre.

— E o Wagner e a Adriana? Faz tempo que não falo com ela.

— Estão muito bem. A filhinha deles está tão linda! Uma gracinha!

— Vi pelas fotos que me mandou. Ela é linda mesmo. Como se parece com ele, né?

— Ali não tem nada da Adriana — riu. — Cristiane saiu toda ao pai! Tá tão esperta! Tem de ver! Já está na escolinha. Ela me chama de vovó... — fez um jeitinho mimoso ao encolher os ombros e sorrir. A Fátima está com ciúme — riu.

— É mesmo! E o nenê da sua filha?

— É tão fofinho! Está lindo! Fez três meses. Com aqueles olhos de jabuticabas!... Tenho netos lindos! Estou muito orgulhosa de mim!

Eu não imaginava que iria ser uma avó tão coruja. Sabe que até os filhos da Wanda me chamam de vovó?

— É mesmo?!

— Chamam sim! E eu adooooooro!...

— O Wagner se recuperou bem, né?

— O primeiro ano, após o acidente, foi bem complicado. Ele só voltou a trabalhar mais de dois anos depois! Precisou de muitos médicos e fisioterapias. Nossa, coitado!

— Agora já está trabalhando? — Lídia perguntou.

— Graças a Deus, sim. Voltou para a mesma empresa e está na mesma diretoria. Ele era ótimo no que fazia e a organização reconheceu isso. Quem o viu na cama do hospital daquele jeito, não acredita que é o mesmo homem.

— A Adriana está bem? Nunca mais falei com ela, menina!

— Está ótima. Linda como sempre!

— Quando trabalhou lá na loja, ela me pareceu uma pessoa bem esperta. Gostei muito dela.

— E é muito esperta! Deu muito apoio ao Wagner. Assim que a Cristiane nasceu, a Dri morou com a gente lá em Peruíbe nos primeiros meses — Hilda contou.

— Eu lembro. Você me falou.

— Depois, quando a Cristiane fez cinco meses, ela veio para São Paulo, arrumou um emprego muito bom e colocou a menina em uma escolinha. Ela se virou sozinha! E cuidou da menina sozinha também por cerca de três meses! Tinha de ver. Adriana se mostrou forte. Tomou as rédeas da situação e passou a resolver tudo sozinha. O Wagner ficou contrariado. Arrumou as coisas dele e veio pra cá do jeito que estava. Acho que ele deu mais trabalho para a esposa do que a filha — riu gostoso.

— Ele é teimoso!

— É sim. Continuou com os tratamentos até tirar aqueles fixadores externos horríveis... Ui! Aquilo me dava calafrios. Eram arames e parafusos furando a carne e aparafusados no osso. Que horror! — fez uma expressão de agonia. — Para cuidar dele era tão difícil. Coitado. Eu tinha tanta dó. Sempre achava que o estava machucando.

— A Adriana é bem dinâmica.

— Ela o levou para frequentar a casa espírita. Fizeram e fazem cursos. Tem que ver! A Adriana faz palestras ótimas! Ela amadureceu tanto!

— Estou muito feliz por ela. É ótimo ver alguém progredir — disse Lídia. — Ela me contou sobre o equívoco que cometeu... Sua história foi tão triste. Ainda bem que superou. Precisou de muita coragem para assumir e corrigir seus erros.

— Não importa o que fazemos, para Deus, o maior valor está em como harmonizamos e resgatamos nossos equívocos.

— Concordo com você. — Breve pausa e perguntou: — E o ex-marido dela?

— Sumiu. Nunca mais deu notícias. Contaram pra mãe dela que o Nícolas foi para Pernambuco. Ele tinha sido mandado embora por justa causa. Não sabem o que ele aprontou. Depois viajou e sumiu.

— Hilda, e o Agenor? — tornou curiosa.

A amiga ergueu as sobrancelhas e respirou fundo ao fechar o sorriso e envergar a boca. Depois que relaxou o semblante, contou:

— Vendemos a casa e dividimos tudo. Você sabe. Eu fui administrar a casa do Hernâni, cuidar do Wagner e tocar minha vida.

— Sim! Sei! — Riu de um jeito engraçado e brincou: — E acabou casando com o homem que te contratou!

— Mas isso não estava nos meus planos! — riu junto. — Eu não queria saber de homem na minha vida!

— Sei!... — riu gostoso.

— Verdade. Mas, se não acredita... — balançou os ombros em sinal de tanto faz.

— Vai, Hilda, conta! — interessou-se Lídia ainda achando graça.

— Então... Fui pra lá. Minhas coisas ficaram na edícula. Eu tinha um quarto na casa e...

— Tinha. Hoje não tem mais, pobrezinha! Ficou sem quarto! — a amiga brincava e ria. — E, por causa disso, tá dormindo no quarto do patrão!

— Pare com isso! — riu e brincou também, dando-lhe um tapa leve no braço. Mais séria, Hilda continuou: — Eu e o Hernâni começamos a namorar. Logo ele quis assumir o romance e avisar os filhos. Então nos casamos. Para nossos filhos não houve surpresa. Só o Rogério ficou meio assim... — fez um jeito engraçado, meneando a cabeça. — Mas, depois, ele se acostumou com a ideia. Poucos meses se passaram e a Celine morreu, coitada — fechou o sorriso.

— Aquela menina era terrível, Hilda. Pelo amor de Deus — foi sincera.

— Não diga isso... Senti muito a morte dela — falou séria. — Foi bem triste. Sofri muito. O Hernâni... Coitado. Não merecia isso. Foi difícil para nós dois. Ele só começou a melhorar depois que a Cristiane nasceu e a Adriana foi morar lá uns meses.

— Ah... Desculpe-me por falar assim — lamentou. No instante seguinte, quis saber: — Mas me conta! E o Agenor? — insistiu a amiga.

— Ah é! Tinha até me esquecido — riu de si mesma. — Você está me deixando doida! — gargalhou.

— Não. É sua idade! É o Alzheimer — gargalhou junto.

— Para com isso! — Hilda se recompôs do riso e prosseguiu. — Então... Dividi tudo com o Agenor. Ele já tinha torrado ou sumido com o dinheiro da venda da casa da praia.

— Eu lembro.

— Daí que, depois que pegou a parte da casa, o Agenor desapareceu. Não deu notícias nem para os filhos. Então, ano passado ele procurou o Rogério e a Fátima. Eles me contaram que o pai estava um bagaço! — enfatizou, falando baixinho. — Velho, magro, feio, mal arrumado, problemas visíveis nos dentes... Minha filha não se conformou.

— E o que ele queria?

— Disse que precisava falar comigo! — exclamou sussurrando.

— E você?! — Lídia perguntou curiosa, no mesmo tom.

— Relutei. Conversei com o Hernâni e ele achou por bem eu ir falar com o Agenor, mas... Com ele junto.

— Sério?!

— Seríssimo! E fomos. Marcamos na casa da Fátima. Chegamos. O Hernâni ficou na cozinha e eu fui pra a sala conversar com o Agenor, que não sabia que meu marido estava na cozinha. Aliás, nem sabia que eu tinha me casado de novo.

— Nossa! E daí?

— O Agenor estava pior do que eu imaginava. Horroroso! — enfatizou. — Então ele falou, falou, falou... Disse que havia se enganado. Estava arrependido por tudo o que havia feito. Que somente agora se deu conta de todos os erros que cometeu. As mulheres que arrumou só tiraram todo o dinheiro dele. — Hilda deu um suspiro e disse: — Enfim!... O Agenor está na miséria. Vivendo, num quartinho, no fundo de quintal e ainda tem que dividir com outros inquilinos o banheiro, que é comunitário. Paga o aluguel com a mísera aposentadoria e mal sobra para comer. Coitado...

— Coitado nada! Lembre-se do que ele fez com você! — protestou a amiga.

— Juro que fiquei com dó dele. — Breve pausa em que pareceu se lembrar da cena e continuou: — Então perguntei o que ele queria. Para meu espanto, o Agenor disse que queria voltar comigo.

— Hein?!!!

— Isso mesmo que você ouviu.

— E você?!!! — exclamou Lídia.

— Disse que minha vida era outra. Que estava casada com um homem muito bom para mim. Respeitoso e fiel. Ai, menina... — fez tom de lamento. — Eu disse mais coisa e acabei com ele...

— Por quê?! O que você disse?!

— Que meu marido não se importava com a minha idade nem se eu havia perdido a juventude. Sabia valorizar quem eu era e reconhecia minhas qualidades. Ai, Lídia... Falei tanto... Tudo o que tinha ficado engasgado na minha garganta desde aquele dia que ele foi embora de casa.

— Bem-feito! Ô coisa boa! E ele?

— Coitado. Ficou uma fera. Disse que ia mover uma ação na justiça para eu pagar pensão a ele.

— Não acredito!!! Que absurdo! Canalha! Somente um homem cafajeste é capaz de pedir pensão para a ex-mulher. Nojento! E você?

— Coitado. Eu disse que sou tão aposentada quanto ele. O Hernâni é quem me sustenta. Não tenho bens. Que ele, em vez disso, se movimentasse em procurar um trabalho para ter o mínimo de dignidade na vida. Homem que requer pensão de ex-esposa não tem caráter, valor ou dignidade. Se ele estava naquela situação, foi por imprudência. Foi por ter ido atrás de bonitinhas, jovenzinhas, lindinhas e de corpinho bonito. Deveria ter pensado antes. — Um instante e comentou: — Deveria ter visto a cara dele. Depois, levantei, pedi licença e fui embora com o Hernâni.

— O Agenor viu seu marido?

— Viu. Fui até a cozinha, chamei o Hernâni e passei pela sala para ir embora. Antes, cumprimentamos a Fátima. E ele assistindo a tudo.

— Nossa! O Hernâni, com aquele jeitão bonito... Todo bem arrumado!...

— Eu ouvi isso! — brincou fazendo de conta estar enciumada.

— É verdade! — brincou a amiga.

— Sabe Lídia, fiquei com dó dele, mas estou consciente de que o Agenor colheu o que plantou.

— E o Hernâni? O que ele disse?

Hilda gargalhou gostoso e contou:

— Depois ele me disse que ficou com uma pontinha de medo. Achou que eu poderia querer cuidar dele.

— Não te deu essa vontade?

— Não! De jeito nenhum! O Agenor fez sua escolha. Eu dei oportunidade, mas... Você sabe. Acompanhou tudo. Ele acabou com a nossa vida, com a nossa família, acabou comigo. Demorei para me recuperar da traição que sofri. Mesmo após ter casado com o Hernâni, tudo aquilo doía. O Agenor escolheu o próprio caminho e se encontra onde suas atitudes o levaram. Não posso e não vou estragar minha vida por causa dele. Mesmo que o Hernâni não estivesse comigo, não aceitaria meu ex de volta. Perdoei. Dei chance, mas ele não aproveitou.

— Você está certa. No seu caso, não tem como ser diferente. Tudo tem limite.

— Agora eu e o Hernâni estamos planejando uma viagem pela Europa. Tipo... Ficar uns três meses fora. Voltar... Viajar de novo...

— Maravilha! Vocês vão amar! Eu e o Márcio fizemos isso ano passado. Aproveite mesmo. Vocês merecem.

Continuaram conversando.

No apartamento do irmão, Adriana conversava com a cunhada, sentada no sofá ao seu lado.

— Vocês deveriam arrumar logo um nenê!

— Não. Agora não! Ficou louca?! — Ieda riu. — Nossa ideia é juntar uma boa grana e comprar uma casa. Esse apartamento é pequeno demais para criar filhos. Não estou acostumada. Prefiro casa.

— Isso é verdade — concordou.

— Nós estivemos olhando dois sobrados recentemente cons-
truídos. Grandes e ensolarados. O Daniel disse que ia falar com o
Wagner. Acho que estão demorando porque devem ter passado lá.
Seria interessante vocês comprarem um e nós o outro.

— Nossa! Já pensou?! — Adriana sorriu. — Vizinhas?!

— No quintal dos fundos, até dá para abrirmos um portão no
muro para passarmos uma para a casa da outra sem termos de sair
na rua.

O rosto da cunhada se iluminou. Gostou da ideia.

— É muito caro?

— Se venderem o apartamento que vocês têm, talvez não pre-
cisem de muito — Ieda sugeriu.

— Temos uma economia. Talvez nem precisemos financiar.

— Foi o que eu e o Daniel fizemos. Uma economia e tanto. Se
fecharmos negócio com o sobrado, acho que não teremos dívidas.
Lógico que precisaremos mobiliar. Depois dá até para pensar em
um nenê — riu. — Depois! — ressaltou alegre.

— E a Núbia? Teve notícias dela?

— Está doente, você sabe. Contraiu HIV. Vou até lá, levo uma
cesta básica e, quando posso, deixo algumas roupas. Ela reclama.
Acha que sou ingrata. Não dou dinheiro. Quando ela tem alguma
receita médica, compro os remédios e deixo lá. Minha irmã não tem
jeito. Não consegui mudá-la, enquanto morávamos juntas. Ela é re-
sistente. Gente assim sofre para aprender. É uma pena.

— Algumas pessoas conseguem se erguer. Veja meu pai.

— Nossa! É mesmo! Outro dia eu cheguei lá e eles estavam ar-
rumados para irem ao cinema! — Ieda sorriu e se jogou para cima
da outra. — Tinha de ver que bonitinhos! Você já os viu, lá no centro,
como é. Um ao lado do outro... Prestam uma atenção!...

— Ele mudou muito. Minha mãe também — comentou, sorrindo
satisfeita.

— O que eu não esperava era o senhor Jaime voltar a estudar. Nem acreditei!

— E minha mãe ensinando! Viu só? — Adriana perguntou alegre.

— Vi! Vi sim — achou graça.

— Pois é, menina. Eles estão tão bem. Graças a Deus.

— Sabia que seu pai tem o maior orgulho de você por fazer palestras?

— Sério?!

— E como! Ele me disse.

— Não imaginava que iria conseguir. Lembro que eu estava em casa dando banho na Cristiane e a dirigente do centro ligou e disse que estava desesperada, pois o palestrante avisou que iria faltar. Perguntei por que ela não fazia a palestra no lugar dele. Ela deu uma desculpa que nem me lembro mais. Fiquei nervosa. Aí lembrei de uma matéria que tinha estudado no curso e resolvi falar sobre aquilo. Quando cheguei lá na frente, estava tremendo... Depois fiquei tão à vontade. Hoje já estou um pouco mais acostumada, mesmo assim... Sabe, tem assuntos que falo e me incomodam. Dói em mim por causa do tema.

— O tema aborto, ainda te incomoda?

— Muito. Parece que não vou me curar dessa ferida nunca. Embora esteja mais leve. Aprendi da pior maneira possível. Hoje, pelo menos, não choro mais. Ergo a cabeça e coloco um sorriso no rosto como se tudo estivesse perfeito e vou cumprir minha tarefa. Fazer exposições me ajudam muito. Sinto que estou esclarecendo outras pessoas a refletirem mais.

— Me perdoa?... — riu gostoso e se jogou novamente para o lado da cunhada.

— Por quê?

— Fui eu!... — Ieda se espremeu no canto do sofá, fingindo estar com medo.

— Como?

— Fui eu que disse para a dirigente do centro te chamar para fazer a palestra aquele dia. Eu sabia que você estava pronta. Vivia e vive estudando. Tinha chegado a hora de colocar para fora tudo o que entrou nessa cabeça.

Adriana deu alguns tapas leves em Ieda, que se encolheu, e riram.

— Lembro os olhinhos do meu pai quando ficou me olhando lá na frente... — emocionou-se. — É tão gratificante ter uma família unida.

— Eu sei. Sei o que é ter uma família dilacerada... — disse Ieda em tom triste. — Por isso valorizo muito minha nova vida ao lado do Daniel, de seus pais, ao seu lado...

— Você sempre fez parte da nossa família.

— Mas agora é diferente. — Mudando de assunto, lembrou: — E os convites de outras casas espíritas, para que faça palestra, estão chegando?!

— Ai, Ieda! Nem me fala! Tenho que limitar. Só uma palestra por semana. A Cristiane ainda é pequena. Tem dia que chego tarde do serviço.

— Você sabe se expôr tão bem, Adriana! Envolve tanto as pessoas quando fala!...

— Eu só falo da mesma forma que gostaria que falassem comigo. Nada mais. Falo querendo que meu filho escute e me perdoe. Acho que, se eu tiver o perdão dele, será mais fácil me perdoar.

Naquele instante, na espiritualidade, Dione, mentora de Adriana, Ifigênia, Maria que foi avó de Wagner, junto com outros espíritos, estavam reunidos. Haviam trazido Iago, espírito abortado por Adriana, para vê-la novamente. Eles acompanhavam bem de perto todo o trabalho que ela realizava.

— Veja sua mãe — disse Dione. — Como está evoluindo e se harmonizando. Com sua tarefa, na casa espírita, ela alivia corações, leva esperança, orientação, compreensão... Ensina perdão e amor.

— Inúmeras vezes ela foi te visitar — lembrou Ifigênia. — Falou o quanto estava arrependida. Mas não ficou só nas palavras. Está ativamente divulgando a valorização da vida e, amorosamente, orientando sobre o problema do aborto. Usa o próprio sofrimento para exemplificar e ensinar, mesmo nunca mencionando o que fez. Muitos encarnados estão se melhorando graças a ela.

— E nós te trouxemos aqui, mais uma vez, para que a observe — tornou Dione.

— O aborto é um sofrimento muito grande — Iago comentou. — A dor, o desespero, a angústia... É muito sofrimento. Muito trauma...

— Jesus sofreu muito mais, meu filho — disse Maria, sempre de um jeito animado. — E perdoou todo o mundo! Deixe de ser tonto!

— Mamãe! — moderada, Ifigênia falou como se a repreendesse.

— É isso mesmo! Foram as orações, as preces, as vibrações de Adriana que ajudaram você a se recompor e a se recuperar. Oração é vida! É amor! Você está assim graças a ela. Adriana errou? Lógico que errou. Mas seu desespero e sua ignorância na época contam. Assim que entendeu o que tinha feito procurou de tudo, de todos os meios e informações, para se redimir. Você teve sorte. Outros espíritos que passaram o mesmo não receberam de suas mãezinhas o bálsamo de amor que você recebeu.

— Ainda sinto certa tristeza, certa mágoa. O que faço para tirar esse sentimento do meu coração?

— Vai lá e dá um abraço nela! — orientou o espírito Maria. Ao vê-lo pensativo, insistiu: — Vai logo! — e o empurrou.

Iago, com aparência de um belo rapaz, aproximou-se de Adriana e a abraçou.

Dione, que estava bem perto, junto com outros amigos, dispensaram bênçãos sublimes que os envolveram.

Abraçado à Adriana, Iago começou a chorar.

Ela, sem perceber, ficou quieta. Calou-se. Perdeu o olhar em um canto da sala e a amiga percebeu.

— O que foi? — Ieda perguntou ao vê-la tão introspectiva.

— Não sei... — murmurou, tentou sorrir e começou a chorar.

— Hei!... — sussurrou a amiga, afagando seu braço. — Não fique assim.

Abaixando a cabeça, Adriana chorou e Iago chorou junto.

As lágrimas são palavras que o coração não consegue dizer.

— Às vezes, assistimos a palestrantes, médiuns, tarefeiros e expositores, lá na casa espírita, e não imaginamos o tamanho nem o peso das dificuldades que carregam. Estão, ali, representando seus trabalhos em nome de Jesus. É divino! Isso é evolução! — comentou Maria, emocionada com a cena.

— Muitas pessoas são valorosas assim. Carregam o peso triste de seus problemas e dificuldades em silêncio e sorriem para o mundo porque não querem magoar ou ferir por saber como é triste sentir dor — comentou Ifigênia, abraçando-se a ela.

Após alguns instantes, Iago disse, como se pudesse ser ouvido por Adriana:

— Desculpe-me por não ter compreendido... Por ter me magoado. Só agora eu soube entender. Perdoe-me por não ter querido te ver no começo...

Adriana começou a chorar compulsivamente e Ieda a abraçou, ficando em silêncio.

— Mãe... — Iago tentou dizer, mas a emoção não o deixou prosseguir.

— Se meu filho me perdoasse, talvez, eu vivesse melhor. Mas... Como saber? — Adriana murmurou no abraço.

— Você vai sentir o perdão dele. De alguma forma, vai sentir esse perdão, minha amiga. Eu acredito nisso. Algo vai acontecer e vai saber que foi perdoada. A ferida vai se curar e não vai restar qualquer cicatriz dessa dor — consolou Ieda.

Iago se afastou e abraçou Dione por um momento até se recompor da forte emoção.

Adriana se acalmou e se afastou da amiga.

Respirou fundo e secou o rosto com a mão. Ao encarar Ieda, contou:

— Se meu filho me perdoar, vou ficar grávida. Foi o que eu disse para mim mesma.

— Não está tomando nada nem evitando a gravidez?

— Não. Desde que casamos. Falamos sobre isso e, até agora, nada. Fui ao médico e ele disse que está tudo normal comigo. Cada dia que me lembro disso, tenho certeza de que ele não me perdoou.

— Tem mulheres que cometeram o mesmo equívoco que você e, por não poderem ter mais filhos, partem para o caminho da adoção — comentou Ieda.

— Já pensei nisso, mas resolvi esperar um pouco mais.

— Você não tem que pensar no perdão dele para se perdoar. Está fazendo tudo certo agora. Está construindo um caminho harmonioso, reparando os erros ao ajudar outras pessoas com as palavras que leva até elas.

— Se você estivesse no meu lugar, se tivesse feito um aborto, para se redimir, o que faria?

Ieda pensou por um momento e respondeu:

— Certamente, não seria palestrante porque não tenho o menor dom para falar. Talvez... Eu trabalhasse como voluntária em uma instituição que cuida de crianças ou adotasse uma. Existem várias maneiras de se harmonizar. Mas não pode ficar preocupada com o perdão de seu filho. Ele é quem precisa evoluir e entender que qualquer um está sujeito a errar. Só os nobres começam a corrigir seus erros construindo novos caminhos. Faça o que você precisa fazer para se sentir bem com a própria consciência e deixe o resto acontecer.

Naquele momento, Daniel e Wagner, com a filha Cristiane no colo, chegaram. O assunto foi interrompido quando Ieda se levantou.

— Vai com a mamãe! — disse ao colocar a menininha no chão.

— Mamãaaaaaae... — falou com a voz doce e deu um gritinho, uma corridinha e se jogou nos braços de Adriana.

A garotinha tinha cabelos aloirados e lindamente cacheados, que balançavam graciosamente.

— Seu pai chegou! Não vai lá dar um abraço nele? — o espírito Maria perguntou para Iago.

O espírito Iago esperou que Wagner se acomodasse ao lado de Adriana. Foi até ele e o abraçou.

Ele, que estava com o braço sobre os ombros da esposa, sentiu-se emocionado sem saber o motivo. Percebendo que ela havia chorado, perguntou baixinho:

— O que foi?

— Nada — sorriu com delicadeza e falou num sussurro: — Depois conversamos.

Ele a beijou na cabeça e abraçou-a junto com a filha. Apertou-as por longos segundos, fazendo a garotinha rir com os chacoalhões que dava.

Iago os envolveu e, novamente, emocionou-se.

Inspirada, Ieda puxou Daniel para a cozinha e pediu ao chegar lá:

— Me ajuda a levar algumas coisas lá pra sala. Pegue aqueles copos...

— Comprei aquele pão doce que você gosta!

— Huuummmm... Você é um amor! — beijou-o com carinho e o marido correspondeu.

Na sala, afastando-se de Wagner e Adriana, Iago olhou para a pequena Cristiane, que se distraia com um bichinho de pelúcia, e disse:

— Era para eu ser seu gêmeo. Sabia? — sorriu. — Acho que iríamos nos dar muito bem.

— Ainda pode se dar muito bem com ela! Por que não? — indagou Maria, com jeito travesso.

— O que a senhora quer dizer? — ele perguntou.

— Que você será muito amado Iago, se aceitar reencarnar junto deles — respondeu Dione na vez da outra.

— Não sei... — sorriu. — Sinto uma ansiedade crescendo em mim, quando penso nisso — ele sorriu.

— Isso é medo! — exclamou Maria.

— Mamãe!... — repreendeu Ifigênia.

— É mesmo! Isso é puro medo. Quando ele ia reencarnar, só aceitou porque a Cristiane ia junto. Se não... O medo o tinha derrotado — riu. Novamente, com jeito travesso, insinuou: — Mas...

— O quê? — desconfiada, Ifigênia quis saber e Iago ficou interessado.

— Se ele tiver companhia novamente... — tornou Maria.

— O que a senhora está querendo dizer com isso, mamãe?

— Estou animadíssima para voltar! — confessou com jeitinho engraçado e sorrindo.

— Mamãe?!...

O jeito das duas era hilário. Dione riu e Iago também.

— Voltaria comigo? — ele perguntou ao espírito Maria.

— Claro! Adoro meu neto e a Adriana também. Não vejo por que estamos esperando tanto!

Assim que se mudaram para os sobrados, que acabaram comprando, Daniel e Wagner quebraram o muro que os separavam e colocaram um portão para facilitar a passagem de uma casa para outra.

O pedreiro havia terminado a obra e eles faziam a limpeza dos quintais. Eram muito amigos e se davam bem.

Alguns meses depois, estavam felizes com a gravidez de Ieda e não paravam de falar nisso.

Adriana sentiu, também, a necessidade de procurar um médico.

— Gêmeos?!!! — assustou-se.

— Sim, dona Adriana. Estou vendo aqui que são gêmeos. Veja. São dois corações pulsando — disse o médico sorridente, que conhecia sua história.

Wagner, ao seu lado, beijou-a e, abraçando-a com carinho, sussurrou:

— Você conseguiu!...

— Nós conseguimos.

— Eu te amo!

— Eu também.

Fim.

SCHELLIDA.

Leia os romances de Schellida!
Emoção e ensinamento em cada página!
Psicografia de Eliana Machado Coelho

O Brilho da Verdade

Samara viveu meio século no Umbral passando por experiências terríveis. Esgotada, consegue elevar o pensamento a Deus e ser recolhida por abnegados benfeitores, começando uma fase de novos aprendizados na espiritualidade. Depois de muito estudo, com planos de trabalho abençoado na caridade e em obras assistenciais, Samara acredita-se preparada para reencarnar.

Um Diário no Tempo

A ditadura militar não manchou apenas a História do Brasil. Ela interferiu no destino de corações apaixonados.

Despertar para a Vida

Um acidente acontece e Márcia, uma moça bonita, inteligente e decidida, passa a ser envolvida pelo espírito Jonas, um desafeto que inicia um processo de obsessão contra ela.

O Direito de Ser Feliz

Fernando e Regina apaixonam-se. Ele, de família rica, bem posicionada. Ela, de classe média, jovem sensível e espírita. Mas o destino começa a pregar suas peças...

Sem Regras para Amar

Gilda é uma mulher rica, casada com o empresário Adalberto. Arrogante, prepotente e orgulhosa, sempre consegue o que quer graças ao poder de sua posição social. Mas a vida dá muitas voltas.

Um Motivo para Viver

O drama de Raquel começa aos nove anos, quando então passou a sofrer os assédios de Ladislau, um homem sem escrúpulos, mas dissimulado e gozando de boa reputação na cidade.

O Retorno

Uma história de amor começa em 1888, na Inglaterra. Mas é no Brasil atual que esse sentimento puro irá se concretizar para a harmonização de todos aqueles que necessitam resgatar suas dívidas.

Força para Recomeçar

Sérgio e Débora se conhecem a nasce um grande amor entre eles. Mas encarnados e obsessores desaprovam essa união. Conseguirão ficar juntos?

Lições que a Vida Oferece

Rafael é um jovem engenheiro e possui dois irmãos: Caio e Jorge. Filhos do milionário Paulo, dono de uma grande construtora, e de dona Augusta, os três sofrem de um mesmo mal: a indiferença e o descaso dos pais, apesar da riqueza e da vida abastada. Nesse clima de desamor e carência afetiva, cada um deles busca aventuras fora de casa e, em diferentes momentos, envolvem-se com drogas, festinhas, homossexualismo e até um seqüestro.

LÚMEN
EDITORIAL

Rua dos Ingleses, 150 – Morro dos Ingleses

CEP 01329-000 – São Paulo – SP

Fone: (0xx11) 3207-1353

visite nosso site: www.lumeneditorial.com.br

fale com a Lúmen: atendimento@lumeneditorial.com.br

departamento de vendas: comercial@lumeneditorial.com.br

contato editorial: editorial@lumeneditorial.com.br

siga-nos no twitter: @lumeneditorial